Marianna
13.3.
Pavlidou

Theorie der Wirtschaftspolitik

Festschrift
zum fünfundsiebzigsten Geburtstag
von
Hans Möller

Herausgegeben von
J.-M. Graf von der Schulenburg
Hans-Werner Sinn

J. C. B. Mohr (Paul Siebeck) Tübingen

CIP-Titelaufnahme der Deutschen Bibliothek

Theorie der Wirtschaftspolitik : Festschrift zum 75. Geburtstag von Hans Möller / hrsg. von J.-M. Graf von der Schulenburg ; Hans-Werner Sinn. – Tübingen : Mohr, 1990
ISBN 3-16-145570-3
NE: Schulenburg, Johann-Matthias von der Graf [Hrsg.]; Möller, Hans: Festschrift

Das Buch wurde gesetzt von Typobauer in Scharnhausen, gedruckt von Gulde-Druck in Tübingen auf alterungsbeständigem Werkdruckpapier von Gebr. Buhl in Ettlingen und gebunden von Heinr. Koch in Tübingen.

Inhalt

5. Europa und die Welt

Theorie der Wirtschaftspolitik

Eine Einführung

Im Sommersemester 1987 hielt Hans Möller zum letzten Mal die Vorlesung „Theorie der Wirtschaftspolitik“. Diese berühme Vorlesung war das Kernstück seiner Auffassung von den Inhalten eines wirtschaftswissenschaftlichen Studiums. Mit ihr hat er ein Lehrgebiet etabliert, das die notwendige Brücke zwischen den in der Regel getrennt angebotenen Fächern „Theorie“ und „Politik“ schließt. Mit der Vorlesung „Theorie der Wirtschaftspolitik“ machte Möller deutlich, daß jede Beschreibung staatlicher Tätigkeit, jede Erklärung wirtschaftlicher Prozesse und jede wirtschaftspolitische Beratung einer expliziten theoretischen Begründung bedarf. Dabei ist diese theoretische Fundierung nicht für jede wirtschaftspolitische Fragestellung und für jeden Wirtschaftsbereich (Industrie, Handel, Finanzdienstleistungen, Landwirtschaft) neu zu entwickeln, sondern entstammt einem gemeinsamen theoretischen Grundkonzept, das für die jeweilige Fragestellung nur geringfügig modifiziert zu werden braucht. Auf der anderen Seite – und auch das macht die „Theorie der Wirtschaftspolitik“ deutlich – wird ökonomische Theorie nicht um ihrer selbst Willen, sozusagen als Glasperlenspiel, betrieben, sondern um Realität zu erklären und wirtschaftspolitische Konzepte entwickeln und beurteilen zu können.

Dieser Intention folgt auch der vorliegende Band, der Hans Möller zum 75. Geburtstag gewidmet wurde, und dessen Beiträge dem Gebiet der „Theorie der Wirtschaftspolitik“ zuzuordnen sind: Wirtschaftspolitische Fragestellungen werden mit Hilfe des Instrumentariums der ökonomischen Theorie beantwortet. Die Beiträge dieses Bandes sind sowohl ein Beitrag zur ökonomischen Forschung als auch als Lesestoff für eine Lehrveranstaltung geeignet, die den gleichen Titel tragen könnte, wie die bekannte Vorlesung von Hans Möller.

Die Autoren dieses Bandes danken ihrem Freund, Lehrer und Kollegen Hans Möller für zahlreiche wissenschaftliche Gespräche und Impulse. Sie möchten mit ihren Beiträgen nicht nur den Jubilar ehren, sondern auch einen Beitrag zur Weiterentwicklung der Theorie der Wirtschaftspolitik leisten. Ihre Aufsätze können fünf Bereichen zugeordnet werden:

(1) Wirtschaftsordnung und Staatsfinanzen, (2) Geld und Währung, (3) Marktstruktur und Marktentwicklung, (4) Wirtschaftliches Wachstum, (5) Europa und die Welt.

Die folgenden Zeilen geben eine kurze Inhaltsübersicht.

1. Wirtschaftsordnung und Staatsfinanzen

Nicht nur in der Jurisprudenz gibt es „herrschende Meinungen", die sich von „Mindermeinungen" abheben, sondern auch in der Ökonomie. Eine „herrschende Meinung" der Steuerpolitik greift CHARLES B. BLANKART auf und an: die sogenannte Reinvermögenszugangstheorie der Besteuerung. Diese Theorie ist ein hehres Ideal, das von vielen Finanzwissenschaftlern vertreten wird und das wohl auch die Grundlage der Steuersysteme der OECD-Länder ist, doch entspricht sie einem Staatsverständnis, das von den Vertretern der Public-Choice-Schule als autoritär und antidemokratisch abgelehnt wird. Nach Ansicht dieser Schule – der Autor ist ihr sicher zuzurechnen – sollte die optimale Steuer als Ergebnis eines Vertrages zwischen rationalen Staatsbürgern entstehen. Blankart führt in seinem Beitrag aus, daß die Quellentheorie der Besteuerung am ehesten diese Anforderung erfüllt, weil sie das permanente statt das transitorische Einkommen besteuert und weil man vermuten kann, daß das permanente Einkommen ein besserer Indikator der Nachfrage nach öffenlichen Gütern ist als das transitorische.

Zwischen der staatlichen Einnahmen- und Ausgabenpolitik und der Entwicklung des Außenwertes der Währung bestehen wichtige Beziehungen. Gesetzt den Fall, diese Beziehungen seien dem Staat bekannt, in welcher Weise sollte er dann die Wechselkurse zu beeinflussen versuchen? Diese Frage stellt sich EMIL-MARIA CLAASSEN. Er zeigt, daß es selbst in einer expost-Betrachtung unmöglich ist, „positive" und „negative" Wechselkurstendenzen präzise voneinander zu trennen, und er folgert daraus, daß es für den Staat nicht sinnvoll ist, ex ante einen bestimmten Wechselkurs als wünschbar zu deklarieren. Sollte der Staat – einschließlich der Zentralbank – über spezielle Informationen verfügen, die den Privaten nicht zur Verfügung stehen, so ist es besser, diese Informationen den Marktteilnehmern zur Verfügung zu stellen, als sie für eine wechselkursorientierte Fiskal- und Geldpolitik zu nutzen. Direkte Zentralbankinterventionen sollten unterbleiben, da sie die Erwartungsbildung der Marktteilnehmer über die zukünftigen Wechselkurse erschweren und deshalb von zweifelhaftem Nutzen sind.

CHRISTIAN WATRIN greift ein aktuelles Thema auf, nämlich den schwierigen Weg der „ehemaligen" sozialistischen Planwirtschaften zu einer marktwirtschaftlichen Ordnung. Schwierig ist dieser Weg deshalb, weil es zwar leicht fällt, das Ziel zu beschreiben, aber der Übergangsprozeß enorme Probleme bereitet. Watrin vergleicht die Ausgangslage der westdeutschen Wirtschaft nach dem Zweiten Weltkrieg mit der Lage der sozialistischen Länder heute, wobei der DDR sein besonderes Augenmerk gilt. Er kommt zu dem Schluß, daß der Transformationsprozeß sich nicht evolutorisch vollziehen kann, sondern durch Schaffung von Institutionen und rechtlichen Rahmenbedingungen initiiert werden muß. In dieser „Revolution von oben" gebührt der Schaffung von Privateigentum an Produktionsmitteln, einer umfassenden Gewerbefreiheit, einer stabilen Währung und rechtlichen Rahmenbedingungen zur Entwicklung unternehmerischer Initiative die höchste Priorität.

2. Geld und Währung

Dem Geldpolitiker, so betonen HELMUT HESSE und G. ROTH, muß beim Einsatz des geldpolitischen Instrumentarismus bekannt sein, von welchen gesamtwirtschaftlichen Daten sich die Arbeitgeber und Arbeitnehmervertreter bei ihren Tarifvereinbarungen leiten lassen. Außerdem ist von Interesse, wie schnell die Tarifpartner auf Datenänderungen reagieren und inwieweit auf diese Daten durch die Geldpoliktik Einfluß genommen werden kann. Die Autoren zeigen, daß darüber, wie die Effizienz der Geldpolitik durch das Verhalten der Tarifpartner eingeschränkt wird, keine verläßlichen Erfahrungsgrundsätze vorliegen und daß auch die Wirtschaftswissenschaften keine „harten" Aussagen machen können. Der Geldpolitiker ist deshalb gezwungen, sich immer wieder auf neue Varianten des Verhältnisses zwischen Geldpolitik und Tarifpolitik einzustellen.

Nur zu gerne haben wir uns in den westlichen Industriestaaten daran gewöhnt, daß die Preise im Zeitablauf nur moderat steigen. Die von PETER BERNHOLZ beschriebene Hyperinflation ist deshalb fast zu einem Fremdwort geworden. Die Wissenschaft kennt die notwendigen Bedingungen für dieses Phänomen, wie beispielsweise staatliche Budgetdefizite bzw. eine fortwährende Erhöhung der Geldmenge. Diese Bedingungen sind nicht zugleich hinreichend für eine inflationäre Entwicklung, da ihr Einfluß durch genügend große private Ersparnisse bzw. ein ausreichend starkes Wachstum des Sozialproduktes kompensiert werden kann. Bernholz versucht die notwendigen und hinreichenden Bedingungen für eine Hyperinflation zu ermitteln. Zu diesem Zweck analysiert er elf Hyperinflationen und vier fortgeschrittene Inflationen sowie vierzehn Versuche einer Währungsreform. Seine Analyse zeigt u. a., daß für den Erfolg einer Währungsreform der Abbau des Budgetdefizits, die Art der Finanzierung des verbleibenden Defizits sowie die politisch-institutionelle Stabilität eine herausragende Rolle spielen.

Eine fundierte Geldpolitik ist ohne eine Prognose über die zukünftige Entwicklung gesamtwirtschaftlicher Größen nicht denkbar. Bei Prognosen mit Hilfe gesamtwirtschaftlicher Modelle und hierauf aufbauender ökonometrischer Schätzungen stellt man häufig im nachhinein fest, daß Prognose und Realität erheblich voneinander abweichen. Die früher weit verbreiteten überzogenen Erwartungen an ökonometrische Voraussagen werden neuerdings durch eine starke Skepsis verdrängt, aber selten wird die Diskrepanz zwischen Realität und Prognose so sorgfältig analysiert, wie Hans Jürgen Jaksch es in seinem Beitrag tut. Der Autor spürt den Fehlerquellen einer Prognosesimulationsrechnung für die argentinische Preisentwicklung in den Jahren 1986/87 nach, die im Juli 1986 vorgestellt wurde. Der Vorteil seiner Analyse gegenüber anderen Arbeiten zur Validität von Prognosemodellen liegt u. a. darin, daß die Prognose und die in diesem Band präsentierte „Autopsie" der ökonometrischen Vorhersage vom gleichen Wirtschaftswissenschaftler stammt und dadurch einen tiefen Einblick in die Anlage und Interpretation des Prognosemodells vermittelt.

Erich Streissler stellt in seinem Beitrag die Frage nach dem Wesen einer Goldwährung. Auf den ersten Blick scheint diese Frage von geringer Aktualität zu sein, da reine Goldwährungen der Vergangenheit angehören. Erstaunlicherweise führt ihre Beantwortung aber zu interessanten Einsichten in den währungspolitischen Einigungsprozeß Europas. Streißler weist nämlich nach, daß die Bundesrepublik Deutschland mit ihrer Währung ganz Europa eine „goldlose Goldwährung" bietet. Sie produziert damit ein rein öffentliches Gut, das – wie jede Goldwährung – eine Kostenreduzierung und Risikominderung für die Marktteilnehmer ermöglicht. Dies gilt zumindest für die anderen Länder Europas, die sich dem Europäischen Währungssystem anschließen. Die Vorteile für die Bundesrepublik Deutschland sind hingegen weniger klar. Die Schaffung einer „goldlosen Goldwährung" bringt nämlich erst einmal Wachstums- und Beschäftigungsverluste und führt erst langfristig auch zu einer „Rendite" für das ermittierende Land. Es ist deshalb ökonomisch nicht sinnvoll und widerspricht auch der internationalen Gerechtigkeit, wenn in Europa versucht wird, eine synthetische neue Währung zu schaffen und eine europäische Zentralbank zu installieren.

3. Marktstruktur und Marktentwicklung

Viele Möglichkeiten zur Internalisierung externer Effekte – beispielsweise der Verschmutzung eines Flusses – hat die ökonomische Theorie studiert: Zwei der populärsten sind Pigou-Steuern und private Kompensationszahlungen aufgrund von Verhandlungen, wobei letzteren aus der Sicht vieler Ökonomen der Vorzug gebührt. Der privaten Verhandlungslösung wird der große Vorteil zugeschrieben, daß sie gemäß dem Coase-Theorem unabhängig von der Ausgangsverteilung der Eigentumsrechte zu einer optimalen Begrenzung der externen Effekte führt. EDWIN VON BÖVENTER und GERHARD ILLING zeigen, daß dieses optimistische Ergebnis leider nicht mehr erwartet werden kann, wenn der Verhandlungsprozeß Informationskosten verursacht. Sind zu Beginn des Verhandlungsprozesses die Informationen über Präferenzen und Technologien asymmetrisch verteilt, d. h. kennt jeder Marktpartner nur seine eigenen Präferenzen und den Wert seiner eigenen umweltverschmutzenden Aktivität, so spielt die Ausgestaltung der Eigentumsrechte sehr wohl eine Rolle für die Effizienz der Marktallokation. Es kann dann durchaus sein, daß die Pigou-Lösung der Coase-Verhandlungslösung überlegen ist.

Die „contestable market theory" wurde von ihrem Schöpfer William Baumol als ein revolutionärer Durchbruch in der Markttheorie propagiert. Eine genaue Analyse dieser „Theorie der umstrittenen Märkte", die MANFRED HOLLER vornimmt, gießt jedoch einiges Wasser in den Wein des früheren Präsidenten der American Economic Association. Denn „selbst bei wohlwollender Interpretation ... kann die Theorie umstrittener Märkte ihrem eigenen Anspruch nicht genügen, nämlich nicht nur Marktgleichgewichte ... zu erklären, sondern auch die morphologischen Strukturen des Marktes". Sicherlich hat die Theorie der umstrittenen Märkte wieder das Augenmerk auf kostentheoretische Zusammenhänge und ihre Relevanz für Marktstrukturen gelenkt, insbesondere auf die Kosten bei verbundener Produktion. Eine elegante Darstellung dieses Sachverhaltes ist aber schon von STACKELBERG, dem Doktorvater von Hans Möller, in seiner „Theorie der reinen Kosten" (1934) gelungen, was jedoch in der anglo-amerikanischen wirtschaftswissenschaftlichen Literatur nie erwähnt wird.

Maßnahmen zur Beeinflussung der Entwicklung von Märkten und gesamtwirtschaftlichen Größen werden häufig in zwei Gruppen eingeteilt: nämlich in solche ordnungspolitischer und solche prozeß- bzw. ablaufpolitischer Art. So sinnvoll diese Einteilung aus didaktischen Gründen auch sein mag, sie versperrt den Blick für die Interdependenz beider Bereiche. So beeinflussen nicht nur die institutionellen Rahmenbedingungen, d.h. die Ordnungspolitik, die Wirksamkeit der jeweiligen prozeßpolitischen Eingriffe, sondern prozeßpolitische Eingriffe führen auch zu einer Transformation der Institutionen. Hierauf weist GÉRARD GÄFGEN in seinem Beitrag hin, in dem er die Steuerungswirkungen von institutionellen Regelungen untersucht.

Flexibilität und Flexibilisierung sind moderne Schlagwörter, insbesondere dann, wenn es um die Allokation des Faktors Arbeit und die Gestaltung von Tarifverträgen geht. UTTA GRUBER betont, daß diese Begriffe inhaltlich etwas sehr Unterschiedliches bedeuten können und sich sowohl auf die Arbeitszeit als auch auf Lohnhöhe, Lohnstruktur, Lohnnebenkosten, Arbeitsbedingungen und vieles mehr beziehen können. Ihre Untersuchung konzentriert sich nicht auf die viel diskutierte Arbeitszeitflexibilisierung, sondern auf ein Modell der Lohnflexibilisierung, nämlich die Tariföffnungsklauseln. Anhand eines Vertragsmodells untersucht die Autorin, welche Vor- und Nachteile Tariföffnungsklauseln für Unternehmer und Arbeiter gegenüber fixen Lohnvereinbarungen bieten, und sie wirft dabei neues Licht auf ein wichtiges aber unterentwickeltes Teilgebiet der Lohntheorie.

4. Wirtschaftliches Wachstum

Franz Gehrels geht einem alten und wohl niemals ganz zu lösenden Problem nach, ob und gegebenenfalls unter welchen Bedingungen eine Marktwirtschaft in der Lage ist, ein stabiles Wachstum ohne staatliche Interventionen zu gewährleisten. Dabei kommt er zu dem Ergebnis, daß weder eine geschlossene Volkswirtschaft noch eine offene Volkswirtschaft eine inhärente Tendenz zu einer stabilen Vollbeschäftigung aufweist. Sowohl fiskalpolitische Maßnahmen als auch der Einsatz geldpolitischer Instrumente können durch die internationalen Kapitalströme in ihrer Wirkung konterkarriert werden. Deshalb können bestimmte Erschwernisse des grenzüberschreitenden Kaptialtransfers die inländische Stabilitätspolitik erleichtern.

Schon Knut Wicksell warf die Frage auf, welche ökonomischen Konsequenzen eine Zentralbankpolitik hat, die versucht, den Zinssatz zu fixieren. Martin Beckmann stellt diese Frage erneut und analysiert sie im Rahmen eines Modells mit keynesianischen, monetaristischen und neoklassischen Elementen. Zwei Alternativen werden im Rahmen dieses Modells untersucht: die Fixierung des realen Zinssatzes und die Fixierung des Geldzinssatzes. Beckmanns Analyse macht u.a. klar, welche zentrale Rolle Reallohn für das wirtschaftliche Wachstum und die Preisentwicklung hat, wenn die Zentralbank eine Politik des stabilen Zinssatzes verfolgt.

Eine weitere Determinante wirtschaftlichen Wachstums ist die Bevölkerungsentwicklung. Man mag fragen: Ist Bevölkerungswachstum eher wohlstandsmindernd, wie häufig – beispielsweise im Weltbankbericht von 1984 – behauptet wird, oder vielleicht doch wohlfahrtsfördernd? Dieser Frage geht Manfred Neumann in seinem Beitrag nach. Ohne technischen Fortschritt ist die Antwort eindeutig, d.h. der Pro-Kopf-Konsum sinkt bei steigender Bevölkerung, und man muß für den Fall einer fortschrittslosen Welt den Wachstumspessimisten Recht geben. Berücksichtigt man jedoch den technischen Fortschritt, so wirkt – wie Neumann mit Hilfe eines gesamtwirtschaftlichen Wachstumsmodells zeigt – eine Zunahme der Bevölkerung fortschritts- und damit wohlstandserhöhend. Dabei hängt das Ergebnis insbesondere von zwei Faktoren ab, dem Industrialisierungsgrad der Gesellschaft und dem Altruismus der jetzt lebenen Generationen gegenüber künftigen Generationen.

5. *Europa und die Welt*

Die angestrebte Bildung eines europäischen Binnenmarktes bis Ende 1992 verlangt die Lösung vieler bisher noch offener Probleme. Zur gemeinsamen Energiepolitik hat die EG-Kommission bereits ein von den Energieministern der Mitgliedsstaaten gebilligtes Arbeitspapier vorgelegt. Mit Blick auf die deutsche Kohlepolitik im Gemeinsamen Markt analysiert Hans K. Schneider die darin unterbreiteten Vorschläge. Da die Energiewirtschaft eine Reihe nationaler Besonderheiten, z.B. monopolistische Marktstrukturen infolge von Skaleneffekten in der Energieproduktion aufweist, bedarf eine gemeinsame europäische Energiepolitik noch sehr sorgfältiger Planung. Der Bundesrepublik kommt wegen ihres ökonomischen Gewichts bei der Gestaltung des europäischen Energiemarktes eine besondere Rolle zu, die sie am besten durch die Öffnung bisher versperrter Märkte wahrnimmt. Nur so kann die angestrebte Intensivierung des Wettbewerbs auf den Energiemärkten erreicht werden.

Die Aussichten auf einen Gemeinsamen Binnenmarkt haben mit zu den enormen Wachstumsraten beigetragen, die derzeit zu verzeichnen sind. Ökonomisch ist dies nicht unbedingt einsichtig, da die gütermäßige Integration durch den Abbau der Binnenzölle bereits erfolgt ist und eine weitgehende monetäre Integration durch das Europäische Währungssystem längst erreicht wurde. Hans-Joachim Heinemann untersucht deshalb die Frage, was nun wirklich von der „endgültigen“ Realisierung des Europäischen Binnenmarktes erwartet werden kann und sollte. Sein Fazit ist, daß das neue Engagement im europäischen Einigungsprozeß nur dann zu einem vollen Erfolg wird, wenn der unionsinterne Regulierungsabbau nicht zu Lasten dritter Länder – auch nicht der Entwicklungsländer – geht. Die Liberalisierung sollte zum Vorteil aller Länder reichen.

Eine Analyse weltwirtschaftlicher Prozesse wäre unvollständig ohne die Einbeziehung der Entwicklungsländer und die Betrachtung der wirtschaftlichen Aspekte der Hilfen der Industrieländer für die Entwicklungsländer. Rigmar Osterkamp beschäftigt sich mit diesem Problem. Er stellt für die Strukturanpassungsprogramme des Internationalen Währungsfonds (IWF) fest, daß diese im Kern in der Durchsetzung einer „zahlungsbilanzorientierten Geldpolitik“ bestehen – übrigens ein Begriff, der von Hans Möller geprägt wurde. Der IWF geht davon aus, daß die Erfolgschancen dieser

Entwicklungshilfemaßnahmen maßgeblich von externen Faktoren und weniger von der jeweiligen nationalen Wirtschaftspolitik der Entwicklungsländer abhängen. In einer vergleichenden Analyse der armen Entwicklungsländer und der Schwellenländer kommt Osterkamp zu einer recht optimistischen Beurteilung der Politik des IWF. Nach seiner Meinung ist es nicht richtig zu behaupten, daß Strukturanpassungsprogramme des IWF eher wirkungslos oder sogar schädlich sind. Wo wirtschaftliche Probleme auftreten, sind sie nach Meinung des Autors eher hausgemacht als importiert.

Mit den Beiträgen des letzten Abschnitts „Europa und die Welt" ergänzen wir den von Knut Borchardt und Franz Holzheu herausgegebenen Band „Theorie und Politik der internationalen Wirtschaftsbeziehungen" (Stuttgart 1980, Gustav Fischer Verlag), der Hans Möller zum 65. Geburtstag gewidmet wurde. Jener Band enthält auch ein Schriftenverzeichnis des Jubilars, auf das wir hier gern verweisen möchten.

Hannover und München im Februar 1990

J.-Matthias Graf von der Schulenburg
Hans-Werner Sinn

1. Wirtschaftsordnung und Staatsfinanzen

Besteuerung des permanenten Einkommens?

Ein konstitutioneller Ansatz

von

CHARLES B. BLANKART

Wo Denkfolgen zu einem festen Ritual werden, droht die Wissenschaft zu erstarren. Dann ist es höchste Zeit, die eingefahrenen Geleise zu verlassen, alternative Ideen vorzutragen und damit die herrschende Lehre auf den Prüfstand zu stellen. Gerade ein solcher Beitrag soll dem Jubilar, der sich ja stets als unkonventioneller Mensch und Wissenschaftler ausgezeichnet hat, gewidmet sein.

I. Die herrschende Lehre von der Einkommensbesteuerung

Viele solcher überkommener Denkformen finden sich in der Finanzwissenschaft, und gerade deshalb ist es ja so interessant und ertragreich, die öffentlichen Finanzen näher zu erforschen. In diesem Beitrag soll einmal ein solches typisch deutsches Denkschema näher betrachtet werden. Es ist die lehrbuchmäßige Abhandlung der Einkommensbesteuerung und hier insbesondere des Einkommensbegriffs. Die herrschende Lehre ist nämlich mehrheitlich der Meinung, diesbezüglich einen Fortschritt vom Unvollkommenen zum Vollkommenen vollzogen zu haben, ohne zu sehen, daß der Fortschritt in Wirklichkeit auch als Rückschritt interpretiert werden könnte.

Wie sieht nun dieses Denkmuster der herrschenden Lehre aus? Es beginnt bei BERNHARD FUISTING, der in seinem Buch *„Die Preußischen direkten Steuern"* (1907) das persönliche Einkommen wie folgt definiert:

„Einkommen ist die Gesamtheit derjenigen wirtschaftlichen Güter, welche alljährlich dem einzelnen aus dauernden Erwerbsquellen zufließen..." (S. 57)

Bernhard Fuisting meint also, daß nur die Einkommen aus dauernden Erwerbsquellen der Einkommensteuer zu unterwerfen seien, d.h. genauer jene aus Kapital, Grund und Boden, Handel und Gewerbe sowie aus selbständiger und unselbständiger Arbeit. Einkommen, die nicht aus einer dieser vier Quellen stammen, sollten grundsätzlich nicht besteuert werden.[1] Infolge ihrer Quellenbezogenheit wird diese Lehre als *Quellentheorie* bezeichnet. Ihre Behandlung stellt üblicherweise das Eingangsritual zur Theorie der Einkommensbesteuerung dar. Mit ihm werden zwei Ziele verfolgt:

Erstens soll gezeigt werden, daß die Quellentheorie eigentlich gar keine Theorie ist; denn warum sollten nur gerade die dauernden Einkommensquellen der Besteuerung unterworfen werden? Diese Erklärungslücke erlaubt es dann, die von der herrschenden Lehre vertretene Reinvermögenszugangstheorie von GUSTAV VON SCHANZ (1896), ROBERT M. HAIG (1921) und HENRY C. SIMON (1938) – im folgenden SHS – in umso strahlenderem Glanz erscheinen zu lassen. Nach dieser Theorie sollen bekanntlich nicht nur die dauerhaften Einkommensquellen, sondern alle Zuwächse an ökonomischer Dispositionsfähigkeit unabhängig von ihrer Herkunft als zu besteuerndes Einkommen angesehen werden. Denn nur ein so umfassend definiertes Einkommen könne, so wird argumentiert, die *Leistungsfähigkeit*, die es zu besteuern gelte, hinreichend erfassen.

Zweitens soll mit dem überkommenen Denkmuster gezeigt werden, wie antiquiert sich die heutige Praxis der Einkommensbesteuerung im Vergleich zum „Ideal der Reinvermögenszugangstheorie" (NORBERT ANDEL 1983, S. 319) darstellt. In der Tat folgt nämlich die deutsche Steuerpraxis mit ihren sieben Einkommensarten formal der Quellentheorie. Der Reinvermögenszugangstheorie trägt sie nur insofern Rechnung, als sie unter den „sonstigen Einkommen" auch einige andere, insbesondere nicht regelmäßig fließende Einkommensquellen zu erfassen versucht.

II. Kritik von Seiten der Konsumsteuertheorie

Neuerdings ist freilich auch die Reinvermögenszugangstheorie unter Beschuß geraten. Die Vertreter der Konsumbesteuerung im Privathaushaltsbereich (bzw. der Cash-flow-Besteuerung im Unternehmensbereich) bemängeln vor allem die Praktikabilität der Reinvermögenszugangstheorie von SHS. So wendet beispielsweise HANS WERNER SINN (1987) zu Recht ein, die Reinvermögenszugangstheorie verlange eine Einkommensberechnung, die es nirgendwo auf der Welt gebe. Diese umfasse namentlich die Ertragswertab-

[1] „Gemäß dem allgemeinen Grundsatze ..., daß die nicht aus einer der vier Quellen fließenden Einnahmen kein steuerbares Einkommen darstellen, gehören nicht zum Einkommen ... Lotteriegewinste, Fund und Schatz ..., Einnahmen aus Spiel und Wette ..., aus unerlaubter Tätigkeit ..., sowie aus bloßen, nicht mit der Absicht dauernder Gewinnerzielung verbundenen Liebhabereien, wie Vogel- und Bienenzucht ..., Haltung eines Rennstalles und Gestütes für sportliche oder gemeinnützige Zwecke ..." BERNHARD FUISTING (1907, S. 65).

schreibung, die Wertzuwachsbesteuerung (auch für Humankapital), den Schuldzinsenabzug (auch im Privathaushaltsbereich) und die Indexierung der Erträge bei Inflation. Nicht nur trügen die Steuergesetze der meisten Länder diesen Anforderungen nicht Rechnung, vielmehr seien die betreffenden Einkommensbestandteile gar nicht mit hinreichender Sicherheit berechenbar. Für die Ertragwertabschreibung fehle beispielsweise bei Absenz eines Second-hand-Marktes für Anlagegüter der notwendige Bewertungsmaßstab, auf Grund dessen sich erst der Kapitalverzehr und damit das jährliche Einkommen berechnen lasse. Die Kritiker der Einkommensbesteuerung räumen zwar ein, daß die von ihnen geforderte Konsumbesteuerung auch Implementierungsprobleme aufwerfe. Aber diese seien angesichts der Schwierigkeiten, denen sich eine Einkommensbesteuerung nach SHS gegenüberstehe, nur relativ. An einer kürzlichen Tagung über Konsumbesteuerung an der Universität Heidelberg wurde die Meinung geäußert, daß das zähe Festhalten an der Einkommensbesteuerung nach SHS nur so zu erklären sei, daß man deren tatsächliches Scheitern nicht zugeben wolle, d.h. an der Fiktion festhalte, daß die Einkommensbesteuerung in der Wirklichkeit praktiziert werde.[2]

Indessen akzeptieren sowohl die Vertreter der Einkommens- wie die der Konsumbesteuerung das *Leistungsfähigkeitsprinzip* als Basis und Rechtfertigung der Besteuerung. In diesem Punkt besteht also Konsens. Dies ist umso erstaunlicher, als die meisten Finanzwissenschaftler der einen wie der anderen Seite die Schwächen des Leistungsfähigkeitsprinzips ohne weiteres zugeben, wenn sie darauf angesprochen werden. So steht es ja schließlich auch in den einschlägigen *Lehrbüchern* geschrieben.[3]

Der Streit zwischen den Vertretern der Einkommens- und der Konsumbesteuerung mutet etwas seltsam an. Es sieht so aus, wie wenn zwei Barone von Münchhausen versuchten, dem Sumpf, in den sie geraten sind, zu entfliehen, indem sie sich aneinander hochrangeln. Offensichtlich können sie durch ihr gegenseitiges Sichhinunterschubsen nicht auf sicheren Grund gelangen. Anders gesagt: Für den Außenstehenden ist es schwer verständlich, wie man sich über das Thema Einkommens- versus Konsumbesteuerung so sehr in die Haare geraten kann, wenn doch die Basis von der man ausgeht, ein so schwaches Konstrukt ist.

---

[2] Auch das Argument, die Konsumbesteuerung erlaube keine so starke Progression und damit Umverteilung wie die Einkommensteuer, weil die Einkommenselastizität des Konsums bei sehr hohen Einkommen abnehme, wird von den Vertretern der Konsumbesteuerung zurückgewiesen. Denn auch unter einer stark progressiven Einkommensteuer würden – so wird gesagt – die wirklich reichen Individuen infolge von Steuervermeidung und Steuerflucht letztlich doch nur sehr wenig Steuern bezahlen.

[3] Vgl. z.B. Norbert Andel (1983): „Das Leistungsfähigkeitsprinzip ist als Leitlinie und als Schlagwort sehr populär. Es vermag allerdings keine *wissenschaftliche* Basis für die konkrete Steuerverteilung zu sein ...“ (Hervorhebung im Original).

III. Eine ökonomische Bestimmung von Besteuerungsgrundsätzen

Angesichts dieser Situation wäre es wenig hilfreich, von den vielen Besteuerungskriterien, die in der Vergangenheit entwickelt worden sind oder die es überhaupt geben mag, einfach ein anderes an die Stelle der Einkommensbesteuerung nach SHS oder der Konsumbesteuerung zu setzen.[4] Dieses Ersatzkriterium hätte zwar möglicherweise Vorteile, weil ihm nicht die Mängel des Leistungsfähigkeitsprinzips anhafteten; doch weil es als solches nur ein Postulat wäre, müßte es als ebenso autoritärer Akt und als Einmischung in die individuellen Entscheidungen abgelehnt werden wie jedes andere Kriterium. Selbst wenn solche elitären Einmischungen als tolerierbar angesehen würden, stellte sich die Frage, wer denn ein postuliertes Besteuerungskriterium in einer pluralistischen Welt durchsetzen würde. Spätestens an diesem Punkt läuft die in der deutschen Finanzwissenschaft so beliebte Vorgehensweise, Kriterien aufzustellen, auf Grund.

Ein Fortschritt könnte aber u.U. erreicht werden, wenn erklärt würde, wie sich diese Kriterien aus dem ökonomischen Rationalverhalten heraus ergeben. Man könnte beispielsweise von der Mehrheitsabstimmung ausgehen und fragen, welche Besteuerungsbasis – Einkommen nach SHS, Konsum oder eine andere Definition der Besteuerungsbasis – sich unter einem solchem Regime durchsetzen würde. Diese Vorgehensweise entbehrte zwar der äußeren Einmischung in die Belange der Individuen. Aber das Ergebnis ließe keinerlei Wertung im Sinne des Paretokriteriums zu. Denn Mehrheitsentscheidungen über Verteilungsfragen sind im allgemeinen nicht stabil. Eine zufällig sich ergebende Entscheidung muß daher als mehr oder weniger willkürlich betrachtet werden. Es wäre daher nicht möglich, ein Abstimmungsergebnis als besser als ein anderes einzustufen und damit den Abstimmenden diesbezügliche Alternativen zu unterbreiten.

Einer normativen Beurteilung läßt sich jedoch näherkommen, wenn die Entscheidung über die Besteuerungsbasis auf die *Verfassungsebene* transponiert wird. Die Frage könnte dann lauten: Wann würden sich rationale Individuen, die hinsichtlich ihrer zukünftigen Einkommens- und Vermögenspositionen im Ungewissen sind, beschließen, sich einer Besteuerung durch den Staat zu unterwerfen? Die letztlich auf *Knut Wicksell* (1896) zurückgehende Antwort lautet: Wenn sie vom Staat eine Gegenleistung erwarten, die sie sich selbst über den Markt nicht oder nicht so effizient beschaffen können. Dem Staat fällt dann die Funktion eines *Agenten* im Dienste der Bürger zu.

---

[4] Vgl. die Tax Canons von Adam Smith (1776), die Besteuerungsprinzipien von Adolph Wagner (1890) und von Fritz Neumark (1965) sowie die zahlreichen Beiträge der Optimal Taxation Theorie vgl. Klaus Rose, H. Dieter Wenzel und Wolfgang Wiegard (1981).

Nehmen wir einmal an, die Individuen hätten Grund anzunehmen, es handle sich dabei um einen *neutralen Agenten*, der seine Aufgabe lediglich darin sieht, die gemeinsame von den Individuen artikulierte Nachfrage in kollektive Aktionen umzusetzen. Die Individuen werden daher, wenn sie die Besteuerungsbasis festlegen, u.a. auf Praktikabilitätsaspekte achten. D.h. sie werden die Besteuerungsbasis z.B. so wählen, daß diese einen möglichst guten *Indikator* für die Nachfrage nach öffentlichen Gütern darstellt. Dadurch kann der kollektive Entscheidungsprozeß im nachkonstitutionellen Zeitalter entlastet werden. Eine Veränderung des Indikators zeigt dem Agenten eine Veränderung der Nachfrage nach öffentlichen Gütern an. M.a.W. je besser der Indikator desto mehr geht die Bedeutung der kollektiven Entscheidungsregel als Voraussetzung für eine effiziente Bereitstellung öffentlicher Güter zurück.[5]

Als solcher Indikator könnte das individuelle Einkommen dienen; denn dieses stellt ja das Budget dar, aus dem die individuelle Güterbefriedigung erfolgt. Da der umfassendste Budgetbegriff durch das Lebenseinkommen gebildet wird, würden die Individuen wohl am ehesten dieses der Besteuerung zugrundelegen wollen. Doch dabei stellen sich praktische Probleme. Denn ex ante steht das Lebenseinkommen nicht fest, und ex post ist es möglicherweise schon verbraucht, bevor der Fiskus zugreifen kann. Daher ist eine Periodisierung des Lebenseinkommens notwendig. Dies tut das Individuum ja auch in seinen persönlichen Belangen, wenn es seinen privaten Konsum plant. Milton Friedman (1957) hat in seinen empirischen Untersuchungen zur Konsumfunktion gezeigt, daß sich das Individuum hierbei an sein *permanentes Einkommen* hält. Die sogenannten transitorischen Einkommensteile (windfall gains u.ä.) gehen nicht in sein jährliches Konsumkalkül ein. Warum sollte sich also das Individuum nicht auch hinsichtlich seines Konsums öffentlicher Güter an seinem permanenten und nicht an seinem transitorischen Einkommen ausrichten. Akzeptiert man diese Sicht, so ist der Einkommensbesteuerung ein Einkommensbegriff zugrundezulegen, der die *permanente Nachfrage* nach öffentlichen Gütern wiedergibt. Doch in der Praxis ist dies nicht so einfach; denn das permanente Einkommen liegt auch nicht unmittelbar vor. Der Vorschlag, es mittels Verlustvor- und rückträgen annähernd zu ermitteln, kann nicht recht überzeugen. Denn Verluste sind im privaten Haushaltsbereich schwer zu definieren. Stattdessen wäre an gleitende Bemessungsgrundlagen ähnlich gleitenden Drei- oder Fünfjahresmitteln zu denken. Doch nicht für alle Steuerpflichtigen ließe sich eine solche Bemessungsgrundlage ermitteln. Vorübergehend im Inland Wohnhafte könnten ein gleitendes Mittel möglicherweise nicht verläßlich bilden. Solche

---

[5] James M. Buchanan (1967) weist darauf hin, daß es im Extremfall eines ganz dem Äquivalenzprinzip entsprechenden Steuersystems egal ist, nach welcher Entscheidungsregel über ein einzelnes öffentliches Gut abgestimmt wird.

Erwägungen führen zum Vorschlag, einen Indikator für das permanente Einkommen aus den permanent fließenden Einkommensquellen zu bilden in der Meinung, daß diese weniger schwanken als die transitorischen Einkommen. Die Bemessungsgrundlage wäre dann zwar im Durchschnitt kleiner als bei Zugrundelegung des vollen Lebenseinkommens auf periodisierter Basis. Doch dafür könnte der Satz etwa höher gewählt werden.

Wenn wir alle diese Überlegungen durchgegangen sind, finden wir uns wieder bei der als antiquiert und theorielos bezeichneten Forderung von *Bernhard Fuisting* zurück, nur die dauernden Quellen als Bemessungsgrundlage für die Einkommensteuer zugrundezulegen, die windfall gains, wie Erbschaften, Schenkungen, Lotto- und Spekulationsgewinne etc. aus der Bemessungsgrundlage auszuschließen.

Das Ergebnis, zu dem wir unsjetzt vorgetastet haben, besitzt freilich keine exklusive Geltung. Denn es läßt sich ja nicht ausschließen, daß die Individuen in Wirklichkeit eine andere Besteuerungsbasis als das permanente Einkommen vereinbaren. Gerade wenn der Staat ein neutraler Agent der individuellen Interessen ist, könnte man sich auch andere, noch bessere Besteuerungsbasen vorstellen, so z.B. das Einkommen nach SHS. Diese Besteuerungsbasis würde neben den mehr oder weniger kontinuierlich fließenden auch die stärker schwankenden, transitorischen Einkommensquellen einschließen. Damit ließe sich die Eigenschaft der gemeinsamen Finanzierung öffentlicher Güter (stärker) ausnützen, wonach es nicht erforderlich ist, daß jedes Individuum zu jedem Zeitpunkt seinen Beitrag in Höhe seiner marginalen Wertschätzung (oder auch nach einem anderen Verteilungsschlüssel) leisten muß, sondern je nach seiner jeweiligen wirtschaftlichen Lage einen über die Zeit schwankenden Beitrag leisten kann. Der einzelne erbringt sozusagen eine Steuervorauszahlung, wenn er unerwartete windfall gains erzielt und erhält eine Steuerstundung, wenn er transitorisch ein nur unterdurchschnittliches Einkommen erwirtschaftet. Der Staat übernimmt dann für den einzelnen eine Kreditmarktfunktion und kann damit allfällige Unvollkommenheiten auf privaten Kreditmärkten kompensieren.

Die Schwäche dieser Hypothese liegt auf der Hand. Offensichtlich handelt es sich dabei um einen Nirwana-Ansatz: Denn mit der Annahme des neutralen Agenten und eines unvollkommenen Kapitalmarktes wird ein perfekter Staat mit einem imperfekten Markt verglichen. Realistischerweise würden aber die Individuen auf der Verfassungsebene damit rechnen, daß der Staat nicht zweifelsfrei stets ihr neutraler Agent sein wird, sondern eigene Interessen entwickeln und im Extremfall zu einem budgetmaximierenden Leviathan werden wird. Je mehr die Individuen eine Leviathanregierung im nachkonstitutionellen Zeitalter erwarten, umso weniger werden sie bereit sein, ihre transitorischen Einkommen vorweg zur Besteuerung freizugeben. Sie würden vielmehr befürchten, daß solche Vorauszahlungen später nicht mehr honoriert werden, zumal sie in den großen Topf fließen und nicht auf individualisierten Konten festgehalten werden.[6]

IV. Erbschaft- und Schenkungsteuer als Anwendungsbeispiele

Betrachten wir als praktische Fälle die steuerliche Behandlung von Erbschaften und Schenkungen: Wenn die Individuen davon ausgehen könnten, daß der Staat ein neutraler Agent ihrer gemeinsamen Interessen wäre, dann wären sie u. U. geneigt, Erbschaften und Schenkungen in den steuerlichen Einkommensbegriff einzuschließen, wie dies auch die Reinvermögenszugangstheorie von SHS vorsieht. Sie würden dann sozusagen a-conto-Zahlungen für die Bereitstellung öffentlicher Güter leisten, wenn sie Erbschaften oder Schenkungen erhalten und in normalen Zeiten entsprechend weniger Steuern bezahlen. Ist jedoch zu erwarten, daß der Staat die Tendenz hat, sich zu einem budgetmaximierenden Leviathan zu entwickeln, so dürften sie einer derartigen Ausdehnung der Besteuerungsbasis ablehnend gegenüberstehen und möglicherweise nur noch das permanente Einkommen der Besteuerung unterwerfen wollen.

Wie aber läßt sich erklären, daß Erbschaften und Schenkungen dennoch der Besteuerung unterworfen sind, nämlich der Erbschaft- und Schenkungsteuer? Aus konstitutioneller Sicht wird häufig argumentiert, daß die verfassungsgebende Versammlung über solche Steuern versuche, Startgleichheit herzustellen oder genauer: die Akkumulation großer Vermögensmassen in den Händen weniger zu vermeiden, um dadurch die Stabilität der Verfassung zu gewährleisten.

Indessen vermag eine solche Erklärung nicht ganz zu überzeugen. Die Individuen der verfassungsgebenden Versammlung würden der Institution der Erbschaft- und Schenkungsteuern nur zustimmen, wenn sie erwarten könnten, daß der Staat ein neutraler Agent ihrer Interessen würde. Andernfalls müssen sie nämlich damit rechnen, daß ihre Zahlungen an Erbschaft- und Schenkungsteuern vom Fiskus ohne gleichwertige Gegenleistungen vereinnahmt werden.

Beabsichtigt eine verfassungsgebende Versammlung Startgleichheit und ausgeglichene Vermögensverteilung herzustellen, so wird sie sich wohl nicht

---

[6] Hans Teschenmacher (1927, S. 123) berichtet in seinem Aufsatz über die deutsche Einkommensteuer, daß Bernhard Fuisting als Senatspräsident des preußischen Oberverwaltungsgerichtes entgegen anderen Autoren immer wieder die Meinung vertreten habe, der Steuerpflichtige sei gegenüber dem Fiskalismus der Steuerbehörde zu schützen. Die Gefahr des Leviathan scheint ihm also schon damals bewußt gewesen zu sein. Ob sie auch für die Begründung seiner Quellentheorie ursächlich war, läßt sich derzeit nicht mehr nachweisen.

des Instruments der Erbschaft- und Schenkungsteuer bedienen, sondern eher Arrangements nach der Art vorziehen, wie sie CHARLES K. ROWLEY und ALAN T. PEACOCK (1975) vorgeschlagen haben. Diese Autoren treten für eine Zwangsstückelung großer Erbschaften ein. Ein Erbe darf beispielsweise nicht mehr als 1 Mio DM erhalten. Größere Erbschaften müßten dann vom Erblasser auf mehrere Erben aufgeteilt werden. Der Vorteil dieser Erbschaftsregelung liegt darin, daß ein budgetmaximierender Fiskus bei der Umverteilung erst gar nicht zum Zuge kommt. Das Ziel der Startgleichheit wird ohne Abführungen an den Staat angestrebt.

Wenn aber Einkommens- und Schenkungsteuern heute existieren, so deutet dies darauf hin, daß der budgetmaximierende Leviathanstaat bei deren Einführung mitgewirkt hat. Denn offensichtlich sind Steuerlösungen für ihn vorteilhafter als reine Umverteilungslösungen unter Ausschaltung des Fiskus.[7]

V. Zusammenfassung und Schlußfolgerung

In weiten Teilen der etablierten deutschen Finanzwissenschaft finden sich handelnde Individuen nur auf Märkten. Individuen stellen dort Objekte der Finanzpolitik des Staates dar; sie passen sich an die von ihm gesetzten Beschränkungen an. Der wissenschaftliche Niederschlag dieser Betrachtungsweise findet sich in der sogenannten Wirkungslehre finanzpolitischer Instrumente. Aus ihr ist ersichtlich, wie die Individuen auf den staatlichen Instrumenteneinsatz reagieren; wer die Instrumente jedoch handhabt und welche Motive zu deren Einsatz führen, wird nicht näher hinterfragt. Es wird einfach – wie RICHARD A. MUSGRAVE (1983) es einmal ausgedrückt hat – die Existenz von *„maßgebliche Instanzen"* unterstellt. Diese treffen stets die erforderlichen „sachgerechten" Entscheidungen und sind auch in der Steuerpolitik in der Lage, das Leistungsfähigkeitsprinzip mit dem richtigen Inhalt zu füllen. Im übrigen bleiben sie abstrakte Gebilde.

Sobald aber zugelassen wird, daß die maßgebenden Instanzen zu Menschen werden, die ihren eigenen Nutzen verfolgen, bricht das Konstrukt der herrschenden Lehre zusammen. Die Legitimität der maßgebliche Instanzen leitet sich dann nicht mehr aus ihrer Existenz ab, sondern aus ihrer Funktion,

---

[7] Spätestens an diesem Punkt wird sich der Leser an die Argumentation von GEOFFREY BRENNAN und JAMES M. BUCHANAN in ihrem Buch *The Power to Tax* (1980) erinnern. Auch dort wird davon ausgegangen, daß die Individuen in Erwartung einer Leviathanregierung einer selektiven Einkommensbesteuerung gegenüber einer allgemeinen Einkommensbesteuerung den Vorzug geben. Indessen wird dort die Problematik der Besteuerung des transitorischen Einkommens nicht aufgeworfen. Die Möglichkeit der Regierung, durch

Agenten der Bürger zu sein. Aus dieser Sicht stellt sich für die Bürger die Frage, welche Kompetenzen sie ihren Agenten zuordnen wollen. Hier, im Falle der Besteuerung, muß die Festlegung der Besteuerungsbasis geklärt werden. Der Entscheid für die Reinvermögenszugangstheorie käme einem *plein pouvoir* für die Agenten gleich. Denn nach dieser werden sowohl die permanenten wie die transitorischen Einkommensteile der Besteuerung unterworfen. Es ist daher nicht verwunderlich, daß die Reinvermögenszugangstheorie in keinem Land verwirklicht ist. Demgegenüber scheint uns die veraltet geglaubte Quellentheorie, nach welcher nur die permanenten Einkommensquellen Besteuerungsobjekte darstellen, bei näherer theoretischer Durchleuchtung doch wesentlich plausibler. Freilich, auch die Quellentheorie beansprucht keine absolute Gültigkeit. Was Gültigkeit besitzen soll, liegt im kollektiven Entscheidungsbereich der Individuen. Aber weltfremd ist aus dieser Sicht nicht die Quellentheorie, sondern schon eher die Reinvermögenszugangstheorie. Wenn viele westliche Einkommensteuersysteme nach der Quellentheorie aufgebaut sind, so zeigt dies, wie wichtig ökonomisch-konstitutionelles Denken auch in der heutigen Welt doch nach wie vor bleibt.

Literaturverzeichnis

ANDEL, N. (1983): *Finanzwissenschaft*, Mohr (Siebeck): Tübingen.

BUCHANAN, J.M. (1967): *Public Finance in Democratic Process*, Univ. of North Carolina Pr.: Chapel Hill.

BUCHANAN, J.M. und BRENNAN, G. (1980): *The Power to Tax*, Cambridge Univ. Pr.: Cambridge.

FRIEDMAN, M. (1957): *A Theory of the Consumption Function*, Princeton Univ. Pr. für NBER: Princeton.

FUISTING, B. (1907): *Die preußischen direkten Steuern*, Heymanns: Berlin.

HAIG, R.M. (1921): „The Concept of Income – Economic and Legal Aspects", in: R.M. HAIG (Hrsg.), *The Federal Income Tax*, Columbia Univ. Press: New York.

MUSGRAVE, R.A. (1983): „Public Finance, now and then", *Finanzarchiv* (N.F. 41), S. 1–13.

NEUMARK, F. (1965): *Grundsätze der Besteuerung in Vergangenheit und Gegenwart*, Steiner: Wiesbaden.

ROSE, M., WENZEL, H.D., WIEGARD, W. (1981): *Optimale Finanzpolitik*, Fischer: Stuttgart.

ROWLEY, CH.K. und PEACOCK, A.T. (1975): *Welfare Economics, A Liberal Restatement*, Martin Robertson: London.

v. SCHANZ, G. (1896): „Der Einkommensbegriff und die Einkommensteuergesetze", *Finanzarchiv* (13), S. 1–87.

SIMONS, H.C. (1938): *Personal Income Taxation: The Definition of Income as a Problem of Fiscal Policy*, Univ. of Chicago Press: Chicago.

---

interindividuellen Steuerausgleich eine intertemporale „Mischrechnung" zu betreiben, erhöht ihren Monopolspielraum beträchtlich. Es ist fraglich, ob eine verfassunggebende Versammlung damit einverstanden wäre.

SINN, H.W. (1987): „Alternativen zur Einkommensteuer", in: *Steuersystem und wirtschaftliche Entwicklung, Konjunkturpolitik*, Beiheft 33, S. 11–50.

SMITH, A. (1776): *Der Wohlstand der Nationen*, übers. v. H.C. RECKTENWALD, Beck: München (1974).

TESCHEMACHER, H. (1927): „Die Einkommensteuer", in: W. GERLOFF und F. MEISEL (Hrsg.), *Handbuch der Finanzwissenschaft*, 2. Band, 1. Aufl., Mohr (Siebeck): Tübingen, S. 65–132.

WAGNER, A. (1890): *Finanzwissenschaft, Zweiter Teil: Theorie der Besteuerung, Gebührenlehre und allgemeine Steuerlehre*, 2. Aufl., Winter: Leipzig.

WICKSELL, K. (1896): *Finanztheoretische Untersuchungen nebst Darstellung und Kritik des Steuerwesens Schwedens*, G. Fischer: Jena.

Fiskalpolitik und Wechselkurs

von

Emil-Maria Claassen

I. Einführung: Die Wechelkursturbulenz der 1980er Jahre

Dem gegenwärtigen System flexibler Wechselkurse wird sehr viel Schlechtes nachgesagt. Wechselkursschwankungen von einem Prozent pro Tag, fünf Prozent im Monat und von zwanzig Prozent im Jahr sind zu einem fast gewohnten Bild geworden. Die wohl spektakulärste Wechselkursturbulenz ereignete sich in den 1980er Jahren, in denen der US-Dollarkurs gegenüber allen anderen Währungen der Industrieländer völlig aus den Fugen geriet. Während dieser Zeit stellten die Veränderungsraten der innereuropäischen Wechselkurse geradezu Lappalienbeträge im Vergleich zu dem riesigen Auf und Ab des Dollarkurses dar. Selbst wenn die Dollarkursbewegungen um das jeweilige Inflationsdifferential zwischen der amerikanischen Geldentwertungsrate und der der anderen Industrienationen korrigiert werden, woraus dann die sogenannten realen Wechselkursschwankungen resultieren, konstatieren wir seit Beginn und bis Mitte der 1980er Jahre eine immense Aufwertungsrate des Dollars von durchschnittlich fünfzig Prozent, die sich dann anschließend in eine ebenso starke reale Abwertungsrate umkehrte. Dem Kapitalismuskritiker könnte dieser „Auf- und Niedergang" des Dollars als ein Standardbeispiel des Marktversagens westlicher Marktwirtschaften dienen.

Marktversagen. In der Tat ist die Zahl der Kritiker des gegenwärtigen Wechselkursregimes bei weitem größer als die verschwindende Minderheit seiner Verteidiger. Im Mittelpunkt der Auseinandersetzungen stehen sozusagen die „Gnome von Zürich", d.h. die Spekulanten. Da derzeitig die internationalen Kapitalbewegungen das Hundertfache der güterwirtschaftlichen Außenhandelsbewegungen ausmachen, drängt sich das Argument der destabilisierenden Spekulation geradezu auf – eine Hypothese, die mit dem Hinweis auf den Börsenkrach vom Oktober 1987 noch zusätzlich eine hilfreiche Untermauerung erfährt.

Die jüngere Literatur zur Wechselkurstheorie versucht denn auch, mit Hilfe von mathematisch formulierten Modellen der Ineffizienz bzw. der „Irrationalität" der Devisenmärkte auf die Spur zu kommen. Sogenannte „rationale Blasen" (ratinal bubbles), „Sonnenflecken-Gleichgewichte" (sunspot equilibria) und „selbsterfüllende Paniken" (self-fulfilling runs) bilden Erklärungsansätze für die destabilisierende Spekulation. Hiernach seien Spekulationen nicht an den fundamentalen Gleichgewichtsdeterminanten des Wechselkurses ausgerichtet und würden demzufolge zu „Über- und Unterbewertungen" von Währungen führen. Eine vorherrschend in eine Richtung weisende Spekulation, die dann tatsächlich den Wechselkurs in Konformität zu den dominierenden Wechselkurserwartungen in Bewegung setzt, würde eine Ausgangsbasis für ähnliche zukünftige Spekulationen bilden, wodurch sich dann der Wechselkurs kumulativ von seinen „fundamentals" entfernen würde.

In dieser Vorstellung des Währungswirrwarrs ist dann auch der Ruf nach dem Staat eine konsequente Schlußfolgerung. Internationale Währungskooperation im Sinne des Louvre-Abkommens oder sogar Eingriffe in den internationalen Kapitalverkehr stehen als Beispiele bzw. Vorschläge für staatliche Interventionen, um Korrekturen an der „Unordnung" der gegenwärtigen Währungsrelationen herbeizuführen.

Die Frage des Marktversagens von Devisenmärkten (und von Finanzmärkten im allgemeinen) ist in der früheren volkswirtschaftlichen Literatur schon oft gestellt worden. Berühmt ist die Kontroverse zwischen RAGNAR NURKSE (1944) und MILTON FRIEDMAN (1953). Nurkse, der in seinem Buch *International Currency Experience. Lessons of the Interwar Period* u.a. die kurze Zeitspanne flexibler Wechselkurse der 1920er Jahre untersucht hat, kommt zu der Schlußfolgerung, daß zu dieser Zeit die Spekulationen vorherrschend destabilisierender Art gewesen seien. Friedman analysiert in einem seiner bekanntesten Aufsätze „The Case for Flexible Exchange Rates" den Annahmenkatalog, wonach Spekulationen entweder stabilisierend oder destabilisierend wirken können. Er konzediert die Möglichkeit destabilisierender Wechselkurserwartungen, jedoch weichen seine für diesen Fall vorgeschlagenen wirtschaftspolitischen Implikationen radikal von den üblichen Vorstellungen ab. Die Zentralbank – so nach Friedman – könne durchaus auf dem Devisenmarkt intervenieren, um eine ungenügende Zahl von stabilisierenden Spekulanten zu ersetzen. Aber, so meint er, wäre es unwahrscheinlich, „daß Regierungsbeamte (die übrigens bei der Intervention Gelder benutzen, die sie selbst nicht verdient haben) über ein besseres Urteilsvermögen hinsichtlich der wahrscheinlichen Wechselkursentwicklung verfügen als private Wirtschaftssubjekte (die zudem ihre eigenen Vermögensbestände riskieren)". Eine Devisenmarktintervention sei nur dann zu empfehlen, wenn die Geldbehörde bessere Informationen besäße. Aber selbst dann – und wie könnte man etwas anderes von Milton Friedman erwarten – könnte sich die Notenbank vom Devisenmarkt fernhalten, da sie lediglich die ihr zur Verfügung stehenden besseren Informationen den Marktteilnehmern mitzuteilen hat.

Misalignment. Die These der Wechselkursturbulenz wird in jüngster Zeit von dem Nationalökonomen John Williamson vertreten, der dem reputierten Washingtoner Institut für Internationale Wirtschaft angehört und der einen weltweiten Ruf mit seinem Reformvorschlag von Zielzonen für Wechselkursschwankungen erlangt hat. In sehr nützlicher Weise teilt er die beobachtbare Wechselkursvariabilität in zwei Komponenten auf. Auf der einen Seite steht die sogenannte „Volatilität" (volatility), welche die kurzfristige Wechselkursvariabilität beschreibt. Sie betrifft die täglichen, wöchentlichen oder monatlichen Fluktuationen um den Durchschnitts- oder Trendwert. Diese Volatilität stellt für Williamson eine „besorgniserregende Schwäche" dar. Sie ist jedoch nicht der Hauptgegenstand seiner Kritik des gegenwärtigen Währungssystems und sie könne zudem durch entsprechende Interventionen seitens der Zentralbanken reduziert werden. Sein Hauptanliegen liegt eher in dem von ihm behaupteten „misalignment", wonach sich der beobachtbare Trendwert des Wechselkurses über Jahre hinweg von seinem fundamentalen langfristigen Gleichgewichtskurs entfernt habe. Es ist dieser fundamentale Gleichgewichtskurs, dem wir im folgenden unsere Hauptaufmerksamkeit widmen möchten.

Das Konzept des fundamentalen gleichgewichtigen Wechselkurses hat Generationen von Außenhandelstheoretikern geplagt. Gewiß ist er nicht aus der finanz- bzw. geldwirtschaftlichen Perspektive interpretierbar, da in dieser Sicht der Wechselkurs als ein Preis für Finanzaktiva zu betrachten ist. Finanzmärkte sind bekanntlich zu jedem Zeitpunkt mittels unmittelbarer Preisschwankungen ausgeglichen, und der Wechselkurs – auf welcher Höhe auch immer – wäre stets ein gleichgewichtiger Kurs. Folglich kann die Frage nach dem fundamentalen gleichgewichtigen Wechselkurs nur unter güterwirtschaftlichem Aspekt beantwortet werden. Hier stehen sich nun seit geraumer Zeit zwei Vorstellungen gegenüber.

Die eine postuliert, daß der Leistungsbilanzsaldo die Richtschnur für den Gleichgewichtskurs bildet. Demzufolge würde jener Wechselkurs den fundamentalen Gleichgewichtskurs widerspiegeln, der den Leistungsbilanzsaldo entweder ausgleicht oder einen bestimmten Saldo zuläßt, der den sogenannten langfristigen Kapitalbewegungen entsprechen würde. Die andere Vorstellung des fundamentalen gleichgewichtigen Wechselkurses ist die der Kaufkraftparität, wonach der gleichgewichtige Wechselkurs jener sei, bei dem der Inlandspreis handelsfähiger Güter (d.h. der im internationalen Wettbewerb stehenden Güter) ihrem Auslandspreis entsprechen müsse.

Können beide Vorstellungen auf einen Nenner gebracht werden oder stellen sie unvereinbare Extrempositionen dar? In den turbulenten 80er Jahren betrug der Maximalpreis für einen US-Dollar 3.31 DM (im Monat März

1985) und der Minimalpreis 1.63 DM (im Monat Dezember 1987). Der gleichgewichtige Wechselkurs auf der Basis der Kaufkraftparität wird sehr wahrscheinlich irgendwo in der Mitte liegen. Entsprechend den Berechnungen eines anderen berühmten Reformtheoretikers, Ronald McKinnon von der Universität Stanford, würde dieser sich zur Zeit in der Bandbreite von 1.80 bis 2.–– DM für einen US-Dollar bewegen.

Wird dagegen der Leistungsbilanzsaldo als Kriterium des gleichgewichtigen Wechselkurses herangezogen, so müßte zunächst geklärt werden, welcher Saldo der amerikanischen Leistungsbilanz als „gleichgewichtig", „tolerierbar", „adäquat", „langfristig aufrechterhaltbar" anzusehen ist. In den 1960er Jahren kehrte sich dieser in ein durchschnittliches Defizit von knapp 1 Milliarde Dollar um. Die 1980er Jahre begannen mit einem Überschuß von zwei Milliarden Dollar, der dann sehr rasch in wachsende Defizite umschlug. Diese erreichten eine Rekordhöhe von 141 Milliarden Dollar im Jahre 1986 und 161 Milliarden im Jahre 1987. In der Zwischenzeit – und zum ersten Mal seit der Zeit vor dem Ersten Weltkrieg – sind die USA von einem Netto-Gläubigerland in die Rolle eines Netto-Schuldnerlandes gezwängt worden.

Aus dieser Sicht ist zweifellos das „langfristig vertretbare" amerikanische Leistungsbilanzdefizit auf einem niedrigeren Niveau als dem jetzigen anzusetzen. Ob es bei Null liegt oder bei einer Milliarde Dollar pro Jahr wie in den 1970er Jahren oder bei zehn, zwanzig oder dreißig Milliarden, vermag niemand a apriori zu sagen. Kurz nach der Wahl des neuen amerikanischen Präsidenten meinte Martin Feldstein, ehemaliger Vorsitzender des amerikanischen Sachverständigenrates und Havards führender Wirtschaftsprofessor, daß die neue Administration für die nächsten drei Jahre einen Wechselkurs von 1.45 DM bzw. von 100 Yen für einen Dollar anstreben solle (was einer zwanzigprozentigen Abwertung des amerikanischen Dollars gleichkommt), um das Leistungsbilanzdefizit nachhaltig zu reduzieren. Welten trennen also den gleichgewichtigen Wechselkurs nach dem Kaufkraftparitätentheorem von dem gleichgewichtigen Wechselkurskonzept nach dem Kriterium eines tolerierbaren Leistungsbilanzdefizits bzw. eines gleichgewichtigen Leistungsbilanzsaldos.

Die Frage, inwieweit das amerikanische Budgetdefizit verantwortlich ist für das Leistungsbilanzdefizit und für die Wechselkursschwankungen, werde ich im folgenden zu behandeln versuchen. Zunächst wende ich mich kurz den fiskalpolitischen Ursachen eines Leistungsbilanzdefizits zu, um dann anschließend das Hauptthema zu behandeln, nämlich das der Wirkung eines Budgetdefizits auf den realen Wechselkurs. Es sei schon jetzt betont, daß ein direkter Kausalzusammenhang zwischen dem gleichgewichtigen realen Wechselkurs und dem Leistungsbilanzsaldo nicht ableitbar ist, der etwa so lauten könnte, daß ein Budgetdefizit eine reale Aufwertung erzeugt, die ihrerseits ein Leistungsbilanzdefizit verursacht. Was lediglich konstatiert werden kann, betrifft die Aussage, daß ein Budgetdefizit im Regelfall ein Leistungsbilanzdefizit hervorruft, das grundsätzlich unabhängig vom realen Wechselkurs ist, und daß andererseits unter bestimmten Annahmen ein Budgetdefizit ebenfalls eine reale Aufwertung hervorbringen kann, die ihrerseits wiederum unabhängig vom Leistungsbilanzsaldo ist. Gewiß teilen beide, Leistungsbilanzdefizit und reale Aufwertung, eine gemeinsame Ursache: das Budgetdefizit, doch die reale Aufwertung ist nicht die Ursache des Leistungsbilanzdefizits.

II. Budgetdefizit und Leistungsbilanzdefizit

Die wirtschaftspolitische Wunschvorstellung der Reduktion des Leistungsbilanzdefizits sollte nach altem wissenschaftlichen Brauch mit der Analyse seiner Ursachen beginnen. Die Primärursache des amerikanischen Leistungsbilanzdefizits liegt nicht in der Wechselkursentwicklung, sondern in der Entwicklung des amerikanischen Budgetdefizits.

Ein schuldenfinanziertes Budgetdefizit kann durch heimische Ersparnisse, ausländische Ersparnisse oder durch eine Kombination beider finanziert werden. Die für das amerikanische Budgetdefizit charakteristische Finanzierungsart muß zweifellos aus einer Kombination heimischer und ausländischer Ersparnisse bestehen. Da die Finanzmärkte der meisten westlichen Industriestaaten voll miteinander integriert sind (der Fall der sogenannten vollständigen Kapitalmobilität) und da die US-Wirtschaft nicht nur eine große, sondern eine „super-große" Volkswirtschaft innerhalb der Weltwirtschaft repräsentiert, bewirkte das amerikanische Budgetdefizit eine Erhöhung des In- und Auslandszinssatzes, so daß zu seiner Finanzierung sowohl heimische als auch ausländische Ersparnisse freigesetzt wurden. Dem hieraus folgenden amerikanischen Kapitalbilanzüberschuß – der identisch mit dem Netto-Import ausländischer Ersparnisse ist – mußte ein Leistungsbilanzdefizit entsprechen, sofern der Zahlungsbilanzsaldo ausgeglichen ist. Da letzterer aber stets defizitär war und identisch mit der Zunahme der Dollarreserven seitens der außeramerikanischen Zentralbanken ist, wurde das Leistungsbilanzdefizit (und damit auch ein Teil des Budgetdefizits) sowohl durch „private" ausländische Ersparnisse (Kapitalbilanzüberschuß) als auch durch „offizielle" bzw. „öffentliche" ausländische Ersparnisse (Zahlungsbilanzdefizit) finanziert.

Das amerikanische Leistungsbilanzdefizit stellt sozusagen eine gewünschte oder gewollte Größe dar, da dessen gigantische Höhe aus dem Budgetdefizit resultiert. Es wäre geradezu gegen jede ökonomische Logik, das Leistungsbilanzdefizit mittels Wechselkursmanipulationen beseitigen zu wollen, während beim Budgetdefizit kaum Abstriche gemacht werden. Eine solche Prozedur wäre zum Scheitern verurteilt. Die persistente Aufrechterhaltung des amerikanischen Leistungsbilanzdefizits trotz kontinuierlicher Abwertungswelle des US-Dollars seit März 1985 gibt denn auch diesem Kausalzusammenhang recht. Eine gemäßigte Reduktion des Leistungsbilanzdefizits, die erst für das Jahr 1988 zu beobachten ist, geht im Gleichschritt mit der allmählichen Verringerung des Haushaltsdefizits seit Beginn des Jahres 1987.

Ein positiver oder negativer Leistungsbilanzsaldo tritt stets dann auf, wenn die Gesamtnachfrage nach Gütern nicht mehr dem heimischen Güterangebot entspricht. Eine das heimische Güterangebot übersteigende Mehrnachfrage wird, sofern die Finanzierung gesichert ist (d.h. sofern Kapitalmobilität vorliegt), durch Außenhandelstransaktionen befriedigt, die dann zu einem entsprechenden Leistungsbilanzdefizit führen. Diese Mehrnachfrage kann durch eine Reihe von Faktoren verursacht sein, die man schematisch in Güterangebots- und Güternachfrageschocks unterteilt. Angebotsschocks ergeben sich aus autonomen Kostenerhöhungen wie beispielsweise aus einer Zunahme des Reallohns jenseits des Produktivitätszuwachses oder etwa aus der weltweiten Erhöhung des Ölpreises und seiner späteren Reduktion. Eine Zunahme der Staatsausgaben am Gesamteinkommen, die nicht durch ein entsprechendes Mehr an Steuern finanziert wird, steht als Beispiel für einen Güternachfrageschock. Ein Leistungsbilanzdefizit würde sich jedoch nicht nur allein als Folge eines Budgetdefizits einstellen, es würde auch dann auftreten, wenn z.B. aus welchen Gründen auch immer die Investitionsneigung oder die Konsumneigung autonom zunimmt (bzw. wenn die Sparneigung abnimmt).

Demzufolge kann für die lange Periode ein bestimmter sogenannter gleichgewichtiger und unveränderlicher Leistungsbilanzsaldo nicht abgeleitet werden – wie es der Williamsonsche Reformvorschlag impliziert –, da sich der gleichgewichtige Leistungsbilanzsaldo als Folge von Realschocks kontinuierlich verändern kann. Die Möglichkeit, der Korrektur des gleichgewichtigen langfristigen Leistungsbilanzsaldos als Resultat diverser realwirtschaftlicher Störungen stets Rechnung zu tragen, könnte nur von einem zentralplanwirtschaftlichen Genie ausgeführt werden.

III. Budgetdefizit und reale Aufwertung

Es kann gezeigt werden, daß unter bestimmten Bedingungen ein Budgetdefizit ebenfalls eine reale Aufwertung auslöst, die ihrerseits unabhängig von der Entwicklung des Leistungsbilanzsaldos ist. Letzterer kann unverändert bleiben oder er kann sich verschlechtern.

Es muß zunächst geklärt werden, was unter dem realen Wechselkurs bzw. unter seiner Veränderungsrate zu verstehen ist. Die erste Interpretation betrifft die Möglichkeit eines unvollständigen internationalen Wettbewerbs bzw. die Existenz von Preisrigiditäten. Findet beispielsweise eine nominale Aufwertung von 10% statt und bleiben die inländischen Preise der Import- und Exportgüter unverändert, dann ist die nominale Aufwertung identisch mit einer realen Aufwertung. Sinken dagegen die Inlandspreise der Import- und Exportgüter genau um den nominalen Aufwertungssatz, dann bleibt der reale Wechselkurs unverändert. Der reale Wechselkurs ist also hier als die Relation zwischen dem Auslandspreis und dem effektiven Inlandspreis einer bestimmten Gütergruppe definiert, wobei der Auslandspreis mittels des herrschenden Wechselkurses in der Inlandswährung ausgedrückt ist. Im Falle eines vollständigen Wettbewerbs und einer unendlich schnellen Preisanpassung müßte diese Relation gleich eins sein, sofern man von diversen Handelsschranken abstrahiert (wie Transportkosten, Zöllen, indirekten Steuern etc.). Wir hätten dann das Gesetz eines einheitlichen Preises für Handelsgüter, der im In- und Ausland herrschen würde, und der Wechselkurs würde der Kaufkraftparität entsprechen. In diesem Extremfall würde jede Veränderung des nominalen Wechselkurses den realen Wechselkurs, so wie er weiter oben definiert worden war, unberührt lassen.

Aus einer großen Reihe empirischer Arbeiten wissen wir, daß das Kaufkraftparitätentheorem nur für die lange Periode Gültigkeit hat, wobei sich die lange Periode auf mehrere Jahre erstrecken kann. Die auf 50% geschätzte reale Aufwertungsrate des US-Dollars während der ersten Hälfte der 1980er Jahre hätte dann gewaltige Wettbewerbsverzerrungen zu Lasten der Vereinigten Staaten und zugunsten der restlichen Welt geschaffen, die dann aus dieser Sicht auch das amerikanische Leistungsbilanzdefizit maßgeblich beeinflußt hätten. Aber es wäre geradezu ein Unding, innerhalb unserer integrierten westlichen Industrienationen eine derartig unvollkommene Preisarbitrage während mehrerer Jahre annehmen zu wollen. Eine andere Art von realem Wechselkurs muß bei den Wechselkursschwankungen mitgewirkt haben. Die zweite Interpretationsmöglichkeit des realen Wechselkurses ist die des relativen Preises der sogenannten nichthandelsfähigen Güter.

Der relative Preis nichthandelsfähiger Güter. Das Konzept der handelsfähigen und nichthandelsfähigen Güter ist schon während der 1920er Jahre anläßlich der Debatte um das deutsche Transferproblem entwickelt worden. Handelsfähige Güter können mit Rohstoffen und Industriegütern gleichgesetzt werden, und nichthandelsfähige Güter umfassen zum größten Teil Dienstleistungen (aber auch beispielsweise den Bausektor und den protektionistischen Agrarsektor), worunter auch – was für unser Thema von äußerster Relevanz ist – die meisten vom Staat zur Verfügung gestellten Güter zu rechnen sind (Verwaltung, Erziehung, Verteidigung usw.). Das theoretische

Abgrenzungskriterium beider Gütergruppen bezieht sich auf den internationalen Preisverbund. Handelsfähige Güter sind der internationalen Preiskonkurrenz ausgesetzt und die nichthandelsfähigen Güter sind es nicht.

In dem einen wie in dem anderen Fall der realen Wechselkursdefinition produziert jedoch nun eine nominale Aufwertung eine gleich hohe reale Aufwertung. Bleiben die Inlandspreise der Handelsgüter unberührt, dann liegt eine volle reale Aufwertung in dem Sinne vor, als sich der relative Preis der inländischen im Vergleich zu den ausländischen Handelsgütern erhöht (der Fall der ungleichgewichtigen realen Aufwertung). Sinken dagegen die Inlandspreise der Handelsgüter um den Betrag der nominalen Aufwertung entsprechend der Kaufkraftparität, dann findet eine volle reale Aufwertung im Sinne der Erhöhung des relativen Preises der nichthandelsfähigen Güter statt (der Fall der gleichgewichtigen realen Aufwertung). Diese beiden Fälle können noch genereller ausgedrückt werden. Führt eine 10%ige nominale Aufwertung zu einer 4%igen Preissenkung der inländischen Handelsgüter, dann setzt sich der 10%ige reale Aufwertungssatz aus einer 4%igen Erhöhung des relativen Preises der nichthandelsfähigen Güter und aus einer 6%igen Erhöhung des relativen Preises der inländischen Handelsgüter in bezug auf die ausländischen Handelsgüter zusammen. Die spezifische Annahme der Kaufkraftparität werde ich in der restlichen Argumentation behandeln, da sie von besonderer Relevanz für die Situation einer expansiven Fiskalpolitik steht: höhere Staatsausgaben, die vornehmlich für eine staatliche Mehrnachfrage nach (und Mehrangebot an) nichthandelsfähigen Gütern verwandt werden.

Sofern die Zunahme der Staatsausgaben hauptsächlich für den Kauf nichthandelsfähiger Güter vorgesehen ist, wird die gesamtwirtschaftliche Nachfragestruktur nachhaltig zugunsten der nichthandelsfähigen Güter modifiziert. Eine reale Aufwertung muß einsetzen, und zwar im Sinne der relativen Verteuerung der nichthandelsfähigen Güter (bzw. der relativen Verbilligung der handelsfähigen Güter mittels der nominalen Aufwertung). Der eigentliche Grund hierfür liegt in der Natur der nichthandelsfähigen Güter. Ein Mehr an nichthandelsfähigen Produkten kann laut Definition nicht aus dem Ausland bezogen werden. Folglich kann die Mehrnachfrage nur durch eine heimische Mehrproduktion befriedigt werden. Diese Mehrproduktion stellt sich dann ein, wenn ein Ressourcentransfer vom heimischen Produktionssektor der handelsfähigen Güter zum Produktionssektor der nichthandelsfähigen Güter stattfindet, und nur die reale Aufwertung kann den Substitutionsprozeß auf der Angebotsseite auslösen. Dieser Ressourcentransfer wird jedoch von den Produzenten nur dann in die Wege geleitet, wenn die relative Preisverschiebung nicht ein transitorisches Phänomen darstellt und wenn demzufolge das schuldenfinanzierte Budgetdefizit nicht als ein vorübergehendes Faktum betrachtet wird.

Um die Argumentation so einfach wie möglich zu gestalten, sei unterstellt, daß der private Sektor nur handelsfähige Güter und der Staat nur nichthandelsfähige Güter nachfragt. Ein Budgetdefizit, das durch eine Zunahme der Staatsausgaben verursacht ist, entspricht demzufolge der Mehrnachfrage nach nichthandelsfähigen Gütern auf dem inländischen Gütermarkt. Diese Mehrnachfrage ruft eine reale Aufwertung hervor, und die reale Aufwertung ist unabhängig von der Finanzierungsart des Budgetdefizits und damit auch unabhängig von der Entwicklung des Leistungsbilanzsaldos.

Die erste Finanzierungsart ist die der heimischen Ersparnisse. Sie stellt sich bei Kapitalimmobilität ein, da ein Zugriff auf ausländische Ersparnisse ex definitione ausgeschlossen ist. Der Zinsmechanismus bewerkstelligt mittels des Crowding-Out-Effektes die zusätzlich verfügbaren heimischen Ersparnisse, die einer Mindernachfrage des privaten Sektors nach handelsfähigen Gütern gleichkommen. Folglich haben wir im Gütermarkt ein globales Gleichgewicht, das aber von einem strukturellen Ungleichgewicht begleitet ist: auf der einen Seite eine Mindernachfrage nach handelsfähigen Gütern seitens des privaten Sektors und auf der anderen Seite eine Mehrnachfrage nach nichthandelsfähigen Gütern seitens des staatlichen Sektors. Eine Produktionsumschichtung im Sinne einer Minderproduktion von handelsfähigen Gütern und eine Mehrproduktion an nichthandelsfähigen Gütern wird dann mittels des Gleichgewichtsmechanismusses einer realen Aufwertung bewerkstelligt.

Die zweite Finanzierungsart ist die der ausländischen Ersparnisse, sofern Kapitalmobilität unterstellt wird. Bei vollständiger Kapitalmobilität und unter der Annahme eines kleinen Landes wird das Budgetdefizit ohne jegliche Zinserhöhung ausschließlich durch ausländische Ersparnisse finanziert. Eine reale Aufwertung tritt trotzdem ein, da die staatliche Mehrnachfrage nur mit Hilfe der heimischen Produktionsfaktoren befriedigt werden kann. Ein Ressourcen-Shift vom Sektor der handelsfähigen zum Sektor der nichthandelsfähigen Güter muß also auch hier erfolgen. Der einzige Unterschied zu der Finanzierungsart aus heimischen Ersparnissen besteht darin, daß die Gesamtnachfrage des privaten Sektors nach handelsfähigen Gütern unverändert bleibt und daß ein Teil dieser Nachfrage nun aus dem Außenhandel befriedigt wird mit der Folge eines entsprechenden Leistungsbilanzdefizits. Strikt genommen ist in diesem Fall das Budgetdefizit gleich dem Leistungsbilanzdefizit. Zu vermerken ist ebenfalls, daß die reale Aufwertung nicht als Ursache des Leistungsbilanzdefizits anzusehen ist, denn auch im Falle der Kapitalimmobilität konnten wir einen ähnlichen realen Aufwertungssatz konstatieren, wobei jedoch die Leistungsbilanz ausgeglichen blieb.

Aus Vollständigkeitsgründen muß ich auch noch jenen Fall aufgreifen, wo das Budgetdefizit nicht durch eine Zunahme der Staatsausgaben, sondern durch eine Verminderung der Steuereinnahmen verursacht worden ist. Die

Höhe der Staatsausgaben bleibt also unverändert und dementsprechend auch die Höhe der staatlichen Nachfrage nach nichthandelsfähigen Gütern. Eine Produktionsumschichtung zugunsten der nichthandelsfähigen Güter ist nicht erforderlich, so daß auch eine reale Aufwertung nicht zu erfolgen braucht. Diese Art des Budgetdefizits läßt also den realen Wechselkurs unverändert. Die Finanzierungsmethode bleibt jedoch dieselbe wie im Falle des durch höhere Staatsausgaben verursachten Haushaltsdefizits: heimische Ersparnisse bei Kapitalimmobilität und ausländischen Ersparnisse bei vollständiger Kapitalmobilität mit der zusätzlichen Folge eines Leistungsbilanzdefizits.

Viele mögliche Wechselkurseffekte sind also denkbar. Die Wahrscheinlichkeit einer realen Aufwertung müßte dann beobachtbar sein, wenn das Budgetdefizit primär durch die Zunahme der Staatsausgaben verursacht ist und wenn die zusätzlichen Staatsausgaben vorherrschend für den Kauf nichthandelsfähiger Güter verwandt werden. Da ferner vollständige Kapitalmobilität eine wirklichkeitsnahe Annahme darstellt, würde ein Budgetdefizit nicht nur eine reale Aufwertung, sondern auch ein Leistungsbilanzdefizit erzeugen.

Terms of Trade. Für den Fall eines großen Landes wie den der Vereinigten Staaten kann festgestellt werden, daß der Weltmarktzinssatz steigt und daß demzufolge das Budgetdefizit aus einer Kombination von heimischen und ausländischen Ersparnissen finanziert wird. Neben der realen Aufwertung des US-Dollars im Sinne der Erhöhung des relativen Preises von nichthandelsfähigen Gütern kann das Budgetdefizit auch noch einen anderen relativen Preis beeinflussen, nämlich den der Terms of Trade. Diese Möglichkeit ist im Falle eines kleinen Landes ex definitione ausgeschlossen, es sei denn, es habe eine Monopolmacht für einige seiner Exportgüter. Die Terms of Trade beziehen sich auf zwei Gütergruppen innerhalb der Kategorie handelsfähiger Güter, und zwar auf Exportgüter und Importgüter. Die neue bzw. zusätzliche Interpretation des realen Wechselkurses wäre dann die, daß beispielsweise eine Verbesserung der Terms of Trade mit einer realen Aufwertung verbunden wäre.

Der spezielle Fall einer Verbesserung der inländischen Terms of Trade findet dann statt, wenn nach erfolgter Erhöhung des Weltmarktzinssatzes im Weltgütermarkt ein Nachfrageüberschuß nach den inländischen Exportgütern vorliegt, der dann notwendigerweise im Weltgütermarkt einem Angebotsüberschuß an inländischen Importgütern entsprechen muß. Demzufolge wird der Weltmarktpreis der inländischen Exportgüter steigen und der Weltmarktpreis der inländischen Importgüter sinken. Eine wesentliche Voraussetzung für diese Art von realer Aufwertung wäre, daß die zusätzlichen Staatsausgaben prioritär für den Kauf der heimisch produzierten Handelsgüter – oder präziser – für den Kauf der heimischen Exportgüter benutzt werden (in Analogie zu der realen Aufwertung im Sinne der relativen Verteuerung der nichthandelsfähigen Güter, wobei die Zunahme der Staatsausgaben ebenfalls vorherrschend für den Kauf der heimischen, d.h. hier nun auch der nichthandelsfähigen Güter verwandt werden mußte).

IV. Schlußbemerkungen zum „Auf- und Niedergang" des US-Dollars in den 1980er Jahren

Eine monokausale Interpretation für die spektakuläre Dollarentwicklung der 1980er Jahre zu liefern, würde jeder wissenschaftlichen Methode entbehren. Viele Faktoren – realwirtschaftlicher und geldwirtschaftlicher Art – müssen mitgewirkt haben. Was beispielsweise die amerikanische Geldpolitik anbelangt, so war diese in der beginnenden Aufwertungsphase restriktiv und sie wurde kurz vor dem Dollarumschwung wieder expansiv. Da zudem die realen Dollarschwankungen nahezu en bloc gegenüber allen anderen wichtigen Währungen vonstatten gingen, drängt sich die Zwei-Länder-Betrachtung auf. In dieser Betrachtungsweise gibt es nur einen Wechselkurs und dieser wird sowohl von der US-Wirtschaft wie von der restlichen Weltwirtschaft beeinflußt. Die Aufgabe eines theoretisch versierten Ökonomen ist es, alle Determinanten aufzudecken, und die Aufgabe eines wirtschaftspolitisch orientierten Ökonomen ist es, die wesentlichen Einflußgrößen von den unwesentlichen zu trennen.

Die expansive Fiskalpolitik der USA *und* die restriktive Fiskalpolitik Japans, Englands und der Bundesrepublik haben zweifellos zu der realen Aufwertung des Dollars beigetragen. Ein Teil dieser realen Aufwertung muß also dieser spezifischen fiskalpolitischen Konstellation zugeschrieben werden, wobei die Größe dieses Teils nur mittels ökonometrischer Untersuchungen ableitbar ist. Dieser fiskalpolitisch induzierte Teil der realen Aufwertung muß als ein Gleichgewichtsphänomen betrachtet werden, denn er resultiert – was den realen Wechselkurs im Sinne des relativen Preises von handelsfähigen zu nichthandelsfähigen Gütern betrifft – aus einem Ungleichgewicht in der Struktur von Güterangebot und Güternachfrage. Im nachhinein gesehen wäre eine Intervention seitens der Zentralbanken oder die Durchsetzung einer Reform des Währungssystems zwecks Aufrechterhaltung konstanter realer Wechselkurse sogar schädlich gewesen. Unsere ex post-Analyse des fundamentalen gleichgewichtigen Wechselkurses für den US-Dollar hat – so hoffe ich – gezeigt, daß eine reale Aufwertung des Dollars als Folge der amerikanischen Fiskalpolitik erforderlich war, auch wenn der präzise „gleichgewichtige" Aufwertungssatz nur empirisch feststellbar ist. Ob jedoch die Empirie überhaupt in der Lage ist, ein ökonometrisches Modell zu entwerfen, das eine zufriedenstellende Antwort liefern kann, wage ich ebenfalls zu bezweifeln.

Bisher habe ich stets von der realen Aufwertung des US-Dollars gesprochen, ohne irgendwelche Hinweise auf die Ereignisse nach März 1985 zu geben. Es ist nicht von ungefähr, daß zu Beginn des Jahres 1985 die USA in die Situation eines Netto-Schuldnerlandes gerieten. Zu dieser Zeit wie aber auch schon vorher – vor allem während des Wahlkampfjahres 1984 – machte sich der Glaube von der „Nichtaufrechterhaltbarkeit" (unsustainability) des amerikanischen Budgetdefizits breit. Das Gramm-Rudman-Hollings-Gesetz aus dem Jahre 1985, wonach das Budgetdefizit graduell im Laufe der kommenden Jahre gekürzt werden soll, um dann zu Beginn der 1990er die Höhe von Null zu erreichen, ist nur eine Variante in der Diskussion um fiskalpolitische Enthaltsamkeit. Ob mit oder ohne dieses Gesetz – denn Gesetze können bekanntlich geändert werden – ist meine Erklärungshypothese die, daß die überwiegende Mehrheit der Devisenmarktteilnehmer die Erwartung einer zukünftigen Reduktion des amerikanischen Budgetdefizits hegten. In der ex post-Berachtung ist zwar das amerikanische Budgetdefizit in absoluten Zahlen erst nach 1986 und auch nur mäßig gekürzt worden, in Prozentzahlen wurde es jedoch beträchtlich reduziert, und zwar von mehr als 5% des Sozialproduktes in den Jahren 1983 bis 1986 auf 3% in den Jahren 1987 und 1988.

Entsprechend meinen Modellüberlegungen erzwingt (innerhalb des von mir vorgetragenen Annahmenkatalogs) ein verringertes Budgetdefizit einen höheren Preis für handelsfähige Güter und einen geringeren Preis für nichthandelsfähige Güter, um die Güterangebotsstruktur der neuen Nachfragestruktur anzupassen. Bekanntlich schlagen sich in den Finanzmärkten neue Erwartungskonstellationen, selbst wenn diese für eine späte Zukunft vorausgesehen werden, unmittelbar auf den gegenwärtigen Preis der Finanzaktiva nieder. Wenn generell erwartet wird, daß eine Aktiengesellschaft in weiter Zukunft geringere Gewinne erwirtschaften wird, so vermindert sich dementsprechend ihr heutiger Aktienkurs. Wenn allgemein in weiter Zukunft mit einer realen Abwertung des Dollars als Folge eines reduzierten Budgetdefizits gerechnet wird, so tritt die Abwertungstendenz schon heute auf. Sich dieser Abwertungstendenz mittels Devisenmarktinterventionen entgegenzustellen, wäre für jene reale Wechselkursveränderung anfechtbar, die – in der Terminologie von John Williamson – weder auf das Phänomen der Volatilität noch auf das des „misalignment" zurückzuführen ist.

Selbst in einer ex post-Betrachtung ist es fast unmöglich, die vergangenen „guten" Wechselkurstendenzen von den „schlechten" präzise zu trennen. Um so viel schwieriger müßte es für die Zentralbanken sein, ex ante festzulegen, welcher Wechselkurs zur Zeit als der fundamental gleichgewichtige anzusehen ist. In diesem Sinne möchte ich den zu Anfang erwähnten Vorschlag Milton Friedmans wieder aufgreifen, wonach die Zentralbank, sofern sie über bessere Informationen verfügt, diese dann an die Marktteilnehmer weitergeben sollte, anstatt zu intervenieren. Sofern man von einer „allwissenden“ Zentralbank abstrahiert, sollten Zentralbankinterventionen so wenig wie möglich erfolgen, denn diese erschweren nur die Erwartungsbildung der Wechselkurse, da die Marktteilnehmer jetzt nicht nur eventuelle zukünftige Schocks, sondern auch die Reaktionen der Zentralbanken auf diese Schocks vorauszusehen haben.

Der schwierige Weg von der sozialistischen Planwirtschaft zur marktwirtschaftlichen Ordnung

von

CHRISTIAN WATRIN

I. Die Transformation von Wirtschaftssystemen als theoretisches und wirtschaftspolitisches Problem

Wenn Ökonomen Änderungen des status quo empfehlen, dann stehen sie immer auch vor der Frage, wie der Übergang vom Hier und Jetzt zum angestrebten Zustand zu bewerkstelligen ist. Häufig wird die Antwort in der Tradition des Zweck-Mittel-Denkens gegeben. Nach der Beschreibung der Ausgangslage werden die Alternativen unter Einschluß ihrer voraussichtlichen Wirkungen erörtert und anschließend wird die effizienteste Lösung herauszufinden versucht, sofern nicht – angesichts der Schwierigkeiten, die sich bei Effizienzvergleichen auftun – eine „politische" Entscheidung zwischen den verfügbaren Alternativen empfohlen wird. Die Übergangsproblematik aber hat im Zweck-Mittel-Denken keinen rechten Platz. Sie wird eher in die Ebene des politischen Kampfes verlagert oder als eine von den staatlichen Bürokratien zu lösende Aufgabe angesehen. Erst die Evaluierung einer Maßnahme, einer Politik oder einer institutionellen Änderung vermag in der Regel wieder das Interesse von Ökonomen auf sich zu ziehen[1]

Bei Fragen des Übergangs von einem Wirtschaftssystem zu einem anderen erzeugt ein solches Vergehen, das in anderen Fällen akzeptabel sein mag, Unbehagen. Einmal weil der Systemwechsel buchstäblich jeden Aspekt des Wirtschaftslebens betrifft und zu Recht in der Öffentlichkeit als ein historisches Ereignis besonderer Art aufgefaßt wird. Zum anderen, weil in der Übergangsphase, die lange dauern kann, zahlreiche aufeinander bezogene Maßnahmen ergriffen werden müssen, wenn der Systemwechsel gelingen soll. Damit werden der Übergang selbst und die mit ihm verbundenen Übergangskosten nicht nur Gegenstand der politischen Auseinandersetzung sondern auch der ökonomischen Reflexion.

Die Frage, wie der Übergang von einen zum anderen Wirtschaftssystem

[1] JONES, 1984, 165f.

zu bewerkstelligen ist, hat vor allem die sozialistische Literatur beschäftigt. Sie diskutierte vor allem zwei Aspekte, die Umgestaltung bestehender privatwirtschaftlicher („kapitalistischer“) Eigentumsordnungen in sozialistisches Eigentum und die Ersetzung marktwirtschaftlicher Koordinationsregeln durch ein System zentraler bürokratischer Planung. In der akademischen Diskussion wurden für die Umgestaltung der Eigentumsordnung zahlreiche Vorschläge präsentiert. Sie reichen von der Empfehlung eines revolutionären Umsturzes über Ideen[2], den Übergang mittels demokratischer Abstimmungen zu bewältigen, bis hin zum Vorschlag, mittels einer Inflationierung der Währung[3] die neue Ordnung einzuführen, sofern sie nicht das Produkt eines Reifungsprozesses sein sollte, der die schmerzlose Transformation ermöglicht.

In der politischen Praxis vollzog sich die Ablösung privatwirtschaftlicher Eigentumsordnungen allerdings weder „schmerzlos“ noch auf Grund freiwilliger Zustimmung der Betroffenen, sondern stets nur über die verschiedensten Formen politischen Druckes bis hin zum Einsatz aller Formen politischer Gewalt. Anders verhielt es sich bei der Einführung der Zentralplanung. Bürokratische Lenkung setzt zwar auch die Aufhebung der privaten Dispositionsrechte über Produktionsmittel voraus. Politisch stieß die zentrale Wirtschaftslenkung jedoch auf bedeutend weniger Widerstand als etwa die Kollektivierung der Landwirtschaft. Ob dies auf den öffentlichen Gutscharakter einer Wirtschaftsordnung oder auf die in den betreffenden Ländern erfolgte Abschaffung der demokratischen Spielregeln oder auf die Hoffnung breiter Schichten, so ihren Wohlstand zu verbessern, zurückzuführen ist, ist eine offene Frage.

Unter dem Einfluß der revolutionären Umwälzungen in der Deutschen Demokratischen Republik und den osteuropäischen Staaten hat sich heute die Problematik in ihr Gegenteil verkehrt. Gefragt ist, wie der Übergang von einer sozialistischen Zentralverwaltungswirtschaft heutigen Zuschnitts zur Marktwirtschaft friedlich bewältigt werden kann. Welche Ausformung dabei die marktwirtschaftliche Ordnung im konkreten Fall erfahren soll, ist – mit Ausnahme Ungarns und Polens – vorerst noch weitgehend ungeklärt. Entwürfe, die die Kombination von Markt und Plan im Rahmen eines demokratischen Sozialismus vorschlagen, befinden sich auf dem Rückzug. Die Stimmen zugunsten der Marktwirtschaft gewinnen fast täglich mehr Gewicht. Dabei stehen allerdings so heterogene Varianten wie deren „sozialistische“, „kapitalistische“ oder „soziale“ Ausgestaltung zur Debatte.

---

[2] Zu den Zweideutigkeiten der marxistischen Theorie im Blick auf den Übergang zum Sozialismus siehe Popper, 1958, 194f.

[3] Siehe hierzu Schumpeters Überlegungen zum Übergang von der kapitalistischen zur sozialistischen Ordnung im Zustand der Reife bzw. Unreife (Schumpeter, 1950, Kap. 19, besondere 360).

Im Blick auf den Übergang zu einer marktwirtschaftlichen Ordnung wird mitunter das Fehlen einer Theorie des Wirtschaftssystemwandels beklagt und deren Formulierung als wünschenswert hingestellt[4]. Wie jedoch eine solche Theorie beschaffen sein und was sie leisten soll, bleibt offen. Ein großangelegtes technologisch verwendbares System von Empfehlungen, wie und in welcher Reihenfolge die einzelnen Schritte im Übergang erfolgen sollen, würde Kenntnisse über die jeweilige Ausgangslage, die Wirkungszusammenhänge und die politischen Handlungsspielräume voraussetzen, die schon von der Wissensseite her kaum erfüllbar sein dürften. Auch sollten die zahlreichen Fehlspekulationen, die im umgekehrten Fall, beim Wechsel von der Marktwirtschaft zum Sozialismus zu verzeichnen waren, zur Vorsicht mahnen. Die in diesem Zusammenhang entwickelten historischen Theorien, nach denen sich der Ablauf der Geschichte mit „eherner Gesetzlichkeit" nach dem Schema „Kapitalismus, Sozialismus, kommunistische Gesellschaft" vollzieht, haben sich als unbrauchbar erwiesen. Dasselbe gilt für die evolutionäre Konzeptionen, nach denen die Heraufkunft des Sozialismus ein unaufhaltsamer Prozeß ist. Es spricht daher einiges dafür, das Projekt einer Theorie des Transformationsprozesses vorerst zu vertagen.

Dies gilt auch angesichts des Entscheidungsdrucks, der gegenwärtig auf den Reformländern lastet. Es bleibt wohl zunächst nicht viel anderes übrig, als – ausgehend von historischen Erfahrungen – zu versuchen, einzelne Aspekte der Übergangsproblematik hervorzuheben. Die Entwicklung einer Übergangsstrategie hingegen ist den Handelnden zu überlassen, die in der konkreten Situation ein brauchbares Übergangsprogramm entwickeln und schnell auf sich ändernde Situationen reagieren müssen.

Im folgenden wird vorgeschlagen, von einem Rückblick auf Erfahrungen, die beim Übergang von der Wirtschaftslenkung zur Marktwirtschaft 1948 in Westdeutschland gesammelt wurden, auszugehen und Überlegungen zur Übergangsstrategie in zwei Bereichen anzustellen: der Schaffung einer liberalen Demokratie mit rechtsstaatlicher Ordnung und der Errichtung einer privatwirtschaftlichen Eigentumsordnung. Es wird versucht zu zeigen, daß der Übergang zur freiheitlichen Demokratie einschließlich der Sicherung der Meinungsfreiheit die Voraussetzung für den Aufbau einer marktwirtschaftlichen Ordnung ist. In dieser aber spielen die Bereitschaft, die Regeln des Marktes zu akzeptieren und die Errichtung einer Eigentumsordnung, eine zentrale Rolle. Nur wenn die künftige Marktwirtschaft auf weitverbreitetem privaten Eigentum an den Produktionsmitteln beruht, ist von Maßnahmen zur Preis- und Währungsreform ein durchschlagender Erfolg zu erwarten.

---

[4] KLOTEN, 1989, 108f. und VON CZEGE, 1989, 153.

II. Wirtschaftssystemreform in Deutschland: Gemeinsamkeiten und Unterschiede in der Ausgangslage

Hans Möller hat einen großen Teil seiner Lebensarbeit den hier skizzierten Problemen des Übergangs von einer alten zu einer neuen Ordnung gewidmet, so als langjähriger Berater der Europäischen Kommission bei der Schaffung des Gemeinsamen Marktes, dessen Fortentwicklung in eine Wirtschaftsunion für 1992 angestrebt wird, und als Sachverständiger bei der Beratung und Vorbereitung der westdeutschen Währungsumstellung von 1948[5]. Diese Reform und die drei Tage später folgende Freigabe vieler Preise gilt heute nicht nur als Beispiel eines geglückten Übergangs von einem zentralgelenkten System zu einer marktwirtschaftlichen Ordnung. Ihr wird vielfach auch eine Vorbild- und Orientierungsfunktion für die anstehenden Probleme in Ostdeutschland und den osteuropäischen Ländern zugesprochen.

In der Retrospektive sind, neben beträchtlichen Verschiedenheiten, in der Tat einige Gemeinsamkeiten überraschend. Eine wichtige Gemeinsamkeit ist die Einsicht, daß es sich im einen wie im anderen Fall um eine Systemkrise handelt, in der nur der Übergang zur marktwirtschaftlichen Ordnung Aussichten auf Erfolg eröffnet. Eine Systemkrise läßt sich nicht – analog einer Unternehmenssanierung – durch das Auswechseln einer unfähigen Führungsmannschaft meistern. Gegen diese Auffassung wird zwar heute ebenso wie damals heftig zu Felde gezogen. Aber selbst diejenigen, die heute noch an die prinzipielle Funktionsfähigkeit eines sozialistischen Systems glauben, verteidigen kaum noch seine gegenwärtige, angeblich „spätstalinistische" Ausgestaltung. Mit dieser Kennzeichnung versuchen die noch verbliebenen Anhänger des Sozialismus den Eindruck zu erwecken, die Aufgabe bestünde lediglich darin „spätstalinistische Tendenzen" zu beseitigen und nicht korrumpierbares Führungspersonal einzusetzen. Ist dies erreicht, dann soll sich das Tor zum „humanen Sozialismus" öffnen. Aber die sozialistische Utopie verliert immer mehr Gläubige. Gleichzeitig gewinnt nicht nur die Überzeugung an Boden, daß nur ein Systemwechsel eine Besserung der wirtschaftlichen Lage aller erwarten läßt. In mehreren osteuropäischen Ländern sind auch Schritte in dieser Richtung unternommen worden.

Nach Ende des zweiten Weltkrieges verlief die öffentliche Diskussion in Westdeutschland in ähnlichen Bahnen, wie heute in den Staaten, die sich anschicken, die Marktwirtschaft einzuführen. Eine kleine Gruppe freiheitlich gesinnter Ökonomen argumentierte damals – im Gegensatz zum Alltagsverstand –, daß die manifesten Versorgungsmängel nicht primär auf die Kriegszerstörungen, sondern auf die „fehlerhafte Organisation des volkswirtschaftlichen Produktionsapparates" zurückzuführen seien. Ihr standen lange Zeit

[5] MÖLLER, 1976, 433ff. und 1989, 55ff.

viele gegenüber, die das überkommende System der Wirtschaftslenkung aus sozialen Gründen beibehalten wollten und die glaubten, es verbessern zu können. Nur allmählich gewann die Gegenmeinung Einfluß. Müller-Armack[6], einer ihrer Vorkämpfer, schrieb: Die zurückgestaute Inflation, die Rationierung der Konsumgüter und Rohstoffe, der Arbeitszwang, der Preisstop und die zahllosen bürokratischen Kontrollen hätten eine „Störung und Lähmung“ jeglichen Eigeninteresses bei Unternehmern und Arbeitnehmern bewirkt, so daß es zur „Stagnation der ökonomischen Leistung“ kommen mußte. Seine Antwort auf diese Diagnose war die Entwicklung des Programms der Sozialen Marktwirtschaft. Selbst in der unvollständigen Form, in der es in der Bundesrepublik verwirklicht wurde, erwies es sich allen anfänglichen Bedenken zum Trotz in wirtschaftlicher und sozialer Sicht als außerordentlich erfolgreich.

Die gegenwärtige Systemkrise in der DDR schlägt sich zwar nicht wie 1948 in den Westzonen in einer Versorgungslage am Rande des Existenzminimums nieder, wohl aber im Unvermögen der zentralen bürokratischen Lenkung, ein den marktwirtschaftlichen Systemen vergleichbares Wohlstandsniveau zu erreichen. Ungeschminkte Berichte zeigen immer wieder dasselbe. Im starren Planungsapparat greifen die einzelnen wirtschaftlichen Dispositionen nicht reibungslos ineinander. Die von den Konsumenten bzw. Steuerzahlern nachgefragten privaten oder öffentlichen Güter und Dienstleistungen sind nicht in den gewünschten Mengen und Qualitäten verfügbar. Das bedingt das Entstehen einer wenig effizienten Tausch- und Hortungswirtschaft; sie wird begleitet von einem Nachlassen der Leistungsbereitschaft in den Betrieben und einer steigenden Unzufriedenheit mit den Lebensbedingungen. Gleichzeitig führen die Ineffizienzen des Planungssystems zur ständigen Fehllenkung von Ressourcen. Die Orientierung der Produktion und der Entlohnungssysteme an den ausgebrachten Mengen bewirkt, daß der Erneuerung des Kapitalstocks nicht genügend Aufmerksamkeit gewidmet und daß vielfach mit technisch sowie wirtschaftlich überholten Ausrüstungen produziert wird. Hinzu kommt, daß die passive Rolle des Geldes im laufenden Planungsprozeß das Entstehen eines modernen Geld- und Kreditsystems verhindert.

Die DDR-Wirtschaft, und ähnliches gilt für die übrigen osteuropäischen Länder, vermittelt daher trotz anderlautender statistischer Ausweise über große Strecken hin das Bild eines sanierungsbedürftigen Unternehmens. Der Anspruch, unter die führenden Industrienationen der Welt eingereiht zu werden, ist in den letzten Monaten durch die Befürchtung abgelöst worden, vor dem wirtschaftlichen Zusammenbruch zu stehen. Vor diesem Hinter-

---

[6] Müller-Armack, 1947, 11 und 1974, 37.

grund gewinnt die Forderung nach dem Übergang zur Marktwirtschaft ihr eigentliches Gewicht.

Die Systemkrise, die in einer krisenhaften Zuspitzung der Wirtschaftslage ihren Ausdruck findet, ist die wichtigste Gemeinsamkeit beim Vergleich zwischen 1948 und 1989. Der entscheidende Unterschied zwischen damals und heute liegt in den politischen Ausgangskonstellationen. Sowohl in der nach Kriegsende sich politisch neu organisierenden Bundesrepublik als auch in den meisten westeuropäischen Ländern war es bei der Mehrheit der Bürger unbestritten, daß nur die liberale Demokratie als Staatsform infrage kam. Gleiches wird zwar heute auch im Blick auf Osteuropa erhofft und erwartet. Dennoch ist der totalitäre Sozialismus als dominierendes politisches System bisher nicht endgültig durch den Übergang zu Demokratie und Rechtsstaat überwunden. In der romantischen Phase einer Revolution neigen zwar breite Kreise dazu, schon früh den Sieg über die Tyrannis auszurufen. Aber es bleibt abzuwarten, ob die ihre politische Bekehrung verkündenden Monopolparteien wirklich bereit sind, demokratischen Konkurrenten Platz zu machen. Im Eigeninteresse der Herrschenden ist das nicht. Zwar sind die Zeichen der inneren Krise und des Zerfalls der kommunistischen Parteien beeindruckend. Ihre Entmachtung ist in einigen Ländern auf dem Wege, aber zu Anfang des Jahres 1990 noch keineswegs vollzogen.

In diesem Zusammenhang sollte nicht übersehen werden, daß der Kampf gegen die Gegner der „Diktatur des Proletariats" für kommunistische Parteien seit 1917 etwas Alltägliches ist und daß sie in der Vergangenheit bei der gewaltsamen Unterdrückung ihrer Opponenten Fähigkeiten an den Tag gelegt haben, die sie in oft ausweglos scheinenden Situationen am Ende doch noch zu Siegern werden ließen[7]. Mit unerwarteten Vorstößen zur Rückeroberung der Macht ist daher zu rechnen, besonders dort, wo sich die neuen politischen Kräfte als zu schwach erweisen, um sich gegen die bisherigen Inhaber der politischen Herrschaft durchzusetzen[8].

Die Unterschiede zur politischen Lage in den Westzonen und darüberhinaus in Westeuropa nach Kriegsende liegen auf der Hand. Bei aller Schärfe der damaligen politischen Auseinandersetzungen war die große Mehrheit der Bevölkerung von den Vorzügen der politischen Demokratie und des Mehrparteiensystems überzeugt. In der 1949 gegründeten Bundesrepublik wurde – mit den Kommunen beginnend – schrittweise über die Länder bis hin zum Zentralstaat das demokratische System unter der wachsamen Aufsicht der westlichen Alliierten aufgebaut. Die Partei des totalitären Faschismus hatte nicht nur abgewirtschaftet, sondern sie war mit dem Zusammenbruch der

---

[7] Luks 1990, 10.

[8] Im Jahre 1981 gelang es z. B. in Polen den Übergang zur Demokratie durch die Ausrufung des Kriegsrechts und die Zerschlagung einer 10 Millionen umfassenden politischen Bewegung binnen Tagen um Jahre zu verzögern.

staatlichen Strukturen untergegangen. Soweit ihre Führungskader den Krieg überstanden, waren sie entweder flüchtig oder sie harrten der Aburteilung oder sie sahen sich Entnazifizierungsverfahren gegenüber. Der Übergang zur Marktwirtschaft vollzog sich somit in einem heranreifenden demokratischen Umfeld, in dem gleichzeitig auch der Rechtsstaat wieder entstand. Es bedurfte somit keiner Revolution, um einen Wirtschaftssystemwandel herbeizuzwingen. Die Transformation der kriegswirtschaftlichen Lenkungssysteme in marktwirtschaftliche Ordnungen vollzog sich vielmehr in den Bahnen eines Politikwandels, wie er für demokratische Systeme typisch ist.

Dies wird deutlich durch einen kurzen Rückblick auf die damalige wirtschaftliche Situation und die Wirtschaftspolitik in Westeuropa. Unmittelbar nach Ende des Zweiten Weltkrieges bis 1947 dominierte ebenso wie bei den Besatzungsmächten der westdeutschen Zonen die Vorstellung, daß der Wiederaufbau der einzelnen Nationalwirtschaften zunächst im Rahmen einer zentralen Lenkung des Wirtschaftsprozesses zu erfolgen habe[9]. Der Übergang von der Kriegs- zur Friedenswirtschaft sollte sich als kontrollierte Operation vollziehen, um Arbeitslosigkeit und einen plötzlichen Anstieg der Preise – zentrale Probleme der Wirtschaftspolitik nach Ende des ersten Weltkrieges – zu vermeiden. Es bestand jedoch weitgehend Konsens, die kriegswirtschaftlichen Kontrollen mit Abschluß des Umstellungsprozesses auf die Friedensproduktion aufzulösen. Danach sollten im Prinzip und bei Fortgeltung zahlreicher Kontrollen wieder Marktpreise eingeführt werden. Trotz aller politischen Bestrebungen und Erörterungen über Planwirtschaft und Sozialismus war in großen Teilen des politischen Spektrums das Ziel, die Marktwirtschaft wieder einzuführen, nicht aufgegeben.

Die Politik der temporären Flankierung des Umstellungsprozesses durch nationale Wirtschaftslenkung scheiterte in der 1947 ausbrechenden Wirtschaftskrise. Diese wurde sehr bald Anlaß zu einem Politikwechsel, der in der Sache eine Abwendung von den zentralverwaltungswirtschaftlichen Organisationsformen und den Übergang zur Marktwirtschaft nach sich zog. Der Systemwandel kam in den demokratischen Ländern Westeuropas unter dem Einfluß der Vereinigten Staaten zustande, vor allem durch die von diesen gewährten Marshallplanhilfe und durch die mit ihr verbundene Hinwendung zur Multilateralisierung des zwischenstaatlichen Handels[10]. In diesem Zusammenhang ordnen sich auch die westdeutschen Reformen von 1948 ein, deren schneller Erfolg in den folgenden Jahren die Hinwendung der anderen westlichen Länder zu marktwirtschaftlichen Grundsätzen verstärkte.

Der damalige Übergang von einer zentral-administrierten Kriegswirtschaft bzw. einer unter einer Militärregierung weiter betriebenen Wirtschafts-

---

[9] Tumlir und La Haye, 1981, 370.
[10] Tumlir und La Haye, 1981, 370.

lenkung zur Marktwirtschaft ist jedoch völlig anders zu bewerten als der jetzt anstehende Systemwechsel in Osteuropa. Hier müssen gleichzeitig das politische *und* das wirtschaftliche System ausgewechselt werden, wenn das Ziel der revolutionären Bewegungen, die Herstellung und Sicherung der individuellen Freiheit, erreicht werden soll. In der Einparteienherrschaft aber sind zentrale Planung und sozialistisches Eigentum die wichtigsten Instrumente der Herrschaftsausübung. Der totalitäre Sozialismus kann somit erst dann erfolgreich überwunden werden, wenn es gelingt, sowohl ein stabiles und demokratisches Mehrparteiensystem als auch eine auf Dauer gefestigte marktwirtschaftliche Ordnung zu begründen.

Die Chancen diesen Weg zu gehen, sind zwischen den Reformländern ungleich verteilt. Die Bewohner der DDR verfügen durch die Möglichkeit, mit verhältnismäßig geringen Kosten in die Bundesrepublik abwandern zu können, über einen politischen Hebel, der in gleicher Weise Bürgern der übrigen osteuropäischen Staaten nicht zur Verfügung steht. Diese sind auf das ungleich risikoreichere Mittel des politischen Widerspruchs beschränkt, wenn sie ihren Willen auf Systemänderung Ausdruck verleihen wollen. Daß dies in den vergangenen Monaten so erfolgreich eingesetzt werden konnte, ist der Politik der Öffnung zuzuschreiben, die ungewollt das politische Monopol der kommunistischen Parteien infrage stellte. Das Ziel der auf Glasnost und Perestroika abzielende Politik war die Modernisierung der sowjetischen Wirtschaft. Tatsächlich aber löste diese Politik die bisher tiefste Krise des gesamten sozialistischen Systems aus. Ob das Steuer in ähnlicher Weise wie in China wieder herumgeworfen werden kann, ist die große Sorge, der sich die Reformer heute gegenübersehen.

Der Handlungsspielraum der demokratischen Bewegungen könnte sich drastisch verengen, wenn vor der endgültigen Errichtung fester und verläßlicher demokratischer Strukturen totalitäre Kräfte erneut Einfluß gewinnen sollten. Die Entwicklung würde sich dann vermutlich eher in Richtung auf die (bisher wirtschaftlich wenig erfolgreiche) Gorbatschowsche Politik bewegen als in Richtung auf eine freiheitlich rechtsstaatliche Demokratie mit marktwirtschaftlicher Ordnung. Die Chance, die Marktwirtschaft an die Stelle der sozialistischen Zentralverwaltungswirtschaft zu setzen, steht daher vorläufig noch unter dem Vorbehalt, daß es gelingt, die Demokratie zu festigen.

Daraus folgt, daß der Übergang zur politischen Demokratie der erste Schritt auf dem Wege zur Marktwirtschaft ist. Anders als in autoritären Systemen, wo die Marktwirtschaft in einigen Fällen Wegbereiter einer Redemokratisierung war, ist bei der Überwindung des totalitären Herrschaftssystems des „real existierenden Sozialismus" der politische Erfolg die Voraussetzung für die Einführung der Marktwirtschaft.

Der Transformationsprozeß selbst aber kann sich nicht evolutorisch (im

Sinne eines allmählichen, vom Willen der Beteiligten unabhängigen) Prozesses vollziehen. Vielmehr bedarf es zahlreicher gesetzgeberischer Maßnahmen, um die Voraussetzungen für den Übergang zu Demokratie und Marktwirtschaft zu schaffen. Nicht nur die Stunde der Ökonomen, sondern auch der Gesetzgeber ist angebrochen. Der Systemwandel setzt Handeln in politischen Entscheidungsgremien voraus, d.h. er muß „auferlegt“ werden[11]. Er kann sich im wirtschaftlichen Bereich erst vollziehen, wenn die grundlegenden Institutionen, das Privateigentum an den Produktionsmitteln, die Gewerbefreiheit und ein stabiles Geld eingeführt sind und die Preisbildung freigegeben ist. Dann allerdings können – bei passender Wirtschaftspolitik – jene dynamisch-evolutionären Prozesse einsetzen, die eine Marktwirtschaft auszeichnen.

III. Schritte auf dem Weg zur Marktwirtschaft

a) Der notwendige Perspektivenwechsel: Ordnungspolitik statt Vollzug eines Geschichtsgesetzes

Ein „auferlegter“ Systemwechsel legt die Vermutung nahe, daß dieser sich als „Revolution von oben“ vollziehen müsse. Diese Deutung erfahren mitunter die Gorbatschowschen Reformbemühungen. Eine solche Perspektive erweckt den Eindruck, daß es sich um eine neue Variante gesamtplanerischer Vorstellungen, dieses Mal in umgekehrter Richtung, handele. Die bisherige „Avantgarde“ oder eine neue könnten dieses Argument benutzen, um sich als Garant künftiger Reformen zu empfehlen.

Tatsächlich unterscheidet sich jedoch eine Politik zur Einführung einer marktwirtschaftlichen Ordnung grundlegend von der traditionell marxistischen Sicht, nach der Politik Vollzug eines Geschichtsgesetzes unter der Führung der kommunistischen Partei ist. Marxens Absicht, das „ökonomische Entwicklungsgesetz der modernen Gesellschaft zu enthüllen“[12], war ja keineswegs nur ein Forschungsprogramm, das wissenschaftlichen Kriterien (besonders der Übereinstimmung seiner Aussagen mit den Tatsachen) genügen sollte. Gleichzeitig wollten er und seine Nachfolger durch die Postulierung eines Geschichtsgesetzes sich selbst und ihren Anhängern die Gewißheit verschaffen, auf der Seite des gesellschaftlichen Fortschritts zu stehen. Das einmal entdeckte vermeintliche Geschichtsgesetz lieferte für sie einerseits die moralische Legitimation des auf seinen Vollzug ausgerichteten politischen

---

[11] Lin, 1989, 29.

[12] Marx, 1957, 7.

Handelns[13], und andererseits die scheinbar „wissenschaftlich“ abgesicherte Gewißheit, daß es keine Alternative zu der in ihrem Geschichtsgesetz vorhergesagten gesellschaftlichen Entwicklung gäbe, daß also der politische Endsieg gewiß wäre.

Besonders motivierend erwies sich in diesem Zusammenhang, daß die von den Marxisten präferierte Dialektik Widersprüche zuläßt, ja sie zu einer besonderen Form eines höheren, nicht jedermann zugänglichen Wissens heraufstilisiert. Wenn es darauf ankommt, die Welt nicht nur zu interpretieren, sondern sie zu verändern[14], dann liegt der Widerspruch zu einer Geschichtstheorie, in der die einzelnen Entwicklungsstufen weder „hinwegdekretiert oder übersprungen“[15] werden können, zwar auf der Hand. Dies braucht jedoch die motivierende Kraft eines solchen Glaubens nicht zu schwächen. Seine „dialektische“ Unwiderlegbarkeit kann vielmehr für geschickte politische Führer ein wirksames Instrument sein, alle Mißerfolge als bloß temporäre Rückschläge, denen mit verstärkten Anstrengungen zu begegnen ist, hinwegzuerklären[16].

Wo die Anhänger einer solchen Weltsicht die politische Macht erobern, sehen sie sich daher legitimiert, die „Geburtswehen der neuen Gesellschaft“[17] auch durch Anwendung von Gewalt abzukürzen, sei es durch drakonische Maßnahmen zur Kollektivierung der Landwirtschaft und die gezielte Auslöschung ganzer sozialer Schichten oder sei es durch die Errichtung eines umfassenden Zwangssystems für Wirtschaft und Politik. Charakteristisch für ihre Position ist gleichzeitig das Postulat, daß die einmal herbeigeführten gesellschaftlichen Umwälzungen nicht mehr rückgängig gemacht werden dürfen; denn die Kommunisten haben nicht die Macht übernommen, um sie wieder abzugeben (W. Gomulka)[18]. Jeder Versuch, auch nur Empfehlungen, die in eine andere Richtung weisen, auszusprechen, kann als „konterrevolu-

---

[13] Auch ein allen überkommenen Moralregeln widersprechendes Handeln konnte so gerechtfertigt werden.

[14] Elfte Feuerbachthese, Marx 1971, 4.

[15] Marx, 1957, 8.

[16] Ähnlich widersprüchlich ist die Marxsche Auffassung des Menschen. Er soll einerseits bloßes Produkt der Gesellschaft, andererseits aber ein schöpferisches Wesen mit gottähnlichen Handlungs- und Selbstverwirklichungsmöglichkeiten (Topitsch) sein. Gelingt es von einer solchen sozialphilosophischen Position aus das zentrale Element sozialistischer Wirtschafts- und Gesellschaftsgestaltung, das Gemeineigentum an den Produktionsmitteln und die gesellschaftliche Planung, wo „die Gesellschaft die allgemeine Produktion regelt“ (Marx, 1971, 36) als höchste Form der Gesellschaftsentwicklung darzustellen, dann ist der Prozeß der Selbstverwirklichung des Menschen gleichzeitig eingebunden in den Vollzug des Geschichtsgesetzes. Es wird mithin eine Art Doppelstrategie offeriert, die in jedem Fall Erfolg verheißt.

[17] Marx, 1957, 8.

[18] Zitiert bei Luks, 1990. 10.

tionär“ verdächtigt werden. Eine kritische Prüfung der Politik jenseits der durch das Geschichtsgesetz gezogenen Grenzen ist nicht zulässig.

Verglichen mit dieser Heils- und Siegesgewißheit bietet das Programm der als „Kapitalismus“ abgewerteten marktwirtschaftlichen Ordnung nichts Vergleichbares. Weder die Gewißheit, daß der allgemeine Wohlstand mit der Einführung der marktwirtschaftlichen Regeln rapide zunimmt, noch die Sicherheit, daß der „Aufbau der Marktwirtschaft“ je zu einem Abschluß kommt, geschweige, daß an seinem Ende die „Überflußgesellschaft“ steht. Stattdessen werden lediglich Vorschläge angeboten, wie einem Grundtatbestand menschlichen Lebens, den Nutzungskonflikten, die aus der Knappheit der Mittel zur Bedürfnisbefriedigung resultieren, durch geeignete Ausgestaltung gesellschaftlicher Institutionen Rechnung getragen werden kann.

Die wichtigsten Einrichtungen zur Bewältigung dieser Konflikte sind Verträge auf freiwilliger Basis, exklusive Eigentumsrechte, auch an Produktionsmitteln, ein Raum und Zeit umfassendes Preissystem als Mittel der Wirtschaftsrechnung, ein funktionsfähiges Geldsystem zur Erleichterung von Tauschhandlungen und Finanzmärkte für die Allokation von Kapital. Hinzu kommen schützende, den Marktverkehr und die gesellschaftliche Arbeitsteilung abstützende Rechtssysteme und der rechtsschützende und -durchsetzende Staat.

Eine marktwirtschaftliche Ordnung ist ein offenes System. Ihre Institutionen sind wandelbar, so beim Bemühen Transaktionskosten durch neue Formen der betrieblichen Organisation einzusparen. Je mehr es gelingt, bestehende Einrichtungen, angefangen vom Arbeitsrecht über Börsen verschiedenster Art bis hin zu Patenten und Verbraucherschutzregeln effizient, d.h. kostensparend, zu gestalten, um so größer werden zugleich die nutzbaren Wohlstandspotentiale. Sie ermöglichen einen hohen, in keinem zeitgenössischen sozialistischen System auch nur entfernt erreichten allgemeinen Wohlstand.

Eine marktwirtschaftlich orientierte Politik ist folglich nicht als Vollzug eines Geschichtsgesetzes aufzufassen. Ihr Kennzeichen ist vielmehr ein ständiges Bemühen um die Korrektur ordnungspolitischer Fehlentwicklungen. Diese können durch politische Prozesse, in denen sich Gruppeninteressen gegen Allgemeininteressen durchsetzen, ebenso bedingt sein wie durch Handlungen, die zu Lasten der Allgemeinheit gehen.

Im Gegensatz zur sozialistischen These der Unumkehrbarkeit auf dem Weg zur kommunistischen Gesellschaft ist eine marktwirtschaftliche Ordnung offen für die sich wandelnden Umstände. Der Wettbewerb in ihr ist nicht auf Produkte, Organisationsformen und Technologien beschränkt, sondern er umfaßt auch den Wettbewerb der Wirtschaftspolitiken zwischen Ländern, zwischen Wirtschaftssystemen und zwischen wirtschaftspolitischen Ideen. Wird diesem Wettbewerb, wie im deutschen Fall, durch Öffnung der

Grenzen Raum gegeben, so kann der einzelne durch freie Wanderung seinen wirtschaftlichen und politischen Präferenzen Ausdruck geben. Kommt es zur massenhaften Abwanderung aus einem politisch-wirtschaftlichen System, so ist dies ein klares Zeichen dafür, daß es den Zielen und Wünschen seiner Bürger nicht entspricht.

Für die Frage der Ablösung einer Zentralverwaltungswirtschaft durch eine Marktwirtschaft folgt daraus, daß die Idee des Vollzugs eines sog. Geschichtsgesetzes durch eine Politik ersetzt werden muß, in der die Regeln des menschlichen Zusammenlebens im Vordergrund stehen. Dieser Übergang setzt einen tiefgreifenden Perspektivenwechsel voraus. An die Stelle von Gewißheit und Geschichtsvollzug tritt eine durch Versuch, Irrtum und Irrtumskorrektur beschriebene Einstellung zu Fragen der Politik. Diese Einstellung ist nicht auf den politisch-wirtschaftlichen Bereich beschränkt, sondern sie erstreckt sich auf alle Gebiete des Lernens aus Erfahrung.

Der Übergang vom totalitären Sozialismus zur Marktwirtschaft schließt somit die Öffnung der dort bestehenden Grenzen des Fragens ein. Der Sozialismus kann nicht länger als sakrosankte Form menschlichen Zusammenlebens und Wirtschaftens proklamiert werden. Er muß sich uneingeschränkter Kritik mittels rationaler Argumente ebenso stellen, wie das für alle Ausprägungen einer marktwirtschaftlichen Ordnung gilt.

Die übliche Radikalkritik marxistischer Provenienz mit ihrem Anspruch auf Heilsgewißheit ist in diesem Zusammenhang allerdings unbrauchbar. Sie läuft stets auf die Behauptung der Überlegenheit der eigenen Position hinaus und reklamiert für sich das Recht, konkurrierende Meinungen im Namen des Fortschritts unterdrücken zu dürfen. Angezeigt ist stattdessen, z. B. in der wirtschaftspolitischen Diskussion, der mühsame Institutionenvergleich auf gesamtwirtschaftlicher und einzelwirtschaftlicher Ebene, die Analyse der Handlungsfolgen von Motivationssystemen und unterschiedlichen Dispositionsbefugnissen sowie die Ermittlung der Folgen verschiedener institutioneller Arrangements für das menschliche Streben nach Wohlstandsverbesserung – kurz: die Erörterung all jener Aspekte, die eine wissenschaftlich betriebene Lehre von der Wirtschaft und der Wirtschaftspolitik ausmachen.

Die Offenheit der Diskussion setzt eine freiheitliche Verfassung des öffentlichen Lebens, die institutionelle Sicherung der uneingeschränkten Meinungsäußerung, den Schutz konkurrierender, dem Zeitgeist oder der jeweils herrschenden Partei widersprechender Auffassungen und die Freiheit der Wissenschaft voraus. Es genügt nicht, die Freiheit der Meinungsäußerung einzuräumen und auf die Führungsrolle der kommunistischen Partei offiziell zu verzichten. Zur freien Diskussion bedarf es auch des ungehinderten und gesetzlich geschützten Zugangs zu den Massenmedien, die die öffentliche Auseinandersetzung transportieren. Neben die Möglichkeit, für die eigene Auffassung auf Straßen und Plätzen einzutreten, treten die Pressefreiheit und die vielfältigen Formen der freien Diskussion einschließlich des uneingeschränkten, staatlich nicht überwachten Meinungsaustausches zwischen freien Bürgern innerhalb der Staatsgrenzen und über diese hinweg. Papierrationierungen, Einfuhrverbote für Bücher, Schriften, Fernseh- und Rundfunksendungen und andere Behinderungen des Zugangs zu den erforderlichen Produktionsmitteln sind unzulässig. Das Machtmonopol einer Einparteienherrschaft kann nicht schon dann wirksam außer Kraft gesetzt werden, wenn etwa im Bereich der freien Meinungsäußerung die Papierzuteilungen für konkurrierende Parteien erhöht werden. Gesichert ist die Meinungs- und Pressefreiheit erst, wenn sie in eine Ordnung eingebettet ist, die auf allen Gebieten den freien, von einer Partei unabhängigen Zugang zu den Produktionsmitteln sichert. Erst dann gewinnen die Bürger jene Unabhängigkeit gegenüber den jeweils politisch Herrschenden, die es im Rahmen der Spielregeln der Demokratie möglich macht, jene mit friedlichen Mitteln auszuwechseln.

Die freiheitliche Verfassung des öffentlichen Lebens wurde in den ersten Wochen und Monaten des Umbruches in den osteuropäischen Staaten spontan verlangt. Nicht „Reisefreiheit" sondern „Freiheit" war die Losung des Jahres 1989. Institutionelle Sicherungen der Meinungsfreiheit fehlen aber – mit Ausnahme Polens und Ungarns – vorerst noch weitgehend. Hier liegt eine zentrale ordnungspolitische Aufgabe, wenn der Übergang zu einer freien politischen Ordnung, die selbst wiederum Voraussetzung für die Einführung der Marktwirtschaft ist, gelingen soll.

b) Das Erfordernis einer breiten Zustimmung zu den Regeln der Marktwirtschaft und die Entwicklung unternehmerischer Initiative

Am Willen der Mehrheit der unter den Regeln des Sozialismus lebenden Menschen, das bestehende politische System abzuschaffen und durch eine freiheitliche Demokratie zu ersetzen, besteht kein Zweifel. Überall dort, wo freie oder auch nur halbfreie Wahlen in der jüngeren Vergangenheit möglich waren, wurde dem Willen zur Demokratie, zum politischen Pluralismus und zur Parteienkonkurrenz eindrucksvoll durch die Abwahl kommunistischer Parteien Ausdruck verliehen.

Zu fragen ist, ob auch im Blick auf den Wechsel des Wirtschaftssystems ein ähnlich weitreichender Konsens besteht. Eine jahrzehntelange Indoktrination mit sozialistischen Thesen, die Hindernisse im Reiseverkehr und die Blockierung der Möglichkeiten zur freien Information haben tiefe Spuren im Denken zurückgelassen. Die marktwirtschaftliche Ordnung ist weder als gelebte Ordnung noch als System von Regeln in weiten Kreisen bekannt. Sicher ist angesichts der desolaten wirtschaftlichen Situation der Wunsch verbreitet, die eigene ökonomische Situation derjenigen der westlichen Nachbarn anzunähern. Selbst bei im Ostblock vergleichsweise wohlhabenden Länder wie Ungarn ist der Abstand zu westlichen Staaten erschreckend groß[19]. Für ärmere Länder wie Polen fällt der Wohlstandsvergleich noch bedrückender aus. Und auch die reale Lebenssituation in der DDR dürfte – trotz der großen Unterschiede, die die offiziellen Statistiken bereits einräumen – noch ungünstiger sein als in der Regel vermutet[20].

Die Einsicht, daß im Rahmen eines sozialistischen Wirtschaftssystems keine Besserungen zu erwarten sind, wird verstärkt durch die zahlreichen Ankündigungen von Reformen dieser Systeme in den letzten Jahrzehnten. Die Initiativen versandeten sämtlich trotz des großen Propagandaaufwandes, mit dem sie jedes Mal inszeniert wurden. Selbst die in der Sowjetunion eingeleitete Perestrojka-Politik hat sich bisher wirtschaftlich als erfolglos erwiesen. Und um die immer wieder verheißene materielle Überlegenheit des Sozialismus über den „Kapitalismus" ist es mittlerweile still geworden. Trotzdem wäre es unzutreffend, aus den negativen Erfahrungen einen weitreichenden politischen Konsens für die Einführung der Marktwirtschaft herauszulesen. Die ständige Kritik des mit der Marktwirtschaft gleichgesetzten „Kapitalismus" als inhumanes, die menschliche Solidarität zerstörendes System – eine keineswegs auf den marxistischen Raum beschränkte Auffassung – zeigt Wirkungen.

Neben dieser in der Öffentlichkeit vorgetragenen Kritik ist allerdings ein eher „schweigender" Konsens mit den Regeln der Marktwirtschaft im Alltagsleben zu beobachten. Er kommt in der Selbstverständlichkeit zum Ausdruck, mit der ostdeutsche Besucher erwarten, in westdeutschen Geschäften jene Güter zu finden, die sie sich nicht oder nur unzureichend in ihrer Heimat beschaffen können. Im Zuge offener Grenzen werden immer mehr DDR-Bürger diese Möglichkeit nutzen und mit den Regeln einer marktwirtschaftlichen Ordnung vertraut werden. Nicht mehr allein die privilegierten „Reisekader", zu denen international bekannte Künstler, Schriftsteller und Gelehrte gehören, sondern zahlreiche DDR-Bürger können mittlerweile Vergleiche über die relative Vorteilhaftigkeit von Zentralverwaltungs- und Marktwirtschaft anstellen. Inwieweit sich ihre politischen Präferenzen zugunsten der Marktwirtschaft verschieben, ist schwer vorauszusagen. Wichtig wird auch die Haltung sein, welche die neuen Parteien in der ordnungspolitischen Auseinandersetzung einnehmen. In diesem Zusammenhang ist das Ausmaß der Abwanderung ein Seismograph, der die Einschätzung der politischen Entwicklung und Situation durch die mobilen Teile der Bevölkerung trefflich wiedergibt.

Solange sozialistisches Eigentum an den Produktionsmitteln fortbesteht,

---

[19] Ungarns reales Pro-Kopf-Einkommen ist nur halb so groß ist wie das Griechenlands und beträgt nicht einmal ein Fünftel desjenigen Österreichs (SCHWARZ, 1989, 9).

[20] Siehe hierzu SCHNEIDER, 1988, 11 und passim.

ist dieses nicht nur für die Organisation des Wirtschaftsprozesses von Bedeutung, sondern gleichzeitig auch das Herrschaftsmittel, mit dem die jeweiligen Inhaber der politischen Macht über den Einsatz der Produktiomsmittel verfügen. Jede zentrale Wirtschaftslenkung legt in die Hände derjenigen, die die wirtschaftlichen Dispositionsrechte wahrnehmen, eine Machtfülle, die in einer Marktwirtschaft so nicht existiert. Diese Machtfülle kann auch von den neuen Inhabern der staatlichen Macht genutzt werden. Selbst wenn diese willens sind, sich – anders als ihre sozialistischen Vorgänger – rechtsstaatlichen Beschränkungen zu unterwerfen, ist – angesichts der hohen Kontrollkosten – nicht damit zu rechnen, daß Mißbrauch ausreichend verhindert wird. Die aus den Zuteilungsbefugnissen entstehende Macht wächst noch, wenn – wie in der DDR – die Unternehmen mehr sind als der Ort der Produktion von Gütern. Wird durch die Unternehmensleitungen in Verbindung mit den sozialistischen Gewerkschaften der Zugang zu zahlreichen wichtigen Gütern und Dienstleistungen wie Wohnungen und Freizeiteinrichtungen kontrolliert und umfassen die Kontrollen darüberhinaus auch den Zugang zu Arbeits- und Verdienstmöglichkeiten einschließlich der zahlreichen für eine Zentralverwaltungswirtschaft typischen Prämien[21], dann bestehen Abhängigkeiten, die auch politisch ausgenutzt werden können.

Das ganze Netz dieser Abhängigkeiten im Einparteiensystem ist bisher nur unzureichend bekannt. Die Klagen, daß sicht trotz des freiheitlichen Aufbegehrens in Wirklichkeit vor Ort nicht viel geändert habe, sind zu Beginn des Jahres 1990 keineswegs verstummt. Es bedarf daher neben der Sicherung der individuellen Freiheitsrechte durch verfassungsmäßige Garantien auch der Schaffung jener Institutionen, durch die die Macht der jeweils Regierenden in Zaun gehalten wird. Das setzt eine unabhängige Richterschaft und politisch nicht weisungsgebundene Strafverfolgungsbehörden voraus – Bedingungen, die in der DDR noch zu verwirklichen sind. Erst hinter dem Schutz eines intakten Rechtsstaates kann damit gerechnet werden, daß sich in breitem Umfang jene individuellen Initiativen regen, die erforderlich sind, um die Möglichkeiten einer freien Gesellschaft politisch und wirtschaftlich zu nutzen. Nur so ist damit zu rechnen, daß die immer noch weitverbreitete Lähmung des Willens zu politischer und wirtschaftlicher Aktivität[22] überwunden wird und die für die Besserung der Zustände erforderliche Dynamik entsteht.

Wie aber kann sich der Übergang zu den Regeln der Marktwirtschaft politisch vollziehen? Ohne Zweifel wird es Verlierer und Gewinner geben. Zu ersteren zählen die bisherigen Machthaber und das Heer ihrer Helfer in Partei, Bürokratie und Unternehmen, zu letzteren der überwiegende Teil der

---

[21] Zu Details siehe ZIMMERMANN, 1987, 234.

[22] The Economist, 1989, 5.

Bevölkerung. Die Auseinandersetzung um die Änderung des status quo ist gegenwärtig in vollem Gang. Die Ausgangslage unterscheidet sich grundlegend von der Situation in Westdeutschland in den Jahren vor der Währungs- und Wirtschaftsreform. Damals hatten die Erschütterungen durch den Krieg, die politischen Machtstrukturen so zerstört, daß sich von dort aus keine offene Opposition gegen die Einführung der Marktwirtschaft erhob. Zwar formierten sich einflußreiche Wirtschaftsverbände neu; aber diese konnten das durch die Währungs- und Wirtschaftsreform im Juni 1948 in Kraft gesetzte marktwirtschaftliche Reformprogramm und die Erhardsche Politik nicht mehr aufhalten. Wie Olson[23] überzeugend hervorhebt, war diese Konstellation, die ähnlich auch in Japan bestand, eine wichtige Voraussetzung für den wirtschaftlichen Aufschwung der Bundesrepublik (und auch Japans) nach dem Kriege.

Die Entmachtung der alten Führungsschichten hat sich bisher in keinem der östlichen Reformländer so vollzogen, daß eine mit der damaligen Situation vergleichbare Lage bestünde. Selbst nach freien Wahlen ist nicht davon auszugehen, daß die Anhänger des bisherigen Systems als Gruppierung jeglichen Einfluß verlieren. Die jetzt aus ihnen hervorgehenden neuen Parteien werden dann zwar voraussichtlich nicht mehr die staatliche Gewalt für ihre Zwecke einsetzen können. Aber sie werden versuchen, politischen Einfluß über das Schüren von Verteilungskonflikten zurückzugewinnen.

Vor diesem Hintergrund kann sich der Übergang zur Marktwirtschaft kaum nach dem in der kontrakttheoretischen Literatur entwickelten Vorstellung eines friedlichen konsensualen Vorgehens abspielen, in dem die Gewinner die Verlierer kompensieren[24]. Dagegen sprechen Gerechtigkeitserwägungen, nicht zuletzt weil die Bevorteilung der bisherigen Machthaber durch massive Verstöße gegen die Menschenrechte zustande gekommen ist[25].

Der entscheidende Schritt zur Marktwirtschaft kann wahrscheinlich nur vollzogen werden, wenn es gelingt, die notwendigen Reformen als Paket über die politischen Abstimmungsbarrieren zu bringen. Unter den gegebenen Umständen dürfte ein schrittweises Vorgehen in besonderem Maße der Gefahr ausgesetzt sein, sowohl am innerparteilichen Streit künftiger Koalitionsregierungen als auch der radikalen Kritik anti-marktwirtschaftlicher Gruppierungen zu scheitern. Wichtiger Bestandteil eines Reformpakets muß in diesem Zusammenhang die schnelle Öffnung der vorwiegend kleinen und mittleren Volkswirtschaften gegenüber dem Weltmarkt sein. Das erhöht zwar die Anpassungsprobleme, eröffnet aber gleichzeitig auch bessere Aus-

---

[23] Olson, 1985, 99–101

[24] Siehe u.a. Brennan und Buchanan, 1985, 134ff.

[25] Politische Erwägungen mögen jedoch dafür sprechen, die Ahndung vergangenen Unrechts in Grenzen zu halten und nicht alle Fluchtwege zu verschließen, um die Widerstände gegen die Einführung einer freien Ordnung zu reduzieren.

sichten, Wohlstands- und Wachstumsmöglichkeiten einer verbesserten internationalen Arbeitsteilung zu realisieren. Politisch aber grenzt eine solche Politik die Möglichkeiten ein, durch eine Repolitisierung von Teilen der Marktwirtschaft erneut ineffiziente Regulierungen einzuführen und die Wohlstandserwartungen der reformwilligen Bevölkerungsteile nach den Jahren der Entbehrung und politischen Unterdrückung zu enttäuschen. Der Kredit, den viele zum jetzigen Zeitpunkt in die Marktwirtschaft setzen, würde schnell schwinden, wenn durch Devisenbewirtschaftung, staatliche Preisinterventionen oder andere Reglementierungen der Märkte eine neue Bezugsscheinwirtschaft mit schlangestehenden Käufern und politischen Zuteilungsverfahren entstünde.

c) Die zentrale Bedeutung der Eigentumsfrage

Ander als in Westdeutschland nach Kriegsende, wo die Eigentumsrechte zwar durch die staatliche Wirtschaftslenkung ausgehöhlt, aber nicht sozialisiert waren, gibt es in den Reformländern mit Ausnahme von Teilbereichen in der Landwirtschaft und in Randzonen des Kleingewerbes kein privates Eigentum an Produktionsmitteln. Das erschwert den Übergang zur Marktwirtschaft nachhaltig. Märkte basieren auf privaten Eigentumsrechten und auf der mit ihnen verbundenen Privatrechtsgesellschaft. Dies gilt auch, wenn außerhalb des hoheitlichen Bereiches Teile des Produktivvermögens im Eigentum von Kommunen, Ländern oder anderen staatlichen Instanzen sind, sofern für diese Unternehmen dieselben erwerbswirtschaftlichen Bedingungen gelten wie für die Privaten.

Das Fortbestehen privter Eigentumsrechte in Westdeutschland war eine der Erfolgsvoraussetzungen für den Aufschwung nach 1948. Mit der Aufhebung der Preiskontrollen in großen Bereichen gewannen die Eigentumsrechte ihre ursprüngliche Bedeutung und Funktion zurück. Als Nebeneffekt ergab sich, daß die Wirtschaftsverwaltungsbürokratie gleichzeitig ihre Kontroll- und Dispositionsrechte verlor. Dies wiederum schuf günstige politische Vorbedingungen für ihre schnelle Auflösung.

Erst mit der Wiederentstehung privater Eigentumsrechte aber war die Erwartung berechtigt, daß die für die marktwirtschaftliche Ordnung typischen Verhaltensweisen von Anbietern und Nachfragern an den Märkten wieder Platz greifen würden, so das Einpendeln der Preise auf ein neues Gleichgewichtsniveau, die Ausweitung der Produktion bei steigender Nachfrage und der Abbau der erheblichen Arbeitslosigkeit, die sich im Anschluß an die Beseitigung der zurückgestauten Inflation durch die Währungsreform und die Anpassung der Produktion an die neuen Nachfragekonstellationen auf den Güter- und Faktormärkten ergeben hatte. Die Wiederherstellung der Funktionsfähigkeit der Marktwirtschaft vollzog sich nach 1948 erstaunlich schnell[26]. Die hohen Wachstumsraten des realen Bruttosozialproduktes erzeugten schließlich bei zahlreichen Beobachtern die irrige Vorstellung, daß es sich nicht um das Ergebnis eines wirtschaftspolitischen Wandels sondern um ein ungläubig zu bestaunendes „Wirtschaftswunder" handele.

Ähnliche Erwartungen im Hinblick auf die wohlstanderzeugende Kraft einer Marktwirtschaft werden heute auch mit der Einführung freier Preise und einer Bereinigung der Währungssituation in den Reformländern verbunden. Statt der politischen Zuteilung durch Parteiapparate soll künftig einzig ein stabiles Geld als Bezugsschein dienen. Die Märkte sollen auf der Basis des Prinzips von Leistung und Gegenleistung ihre wohlstandsschaffenden Wirkungen durch die ständige Verbesserung der gesellschaftlichen Arbeitsteilung entwickeln.

Kann dies erfolgreich unter Bedingungen geschehen, in denen sich die ökonomischen Dispositionsbefugnisse noch weitgehend in der Hand staatlicher Bürokratien und der sie lenkenden Parteien befinden? Die Antwort hängt von der Einschätzung der Funktionsfähigkeit einer sozialistischen Marktwirtschaft ab. Die praktischen Erfahrungen mit der Arbeiterselbstverwaltung in Jugoslawien sind eindeutig negativ. Die lange theoretische Diskussion, die sich über Lerner und Lange bis hin zu Vanek und Weitzman erstreckt, spitzt sich auf die Frage zu, wie der Markteintritt und -austritt bei sozialistischem Eigentum bewältigt werden kann.

Gerät ein nach marktwirtschaftlichen Gesichtspunkten betriebenes Unternehmen, das sich in Gemeineigentum befindet, in die Verlustzone, dann trägt die Gesellschaft als Kollektiveigentümer die wirtschaftlichen Verluste, auch wenn ein der Marktwirtschaft nachgebildetes Konkursrecht existiert. Der Ausgleich der Verluste kann sich dann entweder über die Staatskasse vollziehen oder es muß eine Sanierung vorgenommen werden oder es sind Hilfen von außen in Form einer Übernahme erforderlich.

In allen drei Fällen fehlen jedoch im Marktsozialismus jene ordnungspolitischen Vorkehrungen, die notwendig sind, um die gesellschaftlich positiven Wirkungen einer wettbewerblichen Marktwirtschaft mit Privateigentum hervorzubringen. Erfahrungen in Jugoslawien und Ungarn zeigen, daß beispielsweise Arbeiterräte als Vertreter des gesellschaftlichen Eigentums dazu neigen, bankrotte Firmen über Subventionen zu erhalten, zumal dies ihren Eigeninteressen entpricht. Stärker an den Interessen des Gemeineigentums orientierte Aufsichtsorgane sehen sich sofort mit der Frage konfrontiert, in wessen Namen sie ein Unternehmen schließen, sanieren oder verkaufen. Hinter all diesen vordergründigen Maßnahmen aber bleibt der Staat und die ihn steuernde politische Hand weiterhin sichtbar, so daß es schwer vorstellbar ist, wie diese sich aus der Verantwortung für das gesamtwirtschaftliche

---

[26] SCHILLER, 1989, 81.

Geschehen zurückziehen will und auf die alten Steuerungsmethoden verzichten soll. Diese Feststellung steht in Einklang mit der Erfahrung, daß hinter der Fassade des gesellschaftlichen Eigentums die lenkende Hand der Staatspartei weiterhin wirksam ist.

Daraus folgt, daß eine echte Privatisierung des in Kollektiveigentums befindlichen Produktivvermögens zu erheblichen Teilen notwendig ist, wenn nachhaltige Effizienzverbesserungen erzielt werden sollen. Gerade die Privatisierung wirft jedoch erhebliche Übergangsprobleme auf, da sie nicht uno actu mit einer Preis- und Währungsreform verwirklicht werden kann.

Sofern noch bäuerliche Strukturen bestehen, ist es zwar möglich hier schnelle Fortschritte zu erzielen. Erfahrungen mit einer solchen Politik sind in den Ostblockländern durchweg positiv[27]. Ähnlich verhält es sich mit dem Markteintritt neuer Unternehmen, wenn die entsprechenden rechtlichen Voraussetzungen, einschließlich der Abschaffung des „sozialistischen Eigentums" in den Verfassungen, geschaffen werden. Die Hauptschwierigkeit aber liegt in der Schaffung privater Eigentumsrechte am industriellen Vermögen[28] und im Aufbau jener Einrichtungen, die die Manager über Kapitalmärkte, Wertpapierbörsen, Aufsichtsräte und Managerarbeitsmärkte zu gewinnorientiertem Verhalten veranlassen.

In der gegenwärtigen Privatisierungsdiskussion werden Transfers oder Verkäufe von Anteilsscheinen an die Belegschaften oder an die nominellen Eigentümer der volkseigenen Betriebe, die Bevölkerung, vorgeschlagen. Beides läßt sich nicht kurzfristig bewerkstelligen. Es bleibt daher nur als Zwischenschritt die Überführung der Kombinate, die selbst wiederum häufig sektorale Monopole sind, in rechtlich selbständige Unternehmen, die sich weiterhin in Staatseigentum befinden. Für den schnellen Erfolg der Marktwirtschaft ist das eher abträglich.

Erfahrungen in westlichen Ländern mit großen staatseigenen Unternehmen zeigen immer wieder, daß diese für rentensuchendes Verhalten besonders anfällig sind[29] und daß sie es verstehen, über die Mobilisierung politischer Kräfte alle Arten von ökonomischen Fehldispositionen auf die Gesellschaft abzuwälzen. Trotz der negativen Wohlstandskonsequenzen, die daraus für die Allgemeinheit resultieren, wird eine solche Politik oft über lange Zeit erfolgreich betrieben. Auch ohne unmittelbare Verquickung mit den jeweiligen Sonderinteressen erweisen sich die demokratischen Instanzen in der Regel als zu schwach, solche Entwicklungen zurückzudrängen. Nur krisenhafte Zuspitzungen eröffnen Chancen für durchgreifende Reformen.

Im politischen Übergang zu einer Demokratie, bei noch nicht erprobten demokratischen Strukturen und bei noch kaum entwickelten Institutionen

---

[27] WINIECKI, 1989, 363.
[28] So auch WINIECKI, 1989, 363.
[29] BÖHM, 1987, 579.

der öffentlichen Kritik verschärfen sich diese Probleme. Der Erfolg einer marktwirtschaftlichen Politik aber wird entscheidend davon abhängen, ob es gelingt, die kollektiven Verfügungsrechte in private und transferable Eigentumsrechte umzuwandeln. Nur dann werden funktionsfähige Kapitalmärkte entstehen, die eine Vorbedingung für wohlstandsmehrenden Wettbewerb sind.

Literaturverzeichnis

BEEDHAN, BRIAN, East of Eden, in: The Economist, A Survey of Eatern Europe, vom 12. August 1989.

BÖHM, STEFAN (1987), Handlungsrechte, Wettbewerb und Privatisierung, in: Wirtschaftspolitische Blätter, hrsg. von der Bundeskammer der gewerblichen Wirtschaft, Sonderheft: Privatisierung in Österreich (34. Jg.)

BRENNAN, GEOFFREY, und Buchanan, James M. (1985), The Reason of Rules. Constitutional Political Economy, Cambridge.

CZEGE, ANDREAS WASS VON (1989), Ungarns Integration in die Weltwirtschaft. Vision oder Alptraum, in: Aussenwirtschaft, 44. Jg.

JONES, CHARLES O. (1984), An Introduction to the Study of Public Policy, 3. Auflage, Belmont.

KLOTEN, NORBERT (1989), Zur Transformation von Wirtschaftsordnungen, in: Ordo, Jahrbuch für die Ordnung von Wirtschaft und Gesellschaft, Band 40.

LIN, JUSTIN YIFU (1989) An Economic Theory of Institutional Change: Induced and Imposed Change, in: The Cato Journal, Vol. 9.

LUKS, LEONID, Geordneter Rückzug – Dank der „Solidarität", Polens Abschied vom Kommunismus, Frankfurter Allgemeine Zeitung, Nr. 20 (24. Januar 1990).

MARX, KARL (1957), Das Kapital, Kritik der politischen Ökonomie, 1. Band (Ausgabe Dietz-Verlag Berlin).

MARX, KARL (1971), Frühe Schriften, 2. Band (Hrsg. von Hans-Joachim Lieber und Peter Furt), Darmstadt.

MÖLLER, HANS (1976), Die westdeutsche Währungsreform von 1948, in: Deutsche Bundesbank (Hrsg.) Währung und Wirtschaft in Deutschland 1876/1975, Frankfurt am Main.

MÖLLER, HANS (1989), Die Währungsreform von 1948 und die Wiederherstellung marktwirtschaftlicher Verhältnisse, in: Währungsreform und Soziale Marktwirtschaft: Rückblicke und Ausblicke, Peter Hampe (Hrsg.).

MÜLLER-ARMACK, ALFRED (1947), Zur Diagnose unserer wirtschaftlichen Lage, Bielefeld.

MÜLLER-ARMACK, ALFRED (1974) Genealogie der Sozialen Marktwirtschaft, Frühschriften und weitere Konzepte, Bern.

OLSON, MANCUR (1985), Aufstieg und Niedergang von Nationen: ökonomisches Wachstum, Stagflation und soziale Starrheit, in: Die Einheit der Gesellschaftswissenschaften, Band 42, Tübingen.

POPPER, KARL R. (1958), Die offene Gesellschaft und ihre Feinde, Band 2, Bern.

SCHILLER, KARL (1989), Wirtschaftspolitische Konsequenzen der Währungsreform, in: Währungsreform und Soziale Marktwirtschaft: Rückblicke und Ausblicke, Peter Hampe (Hrsg.) München.

SCHNEIDER, GERNOT (1988), Wirtschaftswunder DDR, Anspruch und Realität, Köln.

SCHUMPETER, JOSEPH A. (1950), Kapitalismus, Sozialismus und Demokratie, 2. erweiterte Auflage, München.

SCHWARZ, GERHARD, Systemwechsel oder Systemwandel? Nebulöse ordnungspolitische

Vorstellungen in Osteuropa, Neue Züricher Zeitung, Fernausgabe Nr. 299 (24./ 25.12.1989).

TUMLIR, JAN und LA HAYE, LAURA (1981), The Two Attempts at European Economic Reconstruction after 1945, in: Zeitschrift für die gesamte Staatswissenschaft, Bd. 137.

WINIECKI, JAN LARGE (1989), Industrial Enterprises in Soviet-Type Economies: The Ruling Stratum's Main Rent-Seeking Area, in: Communist Economies, Vol. 1.

ZIMMERMANN, HARTMUT (1987) Die Arbeitsverfassung der DDR, in: Materialien zum Bericht zur Lage der Nation im geteilten Deutschland, Hrsg. vom Bundesministerium für innerdeutsche Beziehungen.

2. Geld und Währung

Geldpolitische Effizienz und tarifpolitisches Verhalten

von

H. Hesse und G. Roth

1. Fragestellung

Die Deutsche Bundesbank hat den gesetzlichen Auftrag, Preisniveaustabilität zu erreichen und dann zu gewährleisten. Eine direkte Steuerung des Preisniveaus ist ihr jedoch verwehrt; das Preisniveau ist eine gesamtwirtschaftliche Variable, die in direkter Abhängigkeit von Faktoren steht, zu denen das geldpolitische Instrumentarium nicht gehört. Nur eine indirekte Steuerung kommt in Betracht, und zwar durch Einflußnahme auf die unmittelbaren Bestimmungsfaktoren der Preisbildung. Dabei sind wegen relativ langer Transmissionswege Reibungsverluste in Rechnung zu stellen.

Unter den unmittelbaren Bestimmungsfaktoren der Preisbildung wird den Arbeitskosten das größte Gewicht beigemessen: 68% der gesamtwirtschaftlichen Wertschöpfung in der Bundesrepublik Deutschland wurden im Jahre 1988 an die unselbständig Beschäftigten verteilt.[1] Ob die Geldpolitik das ihr gesetzlich vorgegebene Ziel erreichen kann, hängt somit auch, ja sogar ganz entscheidend davon ab, inwieweit die Tarifparteien bei ihren Vereinbarungen preiserhöhende Tendenzen zu vermeiden suchen. Es mag sein, daß die Tarifparteien aus eigenem Interesse und eigener Überzeugung eine Gefährdung der Geldwertstabilität berücksichtigen. Möglich ist aber ebenso, daß erst eine Geldpolitik, die sich gegenüber stabilitätsbedrohenden Beschlüssen der Tarifparteien nicht permissiv verhält und gegebenenfalls mit restriktiven Maßnahmen reagiert, die Tarifparteien wirksam zur Beachtung des Stabilitätsziels anhält. Für den Geldpolitiker stellt sich somit bei der Planung und Umsetzung der einzelnen Maßnahmen die Frage, von welchen gesamtwirtschaftlichen Daten sich die Tarifparteien bei ihren Vereinbarungen vorrangig leiten lassen, wie stark und wie schnell die Reaktion auf Änderungen dieser Daten ausfällt und wie durch geldpolitische Maßnahmen stabilitätsorientiert

[1] Vgl. Statistisches Bundesamt (1989b), Tabelle 24.2.

Einfluß auf diese Daten genommen werden kann. Diesen Fragen wird im folgenden nachgegangen. Zunächst werden die wichtigsten in der Literatur behandelten Eingriffsmöglichkeiten der Geldpolitik auf die Tarifparteien herausgearbeitet. Es folgt ein Überblick über die grundlegenden Ergebnisse der empirischen Forschung; abschließend werden auf dieser Basis die Konsequenzen für die Politik der Bundesbank näher beleuchtet.

2. *Einflußkanäle der Geldpolitik*

2.1. *Ansatz der Analyse*

Man darf davon ausgehen, daß in die Position der Verhandlungsdelegationen der Tarifparteien makroökonomische Zusammenhänge eingehen, die sich in der Literatur bereits durchgesetzt haben. Komplexe Lohn- und Preisbildungsmodelle, wie sie die Wissenschaft entwirft, dürften kaum den Leitfaden für Entscheidungen bilden. Deshalb erscheint es vertretbar, die grundlegenden Einflußkanäle der Geldpolitik auf das Verhalten der Tarifparteien mit Hilfe einiger weitverbreiteter Lehrbücher zur Makroökonomik zu benennen.[2] Zieht man die darin beschriebenen Lohn- und Preisbildungsfunktionen heran, stellen sich die Zusammenhänge wie folgt dar:[3]

---

[2] Die Unterschiede, mit denen die Verfasser die Preisbildung und die Lohnbildung im einzelnen erfassen, stehen dem nicht entgegen. Das zeigt sich bereits bei einem Vergleich der beiden folgenden Lehrbücher. DORNBUSCH and FISCHER (1989), S. 464ff sehen die Steigerungsrate des Lohnes (w) in Abhängigkeit von der Arbeitslosenquote (u), wobei (u^*) die natürliche Arbeitslosenquote bezeichnet:
$w - w_{-1}/w = gw = -h(u\text{-}u^*)$.
Die Preisbildung erfolgt bei Dornbusch/Fischer bei den Unternehmen durch Erfassung der Arbeitskosten pro Produkteinheit (w/a), auf den ein Zuschlag (z) erhoben wird, und der Rohstoffkosten pro Stück (kp_m):
$p = (1+z)w/a + kp_m$.
Bei TURNOVSKY (1977), S. 87ff hängt die Lohnänderungsrate ebenfalls von der Arbeitslosenquote ab
$w/w = a_0 + a_1 U^{-1} \; p/p = m(wN/Y)$
und die Preissteigerungsrate wird mit Hilfe der Arbeitskosten pro Stück erklärt, wobei (m) ein „mark-up factor" ist und (N) die Beschäftigung bezeichnet.

[3] Für ausgefeiltere modelltheoretische Ausgestaltungen des Mechanismus sei auf die Vielzahl von existierenden Beiträgen zu diesem Thema verwiesen. Exemplarisch für die Vielfalt und Komplexität der entwickelten Modelle ist der Ansatz von HOEHN (1988) sowie der Ansatz von GORDON (1988). Eine Übersicht über die geldpolitischen Implikationen einer Reihe von theoretischen und empirischen Untersuchungen gibt BAEHRLOCHER (1987), S. 144ff.

$$\dot{w} = f(\underset{-}{\dot{u}}, \underset{+}{\dot{p}^*}, \underset{+}{\dot{q}}, \ldots)$$

$$\dot{p} = g[\underset{+}{(\dot{w} - \dot{q})}, \underset{+}{\dot{p}_m(e)}, \underset{+}{\dot{t}_i}, \ldots]$$

$\dot{w}$ = Änderungsrate des Nominallohnes (einschl. Nebenkosten)
$\dot{u}$ = Änderungsrate der Arbeitslosenquote
$\dot{p}^*$ = erwartete Preissteigerungsrate
$\dot{q}$ = Änderungsrate der Arbeitsproduktivität
$\dot{p}$ = Preissteigerungsrate
$\dot{p}_m$ = Steigerungsrate des Importpreisniveaus
e = Wechselkurs
$\dot{t}_i$ = Änderungsrate des indirekten Steuersatzes

Die Lohngleichung besagt, daß umso größere Lohnsteigerungen vereinbart werden, je mehr die Arbeitslosenquote gesunken ist, je höher die Preissteigerungserwartungen sind und je stärker die Arbeitsproduktivität ansteigt. Die Preisgleichung beinhaltet die Hypothese, daß sich jeweils die Preissteigerungsrate erhöht, wenn die Differenz zwischen Nominallohn- und Produktivitätsänderung, die (in D-Mark umgerechneten) Importpreise und die indirekten Steuern ansteigen.

Die hier dargelegten Zusammenhänge, die mikroökonomisch analysiert und fundiert worden sind,[4] lassen den Schluß zu, daß die Geldpolitik die Tarifparteien und damit die Lohnstückkosten als wichtige Bestimmungsgründe der Preisbildung nur indirekt auf dem Wege über die Arbeitslosenquote, den Wechselkurs und die Preiserwartungen beeinflussen kann. Auf diese drei Einflußkanäle soll im folgenden näher eingegangen werden.

2.2. Das „Disziplinierungsargument"

Arbeitgeberverbände und Gewerkschaften, die bei der Festlegung von Tariflohn und tariflicher Arbeitszeit Autonomie genießen, sind für die Erreichung des Vollbeschäftigungsziels mitverantwortlich. Deshalb lassen sie sich vom Ausmaß der Arbeitslosigkeit und von den Auswirkungen ihrer Vereinbarungen auf die Entwicklung der Arbeitslosigkeit beeinflussen.[5] Neben gesellschaftlich auferlegter Verantwortung veranlassen allerdings auch eigene Interessen die Tarifparteien dazu, die Auswirkungen ihrer Beschlüsse auf

---

[4] Für eine eingehendere mikroökonomische Fundierung der einzelnen Einflußfaktoren sei auf die einschlägigen Lehrbücher verwiesen, wie z.B. Ehrenberg and Smith (1987), S. 642ff, Addison and Siebert (1979), S. 421ff sowie Pohl (1981), Kapitel 4.1.

[5] Diese auf die Bundesrepublik bezogene Aussage kann nicht verallgemeinert werden. In zahlreichen Entwicklungsländern beispielsweise waren und sind die Gegensätze zwischen den Tarifparteien so groß, daß gesamtwirtschaftliche Belange bei den Verhandlungen oft nur eine nebensächliche Rolle spielen. Die daraus resultierenden hohen Preissteigerungen werden mit Hilfe einer „Aggressionstheorie der Inflation" erklärt.

Beschäftigung und Arbeitslosigkeit zu berücksichtigen. Gewerkschaften können Mitgliedsbeiträge nur von beschäftigten Arbeitnehmern verlangen, weshalb sich die Bemühungen um neue Mitglieder auf Beschäftigte richten werden. Unternehmen wissen von der in der Regel bestehenden negativen Korrelation zwischen Veränderungen der Arbeitslosigkeit einerseits und ihren Gewinnen andererseits.

Der Beschäftigungsstand und die Arbeitslosenquote unterliegen allerdings auch geldpolitischen Einflüssen. Indem geldpolitische Maßnahmen – insbesondere solche, auf die zinsabhängige Investitionen reagieren – zu einer Änderung dieser wichtigen volkswirtschaftlichen Variablen führen, wirken sie sich auch auf das Verhalten der Tarifparteien aus. Eine Geldpolitik, die bei stabilitätspolitischem Fehlverhalten der Tarifparteien unbeirrt das ihr vom Gesetzgeber gesetzte Ziel zu erreichen sucht und dabei um ihrer Glaubwürdigkeit willen eine Stabilisierungskrise und mit ihr einen Anstieg der Arbeitslosigkeit hinzunehmen bereit ist, entfaltet somit verhaltensbestimmende Kraft; die Tarifparteien werden wirksam zur Disziplin angehalten (sogenanntes Disziplinierungsargument).

Dieses Argument ist in zweifacher Hinsicht zu spezifizieren. Zum einen verlangt es von der Notenbank einen ständigen, unbeirrten Kurs. Eine Geldpolitik, die sich eine Zeitlang permissiv zeigt und den Tarifparteien Nachsicht signalisiert, um dann, wenn eine Lohn-Preis-Spirale mit sich selbst verstärkender Kraft und volkswirtschaftlich schädlichen Folgen eingesetzt hat, mit umso härteren Maßnahmen zu reagieren, ist nicht zu vertreten; denn die gesellschaftlichen „Kosten“ in Form von Arbeitslosigkeit sind dann erfahrungsgemäß sehr hoch. Zum anderen kann das Argument nicht ohne Beachtung des Auftrages der Notenbank gesehen werden, unter Wahrung ihrer Aufgabe die allgemeine Wirtschaftspolitik zu unterstützen. Zu den Zielen der Wirtschaftspolitik gehört die allerdings kaum in Zahlen zu fassende Vollbeschäftigung. Eine Geldpolitik, welche die Tarifparteien wirksam zur „Disziplin“ anhält, darf deshalb nicht ihrerseits zu einer vermeidbaren Gefährdung des Vollbeschäftigungsziels beitragen.

2.3. Das Wettbewerbsargument

Wegen der Interdependenz aller volkswirtschaftlichen Variablen ist mit dem eben erläuterten „Disziplinierungsargument“ ein zweites Argument eng verwandt: das Wettbewerbsargument. Danach stehen inländische Unternehmen in einem intensiven Preiswettbewerb mit ausländischen Anbietern. Die Position der deutschen Wirtschaft im internationalen Preiswettbewerb wird in hohem Maße vom Wechselkurs mitbestimmt. Dieser entscheidet neben anderen Faktoren, wie hoch die in D-Mark umgerechneten Preise für wichtige Rohstoffe und Vorprodukte sind und wie intensiv die Substitutionskonkurrenz mit ausländischen Herstellern von Fertigwaren ist. Darüber hinaus ist zu berücksichtigen, daß Wechselkursschwankungen Unsicherheit im grenzüberschreitenden Waren- und Dienstleistungsverkehr erzeugen und dadurch Transaktionskosten verursachen.

Die Geldpolitik kann den Wechselkurs beeinflussen, indem sie eine Erhöhung oder Senkung des Zinsniveaus herbeiführt und damit internationale Kapitalbewegungen auslöst. Wenn gemessen an stabilitätspolitischen Erfordernissen zu hohe Lohnabschlüsse erwartet werden, könnte die Notenbank das Verhalten der Tarifparteien zu beeinflussen suchen, indem sie Finanzanlagen im Inland attraktiver gestaltet mit der Konsequenz einer Höherbewertung der D-Mark an den Devisenmärkten. Interventionen auf den Devisenmärkten könnten diesen Prozeß unterstützen. Von diesen Maßnahmen sind zwei Wirkungen zu erwarten. Zum einen würden die in D-Mark umgerechneten Importpreise ausländischer Vorleistungen für heimische Produzenten niedriger als sonst ausfallen. Für Preissteigerungen im Inland bestünde auf dieser Basis dann kein Anlaß; entsprechend ließe der auf den Gewerkschaften ruhende Druck zu höheren Nominallohnsteigerungen nach; ein angestrebtes Reallohnniveau wäre bei geringeren Anhebungen der Nominallöhne zu erreichen. Zum anderen würde – wechselkursbedingt – die Stellung heimischer Anbieter im internationalen Preiswettbewerb verschlechtert. Lohninduzierte Preiserhöhungen ließen sich schwieriger durchsetzen; ein Rückgang von Absatz und Produktion müßte gegebenenfalls hingenommen werden – und dies zu Lasten sowohl der Gewinne als auch der Beschäftigung. Arbeitgeber wie auch Arbeitnehmer wären davon negativ betroffen.

Dieses Wettbewerbsargument weist einen Mangel auf, der auch den Tarifparteien bekannt sein dürfte und deshalb die Überzeugungskraft des Arguments schwächt. Der Notenbank ist es nicht möglich, den Wechselkurs je nach stabilitätspolitischem Bedarf zu verändern. Einmal kann sie sich keineswegs über die fundamentalen Gegebenheiten hinwegsetzen, die – zumindest mittel- bis langfristig – die Wechselkurse bestimmen. Zum anderen sind Reaktionen ausländischer Notenbanken zu erwarten. Eine mit Hilfe des Wechselkurses betriebene Stabilitätspolitik gerät in den meisten Fällen zu einer „beggar-thy-neighbor-policy", bringt also Nachteile für andere Länder mit sich. Deren Notenbanken haben es in der Hand, ihrerseits die Zinsen zu erhöhen und dadurch die internationalen Zinsdifferenzen zu stabilisieren. Die zur Änderung der Wechselkurse notwendige internationale Verlagerung von Finanzkapital bleibt dann aus. Der seit einiger Zeit zu beobachtende internationale Zinsgleichschritt ist ein Beleg dafür, daß die hier erörterte Stabilitätspolitik auf Kosten von Handelspartnern zunehmend auf Widerstand stößt. Besonders die Mitgliedsländer der Europäischen Gemeinschaft sind den Erhöhungen der Leitzinsen durch die Deutsche Bundesbank unverzüglich gefolgt, um eine Neufestsetzung der Wechselkurse im Europäischen

Währungssystem oder eine niedrigere Bewertung ihrer Währungen an den Devisenmärkten zu verhindern. Wechselkursänderungen hätten ihnen den Kampf gegen inflationäre Tendenzen erschwert und sie bei ihren Bemühungen zurückgeworfen, mit Preisniveaustabilität eine wichtige Voraussetzung für eine Europäische Währungsunion zu schaffen.

2.4. Das Erwartungsargument

Preiserwartungen spielen in den Tarifverhandlungen eine wichtige Rolle. Von der Inflationsrate, die sich während der Gültigkeitsdauer der Tarifverträge einstellt, hängt nämlich die reale Einkommensposition der Lohnempfänger entscheidend ab. Für die Notenbank eröffnet sich dadurch die Möglichkeit, auf Lohnforderungen und -abschlüsse Einfluß zu nehmen, da von ihrem Verhalten die Preiserwartungen erfahrungsgemäß in ganz besonderer Weise betroffen werden.

Der Handlungsspielraum, den die Notenbank in dieser Hinsicht besitzt, läßt sich nicht klar abgrenzen. Er wird einerseits durch die Glaubwürdigkeit der Zentralbank bestimmt. Insbesondere die Konsistenz ihrer Beschlüsse mit den Äußerungen der entscheidenden Personen im Hinblick auf die strikte Verfolgung des Stabilitätsziels ist bedeutend. Andererseits spielt die Art der Erwartungsbildung der Tarifparteien eine Rolle. Wenn statische Erwartungen vorliegen, kann die Zentralbank keinen Einfluß auf die Erwartungsbildung ausüben, da diese exogen verläuft. Diese Annahme ist allerdings nur für ganz kurze Fristen realistisch, da sie davon ausgeht, daß Informationen über den Wirtschaftsablauf nicht verarbeitet werden. Auf etwas längere Sicht muß man daher in seinen Überlegungen von Modellvorstellungen ausgehen, die endogene Informationsverarbeitung erlauben. Legt man rationale Erwartungen zugrunde, so werden im Gegensatz zur Annahme statischer Erwartungen alle verfügbaren Informationen verarbeitet. Die Handlungen der Zentralbank werden damit von den Wirtschaftsteilnehmern auf der Basis aller vorliegenden Informationen antizipiert. Eine Diskrepanz zwischen tatsächlichem und erwartetem Zentralbankverhalten kann es nur dann geben, wenn die Zentralbank über monopolisierte Information verfügt und die Wirtschaftsteilnehmer insofern einem Erwartungsirrtum unterliegen. Dies dürfte allerdings auf Dauer kaum möglich sein, da in der heutigen Zeit mit ihren hocheffizienten Informationsverarbeitungssystemen ein Informationsvorsprung längerfristig kaum aufrecht erhalten werden kann.

Geht man von weniger extremen Erwartungsbildungsformen aus, dann ergeben sich neue Konsequenzen für den Handlungsspielraum der Zentralbank. Im Falle adaptiver Erwartungen verarbeiten die Tarifparteien nicht alle verfügbaren Informationen und unterliegen deshalb in der Regel Erwartungsirrtümern, die sie schrittweise im Verlauf der Folgeperioden zu korrigieren suchen. Unter diesen Bedingungen hängt die Höhe des Erwartungsirrtums ganz entscheidend vom Verhalten der Zentralbank ab. Wenn sie unerwartet restriktiv handelt, kann dies folgenreiche Auswirkungen haben. Ein Beispiel dafür bietet die bekannte Inkonsistenz im Jahr 1974 zwischen der Geldpolitik und Lohnabschlüssen, die auf wesentlich höheren Preiserwartungen basierten, als die Geldpolitik zu akzeptieren bereit war. Daraus resultierte eine starke Differenz zwischen der erwarteten Inflationsrate, die in die Lohnverhandlungen einfloß, und der tatsächlichen Inflationsrate.[6] Die Folge wäre vorherzusehen gewesen – ein Anstieg der Arbeitslosigkeit.

3. Zum Ausmaß der Lohnflexibilität: Empirische Untersuchungen

Für die geldpolitischen Entscheidungsgremien genügt es nicht zu wissen, welche grundsätzlichen Möglichkeiten einer (indirekten) Einflußnahme auf die Tarifparteien sie besitzen. Zusätzlich müssen Vorstellungen darüber bestehen, wie stark die Reaktion der Nominallöhne auf geldpolitisch induzierte Änderungen ihrer Bestimmungsfaktoren ausfällt und in welchem Zeitraum sich diese Reaktion vollzieht. Kurz, geldpolitische Maßnahmen erfordern Kenntnisse über den Grad der Lohnflexibilität.[7]

Die empirischen Untersuchungen zum Grad der vorliegenden Lohnflexibilität bzw. Lohnrigidität in der Bundesrepublik lassen sich im wesentlichen drei großen Themenkomplexen zuordnen:

a) Unter dem Stichwort der Lohnstrukturdiskussion finden sich diejenigen Beiträge, die das Problem der Lohnflexibilität anhand von Merkmalen der Lohnstruktur analysieren. Dabei stehen Lohnunterschiede zwischen produktivitätsstarken und produktivitätsschwachen Branchen (intersektorale Lohndifferenzierung), zwischen strukturstarken und strukturschwachen Regionen (interregionale Lohndifferenzierung) und zwischen qualifizierten und unqualifizierten Arbeitnehmern (intrasektorale Lohndifferenzierung) im Vordergrund. Je größer strukturelle Unterschiede dieser Art sind und je mehr sie sich im Zeitverlauf ändern, desto stärker dürften die Reaktionen der Tarifparteien auf Arbeitslosigkeit in einzelnen Sektoren, Regionen und Berufsgruppen sein. Starre Lohnstrukturen stellen demgegenüber ein Indiz dafür dar, daß in den zahlreichen Tarifverhandlungen, die es in jedem Jahr gibt, Arbeitslosigkeit und Absatzschwierigkeiten jeweils keine dominierenden Bestimmungsgründe für die Lohnvereinbarungen sind.

---

[6] Vgl. hierzu auch KLOTEN (1989), S. 103.

[7] Die hier vorgestellte Definition von Lohnflexibilität weicht geringfügig von der in der Literatur üblichen Definition ab, in der das Ausmaß und die zeitliche Dauer der Reaktion auf alle Bestimmungsfaktoren einbezogen wird. Die an dieser Stelle zugrunde gelegte Einschränkung auf geldpolitisch beeinflußbare Bestimmungsfaktoren erscheint vor dem Hintergrund der Fragestellung gerechtfertigt.

Im Januar 1989 ergibt sich nach diesen Kriterien ein um Beschäftigungsstruktureffekte bereinigter Faktor für die sektorale Lohnspreizung von 1,59 für Arbeiter: der durchschnittliche Bruttostundenlohn eines Arbeiters in der Hochlohnbranche Mineralölverarbeitung liegt um 59% über dem eines Arbeiters in der Niedriglohnbranche Lederverarbeitung. Analog liegt das Durchschnittsgehalt eines Angestellten im Straßenfahrzeugbau um 39% über dem im Einzelhandel. Der Abstand der Bruttostundenlöhne ist auf der Basis eines weder nach Geschlecht noch nach Leistungsgruppen differenzierten Durchschnittswerts zwischen Hamburg mit 20,40 DM und Bayern mit 17,55 DM am größten. Der maximale Abstand zwischen den ausgewiesenen Leistungsgruppen hingegen bewegt sich bei Arbeitern in einer Größenordnung von 40%, während er für Angestellte zum Teil bis über 100% beträgt.[8]
b) Ob diese Zahlen eine hinreichend starke Reaktion der Tarifparteien auf solche Änderungen volkswirtschaftlicher Variablen anzeigen, die von der Geldpolitik bewirkt werden können, ist nicht klar zu entscheiden und deshalb umstritten.[9] Insbesondere läßt sich aus ihnen nicht ablesen, wie schnell das Lohnniveau reagiert, wenn sich wichtige gesamtwirtschaftliche Größen wie Arbeitslosigkeit, terms of trade oder das technologische Wissen ändern. Untersuchungen, die dieser Frage nachgehen, beruhen vielfach auf einem internationalen Vergleich. Den Anstoß dazu lieferte die in den einzelnen Ländern recht unterschiedliche Beschäftigungsentwicklung im Anschluß an die beiden Erdölpreiskrisen der siebziger Jahre. In einem Teil der Länder sind die Arbeitslosenquoten heute wieder annähernd auf ihr Ausgangsniveau abgesunken, während sie bei den restlichen Ländern unverändert auf sehr hohem Niveau verharren.[10] Dieser auffällige Unterschied im Anpassungsverlauf gab Anlaß zu ausführlichen Diskussionen über die Ursachen, in denen das Stichwort der Eurosklerose geprägt wurde. Damit wurde auf die man-

[8] Die Zahlen zur sektoralen Lohnspreizung wurden auf der Basis von Angaben für männliche Arbeiter/Angestellte jeweils der höchsten Leistungsgruppe ermittelt. Zu den Grundzahlen vgl. STATISTISCHES BUNDESAMT (1989a), Reihe 2.1 und Reihe 2.2, jeweils Tabelle 1 und Reihe 2.1, Tabelle 4.

[9] Stellvertretend für die unterschiedlichen Positionen in der Lohnstrukturdiskussion seien VOGLER-LUDWIG (1985) genannt, der Position gegen eine stärkere Differenzierung bezieht, sowie BREITHAUPT und SOLTWEDEL (1980) und GUNDLACH (1986), die die bestehende Lohndifferenzierung für nicht ausreichend halten. Der Sachverständigenrat hat in seinem Jahresgutachten 1985/86 noch ohne Einschränkungen für eine stärkere Differenzierung der Lohnabschlüsse Stellung bezogen, während das Urteil im Gutachten 1988/89 deutlich verhaltener ausfällt. Vgl. SACHVERSTÄNDIGENRAT zur Begutachtung der gesamtwirtschaftlichen Entwicklung (1985), S. 145–147 und DERSELBE (1988), S. 170–173. Die Bundesbank spricht sich hingegen in einem ihrer jüngsten Monatsberichte für eine größere Lohndifferenzierung aus. Vgl. DEUTSCHE BUNDESBANK (1989), S. 39/40.

[10] Zur ersten Gruppe zählen die USA, Japan, Kanada und die EFTA-Staaten, während die zweite Gruppe die restlichen europäischen Länder umfaßt. Vgl. OECD (1989), S. 26ff.

gelnde Flexibilität der europäischen Arbeitsmärkte als ein entscheidender Faktor für die konstant hohe Arbeitslosigkeit Bezug genommen.

In diesen Zusammenhang ist das Konzept der „Reallohnlücke" einzuordnen. Die Reallohnlücke mißt die Differenz zwischen den tatsächlichen Arbeitskosten und den mit einem Vollbeschäftigungsniveau vereinbaren Arbeitskosten.[11] Wenn die Wachstumsrate der tatsächlichen Arbeitskosten die „beschäftigungsneutrale" Zuwachsrate übersteigt, kommt es demnach zu Arbeitslosigkeit. Bei der Umsetzung dieses Konzepts in die Praxis sieht man sich allerdings vor beträchtliche methodische Probleme gestellt, so daß sich der Umfang der Reallohnlücken empirisch nicht mit letzter Sicherheit bestimmen läßt. Das Hauptproblem besteht darin, daß diejenigen Arbeitskosten, die ein Vollbeschäftigungsniveau garantieren, nicht beobachtbar sind und daher Hilfsmaßstäbe herangezogen werden müssen. Neuere Untersuchungen, die sich auf dieses Konzept stützen,[12] lassen – unter Beachtung der erwähnten Einschränkungen – den Schluß zu, daß seit 1975 bestehende Reallohnlücken in allen Ländern verringert wurden. Diese Beobachtung stützt sich jedoch nicht in erster Linie auf gemäßigte Lohnsteigerungen als Reaktion auf den sprunghaften Anstieg der Arbeitslosigkeit (Disziplinierungsargument), sondern auf einen beachtlichen Anstieg der Arbeitsproduktivität, der seinerseits nicht unerheblich von einer Substitution von Arbeit durch Kapital getragen wurde.

c) Im Mittelpunkt ökonometrischer Studien steht die Reaktion der Löhne auf Preisniveauänderungen und Änderungen in der Arbeitslosenquote. Dabei zeigen sich in der Regel auffällige Unterschiede in der Elastizität der Löhne in den einzelnen Industrieländern (siehe Tabelle).[13]

Wegen der unterschiedlichen Spezifikation der Regressionsgleichungen ist ein Quervergleich zwischen den einzelnen Studien nur eingeschränkt möglich. Lediglich ein Ländervergleich im Rahmen der Einzelberechnungen ist sinnvoll. Dabei zeigt sich in jeder Studie, daß Japan mit seinem Lohnniveau am elastischsten auf Veränderungen der Arbeitslosigkeit reagiert. Die Elastizität des Lohnniveaus in Bezug auf die Arbeitslosigkeit in der Bundesrepublik wird von zwei Autoren als niedriger als in allen anderen Ländern angegeben, von den anderen Autoren als unterdurchschnittlich ermittelt. Das deutet darauf hin, daß es der deutschen Geldpolitik vergleichsweise schwer fallen dürfte, die Tarifparteien zur „Disziplin" anzuhalten. Dies ist ein weite-

[11] Dieses Konzept wird mitunter auch auf die Analyse der Lohnkosten beschränkt. Vgl. zu verschiedenen Abgrenzungen und deren Problematik HELLIWELL (1988), S. 18ff oder auch OECD (1989), S. 33ff.

[12] Vgl. hierzu OECD (1989), S. 33ff.

[13] Vgl. z.B. auch die bekannte Studie von BURDA and SACHS (1987), die einen Vergleich der Bundesrepublik und der USA vornehmen, oder KLAU and MITTELSTÄDT (1985), ANDERSEN (1989), S. 49ff, GORDON (1987) und NEWELL and SYMONS (1985).

Lohnelastizität im internationalen Vergleich

	Elastizität* des Nominallohns in Bezug auf $\dot{p}$ und $\dot{u}$									
	Grubb et al. (1983)		OECD (1989)		Bruno/Sachs (1985)		Coe (1985)		Chan-Lee et al. (1987)	
	$\dot{p}$	$\dot{u}$	$\dot{p}$	$\dot{u}$	$\dot{p}$	$\dot{u}$	$\dot{p}$	$\dot{u}$	$\dot{p}$	$\dot{u}$
D	1,19	− 0,77	0,75	− 0,11	1,53	− 0,62	0,44	− 0,25	0,99	− 0,14
F	0,87	− 1,69	0,50	− 0,29	0,89	− 0,47	0,47	− 0,31	1,09	− 0,33
GB	1,01	− 0,42	0,33	− 0,15	1,22	0,04	0,33	− 0,17	0,94	− 0,15
I	1,03	− 0,88	0,60	− 0,39	–	–	0,96	− 0,65	0,96	− 0,60
Jap	1,09	− 8,09	0,66	− 1,87	0,88	− 9,04	0,93	− 3,31	1,04	− 1,66
USA	0,26	− 0,24	0,14	− 0,61	0,52	− 0,45	0,22	− 0,33	1,00	− 0,60
CDN	0,39	− 0,64	0,18	− 0,51	0,37	− 0,76	0,31	− 0,57	0,89	− 0,51
A	0,87	− 2,19	0,27	− 0,87	–	–	0,48	− 0,58	0,81	− 0,74

* Alle Elastizitäten sind kurzfristig mit Ausnahme der von Chan-Lee et al. verwendeten Elastizität auf Preisniveauveränderungen. Die Lagstruktur vor der Arbeitslosenquote ist allerdings nicht in allen Fällen zweifelsfrei ablesbar.
Quellenangaben: siehe Literaturverzeichnis.

rer Hinweis darauf, daß dem sogenannten Disziplinierungsargument kein allzu großes Gewicht beigemessen werden darf.

Zu anderen Aussagen gelangt man bei einem internationalen Vergleich der Elastizitäten des Lohnniveaus auf das Preisniveau. Die langfristige Elastizität der Löhne auf Preisveränderungen liegt nach Chan-Lee et al. in allen Ländern nahe bei Eins, d.h. auf lange Sicht kommt es überall zu einer vollständigen Anpassung an die Preisentwicklung. Bei den kurzfristigen Elastizitäten zeigen sich allerdings erhebliche Unterschiede. Während in den EG-Ländern und Japan die Löhne offenbar auch in der kurzen Frist schon relativ stark auf Preisniveauänderungen reagieren, fallen die entsprechenden Werte für die USA und Kanada eher niedrig aus. Diesen Rechnungen zufolge darf erwartet werden, daß die Deutsche Bundesbank die Tarifparteien dann beeinflussen kann, wenn es ihr gelingt, den Preisauftrieb und die Inflationserwartungen gering zu halten. Das Wettbewerbsargument und das Erwartungsargument dürften insofern Gewicht besitzen.

4. Geldpolitische Schlußfolgerungen

Aus den theoretischen Überlegungen und aus den Ergebnissen empirischer Untersuchungen läßt sich der Schluß ziehen, daß die Geldpolitik die Tarifparteien weder leicht noch schnell beeinflussen kann, um dadurch einen indirekten Beitrag zu stabilitätskonformen Tarifabschlüssen zu leisten. Es bleibt bei der Erkenntnis, daß die Wirksamkeit der Geldpolitik durch tarifpolitisches Verhalten eingeschränkt werden kann. Das geldpolitische Signal, gegenüber tarifpolitischem Fehlverhalten im Sinne stabilitätsgefährdender Tarifabschlüsse nicht permissiv zu sein und Stabilisierungskrisen in Kauf zu nehmen, scheint nicht sonderlich stark zu beeindrucken. Restriktive geldpolitische Maßnahmen nach relativ hohen Lohnabschlüssen stehen deshalb in der Gefahr, eine vergleichsweise hohe zusätzliche Arbeitslosigkeit nach sich zu ziehen. Das engt den Handlungsspielraum der Geldpolitik ein.

Umso wichtiger ist es, Preissteigerungen aufgrund von Inflationserwartungen oder aus anderen Gründen erst gar nicht eintreten zu lassen. Das setzt eine stets glaubwürdige, auf Preisniveaustabilität gerichtete, konsistente Geldpolitik voraus, die vom Vertrauen der Bevölkerung getragen wird. Das hohe Ansehen, das die Deutsche Bundesbank in dieser Hinsicht genießt, ist deshalb ihr wertvollstes „Kapital". In einem inflationsfreien Raum werden sich mit hoher Wahrscheinlichkeit auch die Tarifparteien stabilitätskonform verhalten. Insofern ist eine wechselseitige Abhängigkeit von Geldpolitik und Tarifpolitik festzustellen.[14]

An diesen Erkenntnissen ändert sich nichts, wenn man der Argumentation der Gewerkschaften folgt und den „Doppelcharakter" des Lohns miteinbezieht. Dieser ist zum einen als Kostenfaktor für die Unternehmen zu sehen, zum anderen ist er Einkommensbestandteil für die Arbeitnehmer. Richtig ist, daß über die Produktivitätssteigerung hinausgehende Lohnsteigerungen, die wegen restriktiver Geldpolitik (Wettbewerbsargument) nicht voll übergewälzt werden können, die Einkommensverteilung zugunsten der Arbeitnehmerhaushalte ändern und damit – wegen vergleichsweise niedriger Sparquoten dieser Haushalte – die reale Konsumgüternachfrage anregen. Insofern dürften sich die Gewerkschaften durch eine restriktive Geldpolitik nicht zu stabilitätspolitisch erwünschter „Disziplin" veranlaßt sehen. Eine Veränderung der Einkommensverteilung bedeutet in diesem Fall jedoch eine Verringerung der Gewinnquote und läßt deshalb ein Nachlassen der Investitionen mit entsprechenden Auswirkungen auf die Beschäftigung erwarten. Dieses Argument wird erfahrungsgemäß nicht allseits anerkannt. Daraus darf jedoch keineswegs der Schluß gezogen werden, die Geldpolitik solle aus taktischen Gründen die Überwälzung höherer Lohnkosten ermöglichen; sie erreiche damit eine Stabilisierung der Einkommensverteilung, so daß das mit höheren Löhnen verfolgte Ziel unerreichbar sei und deshalb aufgegeben werde. Eine solche Politik setzt ihre Glaubwürdigkeit aufs Spiel und muß scheitern, weil es eine einzige, sich allein an gesamtwirtschaftlichen Variablen ausrichtende Tarifverhandlung nicht gibt; die zahlreichen Tarifverhandlun-

[14] Vgl. zu dieser Interdependenz auch Pohl (1986), S. 208, der allerdings mehr den beschäftigungspolitischen Aspekten betont.

gen, die während eines Jahres geführt werden, verlaufen durchaus unterschiedlich und tragen spezifischen sektoralen Gegebenheiten in hohem Maße Rechnung.

Diese allgemeinen geldpolitischen Schlußfolgerungen gelten auch für das Jahr 1989. Die verschiedenen Leitzinserhöhungen, die der Zentralbankrat im Jahresverlauf beschlossen hat, lassen sich auch mit der Absicht begründen, indirekt Einfluß auf Tarifverhandlungen Ende 1989/Anfang 1990 nehmen zu wollen. Inflationserwartungen sollten weitgehend ausgeräumt werden, d.h. ein Rückgang der inzwischen auf über 3% angestiegenen Teuerungsrate als wahrscheinlich gelten. Es sollte deutlich werden, daß eine im Hinblick auf erwünschte positive Beschäftigungsimpulse eher zurückhaltende Lohnpolitik fest mit der Kooperationsbereitschaft der Geldpolitik rechnen darf: eine Verringerung der realen Kaufkraft der vereinbarten Löhne durch steigende Preise sollte nach Maßgabe des Möglichen verläßlich ausgeschaltet werden. Deshalb konnten die zu erwartenden Nebenwirkungen der Leitzinserhöhungen in Form einer an den Devisenmärkten höher bewerteten D-Mark als sehr erwünscht betrachtet werden. Eine tendenziell stärkere D-Mark bremst den Preisauftrieb im Inland, und dies vergleichsweise schnell. Dadurch dürfte es den Tarifparteien eher gelingen, die Lohnerhöhungen im Gleichklang mit den Produktivitätserhöhungen vorzunehmen und an der beschäftigungsfördernden Mehrjahresfrist der Abschlüsse festzuhalten. Wie wirksam die Geldpolitik in dieser Hinsicht im Jahresverlauf 1989 tatsächlich war, läßt sich jedoch nicht sicher vorhersagen. Über die Beschränkung der geldpolitischen Effizienz durch das Verhalten der Tarifparteien gibt es keine verläßlichen Erfahrungssätze und erst recht keine ökonomischen „Gesetze“. Das spannungsvolle Verhältnis zwischen Geldpolitik und Tarifpolitik zeigt sich in immer neuer Variation.

Literaturverzeichnis

Addison, J.T. and Siebert, W.S. (1979): The Market for Labor: An Analytical Treatment, Goodyear: Santa Monica.

Andersen, P.S. (1989): „Inflation and Output: A Review of the Wage-Price Mechanism“, *Bank for International Settlements*, Economic Paper No. 24–1.

Baehrlocher, E. (1987): Inflationstheorie, Kritik traditioneller Ansätze und Weiterentwicklung, *Untersuchungen des Instituts für Wirtschaftsforschung der Eidgenössischen Technischen Hochschule Zürich*, Neue Folge, Band 25, Rüegger: Grüsch.

Breithaupt, K. und Soltwedel, R. (1980): „Nivellierungs- und Differenzierungstendenzen der inter- und intrasektoralen Lohnstruktur“, *Die Weltwirtschaft*, Heft 1, S. 61–78.

Bruno, M. and Sachs, J.D. (1985): Economics of Worldwide Stagflation, Basil Blackwell: Oxford.

Burda, M.C. and Sachs, J.D. (1987): „Institutional Aspects of High Unemployment in the Federal Republic of Germany“, *National Bureau of Economic Research*, Working Paper No. 2241.

CHAN-LEE, J.H.; COE, D.T.; PRYWES, M. (1987): „Microeconomic Changes and Macroeconomic Wage Disinflation in the 1980s", *OECD Economic Studies*, No. 8, S. 121–157.

COE, D.T. (1985): „Nominal Wages, the Nairu and Wage Flexibility", *OECD Economic Studies*, No. 5, S. 87–126.

DEUTSCHE BUNDESBANK (1989): „Längerfristige Entwicklungstendenzen am Arbeitsmarkt", *Monatsberichte der Deutschen Bundesbank 41*, S. 32–40.

DORNBUSCH, R. and FISCHER, S. (1989): Makroökonomik, 4. völlig neu bearb. und erw. Auflage, Oldenbourg: München und Wien.

EHRENBERG, R.G. and SMITH, R.S. (1987): Modern Labor Economics, Theory and Public Policy, 3rd Edition, Scott, Foresman and Company: Glenview u.a.

GORDON, R.J. (1987): „Productivity, Wages, and Prices Inside and Outside of Manufacturing in the U.S., Japan, and Europe", *European Economic Review 31*, S. 685–733.

GORDON, R.J. (1988): „The Role of Wages in the Inflation Process", *The American Economic Review 78*, S. 276–283.

GRUBB, D.; JACKMAN, R.; LAYARD, R. (1983): „Wage Rigidity and Unemployment in OECD Countries", *European Economic Review 21*, S. 11–39.

GUNDLACH, E. (1986): „Gibt es genügend Lohndifferenzierung in der Bundesrepublik Deutschland?", *Die Weltwirtschaft*, Heft 1, S. 74–88.

HELLIWELL, J.F. (1988): „Comparative Macroeconomics of Stagflation", *Journal of Economic Literature 26*, S. 1–28.

HOEHN, J.G. (1988): „Procyclical Real Wages Under Nominal-Wage Contracts With Productivity Variations", *Federal Reserve Bank of Cleveland Economic Review 24*, No. 4, S. 11–23.

KLAU, F. and MITTELSTÄDT, A. (1985): „Labour Market Flexibility and External Price Shocks", *OECD Department of Economics and Statistics*, Working Paper No. 24.

KLOTEN, N. (1989): „Paradigmawechsel in der Geldpolitik?", in: H. SCHERF, Hrsg., Beschäftigungsprobleme hochentwickelter Volkswirtschaften, *Schriften des Vereins für Socialpolitik*, Neue Folge Band 178, Duncker & Humblot: Berlin, S. 93–115.

NEWELL, A. and SYMONS, J.S.V. (1985): „Wages and Employment in the O.E.C.D. Countries", *Centre For Labour Economics, London School of Economics*, Discussion Paper No. 219.

OECD (1989): Economies in Transition, Structural Adjustment in OECD Countries, *OECD Publications*: Paris.

POHL, R. (1981): Theorie der Inflation, Grundzüge der monetären Makroökonomik, Vahlen: München.

POHL, R. (1986): „Die Rolle der Geldpolitik im Rahmen einer aktiven Beschäftigungspolitik", in: H.-J. KRUPP; B. ROHWER; K.W. ROTHSCHILD, Hrsg., Wege zur Vollbeschäftigung, Rombach: Freiburg, S. 205–217.

SACHVERSTÄNDIGENRAT zur Begutachtung der gesamtwirtschaftlichen Entwicklung (1985): Auf dem Weg zu mehr Beschäftigung, Jahresgutachten 1985/86, Kohlhammer: Stuttgart und Mainz.

SACHVERSTÄNDIGENRAT zur Begutachtung der gesamtwirtschaftlichen Entwicklung (1988): Arbeitsplätze im Wettbewerb, Jahresgutachten 1988/89, Kohlhammer: Stuttgart und Mainz.

STATISTISCHES BUNDESAMT (1989a): Löhne und Gehälter, Fachserie 16, Reihe 2.1 und Reihe 2.2, Januar, Metzler-Poeschel: Stuttgart.

STATISTISCHES BUNDESAMT (1989b): Statistisches Jahrbuch 1989 für die Bundesrepublik Deutschland, Metzler-Poeschel: Stuttgart.

TURNOVSKY, S.J. (1977): Macroeconomic Analysis and Stabilization Policy, University Press: Cambridge.

VOGLER-LUDWIG, K. (1985): „Flexibilisierung der Lohnstrukturen, Ein Patentrezept der Beschäftigungspolitik?", *Ifo Schnelldienst* 38, 12. Juni, S. 18–31.

Notwendige und hinreichende Bedingungen zur Beendigung von Hyperinflationen*

von

PETER BERNHOLZ

1. Einleitung

Es ist in den Sozialwissenschaften häufig nicht einfach, notwendige bzw. hinreichende Bedingungen für den Eintritt bestimmter Erreignisse oder den Erfolg bestimmter Maßnahmen zu formulieren. Notwendige *und* hinreichende Bedingungen aufzustellen dürfte vielfach sogar unmöglich sein. Wir wissen z.B. daß staatliche Budgetdefizite *notwendig* für das Auftreten von Hyperinflationen sind. Aber sie sind nicht *hinreichend* dafür, *solange* sie durch Anleihen aus Ersparnissen finanziert werden können. Ebenso ist eine fortwährende Erhöhung der Geldmenge *notwendig* für eine inflationäre Entwicklung. Sie ist jedoch nicht *hinreichend*, *falls* das reale Sozialprodukt ebenso stark oder stärker zunimmt.

In diesem Aufsatz sollen notwendige und hinreichende Bedingungen für die Beendigung von Hyperinflationen diskutiert werden. Zu diesen Zweck werden elf Hyperinflationen und einige fortgeschrittene Inflationen betrachtet. Bisher hat es, soweit uns bekannt ist, dreizehn Hyperinflationen im Sinne der Definition von Cagan (1956) gegeben. Nach dieser liegt eine Hyperinflation von dem Monat an vor, in dem erstmals eine monatliche Inflation von mindestens 50% auftritt. Zwei dieser Hyperinflationen, nämlich in Argentinien und Nicaragua sind beim Schreiben dieses Artikels (Juli 1989) noch nicht abgeschlossen. Eine vierzehnte mag sich gerade in Peru, weitere vielleicht in Brasilien und Jugoslawien entwickeln. Diese Hyperinflationen kommen, da noch keine durchgreifende Reform stattfand, für die folgenden Überlegungen nicht in Betracht. Die schließliche Beendigung der Hyperinflation in Festland-China (1937–1950) scheidet ebenfalls aus, da mir keine Unterlagen über die Beendigung der Hyperinflation durch die kommunistische Regierung nach der Besiegung und Vertreibung der nationalchinesischen Regierung 1949 vorliegen. Die erste aller Hyperinflationen in Frank-

* Ich danke Herrn Prof. W. Reiss für eine kritische Durchsicht des Manuskripts.

reich (1789–1796) wurde nicht durch staatliche Maßnahmen, sondern durch eine „natürliche“ Verdrängung des schlechten Inflationsgeldes durch gutes Geld beendet. In Frankreich wurde jedoch 1796, in China 1948 eine Währungsreform versucht, die beide in der Folge besprochen werden.

Eine weitere erfolgreiche Währungsreform fand in der Freien Stadt Danzig statt, die durch den Versailler Friedensvertrag geschaffen wurde. Da sie bis zur Reform zum deutschen Währungsgebiet gehörte, durchlief sie bis dahin die deutsche Inflationsentwicklung. Wegen unzureichender Unterlagen über diese Reform sei hier auf ihre Diskussion verzichtet.

Es verbleiben demnach Währungsreformen für elf Hyperinflationen zu besprechen (Tabelle 1), bei denen wir aus dem Erfolg bzw. Mißerfolg Rückschlüsse auf notwendige und hinreichende Bedingungen für die Beendigung von Hyperinflationen und von fortgeschrittenen Inflationen ziehen können. Daneben werden wir auf die Reformversuche zur Beendigung der fortgeschrittenen Inflationen in Argentinien (Plan Austral, Juni 1985), Brasilien (Plan Cruzado, Februar 1980) und Israel (Juni 1985) zurückgreifen.

2. Politisch-ökonomische Voraussetzungen für erfolgreiche Reformen

Ich habe an anderer Stelle gezeigt (Bernholz 1986, deutsch: Bernholz 1989a), daß Währungsverfassungen, die Regierung und(oder) Zentralbank nicht binden und ihnen vielmehr einen diskretionären Spielraum bei der Geldschöpfung belassen, immer eine inflationäre Tendenz aufweisen. Diese Tatsache ist darauf zurückzuführen, daß Politiker im Rahmen der Parteienkonkurrenz um die Regierungsmacht den vorhandenen diskretionären Spielraum auszunützen trachten oder auch ausnutzen müssen. Selbst unabhängige Zentralbanken können sich dem politischen Druck nicht vollständig entziehen. Es ist hier nicht möglich, auf diese in der genannten Arbeit eingehend begründeten Zusammenhänge näher einzugehen.

Wenn aber Regierung und Politiker auf diese Weise an einem diskretionären monetären Handlungsspielraum interessiert sind, so stellt sich die Frage, warum sie Reformen zur Beendigung oder Minderung der Inflation ergreifen, die notwendigerweise ihren Handlungsspielraum einengen. Oder anders ausgedrückt, welche notwendigen Bedingungen müssen erfüllt sein, damit Reformen politisch möglich werden?

In dem genannten Aufsatz habe ich diese Frage für gemäßigte und für Hyperinflationen zu beantworten gesucht. Bezüglich der letzteren führe ich aus: „Als erstes ist festzustellen, daß die Rückkehr zu einer stabilden Währungsverfassung unausweichlich wird, sobald das System in die Phase der Hyperinflation eingetreten ist. Denn die Hyperinflation muß in einem Zusammenbruch enden, und daher muß entweder eine Reform oder die Substi-

Tabelle 1
Hyperinflation
Charakteristiken versuchter Währungsreformen

Land	Datum der Reform(en)	Neue Währungseinheit?	Sanierungskredite Inland	Sanierungskredite Ausland	Institution. Sicherungen Zentralbank	Institution. Sicherungen Budget	Wechselkursregime
Österreich 1914 – 1922	9.–11.1922 (4.10.1922) (18.11.1922)	1 Schilling = 15000 Kronen (nach Erfolg)	Ja	Ja	Ja	Ja (Völkerbund)	100 Kr. = 0.0014 $ (9.1922) (Devisenkontrolle)
Bolivien 1967 – 1985	29.8.1985	1 Boliviano = 10. Mill. Pesos (nach Erfolg)	Nein	Vernachlässigbar	Nein Führung & 2/3 Personal ausgewechselt	Nein	Kontrolliertes Floaten
China, Festland 1937 – 1949	August 1948	1 Gold Yuan = 1 Mill. Fapi	Nein	Ja, nicht mit Reform verbunden	Notenausgabe limitiert (Regierungsausschuss kontrolliert)	Nein	1 $ = 4 Gold Yuan (aufgegeben 11,48)
Deutschland 1914 – 1923	15.–20.11.1923	1 Rentenmark = 1 Bill. Mark (20.11.1923)	Nein (Kreditlimit 1.2 Mrd. Rentenbank)	Ja (aber nach Erfolg)	Ja (Rentenbank-verordnung)	Nein	1 $ = 4.2 Rentenmark (20.11.1923)
Frankreich 1789 – 1796	15.3.1796	1 Mandat = 30000 Assignaten	Zwangsanleihe (vorher)	Nein	Nein (Zb. nicht vorhanden)	Nein	Fester Preis zu Land und Häusern
Griechenld. 1939 – 1946	11.11.1944 25.1.1946	1 Neue Drachme = 50000000 Dr.	Nein Kreditlimit bei Zentralbank, 2 Mrd. Neue Dr.	Hilfslieferungen	Durch Gesetz (gebrochen), Vertrag & Kontrolle mit Großbritannien & USA	Nein	1 £ = 500 NDr. Abwertung um 68.75 %, Goldkonvertierbarkeit. 14.10.1947 Bonus Zertifikat System

Tabelle 1 (Fortsetzung)

Land	Datum der Reform(en)	Neue Währungseinheit?	Sanierungskredite Inland	Sanierungskredite Ausland	Institution. Sicherungen Zentralbank	Institution. Sicherungen Budget	Wechselkursregime
Ungarn 1 1914 – 1924	Juni 1924	1 Pengoe = 12500 Kr. (nach Erfolg)	Ja?	Ja	Ja Völkerbund	Ja	Fixkurs für £, 3800 Pengoe = 1 kg Feingold 9/10 fein
Ungarn 2 1939 – 1946	1.8.1946	1 forint = $4*10^{29}$ Pengoe = $2*10^{8}$ TaxPg	Ja 300 Mill. F. Kreditlimit Zentralbk.	Ja	Ja, Artikel 50 der Statuten wieder gültig	Nein	1 $ = 11.74 Forint, Golddeckung, keine Konvertierbarkeit
Polen 1914 – 1927	11.1.1924 7.1926	1 Zloty = 1.8 Mill. PMark	Ja 50 Mill. Zl. Kreditlimit 1927 Zentralbk.	Nein	Ja	Teilweise	1 $ = 8.91 Zloty 1 $ = 5.1826 Zloty
Sowjetunion 1914 – 1924	2.1924 (ab Ende 1922 Tscherwonez)	1 Goldrubel = 10^{9} Sowj. R. = 10^{11} Neue R. = 10^{15} Alte R.	Ja?	Nein	Ja (Verordnung)	Teilweise	1 $ = 5.14 Tscherwonez = 51.4 Goldrubel (Aussenhandelsmonopol)
Taiwan 1937 – 1952	15.6.1949	1 New Taiwan $ = 40000 Taipi Yuan	Nein	Nein	Notenausgabe limitiert (Limite später erhöht)	Nein	1 US $ = 5 NT $

tution der jeweiligen Währung durch Sachwerte oder Auslandsgeld erfolgen. In organisierten modernen Staaten wurde gewöhnlich der Weg der Reform gewählt.

Es ist wohlbekannt, daß während einer Hyperinflation und sogar bereits während einer Phase fortgeschrittener Inflation die Bevölkerung – real gesehen – immer weniger von der inflationären Währung Gebrauch macht. Geld wird nicht länger als Rechnungseinheit benutzt. Die abnehmende reale Geldmenge führt zu einem Liquiditätsengpaß und verstärkt die Substitution der nationalen Währung durch Fremdwährung oder andere stabile Wertaufbewahrungsmittel. Als Folge davon kann die Regierung zunehmend weniger reale Einnahmen mit Hilfe der Inflationssteuer erzielen. Außerdem verringern sich die normalen Steuereinnahmen aufgrund der Rezession, die durch die Fehlallokation von Ressourcen, die infolge von Inflation eintritt, und wegen der zeitlichen Verzögerung zwischen Erhebung und Verausgabung von Steuern. Die Tatsache, daß die Bevölkerung inzwischen über die Inflation aufgeklärt ist, verhindert jeden expansiven Effekt zunehmender Inflationsraten auf die Nachfrage nach dem Faktor Arbeit. Im Gegenteil führt nunmehr die Fehlallokation von Ressourcen zu ansteigender Arbeitslosigkeit.

In einer derartigen Situation können die Regierungspartei(en) oder die Opposition bei der breiten Mehrheit der Wählerschaft im Hinblick auf die Einführung einer Währungsreform mit Unterstützung rechnen. Doch zu einem solchen Zeitpunkt hat niemand länger Vertrauen in die Regierung und die monetären Institutionen. Daher ist die Einführung einer neuen Währungsverfassung, die zumindest als ein sicherer Schutz vor weiterer Inflation erscheint, unausweichlich. Andernfalls würde die Reform scheitern wie in den Fällen der Ablösung der Assignaten durch die Mandate in Frankreich oder der chinesischen Währungsreform von 1948 (S. 42ff.).

Wenn diese Überlegungen die realen Zusammenhänge zutreffend wiedergeben, so ist zu erwarten, daß jede Hyperinflation zu Reformversuchen führt. Das ist denn auch in allen Hyperinflationen bis 1985 der Fall gewesen. Es wird sich zeigen, ob auch in den gegenwärtigen Hyperinflationen in Argentinien (ab Mai 1989), Nicaragua (ab Dezember 1988) und evtl. Peru und Jugoslawien Reformen unternommen werden.

Damit eine Währungsreform erfolgreich die Hyperinflation beendigt, müssen bestimmte notwendige Bedingungen erfüllt werden, die wir später erörtern werden. Selbst wenn die politischen Bedingungen für eine Reform erfüllt sind, braucht diese also nicht zu gelingen. Die politischen Voraussetzungen für eine erfolgreiche Reform sind zwar notwendig, aber nicht hinreichend. Was geschieht aber, wenn die Reformen erfolglos bleiben? In diesem Fall kommt es zu einer „natürlichen“ Verdrängung des schlechten durch besseres Geld (BERNHOLZ 1989b). Die Regierung muß dann das gute Geld

Tabelle 2

Fortgeschrittene Inflationen, die in einer vollständigen natürlichen Substitution des schlechten durch gutes Geld endeten

Land	Periode	Vorausgegangene mißglückte Währungsreform[1]	Art des guten Geldes	Quelle
USA	1776 – 1781	1780: Neue Dollarnoten 1:20	Edelmetallmünzen und Papiergeld der Staaten	Phillips (1972), S. 170 ff. Bezanson (1951) S. 325 ff.
Frankreich	1789 – 1797	Februar 1796: mandats territoriaux 1:30	Gold und Silbermünzen	Thiers (1840)
Peru	1875 – 1887	September 1880[2]: incas 1:8	Silbermünzen	Garland (1908) S. 58 ff.
Mexico	1913 – 1917	Juni 1916: nicht fälschbare Währung	Gold und Silbermünzen	Banyai (1976) S. 73 ff. Kemmerer (1940) S. 114 – 115

[1] Unter einer Währungsreform wird die Änderung der Währungsordnung mit dem Ziel der Schaffung eines neuen stabilen Geldes verstanden. Nicht damit bezeichnet wird die bloße Entfernung einiger Nullen oder eines auf andere Einheiten lautenden neuen Papiergeldes.

[2] Nach Garlands Bericht ist es zweifelhaft, ob eine Währungsreform tatsächlich beabsichtigt war.

legalisieren, um wieder zu Einnahmen zu kommen. Denn die Erträge aus ordentlichen Einnahmen werden durch die inflationsbedingte Abwertung der Einnahmen während der Zeitspanne zwischen dem Datum der Einnahme und dem der Ausgabe immer geringer.

Im späteren Verlauf der Hyperinflation nimmt auch die Inflationssteuer durchweg ab, da deren Basis, die reale Menge des Inflationsgeldes, wegen der Währungssubstitution schließlich so schnell schrumpft, daß der reale Wert der Einnahmen trotz der Erhöhung des Steuersatzes, der Inflationsrate, zu sinken beginnt und immer weiter fällt. In Tabelle 2 werden vier Fälle fortgeschrittener Inflationen (darunter eine Hyperinflation) angegeben, in denen eine vollständige Verdrängung des schlechten durch besseres Geld stattfand.

Die Tatsache der Verdrängung schlechten durch guten Geldes bei genügend hoher und lang genug andauernder Inflation führt zu einer wichtigen Schlußfolgerung: Das Auftreten einer Hyperinflation scheint eine hinreichende Bedingung für ihre eigene Beendigung, sei es durch eine erfolgreiche Währungsreform sei es durch Währungssubstitution, zu sein.

3. Einige Charakteristiken von Hyperinflationen

Es ist zweckmäßig, vor einer Formulierung der Bedingungen für erfolgreiche Reformen an einige Charakteristika von Hyperinflationen zu erinnern, die für die notwendigen Maßnahmen zu ihrer Beendigung von Bedeutung sind:

1. Die reale Menge des Inflationsgeldes, d.h. nominale Geldmenge dividiert durch Preisniveau, beträgt nur noch einen Bruchteil der normalen Menge (vgl. Tabelle 3).
2. Dieser Tatsache entspricht neben einer höheren Umlaufgeschwindigkeit des Inflationsgeldes vor allem das Vordringen wertbeständigeren Geldes (Bernholz 1989b). So wird geschätzt, daß im August 1923 2–3 Milliarden Goldmark an ausländischen Zahlungsmitteln im Umlauf waren (Beusch 1928, S. 8), bei einem gesamten Umlauf von 6 Milliarden Goldmark 1914. Dazu kamen kurz vor der Währungsreform 1.1 Milliarden Goldmark an wertbeständigem Notgeld. Dagegen belief sich der Wert des Inflationsgeldes nur noch auf 80–800 Millionen Goldmark (Lansburgh 1929, S. 43f.; Holtferich 1980, S. 209ff.).
3. Das konsolidierte Budgetdefizit aller staatlichen Stellen macht einen hohen Anteil der gesamten staatlichen Ausgaben aus (Tabelle 4) und wird zum größten Teil durch Geldschöpfung finanziert.
4. Ein erheblicher Teil dieses Defizits ist auf die Inflation selbst zurückzuführen, da die zu zahlenden und die eingehenden Beträge entwerten, bevor sie verausgabt werden können.
5. Abgesehen von wenigen erklärbaren Ausnahmen ergibt sich bei höherer Inflationsrate als im Ausland eine Unterbewertung der Währung, d.h. der Wert von inländischem Preisniveau dividiert durch Wechselkurs mal ausländischem Preisniveau fällt unter den Wert der (relativen) Kaufkraftparität. Zwar hat diese Unterbewertung die Tendenz, gegen Ende der Hyperinflation zu verschwinden, doch ist dieser Prozeß im Zeitpunkt von Währungsreformen in der Regel noch nicht abgeschlossen (Tabelle 4).
6. Die Bevölkerung hat alles Vertrauen in Regierung und Zentralbank verloren. Oder wie ein Brasilianer es gegenüber dem Verfasser 1984 ausdrückte: „Wenn unsere Minister etwas sagen, so glauben wir das Gegenteil".

Diese Charakteristiken der Hyperinflation legen bereits einige Schlußfolgerungen für erfolgversprechende Reformen nahe. In Gegensatz zur gemäßigten Inflation muß die nominale Geldmenge kräftig erhöht werden, um den normalen realen Geldbestand für die nationale Währung wieder zu erreichen. Die Alternative wäre eine starke Reduktion des Preisniveaus bei konstanter nominaler Geldmenge. Eine entsprechende Politik würde jedoch zu einer so schweren Depression und Arbeitslosigkeit führen, daß sie politisch nicht durchgehalten werden könnte. Aus diesem Grund sind auch die Empfehlungen des Weltwährungsfonds zu einer Reduktion der Geldschöpfung und einer allmählichen Verringerung des Budgetdefizits für Hochinflationsländer kritisch zu beurteilen.

Zweitens ist es sinnvoll, die höhere nominale Geldmenge zum Teil dadurch zu erreichen, daß das Publikum veranlaßt wird, seine Bestände aus ausländischen Zahlungsmitteln (siehe Punkt 2) zum Erwerb nationaler Währung zu verwenden.

Drittens ist es zur Erreichung der beiden genannten Ziele unumgänglich, das Vertrauen der Bevölkerung in die Stabilität der nationalen Währung durch die Reformen wieder herzustellen.

Viertens ist bei den Reformen die Höhe des realen Wechslekurses zu berücksichtigen.

Schließlich sei erwähnt, daß wegen Punkt 4 das staatliche Defizit allein durch einen Erfolg der Stabilisierung des Preisniveaus stark vermindert wird.

4. Hinreichende ökonomische und institutionelle Bedingungen für eine erfolgreiche Währungsreform

Wir wissen heute recht gut, welches Bündel an Maßnahmen zusammen hinreichend für eine erfolgreiche Währungsreform zur Beendigung einer Hyperinflation ist. Diese Tatsache ist gerade wieder durch die erfolgreiche Währungsreform Boliviens im Jahre 1985 belegt werden (BERNHOLZ 1988; MORALES 1989). Dagegen können wir kaum sagen, welche Maßnahmen notwendig *und* hinreichend für einen Erfolg sind. Es sei nun dieses Bündel insgesamt *hinreichender* Maßnahmen in Anlehnung an eine frühere Arbeit (BERNHOLZ 1985) kurz zusammengestellt:

1. Absolute Begrenzung des Kreditbetrags, den die Zentralbank künftig dem Staat zur Deckung des Budgetdefizits oder der Verluste seiner Unternehmungen gewähren darf. Verankerung dieser Vorschrift in internationalen Verträgen oder in der Verfassung, die nur durch Mehrheit des Parlaments geändert werden kann. Einführung der Unabhängigkeit der Zentralbank von anderen staatlichen Instanzen.

   1a. Um 1. zu realisieren, muß das staatliche Defizit durch Ausgabenkürzungen und(oder) durch Steuererhöhungen auf ein Niveau zurückgeführt werden, das durch normale Kreditaufnahme am Kapitalmarkt gedeckt werden kann. Eine verfassungsmäßige Beschränkung des Defizits ist erwünscht.

   1b. Um 1a. zu verwirklichen kann es notwendig sein, die heimische (indexierte) Schuld des Staates um einen bestimmten Prozentsatz zu reduzieren, um die Staatsausgaben für Zinsen genügend zu vermindern.

1c. Entsprechendes gilt für die auswärtige Schuld. Hier ist es wegen der künftigen Kreditwürdigkeit allerdings vorzuziehen, ein Schuldenmoratorium von 8–10 Jahren zu vereinbaren.

2. Wird 1c. entsprechend gelöst, so ist es auch möglich, einen ausländischen Überbrückungskredit zu erhalten, um vorübergehende Zahlungsbilanz- und Budgetdefizite zu finanzieren, bis sich die Außenwirtschaftslage gebessert und die Budgetreformen (Punke 1b.) sich ausgewirkt haben.
3. Da wegen der vorausgegangenen Hochinflation zur Vermeidung einer schweren Depression die reale Geldmenge wieder auf ihr normales Niveau wachsen muß, ist es von größter Bedeutung, die Inflationserwartungen ein für allemal durch die Reform zu beseitigen. Zu diesem Zweck sind neben den unter 1. und 1b. genannten Maßnahmen hilfreich:
   a) Eine neue Regierung, die die Maßnahmen durchführt;
   b) Eine neue Leitung der Zentralbank oder sogar eine neue Zentralbank mit anderem Personal;
   c) Eine neue Währungseinheit.
4. Um die Reform sozial akzeptabler zu machen, sollten alte private Kredite, die durch die Inflation entwertet werden, zu Lasten der Schuldner teilweise wieder aufgewertet werden.
5. Das Vertrauen in die Reformen würde durch eine alsbaldige Abschaffung von Devisenkontrollen und Importbehinderungen gewinnen. Übermäßige Zölle und Exportsubventionen sollten allmählich vermindert werden. Während einer begrenzten Übergangsperiode könnten Schutzzölle für bisher durch Devisenkontrollen geschützte Wirtschaftszweige erhoben werden.

Es ist offensichtlich, daß verschiedene dieser Bedingungen für eine erfolgreiche Währungsreform nicht *notwendig* sind. So ist es sicherlich nicht notwendig, eine neue Währungseinheit einzuführen, wenn das auch zur Änderung der Inflationserwartungen beitragen dürfte. Eine Reduktion der bzw. ein Moratorium für die innere und äußere Staatsschuld ist offenbar nur notwendig, wenn Zins- und Tilgungszahlungen einen so erheblichen Anteil der Staatsausgaben ausmachen, daß eine genügende Reduktion des Defizits ohne solche Maßnahmen ausgeschlossen wäre. Die Unabhängigkeit der Zentralbank ist nur dann erforderlich, wenn die Regierung nicht in der Lage ist, dem politischen Druck zur Finanzierung eines Teils der Staatsausgaben durch Geldschöpfung nach Währungsreform zu widerstehen.

Schon diese kurzen Überlegungen zeigen, daß es sich bei der Frage, ob gewisse Bedingungen notwendig oder hinreichend für eine erfolgreiche Währungsreform sind, um empirisch zu überprüfende Hypothesen handelt. Es ist daher zweckmäßig, uns nun dem empirischen Material über der Erfolg bzw. Mißerfolg von Währungsreformen zuwenden.

5. *Diskussion der für den Erfolg von Währungsreformen bei Hyperinflation entscheidenden Faktoren*

In den Tabellen 3 und 4 sind einige für die Beurteilung der Auswirkungen von Währungsreformen (siehe für diese Tabelle 1) wichtigen Charakteristiken zusammengestellt worden. Betrachten wir zunächst die monatlichen Inflationsraten vor und nach der Währungsreform (Tabelle 3), so läßt sich feststellen, daß diese unmittelbar nach der Reform sehr niedrig, oft sogar negativ waren, während sie sich im Monat vor der Reform auf sehr hohe Beträge beliefen. Dagegen ergibt sich für die jährlichen Inflationsraten im Jahr nach der Reform kein so einheitliches Bild. Während diese in Deutschland, Österreich, Ungarn 1 und der Sowjetunion (10 Monate) unter 3.9% blieb, lag sie für Bolivien, Polen und Ungarn 2 zwischen 19.4 und 40.91%. In Taiwan, erreichte sie sogar 82% für 6½ Monate und 89% im Jahre 1950, während sich die Jahresinflation in Frankreich für sechs Monate auf 335.44% (Wechselkurs), in Griechenland auf ca. 1118% und in China für knapp acht Monate auf 11248955% belief.

Obwohl die zuletzt genannten Ziffern außer für China erheblich unter denen vor der Währungsreform lagen, muß man schließen, daß die Reform insbesondere im Fall Frankreichs, Griechenlands und Chinas scheiterte und sich fragen, welches die Ursachen hierfür sein könnten. Selbst die Reformen in Polen, Ungarn 2 und Bolivien scheinen keinen vollen Erfolg im Vergleich zu den zuerst genannten Reformen aufzuweisen und sollten daher einer kritischen Überprüfung unterzogen werden. Wir wissen auch bereits, daß in Frankreich nach der gescheiterten Reform gutes Geld vollständig das schlechte verdrängte. Das gleiche geschah 1949 in Südchina durch Hongkong $ und Edelmetallmünzen, bevor die Kommunisten die Kuomintang-Regierung besiegten und vom Festland vertrieben (Chou 1963, S. 172).

Zur Überprüfung der Ursachen dieser unterschiedlichen Ergebnisse seien zunächst die Budgetdefizite nach der Reform betrachtet (Tabelle 4). Es läßt sich feststellen, daß das Defizit für China sich von September bis Dezember 1948 auf 78.25% der Ausgaben belief, während es für Griechenland in den viereinhalb Monaten nach der Reform 71.1%, im Jahr darauf immer noch 50% der Staatsausgaben ausmachte. Das Defizit Taiwans betrug 1950 immerhin 19%, das von Ungarn 2 21.89%, das Polens 1924 12.49% der Staatsausgaben. Für Frankreich scheinen keine Zahlen vorhanden zu sein, doch dürfte in den ersten Monaten nach der Reform keine Verbesserung beim Defizit eingetreten sein (Thiers 1840, S. 61–64, 111–113), das 1795

Tabelle 3

Charakteristiken vor und nach versuchter Währungsreform

Land	dLKI/LKI		BN/LKI		Realer Zinssatz %
	vor	nach	vor	nach	
Au,	m 90.58	m − 8.87	min 37,72	104.83	
1914 – 1922	(9,22)	(10,22)	(9,22)	(8,23)	
		j 3.83	53.99	110.12	
		(− 9,23)	(10,22)	(11,23)	
Bo,	m 66.46	m − 1.87	min 36.45	38.68	1273.55
1967 – 1985	(8,85)	(10,85)	(1,85)	(9,85)	(10,85)
	m 56.51	j 19.4		55.66	66.67
	(9,85)	(− 9,86)	(M1/LKI)	(10,85)	(9,86)
		j 17.55		61.69	36.87
		(− 5,87)		(2,86)	(5,87)
Ch,	m 94.26	m 5.74	min 19.09	15.1	
1937 – 1949	(8,48)	(9,48)	(31.8.1948)	(11,48)	
		m 11.88		1.16	
		(10,48)		(25.4.1949)	
		11248955			
		(31.8.1948 –			
		25.4.1949)			
		(GPI)			
De,	m 10128.62	m 1.43	min 4.93	16.56	113.18
1914 – 1923	(11,23)	(12,23)	(15.11.1923)	(30.11.1923)	(12,23)
	m 29525.71	(GPI)		44.5	11.13
	(10,23)	j − 1.68		(12,23)	(12,24)
	(GPI)	(− 12,24)			
		(LKI)			
Fr,	m 103.4	m − 27.6	min 4.41		
1789 – 1796	(3,96)	(Wk)	(3,96)		
	m 21.83 (WK)	(4,96)			
	(3,96)	m 43.04 (WK)			
	j 5295.83	(5,96)			
	LPT	335,44 (WK)			
	(− 3,96)	(3 – 9, 1796)			
Gr,	m 8895.82	m 43.95	min 0.3	20.15	
1939 – 1946	(10,44)	(12,44)	(10.11.1944)	(12,44)	
	m 11288	m − 8.05	110.86	188.9	
	(10.11.1944)	(1,45)	(1,46)	(11,45)	
	m 32.86	j 1117.76		242.86	
	(1,46)	(− 12,45)		(2,46)	
		m − 13.59			
		(2,46)			
		j 1.27)			
		(− 1,47)			

Tabelle 3 (Fortsetzung)

Land	dLKI/LKI vor	dLKI/LKI nach	BN/LKI vor	BN/LKI nach	Realer Zinssatz %
Un1, 1914 – 1924	m 79.14 (2,24) m 4.45 (5,24) (GPI)	m – 0.89 (6,24) j 6.33 (– 7,24)	min 18.41 (8,23) 30.27 (5,24)	35.57 (6,24) 60.15 (6,25)	20.87 (1924)
Un2, 1939 – 1946	m 1.295*10^{16} (7,46)	m 2.21 (8,46) j 40.91 (– 7,47) j – 7.72 (– 6,48)			– 15.2 (10,46 – 7,47) (Geplante Sätze & Kredit-rationierung)
Po, 1914 – 1927	m 157.7 (12,23) m 51.19 (1,24) j 13.86 (– 1,26) j 24.63 (– 5,26)	m 5.73 (2,24) m – 0.86 (3.24) j 24,48 (– 1,25) j 11,52 (– 6,27)	min 104.12 (12,23) (1,1920 = 100) min 18.9 (12,23) (6,1926 = 100) 100 (6,26)	172.12 (1,24) 31.27 (1,24) 122.78 (6,27)	
Su, 1914 – 1924	m 213.19 (2,24) j 55.47 (– 2,24 in Tschernowetz)	m 3.52 (3,24) j 0.6 (– 12,24 für 10 Monate)			
Tai, 1937 – 1952	m 102 (5,1949) 729 (1 – 5,1949)	82 (15. 6.–12. 1949) j 89 (1950) j 53 (1951) j 3.4 (1952) (GPI	3.85 (5,1949)	40 (12,1950)	positiv

Symbole:

LKI Lebenshaltungskostenindex Inland
LKIA Lebenshaltungskostenindex Ausland
WK Wechselkurs
A Arbeitslosigkeit
m monatlich
j jährlich
d Änderung
min Minimum

Länder:

Au Österreich, Bo Bolivien, Ch China, De Deutschland, Fr Frankreich, Gr Griechenland, Un Ungarn, Po Polen, Su Sowjetunion, Tai Taiwan.

91% der Ausgaben betrug. Dagegen verzeichnete Deutschland 1924 einen Budgetüberschuß für das Reich von 12.19%, Ungarn 1 von 8.45% und die Sowjetunion ein Defizit von lediglich 5.5% der Ausgaben. Mit der Ausnahme von Bolivien und Österreich scheint also die Reduktion des Budgetdefizits für die Unterschiede bei den Reformbemühungen verantwortlich zu sein.

Betrachtet man die einzelnen Fälle genauer, so verstärkt sich dieser Eindruck und entfällt Österreich als Sonderfall. Zunächst können wir feststellen, daß in Polen und Griechenland den ersten Währungsreformen vom Januar 1924 bzw. November 1944 zweite Reformen im Juni 1926 bzw. Januar 1944 folgten. In beiden Fällen wurden die Erfolge der ersten Reform also als unzureichend angesehen, obwohl es in Polen nach der ersten Reform nur noch zu einer gemäßigten Inflation gekommen war. Diese gemäßigte Inflation konnte sich anscheinend ereignen, weil zwar die Finanzierung des Budgetdefizits mittels Geldschöpfung bei der Zentralbank durch die erste Reform beendet worden war, das Schatzamt aber von dem bei ihm verbliebenen Recht, Kleingeld auszugeben, reichlich zur Defizitfinanzierung Gebrauch machte. Durch die zweite Reform wurde das Defizit reduziert und die Geldschöpfung durch das Schatzamt unterbunden (Heilperin 1931). Daraufhin ging die jährliche Inflationsrate im ersten Jahr nach der zweiten Reform von 24.63% auf 11.52% zurück (Tabelle 3).

In Griechenland lagen die Dinge ungünstiger. Tatsächlich hatte die Regierung im November 1944 keine durchgreifenden Maßnahmen zur Reduktion oder Beseitigung des Budgetdefizits ergriffen. Die Reduktion des Defizits von 99 auf 77.1% war lediglich eine Folge der Verminderung der Inflationsrate, die sich ergab, weil das Publikum die realen Kassenbestände an Inflationsgeld von 0.3% des Normalbestandes am 10. 11. 1944 auf 20.15% im Dezember 1944 und 188.9% im Dezember 1945 erhöhte. Offenbar bestand beim Publikum der weitverbreitete Eindruck, daß eine ernsthafte Währungsreform versucht wurde. Dieser Eindruck wurde auch dadurch genährt, daß die Währungsbehörden mehrere Monate lang Goldsovereigns verkauften. Es ist jedoch naheliegend, daß diese Situation instabil war. Hatte die monatliche Inflationsrate im Januar 1945 noch -8.05% betragen, so stieg sie für das ganze Jahr 1945 bereits auf 1117.76%. Die erste Währungsreform war erfolglos verlaufen, da das Problem des Budgetdefizits ungelöst geblieben war. Die Rückkehr zur Hyperinflation stand im Januar 1946, als die zweite Reform mit erheblicher Hilfe durch die Engländer stattfand (Delivanis und Cleveland 1949), mit einer Inflationsrate vom monatlich 32.86% bereits vor der Tür. Die zweite Reform, die wesentlich stärkere Maßnahmen zur Reduktion des Defizits und für seine teilweise Finanzierung durch ausländische Kredite ergriff, war erfolgreicher. Die Jahresrate der Inflation wurde im ersten Jahr danach auf 1.27% herabgedrückt. Vollständige Stabilität wurde

Tabelle 4

Charakteristiken vor und nach versuchter Währungsreform

Land	Defizit/Ausgaben %		LKI/LKIA*WK		dA/A Vorher = 100 %
	vor	nach	vor	nach	nach
Au,	51.36	15.6	min 14.97	44.09	540.63
1914 – 1922	(7 – 12,22)	(1923)	(9,21)	(9,23)	(3,23)
	39.64	1.11	45.29	55.11	248.04
	(1922)	(1924)	(9,22)	(5,25)	(11,23)
					409.26
					(3,24)
Bo,	92.16	17.67	min 24.53	75.13	124.05
1967 – 1985	(1984)	(1985)	(9,84)	(9,85)	(IV 85)
		– 14.71	46.53	80.96	133.03
		(1986)	(8,85)	(9,86)	(IV 86)
				82.96	(IV 84 = 100)
				(2,87)	
Ch,	66.67	78.25			
1937 – 1949	(1 – 6,48)	(9 – 12,48			
De,	88.86	– 12.19	min 30.78	91.45	130.23
1914 – 1923	(1923)	(1924)	(2,20)	(30.11.1923)	(1924)
		(nur Reich)	77.06	79.68	
			(10,23)	(12,24)	
Fr,	91				
1789 – 1796	(1795)				
Gr,	99	71.1	min 26.19	127.45	
1939 – 1946	(1.4.–	(11.11.1944 –	(6,41)	(9,44)	
	10.11.1946)	31.3.1945)	49.45	467	
	45	50	(8,44)	(10.11.1944)	
	(1,46)	(3,46)	82.34	175.65	
			(10,44)	(11.11.1944)	
			min 35,71	191.03	
			(7,45)	(12,44)	
			65.79	77.96	
			(1,46)	(5,47)	91.93
			65.79		(31.12.1947)
			(1,46)		(7,46 = 100)
			(LKI/WK für Goldsovereign)		
Un1,	Mindestens	8.45	min 46.68	94.31	117.65
1914 – 1924	27.28	(7,24 – 6,25)	(1,20)	(6,24)	(1925)
	(1 – 6,24)		94.24	100.24	137.68
			(5,25)	(3,25)	(6,25)
Un2,	Zwischen	21.89	min 0.08	71.29	248.57
1939 – 1946	m 83.53 –	(1946/47)	(23.6.1946)	(8.8.1946)	(8,47)
	– 93.22	4.02	42.11	80.73	
	(7,45 – 5,46)	(1947/48)	(30.6.1946)	(31.5.1947)	

Tabelle 4 (Fortsetzung)

Land	Defizit/Ausgaben %		LKI/LKIA*WK		dA/A Vorher = 100 %
	vor	nach	vor	nach	nach
Po, 1914 – 1927	61.92 (2,1923 – 1,1924)	12.49 (1924)	min 14.98 (9,21) 47.03 (12,24) 46.05 (5,25)	41.3 (3,24) 47.02	174.26 (1,25)
SU, 1914 – 1924	84.12 (1921) 33.33 (1,22 – 9,22) 26.93 (10,22 – 9,23)	5.5 (10,23 – 9,24)	min 57.14 (12,22) 97629.14 (2,24)		
Tai, 1937 – 1952	hoch	19 (1950) 13 (1951) 2 (1952) – 2.72 (1953)			

Symbole:

LKI Lebenshaltungskostenindex
LKIA Lebenshaltungsindex Ausland
WK Wechselkurs
A Arbeitslosigkeit
m monatlich
j jährlich
d Änderung
min Minimum

Länder:

Au Österreich, B Bolivien, Ch China, De Deutschland, Fr Frankreich, Gr Griechenland, Un Ungarn, Po Polen, Su Sowjetunion, Tai Taiwan.

jedoch nicht erreicht und weitere Maßnahmen mußten bei sich wieder belebender Inflation in den nächsten Jahren ergriffen werden, da die Probleme des Staatshaushalts auch durch die zweite Reform nicht vollständig gelöst wurden (Delivanis und Cleveland 1948; Eliades 1954/55).

Die Ereignisse in Taiwan ähneln denen in Griechenland, wenn auch die Inflationsrate nach der ersten Währungsreform geringer blieb und eine zweite Reform nicht notwendig wurde, sondern bestimmte zusätzliche Maßnahmen die Preisstabilität in den Jahren nach der Währungsreform erhöhten. Wie Tabelle 3 zeigt, betrug die Inflationsrate in den sechseinhalb Monaten nach der Reform 82%. Sie fiel 1950 auf eine Jahresrate von 89%, 1951 auf 53% und 1952 schließlich auf 3.4%. Wie konnte diese allmähliche Stabilisierung nach der zunächst bestenfalls teilweise erfolgreichen Reform erreicht werden? Tabelle 4 zeigt, daß das Budgetdefizit sukzessive von 19% (1950) der Ausgaben auf 2% (1952) reduziert und 1953 sogar ein Überschuß von 2.72% erzielt werden konnte.

Wir haben bereits gesehen, daß unmittelbar bei der Währungsreform in Taiwan keine größeren Anstrengungen zur Beseitigung des Budgetdefizits gemacht wurden. Wohl aber gelang es, Anleihen beim Publikum in den Dienst der Finanzierung des Budgetdefizits zu stellen und dadurch die Geldschöpfung zu reduzieren (die Ausführungen über Taiwan stützen sich auf Makinen und Woodward 1989). Bereits das Reformprogramm von 15. Juni 1949 enthielt ein Goldspardepositenprogramm, das es Individuen erlaubte, die neuen NT$ auf Konten anzulegen, die bei Fälligkeit in Gold rückzahlbar waren. Ferner wurde im März 1950 ein Programm geschaffen, das Depositen bei der Bank von Taiwan und anderen Geschäftsbanken erlaubte, die mit einem positiven realen Zinssatz ausgestattet waren. Diese Programme waren äußerst erfolgreich. Allerdings führte das erstgenannte Programm zu einer erheblichen Reduktion der Goldbestände bei der Bank von Taiwan, so daß es im Juni 1950 wegen Erschöpfung der Währungsreserven eingestellt werden mußte. Die Einlagen des Publikums bei den Banken, insbesondere nach dem zweiten Programm, wurden zum Teil über die Bank von Taiwan als Kredite an die Regierung weitergeleitet, die damit einen größeren Teil des Budgetdefizits finanzierte.

Immerhin ist zu vermuten, daß die geschilderte Situation wegen der Zunahme der realen Verschuldung des Staates auf Dauer instabil gewesen wäre. Erst der Ausbruch des Koreakrieges im Juni 1950 sicherte den endgültigen Erfolg der Stabilisierungsbemühungen. Die Vereinigten Staaten begannen mit einem Hilfsprogramm, das sich Ende 1950 auf 10% des BSP belief. Ein großer Teil des Programms bestand in der Lieferung von Konsumgütern und Rohstoffen, deren Verkauf die Staatseinnahmen kräftig erhöhte. Allerdings blieben bis 1961 hohe einstellige (ausnahmsweise auch zweistellige) jährliche Inflationsraten die Regel.

Das Beispiel Taiwans verdeutlicht, daß es nicht nur auf die Höhe des Budgetdefizits, sondern auch auf die Art seiner Finanzierung ankommt. Die Reduktion der Inflationsrate in den ersten Jahren nach der Währungsreform wurde nicht nur durch die Erhöhung der realen Menge des nationalen Geldes, sondern ebenso durch den Verkauf von Währungsreserven (wie in Griechenland) und die direkte und indirekte Aufnahme wertstabiler Kredite beim Publikum erreicht. Andererseits zeigt sich auch hier, daß der begrenzte Erfolg der Währungsreform auf die unzureichende Sanierung der Staatsfinanzen zurückzuführen ist und erst die Beseitigung des staatlichen Defizits zu einem dauerhaften Stabilisierungserfolg führte.

Es bleiben die Fälle Österreich, Ungarn 2 und Bolivien zu besprechen. Das Beispiel von Ungarn 2 (vgl. auch Bomberger und Makinen 1983; Siklos

1989) läßt sich allein durch die Entwicklung des Budgetdefizits erklären, das 1946/47 nach der Reform noch 21,89% der Staatsausgabe betrug, 1947/48 jedoch auf 4.02% fiel. Entsprechend ging die Jahresrate der Inflation von 40,91% im ersten Jahr nach der Währungsreform auf −7.72% im zweiten Jahr zurück.

Anders scheinen die Dinge für Österreich zu liegen, wo das Budgetdefizit 1923 noch 15.6% der Angaben, 1924 noch 1.11% betrug, während die Inflationsrate bereits im ersten Jahre nach der Währungsreform auf 3.83% fiel. Auch hier ist jedoch zu beachten, daß es nicht nur auf die Höhe des Budgetdefizits, sondern auch auf seine Finanzierung ankommt. Tatsächlich konnte das österreichische Budgetdefizit durch den Verkauf von Devisen durch die Regierung an die neue österreichische Nationalbank finanziert werden. Die Devisen stammten ganz überwiegend aus ausländischen Krediten, die daher letztlich zur Deckung des Defizits dienten (League of Nations 1946, DE BORDES 1924).

Schwieriger scheint der Fall Boliviens zu erklären zu sein. Da die Währungsreform erst Ende August 1985 stattfand, bedeutet der Rückgang des Budgetdefizits 1985 auf 17,67% der Staatsausgaben, daß die letzten vier Monate dieses Jahres einen Budgetüberschuß aufgewiesen haben müssen. Das Jahr 1986 brachte sogar einen Überschuß von 14.71% der Staatsausgaben. Dazu scheinen die Inflationsraten von jährlich 19.4% im ersten Jahr nach der Währungsreform und von 17.55% bis Mai 1987 im Widerspruch zu stehen. Auch der Rückgang der Inflationsrate auf ca. 10% 1987/88 dürfte diese Bedenken nicht beseitigen. Ich habe an anderer Stelle darzulegen gesucht, daß ein fortdauernder Zweifel an der Dauerhaftigkeit der ergriffenen Reformen, die durch die politische Instabilität Boliviens und die völlig unzureichende institutionelle Absicherung der Reformen bedingt war, als Ursache vermutet werden kann (BERNHOLZ 1988). Das dadurch hervorgerufene Mißtrauen zeigt sich auch in den außerordentlich hohen realen Zinssätzen und der im Verhältnis zu den anderen Reformen geringen Zunahme der realen Geldmenge in der Zeit nach der Währungsreform (Tabelle 4; SACHS 1987). Außerdem wurde der Wechselkurs der bolivianischen Währung nicht wie bei den erfolgreichsten Währungsreformen fixiert, sondern im Prozeß eines kontrollierten Floatens abgewertet, was die Erwartungen ebenfalls negativ beeinflußt haben und zu einer höheren Inflationsrate beigetragen haben könnte.

6. Währungsreformen im Falle fortgeschrittener Inflationen, die keine Hyperinflationen waren

Zur Abrundung des gewonnenen Bildes seien nun noch die Reformversuche in Argentinien, Brasilien und Israel 1985/86 betrachtet (Tabelle 5). Hier handelt es sich um den Versuch, fortgeschrittene Inflationen zu beseitigen. Dabei sprechen wir von einer fortgeschrittenen Inflation immer dann, wenn die reale Menge des Inflationsgeldes unter den Normalbestand gefallen ist. Hyperinflationen gehören als Extremfälle zu den fortgeschrittenen Inflationen. Aber auch fortgeschrittene Inflationen, die sich (noch) nicht zu Hyperinflationen entwickelt haben, zeigen die gleichen qualitativen Charakteristiken wie diese. Erfolgreiche Reformen müssen daher bei ihnen entsprechende Voraussetzungen erfüllen. Allerdings dürfte es politisch gesehen unwahrscheinlicher sein, daß in diesem Stadium der Inflation erfolgreiche Währungsreformen beschlossen und durchgeführt werden können. Die wirtschafltiche Lage ist eben noch nicht so schwierig, wie sie in Abschnitt 2 als notwenig für Reformversuche dargestellt wurde. Es ist daher vielleicht nicht überraschend, daß in fünf von den sechs in dieser Arbeit erwähnten Fällen die bei den Reformen ergriffenen Maßnahmen unzureichend für einen Erfolg waren. Es sind dies die drei Fälle (ohne Frankreich) der Tabelle 2 und zwei Fälle der Tabelle 5, nämlich Argentinien und Brasilien. Einzig die israelische Reform hatte Erfolg.

Sehen wir uns die Ziffern der Tabelle 5 an, so zeigt sich, daß die Inflation in Argentinien und Brasilien nach beachtlichem Anfangserfolg für das Jahr nach der Reform bereits wieder Raten von 50,9% bzw. 69.8% erreichte. In den folgenden Jahren stieg die Inflation drastisch an. Argentinien erreichte mit einer Monatsrate von 78.5% im Mai 1989 die Hyperinflation, die brasilianische Inflationsrate dürfte 1989 mindestens 1000% betragen. Dagegen wies Israel im Jahr nach der Reform „lediglich" eine Inflationsrate von 15.8% auf.

Wo liegen die Ursachen für diese Entwicklung? Wieder scheint die Erklärung beim Budgetdefizit zu liegen. Brasilien reduzierte sein Defizit (Zentralstaat, Bundesstaaten und staatliche Unternehmungen) 1986 gegenüber 1985 von 14.7 (mit Zentralbank:27.5) auf 7.37% (10.8%) des BSP. Eine Reduktion auf einen solchen Stand dürfte zu gering sein, besonders da ein guter Teil derselben auf den Rückgang der Inflationsrate zurückzuführen ist. Die Verringerung der Budgetdefizite in Argentinien und besonders in Israel fiel drastischer aus (Tabelle 5).

Die Zahlen für Argentinien sind allerdings möglicherweise irreführend, da sie vermutlich nicht alle Kredite erfassen, die die Zentralbank mit negativem Realzinssatz privaten und staatlichen Unternehmungen und über die Provinzbanken indirekt den Provinzregierungen gewährte. MACHINEA und FA-

Tabelle 5

Fortgeschrittene Inflation vor und nach versuchter Währungsreform

Land		Argentinien	Brasilien	Israel
Reformdatum		14. 6. 1985	27.2.1986	1.7.1985
Neue Währung?		1 Austral = 1000 Pesos Arg.	1 Cruzado = 1000 Cruzeiros	
dLKI/LKI	vor	m 30.53 (6,85) j 1036.17 (– 6,85)	m 22.4 (2,86) j 289.3 (– 2,86)	j 500 (1984) 350 (1 – 5,85)
	nach	m 6.19 (7,85) j 50.9 (– 7,86) j 116.6 (– 7,87)	m – 0.9 (3,86) j 69.8 (– 3,87)	m 27.5 (7,89) j 15.8 (– 6,86)
Defizit/BSP (Arg.: BIP)	vor	11.9 (3 – 6,85)	14.7 (1985) o. Zb. 27.5 (1985) m. Zb.	12.5 (1 – 6,85)
	nach	3.2 (7,85 – 3,86)	7.37 (1986) o. Zb. 10.8 (1986) m. Zb.	2.5 (1 – 6,86) 3.5 (7,85 – 6,86)
Arbeitslosigkeit nach Reform			125 (II, 1986) 108 (III, 1986) (1 – 6,85 = 100)	76.82 (2, 1987) (2,1986 = 100)
Kredite für Reform	Inland	Nein	Nein	Nein
	Ausland	Nein	Ja	Ja
Realer Zinssatz nach Reform		107 (IV, 1985) (Kreditnehmer)	194.27 (3,87) (Geld über Nacht)	168.3 (7 – 12,85) 35.3 (1 – 6,86) 25.6 (7 – 12,86)

Quellen: Banco Central do Brasil: Relatorios 1986 und 1987. International Monetary Fund: International Financial Statistics.
STANLEY FISCHER: The Israeli Stabilization Program 1985 – 1986. American Economic Review, Papers and Pro ceedings, vol. 77,2, Mai 1987, S. 275 – 278.

Symbole

dLKI/LKI	Inflationsrate (Lebenshaltungskostenindex)
BSP	Bruttosozialprodukt
BIP	Bruttoinlandprodukt
m	monatlich
j	jährlich
o. Zb.	ohne Zentralbank
m. Zb.	mit Zentralbank

NELLI (1988) führen zwar aus: „The fiscal deficit cannot be blamed for the increase of the inflation rate .... Renewed inflation was mainly caused by wage push in June and July [of 1986] and a passive monetary policy from April onward. Nominal interest rates lagged behind inflation, and in some months real rates turned negative" (S. 142). Man muß sich jedoch fragen, warum die Zentralbank angesichts ihrer „passiven Politik" Kredite zu negativen Zinssätzen gewährte.

Tatsächlich scheinen die folgenden Darlegungen von CANAVESE und DI TELLA (1988) eher darauf hinzuweisen, daß zumindest ab April 1986 doch eine versteckte Finanzierung öffentlicher Defizite stattfand:
„Even so, the money supply kept growing around 5% per month after April 1986. The commitment not to finance fiscal deficits by printing money was held, but some enterprises failed to collect enough revenues to pay interest on their external debts, forcing the Central Bank to take care of those external payments using reserves without a corresponding absorption of money, a covert way to bypass the original commitment. Moreover, the Central Bank rediscounted paper of official financial institutions, which were financing debts of the provinces, even if it was quite unlikely that they would be repaid" (S. 163f.).

Es scheint daher, daß das gesamte Budgetdefizit unter Einschluß dieser Finanzierungen doch ein entscheidender Faktor für die sich wieder beschleunigende Inflation gewesen ist (so auch de PABLO 1988).

In Israel entwickelten sich die Dinge günstiger. Das Land erhielt umfangreiche amerikanische Zuwendungen, die über das nach der Reform verbleibende Budgetdefizit hinausgingen. Eine Geldschöpfung zur Finanzierung des Defizits fand nicht mehr statt. (FISCHER 1987, S. 277; BRUNO und PITERMAN 1988).

Die vorausgegangene Diskussion von vierzehn versuchten Währungsreformen bei fortgeschrittener Inflation (darunter elf Hyperinflationen) hat die entscheidende Bedeutung einer Beseitigung bzw. drastischen Reduktion der Budgetdefizite für einen Erfolg der Reformen bestätigt. Allerdings konnten wir uns überzeugen, daß auch die Art der Finanzierung des verbleibenden Defizits und das Vertrauen in die Beibehaltung der ergriffenen Maßnahmen, d.h. die politisch-institutionelle Stabilität eine Rolle spielen.

7. Die Bedeutung institutioneller Reformen

In einer langdauernden fortgeschrittenen Inflation oder in einer Hyperinflation haben Regierung und Zentralbank bei der Bevölkerung jede Glaubwürdigkeit verloren. Für das Gelingen einer Währungsreform ist es jedoch von entscheidender Bedeutung, daß die ergriffenen Maßnahmen das Vertrauen in die Währung möglichst vollständig und möglichst sofort wieder herstellen. Nur dann wird eine niedrige Inflationsrate oder gar ein Ende der Inflation vom Publikum erwartet, und ist dieses bereit, eine größere reale Menge der nationalen Währung zu halten. Nur dann wird aber bei konstantem oder nur mäßig steigendem Preisniveau eine vorübergehend stark zunehmende nominale Geldmenge allein wegen der Abnahme der Inflationserwartungen möglich sein und schon deshalb die Inflationsrate und daher auch das Budgetdefizit fallen. Ein relativ stabiles Preisniveau und eine stark ansteigende nominale und reale Geldmenge sind jedoch ihrerseits erforderlich, um eine schwere Rezession oder gar Depression mit starker Zunahme der Arbeitslosigkeit zu vermeiden, die politisch eine Beibehaltung der ergriffenen Maßnahmen zumindest in Demokratien unmöglich machen könnten. Andererseits ist die Reduktion des Budgetdefizits, wie wir gesehen haben, unumgänglich zur Verhinderung künftiger Geldschöpfung zu seiner Finanzierung und damit zur Dauerhaftigkeit des Erfolgs der Reform.

Eine grundlegende Änderung der Erwartungen der Bevölkerung ist demnach ein notwendiger Bestandteil jeder Währungsreform in einer fortgeschrittenen Inflation oder Hyperinflation. Oder um mit THOMAS SARGENT (1982) zu sprechen: Die Reformen müssen zu einer abrupten Änderung des „policy regime" bzw. des „fiscal regime" führen bezüglich „setting deficits now and in the future hat is sufficiently binding as to be widely believed" (S. 42).

Von Standpunkt der Neuen Politischen Ökonomie stellt sich jedoch sofort die Frage, wie denn das völlig geschwundene Vertrauen in Regierung und Zentralbank wieder hergestellt werden kann? Sicherlich wird der Amtsantritt einer neuen Regierung und (oder) einer neuen Zentralbankleitung helfen. Aber hat es nicht schon viele Regierungswechsel und Wechsel im Direktorium von Zentralbanken gegeben, ohne daß sich die Wirtschaftspolitik und damit die Inflationslage wesentlich änderten?

Ein Ausweg besteht offenbar darin, Zentralbank und (oder) Regierung durch Änderung der Institutionen so die Hände zu binden, daß Minister und Zentralbankdirektoren nicht mehr in der Lage sind, das staatliche Budgetdefizit ganz oder teilweise durch Geldschöpfung zu finanzieren. Um nochmals SARGENT (1982) zu zitieren: „The essential measures that ended hyperinflation in each of Germany, Austria, Hungary (1), and Poland were, first, the creation of an independent central bank that was legally committed to refuse the government's demand for additional unsecured credit and, second, a simultaneous alteration in the fiscal policy regime" (S. 89).

Die Bedeutung der damit angesprochenen institutionellen Absicherungen sei nun an Hand von Tabelle 2 diskutiert. Der Erfolg, gemessen an den Inflationsraten für das Jahr nach den jeweiligen Reformen, war am größten in Österreich, Deutschland und Ungarn 1, wo eine neue unabhängige Zentralbank geschaffen wurde, die der Regierung höchstens einen begrenzten oder durch ausreichende Sicherheiten (Gold und Devisen) gesicherten Betrag zur Verfügung stellen durfte. Österreich und Ungarn unterzeichneten Protokolle mit dem Völkerbund, die sie darüberhinaus zum Ausgleich des Budgets verpflichteten und einen Kommissar zur Überwachung dieser Maßnahmen einsetzten (League of Nations 1946, DE BORDES 1924, SARGENT 1982, HEILPERIN 1931).

In Polen liefen die Dinge mit einer Inflationsrate von 24.48% im ersten Jahr nach der Reform nicht so günstig. Zwar wurde auch hier, wie Sargent bemerkt, eine neue unabhängige Zentralbank geschaffen, die der Regierung höchstens 50 Mill. Zloty Kredite gewähren durfte. Doch haben wir bereits gesehen, daß das Finanzministerium weiterhin Kleingeld ausgeben durfte und dieses Recht zur Finanzierung des Budgetdefizits benutzte. Die institutionellen Reformen waren also unzureichend, was von Sargent ebensowenig erwähnt wird wie die zweite Reform nach gemäßigter Inflation, die diese Lücke schloß und zur endgültigen Stabilisierung führte.

Die Reformen in Frankreich, China, Griechenland 1944 und Taiwan führten zu Mißerfolgen. In allen diesen Fällen waren die institutionellen Absicherungen unzureichend oder fehlten ganz. Eine unabhängige Zentralbank wurde nirgends eingerichtet. In den Fällen von Griechenland, China und Taiwan wurde zwar die Notenausgabe limitiert, doch wurde in den beiden erstgenannten Fällen die festgelegte Grenze überschritten, während Taiwan die Limitierung in den folgenden Jahren erhöhte. In China wurde die Einhaltung sogar durch einen Ausschuß überwacht, der mehrheitlich aus Regierungsmitgliedern bestand, die also selbst an der Finanzierung des Budgetdefizits durch Geldschöpfung interessiert waren.

Die zweite griechische Währungsreform, der schließlich die Stabilisierung gelang, beruhte auf der Anglo-Hellenic Convention vom 24. 1. 1946. Diese Convention setzte ein Währungskommitee ein, das das statutorische Recht hatte, durch einstimmige Beschlüsse eine Erhöhung der ausgegebenen Menge Banknoten zu beschließen. Dem Komitee gehörten neben drei Kabinettsmitgliedern je ein Brite und ein Amerikaner an, so daß eine wirkliche Kontrolle des Geldumlaufs und damit indirekt auch des Budgetdefizits institutionalisiert wurde. Wie im Falle Deutschlands, Österreichs und Ungarns die (Wieder-) Einführung des Gold(devisen)standards ein wesentlicher Faktor der Reformen war, so wurde auch in Griechenland die Goldkonvertierbarkeit bei fester Parität eingeführt (Delivanis und Cleveland 1944; Makinen 1986). Man beachte, daß ein Gold(devisen)standard bei Abwesenheit von Devisenkontrollen (die nicht immer gegeben war), freier Konvertierbarkeit und fester Goldparität den Handlungsspielraum der Notenbank zur Geldschöpfung ebenfalls entschieden begrenzt. Im Falle Griechenlands machten es diese institutionellen Absicherungen verständlich, daß die Inflationsrate im Jahr nach der 1946er Währungsreform auf 1.27% fiel, obwohl das Budgetdefizit erst allmählich abnahm.

Wenden wir uns nun den Fällen Bolivien, Ungarn 2 und der Sowjetunion zu. In Bolivien wurde, wie bereits erwähnt, keine ausreichende institutionelle Absicherung vorgenommen. Zwar hatte eine neue Regierung die Reformen in Angriff genommen, doch was bedeutete das schon angesichts der seit Jahrzehnten beobachtbaren politischen Instabilität. Auch die Neubesetzung der meisten Stellen der Zentralbank konnte deren Abhängigkeit von der Regierung nicht ausgleichen. Es ist zu vermuten, daß die verbleibende Inflation von 10–19% bei ausgeglichenem Budget bzw. bei Überschüssen desselben auf die unzureichende institutionelle Absicherung der Reformen zurückzuführen ist (Bernholz 1988).

Im Falle von Ungarn 2 und der Sowjetunion wurde eine institutionelle Absicherung der Reformen vorgenommen. In Ungarn wurde Artikel 50 der Statuten der Zentralbank wieder in Kraft gesetzt, durch den die Kreditgewährung an die Regierung strikt begrenzt war. Aber wie glaubwürdig war diese Absicherung, da täglich eine volle Übernahme der Macht durch die Kommunisten drohte? Sollte in dieser politischen Instabilität nicht zusammen mit dem noch verbleibenden Budgetdefizit von 21.89% für 1946/47 die Erklärung für die noch hohe Inflationssrate von 40.91% im ersten Jahr nach der Reform liegen (Für einen anderen Erklärungsversuch siehe Bomberger und Makinen 1983, S. 819–21)?

In der Sowjetunion fehlte die institutionelle Absicherung ebenfalls nicht, doch war diese wohl nur begrenzt glaubwürdig. Denn eine institutionelle Absicherung in einer Diktatur oder Oligarchie ist ja im Grunde nicht möglich, da die Machthaber sie jederzeit nach Gutdünken entweder beseitigen oder nicht einhalten können. Zusammen mit einem verbleibenden Budgetdefizit von 5.5% der Ausgaben ist dies vielleicht eine ausreichende Erklärung für die verbleibende Inflationsrate von 12.24% für die zehn Monate nach der Reform.

Der Fall Rußlands macht schließlich auf die Tatsache aufmerksam, daß letzten Endes eine glaubhafte, die Erwartungen stabilisierende institutionelle Absicherung von Reformen nur in einem Verfassungsstaat mit Gewaltenteilung möglich ist, in dem nicht die Entscheidungen vom bestimmten Oligarchien oder auch von einfachen parlamentarischen Mehrheiten institutionelle Regelungen beliebig ändern oder aufheben können. Es muß Träger staatlicher Rechte geben, die von der Regierung unabhängig sind, und ebenso müssen unabhängige Instanzen vorhanden sein, die die Einhaltung der institutionellen Regelungen durch die verschiedenen Träger staatlicher Gewalt überprüfen und ihre Einhaltung sicherstellen können.

Abschließend sei noch betont, daß institutionelle Absicherungen von Währungsreformen nicht *notwendig* für deren Erfolg sind. Hierfür sind Taiwan und Bolivien eindeutige Beispiele. Diese Fälle zeigen jedoch auch, daß institutionell nicht abgestützte Reformen nicht so schnell zum Erfolg führen und hohe reale Zinssätze implizieren, was für die reale wirtschaftliche Entwicklung nicht gerade förderlich sein dürfte. Auch ist bekannt, daß auf lange Sicht in institutionell ungebundenen diskretionären Währungsordnungen immer eine Inflationstendenz verbleibt (Bernholz 1986, S. 83–85). Fehlt dazu noch die Unabhängigkeit der Zentralbank, ist also keinerlei institutionelle Absicherung der Währungsordnung vorhanden, so ist die Inflationstendenz des Systems noch ausgeprägter (PARKIN und BADE 1978).

8. Die Bedeutung unvollständiger Informationen für die Auswirkungen von Reformen

Aus den Tabellen 3 und 4 geht hervor, daß nach allen versuchten Währungsreformen, auch den mißglückten, die Inflationsrate zunächst drastisch zurückging und die reale Menge des nationalen Geldes zunahm. Gleiches gilt auch für die drei in Tabelle 5 behandelten Reformen bei fortgeschrittener Inflation.

Diese Tatsache läßt sich nur erklären, wenn man annimmt, daß die Wirtschaftssubjekte sich über die Art und die Erfolgsaussichten der ergriffenen Maßnahmen bzw. über die Natur des Regimewechsels nicht voll im Klaren waren. Sie nahmen offenbar auch im Falle der mißglückten Reformen an, daß diese mit einer gewissen Wahrscheinlichkeit zum Erfolg führen würden. Oder wie Makinen und Woodward (1989) es ausdrücken „In Taiwan the public appears to have believed in a nonexistent regime change – based on the kind of evidence used by Sargent. And Taiwan is not an isolated instance. MAKINEN (1985) has shown that in Greece the public reacted favorably to two reforms [one of them has not been included as a reform in Tables 1 and 3–4] that failed to contain elements necessary to stabilize prices. Thus, the public may have difficulties in distinguishing regime changes from superficial changes in economic policy" (S. 103).

Unsere Aufstellung erlaubt es, als weitere Belege für diese These die Ereignisse in Frankreich 1796, China 1949, Argentinien 1985 und Brasilien 1986 hinzuzufügen. Die fehlerhafte Deutung durch die Mehrheit der Wirtschaftssubjekte ist auch leicht verständlich. Es handelt sich ja beim Publikum durchweg nicht um Geldtheoretiker, geschweige dem um Inflationsspezialisten. Die weitaus überwiegende Mehrheit der Staatsbürger könnte daher die zu erwartende Auswirkung der Ereignisse nicht korrekt abschätzen, selbst wenn sie alle Informationen über die Art derselben und über die Natur der institutionellen Absicherungen hätte. Aber auch letzteres dürfte kaum der Fall sein. Trifft das aber zu, so wird die große Mehrheit der Wirtschaftssubjekte ebenfalls nicht sicher sein, ob hinreichende Maßnahmen für eine erfolgreiche Währungsreform tatsächlich zu einem Erfolg führen. Vielmehr werden sie auch hier nur mit einer gewissen, wenn auch vermutlich bei vielen Bürgern höheren Wahrscheinlichkeit mit einem Erfolg der gut angelegten Reformen rechnen.

Ein Beleg für die Richtigkeit dieser Auffassung scheint zu sein, daß auch bei den Reformen, bei denen das Defizit erfolgreich reduziert oder sogar in einen Budgetüberschuß verwandelt und die Reformen institutionell abgesichert wurden, noch für mindestens ein Jahr außerordentlich hohe reale Zinssätze beobachtet werden konnten (vgl. Deutschland und Ungarn 1 in Tabelle 3) und die reale Menge des nationalen Geldes noch Monate unter dem Normalstand blieb (Tabelle 3). Für Österreich führt de Bordes (1924) aus: „The interest on mortgage credit is still so high ... that farmers cannot get sufficient credit for intensive cultivation" (S. 226). „The [National] Bank is attempting to bring down the extremely high rate of interest, which forms a severe handicap on Austrian industries" (S. 227).

Nun ist zuzugeben, daß sich der hier gewählten Interpretation der Ursachen der nach erfolgreichen Reformen noch unternormalen realen Geldmenge und der sehr hohen realen Zinssätze eine andere Deutung entgegensetzen läßt. Danach wären diese Phänomene nicht durch die bezüglich des Erfolges der Reformen noch herrschenden Zweifel, sondern dadurch bedingt, daß die Zentralbank durch ihre Politik einen Anstieg der realen Geldmenge auf den Normalstand verhindert, also eine zu restriktive Geldpolitik verfolgt (Dornbusch 1987). Mir scheint jedoch, daß eine solche Politik der Zentralbank zwar möglich ist, die angegebene Deutung in unserem Fall allerdings die Zusammenhänge nicht richtig beschreibt. Wenn das Publikum im allgemeinen nicht in der Lage ist, unzureichende Maßnahmen für eine erfolgreiche Währungsreform von zureichenden zu unterscheiden, so muß das auch umgekehrt gelten. Zweitens wissen wir für Deutschland, daß die Zinssätze auf Obligationen, die auf Weizen, Kohle oder Gold lauteten, eine normales Zinsniveau aufwiesen. Wie sollen die nominal 7.87–13.34% auf Goldanleihen im Vergleich zum nominalen Zinssatz von 30–26.32% für Monatsgeld zwischen Januar und Juni 1923 anders erklärt werden als durch noch vorhandene Inflationserwartungen (Bernholz 1988b, S. 13–15)? Schließlich läßt sich festhalten, daß bei den drei erfolgreichsten Fällen von Währungsreformen die Arbeitslosigkeit doch erheblich anstieg (Tabelle 4, vgl. auch Wicker 1986).

Insgesamt gesehen wird man daher zwar Sargent (1982) zustimmen können, daß eine schlagartige Änderung der Währungs- und Finanzordnung die Erwartungen viel schneller und stärker beeinflußt als graduelle wirtschaftspolitische Maßnahmen und daher zu einem geringeren Einbruch der Wirtschaftstätigkeit und zu einer schwächeren Zunahme der Arbeitslosigkeit führt als diese. Aber anzunehmen, daß erfolgreiche Währungsreformen zu einer sofortigen und vollständigen Änderung der Inflationserwartungen führen, widerspricht den empirischen Beobachtungen.

Literaturverzeichnis

BANYAI, RICHARD A.: Money and Finance in Mexico During the Constitutionalist Revolution 1913–17. Tai Wan Enterprises, Taipei.

BERNHOLZ, PETER (1985): Hyperinflation and Monetary Reform. *Schweizerischer Bankverein: Prospects*, 1, Februar, 1–6.

– (1986): The Implementation and Maintenance of a Monetary Constitution, *Cato Journal*, vol. 6, 477–511

– (1988a): Hyperinflation and Currency Reform in Bolivia: Studied from a General Perspective. *Journal of Institutional an Theoretical Economies*, vol. 144, 747–771.

– (1988b): Inflation, Monetary Regime and the Financial Asset Theory of Money. *Kyklos*, vol. 41, 5–34.

– (1989): Currency Competition, Inflation, Gresham's Law and Exchange Rate. *Journal of Institutional and Theoretical Economics*, vol. 145.

BEZANSON, ANNE (1951): Prices and Inflation During the American Revolution, Pennsylvania, 1770–90. University of Pennsylvania Press, Philadelphia.

BEUSCH, PAUL (1928): *Währungszerfall und Währungsstabilisierung*. Julius Springer, Berlin.

BOMBERGER, WILLIAM E. and MAKINEN, GAIL A. (1983): The Hungarian Hyperinflation and Stabilization of 1945–46. *Journal of Political Economy*, vol. 91, 801–24.

BORDES, J. VAN WALRÉ DE (1924): *The Austrian Crown*. P. S. King & Son, Westminster.

BRUNO, MICHAEL ET AL. (Hrsg.) (1988): *Inflation Stabilization. The Experience of Israel, Argentina, Brazil, Bolivia and Mexico*. The MIT Press, Cambridge (Mass.) und London.

BRUNO, MICHAEL und PITERMAN, SYLVIA (1988): Israel's Stabilization: A Two-Year Review. In: *Bruno, Michael et al.* (Hrsg.), 3–47.

CANAVESE, ALFREDO J. und DI TELLA, GUIDO: Inflation Stabilization or Hyperinflation Avoidance? The Case of the Austral Plan in Argentina, 1985–87. In: *Bruno, Michael* et al. (Hrsg.), 153–190.

DELIVANIS, DIMITRIOS und CLEVELAND, WILLIAM C. (1949): *Greek Monetary Developments 1939–48*. Indiana University, Bloomington, Indiana.

DORNBUSCH, RÜDIGER und CARDOSO, ELIANA A. :Brazil's Tropical Plan. *The American Economic Review*, vol. 77, Papers and Proceedings, 288–292.

ELIADES, EVANGELOS AP. (1954/55): Stabilization of the Greek Economy and the 1953 Devaluation of the Drachma. *IMF Staff Papers*, vol. 4, 22–72.

FISCHER, STANLEY (1987): The Israeli Stabilization Program, 1985–86. *The American Economic Review*, vol. 77, Papers and Proceedings, 275–78.

GARLAND, ALEJANDRO (1908): Estudio sobre los Medios Circulantes Usados en el Peru. Imprenta la Industria, Lima.

HEILPERIN, MICHAEL A. (1931): *Le Probléme monètaire d'après-guerre et sa solution en Pologne, en Autriche et en Tchecoslovaquie*. Recueil Sirey, Paris.

HOLTFRERICH, CARL-LUDWIG (1980): *Die deutsche Inflation*. de Gruyter, Berlin und New York.

KEMMERER, EDWIN W. (1940): Inflation and Revolution. Princeton University Press, Princeton, N. J.

LANSBURGH, ALFRED (1929): Artikel Banken (Notenbanken) in: Elster, Ludwig und Weber, Adolf (Hrsg.): *Handwörterbuch der Staatswissenschaften*, Ergänzungsband. Gustav Fischer, Jena, 35ff.

LEAGUE OF NATIONS (1946): *The Course and Control of Inflation. A Review of Monetary Experience in Europe After World War* I. Economic, Financial and Transit Department, League of Nations, Genf.

MACHINEA, JOSÉ LUIS und FANELLI, JOSÉ MARIA (1988): Stopping Inflation: The Case of the Austral Plan in Argentina, 1985–87. In: *Bruno, Michael* et al., 111–152.

MAKINEN, GAIL E. (1984): The Greek Stabilization of 1943–46. *American Economic Review*, vol. 74, 1067–74.

– E. (1986): The Greek Hyperinflation and Stabilization of 1943–1946. *Jl. of Economic History*, vol. XLVI, 795–805.
– und WOODWARD, THOMAS G. (1989): The Taiwanese Hyperinflation and Stabilization of 1945–1952. *Journal of Money, Credit and Banking*, vol. 21, 90–105.
MORALES, JUAN A. (1988): Inflation Stabilization in Bolivia. In: *Bruno, Michael* et al. (Hrsg.), 307–346.
PABLO, JUAN CARLOS DE (1988): Comment: In: *Bruno, Michael* et al. (Hrsg.), 195–201.
PALDAM, MARTIN (1985): *Inflation and Political Instability in Eight Latin American Countries 1946–83*. Institut of Economics, Aahus Universitet, Denmark, Memo No. 3.
PARKIN, MICHAEL and BADE, R. (1978): Central Bank Laws and Monetary Policies: A Preliminary Investigation. In: Porter, M. A. (Hrsg.): *The Australian Monetary System in the 1970s*. Monash University, Melbourne, 24–39.
PHILIPPS, HENRY JR. (1972): Continental Paper Money. Augustus M. Kelley, Clifton. First Ed. 1865.
SACHS, JEFFREY (1987): The Bolivian Hyperinflation and Stabilization. *The American Economic Review*, vol. 77, Papers and Proceedings, 279–83.
SARGENT, THOMAS (1982): The Ends of Four Big Inflations. In: Hall, Robert E. (Hrsg.): *Inflation: Causes and Effects*. University of Chicago Press, Chicago und London.
SIKLOS, PIERRE L. (1989): The End of the Hungarian Hyperinflation of 1945–1946. *Journal of Money, Credit and Banking*, vol. 21, 135–147.
THIERS, LOUIS, A. (1840): *History of the French Revolution*. Translated by Frederick Shoberl, 3 vols., Carey and Hart, Philadelphia. Erste französische Ausgabe 1825.
WICKER, ELMUS (1986): Terminating Hyperinflation in the Dismembered Habsburg Monarchy. *The American Economic Review*, vol. 76, 350–61.

Autopsie einer ökonometrischen Voraussage

von

Hans Jürgen Jaksch

1. Einleitung

Jeder Mensch sollte aus seinen Fehlern lernen. Das gilt fürs tägliche Leben, aber ebenso für den Wissenschaftler, also auch den Volkswirt. Fehler bei Prognosen können dazu dienen, diese in Zukunft zu vermeiden und damit künftig zutreffender zu prognostizieren.

Diese Aussage gilt auch für Prognosen mit ökonometrischen Modellen. Die neuerdings zu beobachtende Skepsis, ob solche Modelle überhaupt etwas taugen, scheint ebenso eine Übertreibung zu sein wie der ursprüngliche, naive Glaube, jedes Modell, das mathematische Wirtschaftstheorie und statistische Daten vereint, müsse sozusagen schon deswegen genaue Prognosen liefern, weil zu seiner Aufstellung subtile Überlegungen, die nicht jedermanns Sache sind, nötig waren.

Nun gibt es zwar eine ausgedehnte Literatur über die Prognosequalität ökonometrischer Modelle (etwa Theil 1970), aber diese Arbeiten leiden meist daran, daß sie nicht von denselben Autoren verfaßt worden sind, die für die betreffenden Modelle verantwortlich zeichnen. Nun wissen aber gerade die Verfasser der Modelle, welche Umstände zu einer bestimmten Gleichungs- und Variablenauswahl geführt haben, und inwiefern bestimmte historische Ereignisse, die wegen ihrer Einmaligkeit unvorhersehbar waren, die Prognose verfälscht haben.

In dieser Arbeit sei daher von der üblichen Praxis abgewichen, (Fehl-) Prognosen mit dem Mantel der Verschwiegenheit zu bedecken. Im Juni 1985 versuchte die argentinische Regierung, das Preisniveau zu stabilisieren. Dieser Versuch ist, wie man heute weiß, gescheitert; da dabei der argentinische Peso durch eine neue Geldeinheit, den Austral, ersetzt wurde, ist dieser Stabilisierungsversuch auch unter dem Namen „Plan Austral" bekannt. Folgen dieser Stabilisierung hat der Verfasser dieser Arbeit durch ein ökonometrisches Modell zu bestimmen versucht, das auf Grund von Monatsdaten, die bis zum Februar 1985 reichten, geschätzt wurde. Im Dezember 1985 und im Januar 1986 haben wir dann die Entwicklung während der bisherigen

Regierungszeit des Präsidenten Alfonsín, also zunächst ex post, simuliert, diese Simulation dann aber, unter der Verwendung von fiktiven exogenen Variablen, bis zum Februar 1987 fortgeführt. Da man die Entwicklung der exogenen Variablen, die man übrigens alle beide wirtschaftspolitisch kontrollieren konnte, nicht voraussehen konnte, hatten wir drei Szenarien vorausgesetzt: Ein optimistisches Szenario, das schließlich zur Stabilisierung des Preisniveaus führte, ein pessimistisches, das schließlich zu einer jährlichen Inflationsrate von etwa 100%, und ein mittleres, das zu einer jährlichen Inflationsrate von etwa 40% führte.

Diese Simulationen berücksichtigen die in den Verhaltensgleichungen auftretenden zufälligen Variablen und die für die betreffenden Wahrscheinlichkeitsverteilungen geschätzten Parameter. Sie sind also Mittelwerte von Zufallszahlen und beziehen sich auf das letzte halbe Jahr des Prognosezeitraums, und zwar von September 1986 bis Februar 1987. Ende Juli 1986 hat der Verfasser diese Ergebnisse auf der Jahrestagung der Ökonometrischen Gesellschaft (lateinamerikanische Sektion) in Córdoba (Argentinien) vorgetragen und vor allem das Szenario, das zu einer mittleren Inflationsrate führte, behandelt. Zumal es, sicherlich euphemistisch, als das „realistische" Szenario bezeichnet wurde, gab es aus dem Publikum den Einwand, der „Plan Austral" sei doch schon gescheitert, und das pessimistische Szenario sei auch das realistische. Wie dann allerdings die statistischen Zahlen erst einige Jahre später gezeigt haben, war dieser Einwand nur insofern berechtigt, als die wirkliche Inflationsrate zwischen September 1986 und Februar 1987 auf das Jahr umgerechnet, 64% betragen hat.

In dieser Arbeit seien die Fehlerquellen für die angeführten Voraussagen systematisch untersucht. Hierbei ergeben sich zwei Ansatzpunkte: Erstens ist zu fragen, welche Voraussagen sich ergeben hätten, wenn man die exogenen Variablen des Modells zutreffend, also wie später in der Wirklichkeit beobachtet, vorausgesagt hätte. Die aus den Beobachtungen der Vergangenheit übernommenen Schätzungen der Koeffizienten der Verhaltensgleichungen werden dabei als gültig angesehen. Zweitens aber schätzt man diese Verhaltensgleichungen mit den Beobachtungen, die inzwischen verfügbar geworden sind, von neuem. Für unser Modell bedeutet dies, daß man nun die Daten von Dezember 1987 für diese Schätzung verwendet. Sie und die historischen Werte der exogenen Variablen bilden nun die Grundlage für eine weitere Simulation des fraglichen Zeitraums, der ja nun innerhalb der Beobachtungsperiode liegt. Während man bei einem linearen Modell auf diese Weise auch eine einigermaßen plausible Zerlegung der Voraussagefehler erhält (Theil 1970), ist das bei einem nichtlinearen Modell, wie wir es verwenden, nicht notwendigerweise der Fall. Erklärt werden muß aber, warum in diesen beiden Fällen die ex-post-Prognosen von den Beobachtungswerten, die heute verfügbar sind, abweichen. Im Sinne dieser Arbeit ist aber noch wichtiger, diese Beobachtungswerte zusammen mit den sich aus den beiden ex-post-Prognosen ergebenden fiktiven Variablenwerten mit den Werten der ex-ante-Prognose zu vergleichen, die Anfang 1986 errechnet wurden.

Der Aufbau dieser Arbeit ergibt sich aus dieser Problemstellung. Eine zusammenfassende Darstellung des Modells, das für die ex-ante-Prognose benutzt wurde, findet sich im folgenden Abschnitt dieser Arbeit, ebenso einige Bemerkungen über die Verhältnisse in Argentinien zu jener Zeit. Im dritten Abschnitt stellen wir dann die Ergebnisse der Simulation mit historischen exogenen Variablen, aber mit den schon früher geschätzten Koeffizienten dar. Im vierten Abschnitt schätzen wir die Verhaltensgleichungen des Modells mit den inzwischen verfügbar gewordenen Daten, behalten aber die Spezifikation dieser Verhaltensgleichungen bei. Diese Schätzungen deuten wir dann im Lichte der historischen Erfahrungen, und verfahren dann ebenso mit den Simulationen, die sich aus diesen Schätzungen ergeben.

2. Der „Plan Austral“ und ein ökonometrisches Modell seiner Folgen

Argentinien, ein etwa bis zur Weltwirtschaftskrise von 1929 sehr reiches Land, hat seit der ersten Regierungsperiode Peróns (1945 bis 1955) bis zum Antritt der demokratisch gewählten Regierung Alfonsíns im Dezember 1983 sechs Inflationszyklen durchgemacht. Die von der Militärregierung ererbte Inflation (Jaksch 1988a) konnte jedoch auch später nicht erfolgreich bekämpft werden; im Gegenteil, sie setzte sich bis in das Jahr 1985 hinein mit steigenden Raten fort, und im zweiten Quartal 1985 betrug die monatliche Inflationsrate, gemessen an der Veränderung des Großhandelspreisindex, über 20%. Am 14. Juni 1985 wurde diese Inflation durch den schon oben erwähnten „Plan Austral“ stabilisiert. Diese Bezeichnung ist insofern berechtigt, als der Großhandelspreisindex bis zum März 1986, also innerhalb von zehn Monaten, nur um etwa 5% anstieg. Preissteigerungen in dieser Größenordnung sind auch in entwickelten Marktwirtschaften üblich, so daß an dieser Zahl noch kein Scheitern des Stabilisierungsversuches abzulesen ist. Die einzelnen Maßnahmen dieses Plans sind an anderer Stelle dargestellt worden [Institut für Iberoamerika-Kunde (1985)], so daß sich ihre Darstellung hier erübrigt. Wenn auch die Pessimisten recht behalten sollten, so war von vornherein doch nicht abzusehen, daß der „Plan Austral“ schließlich scheitern mußte.

Obwohl auch heute die Meinungen darüber geteilt sind, warum dieser Stabilisierungsversuch schließlich scheiterte, so gibt es bei der Beurteilung historisch beobachteter Inflation mit jährlichen Raten von 100% und mehr weitgehend Einigkeit darüber, daß die Monetarisierung staatlicher Budgetdefizite die wesentliche Inflationsursache ist. Andere Ereignisse, wie der plötzliche und schnelle Verfall des Außenwertes der Währung, oder die weitgehende Zurückweisung des einheimischen Geldes als Zahlungsmittel, sind nicht Ursachen, sondern Folgen der Inflation. Dies schließt natürlich nicht aus, daß man etwa über das Angebot von Devisen einer stabilen Währung die Inflation zeitweise verhindern kann, wie es beispielsweise die Reichsbank zwischen Februar und April 1923 mit Erfolg getan hat. Aber solche Maßnahmen verpuffen schnell: Trotz großer Devisenzuflüsse und eines ständig steigenden Außenwertes der argentinischen Währung gelang es 1980 und 1981 nicht, die jährliche Inflationsrate unter 50%, gemessen am Großhandelspreisindex, zu drücken.

Die eine exogene Variable eines Modells, das eine solche Inflation erklären soll, ist also der Realwert des Budgetdefizites. Die Frage, welche Bedingungen gegeben sein müssen, damit ein solches Defizit durch Geldschöpfung gedeckt wird, haben wir an anderer Stelle zu beantworten versucht (JAKSCH 1988b). Dieses Defizit bestimmt die Geldversorgung der Volkswirtschaft, ist also eine unabhängige Variable in der Geldangebotsfunktion.

Die andere exogene Variable des Modells geht in die Geldnachfragefunktion ein, und zwar die Opportunitätskosten der Geldhaltung. Hierfür gibt es mindestens zwei Kandidaten: Ein Zinssatz, der sich am Markt bildet und der die Inflationserwartungen der privaten Wirtschaftssubjekte enthält, die auf den realen Zinssatz aufgeschlagen werden, und der Preis einer fremden, stabilen Währung, die Geldfunktionen auch in der heimischen Volkswirtschaft erfüllen kann, wie etwa ein Wechselkurs zwischen argentinischen Pesos oder Australes und dem US-Dollar. Um die Inflationserwartungen berücksichtigen zu können, sollte möglichst ein Terminkurs gewählt werden, wie wir ihn auch in einem Modell für die deutsche Inflation und Hyperinflation von 1920/23 aufgenommen haben (JAKSCH 1986a). In Argentinien waren die realen Zinssätze vor dem März 1985 positiv, und einer Regel von Modigliani (DORNBUSCH und FISCHER 1981) folgend, haben wir den offiziellen Monatssatz für Zeitdepositen als Maß für die Opportunitätskosten der Geldhaltung gewählt.

Angemerkt sei noch, daß alle Versuche, diesen Zinssatz auch in die Geldangebotsfunktion einzubeziehen, keinen Erfolg hatten. Von der Sache her schien es noch eher gerechtfertigt, Sollzinsen in einer solchen Funktion auftreten zu lassen, aber auch alle Ansätze mit solchen Zinsen führten nicht zu überzeugenden Ergebnissen. Die Kreditverknappung auf Grund höherer Zinskosten erscheint also nicht in unserem Modell, wohl aber die geringere reale Geldnachfrage, die höhere Zinsen verursacht. Daher wirken höhere Zinsen ceteris paribus preisniveausteigernd, also inflationsfördernd, da sie bei gegebener nominaler Geldmenge zu einer verminderten realen Kassenhaltung, also zu einem höheren Preisniveau führen.

Das theoretische Modell zur Simulation der Stabilisierungsfolgen besteht aus drei Gleichungen. Von ihnen sind zwei Verhaltensgleichungen, während die dritte eine Definitionsgleichung ist. Diese Gleichungen lauten:

(1) $\log G = a_0 + a_1 \log S$ (Geldangebot)

(2) $\log P = b_0 + b_1 \log G + b_2 \log Z$ (Geldnachfrage)

(3) $S_{+1} = S + P \cdot D$ (Forderungen der Zentralbank an die Regierung).

Die in (1) bis (3) auftretenden Variablen sind

- G – die Geldmenge (M1),
- S – Forderungen der Zentralbank an die Regierung,
- P – das Preisniveau (Index der Großhandelspreise [Januar 1977 = 1]),
- Z – der Zinssatz,
- D – Realwert des staatlichen Defizits.

Einige theoretische Eigenschaften dieses Modells haben wir an anderer Stelle (Jaksch 1986b) beschrieben. Wichtig ist beispielsweise, daß eine Verminderung des Defizits D auch bei konstantem Zinssatz Z nicht hinreicht, das Preisniveau zu stabilisieren, diese Verminderung muß vielmehr schnell genug erfolgen. Bei der Schätzung des genannten Modells, die ebenfalls eingehend in jener Arbeit beschrieben ist, stellte sich heraus, daß schon die gewöhnliche Methode der kleinsten Quadrate, angewandt auf monatliche Beobachtungen vom Oktober 1983 bis zum Februar 1985, zu plausiblen Schätzwerten der Strukturparameter führte. Natürlich ist diese Anzahl von Beobachtungen sehr klein; aber die ex-post-Simulationen führten ebenfalls zu plausiblen Ergebnissen mit geringer Streuung, so daß wir dieses Modell nochmals mit Hilfe der Maximum-Likelihood-Methode bei voller Information schätzten. Die Ergebnisse dieser Schätzung, die wiederum den weiter unten zu besprechenden Simulationen zu Grunde liegen, geben wir nun wieder:

(1′) $\log G = -8.5385 + 1.0585 \log S$
$(-21.2)\quad(41.0)$
$(R^2 = 0.9931)\quad DW = 1.9730\quad \sigma_{uu} = 0.00367$

(2′) $\log P = -0.3937 + 0.9772 \log G + 0.4615 \log Z$
$(-1.4)\quad(32.5)\quad(4.5)$
$(R^2 = 0.9923)\quad DW = 1.4574\quad \sigma_{vv} = 0.00475$
$\sigma_{uv} = -0.00312.$

Die Zahlen unter den geschätzten Koeffizienten sind t-Werte. Das Bestimmtheitsmaß R^2 haben wir in Klammern gesetzt, weil es sich auf die Kleinstquadratschätzung bezieht. *DW* ist der Durbin-Watson-Koeffizient und σ_{uu} sowie σ_{vv} die geschätzten Varianzen der Störterme der beiden Gleichungen. σ_{uv} schließlich ist die geschätzte Kovarianz dieser Störterme.

Um den Inflationsverlauf zu simulieren, gaben wir zunächst einen historischen Wert der Forderungen der Zentralbank an die Regierung vor. Als Bestandsgröße bezog sich dieser Wert auf den Anfang des Monats, mit dem die Beobachtungsperiode beginnt, den Oktober 1983. Der reale Wert des Defizits war vorgegeben. Wir konnten nun seinen fiktiven nominellen Wert berechnen, in (3) einsetzen und erhielten auf diese Weise den Wert der Forderungen der Zentralbank an die Regierung zu Beginn des nächsten Monats, also des November 1983. Dieser Prozeß ließ sich nun fortsetzen, solange wir Beobachtungen der exogenen Variablen besaßen, also bis in den Februar 1985.

Diese ex-post-Prognose brachte nicht nur eine sehr gute Anpassung an die Beobachtungswerte, was bei einer solchen „dynamischen" Prognose, die also immer wieder die vorausgesagten Werte zur Errechnung der Prognosewerte benutzt, keineswegs selbstverständlich ist, da sich Fehler leicht aufschaukeln, oder die Iteration zu immer größer werdenden Zyklen führt. Im Gegenteil, auch die Zerlegung des mittleren quadratischen Prognosefehlers in seine systematischen Fehleranteile und eine Reststreuung (Theil 1971) zeigte, daß der Anteil der Reststreuung bei allen drei vorausgesagten Reihen mindestens 87% am Gesamtfehler betrug, und daß daher die beiden systematischen Fehleranteile entsprechend gering waren.

Auf Grund dieser guten Ergebnisse schien einer ex-ante-Prognose nichts im Wege zu stehen. Hierfür mußten wir aber die exogenen Variablen (D und Z in (1) bis (3)) in irgend einer plausiblen und typischen Weise vorgeben.

Was nun die Monate bis zum Juni 1985 anbetraf, dem Monat also, in dem der „Plan Austral" in Kraft trat, so hatten wir zwar keine genauen Zahlen, wohl aber grobe Anhaltspunkte dafür, wie sich diese exogenen Variablen entwickelt hatten. Für die Zeit danach gab es dann verschiedene Möglichkeiten, die exogenen Variablen vorzugeben. In den beiden hier zu besprechenden Szenarien nahmen wir an, daß der „Plan Austral", der ja eine Verminderung des staatlichen Budgetdefizits auf Beträge vorsah, die durch Kreditaufnahme im Ausland aufgebracht werden konnten, einen gewissen Anfangserfolg hatte. In der mittleren Variante stieg dieses Defizit zunächst wieder an, wurde aber dann wieder abgebaut, während es in der pessimistischen Variante in dieser zweiten Hälfte der Simulationsperiode auf seinem einmal erreichten maximalen Wert verharrte. Dieser betrug übrigens 40% von dem Defizit, das wir für die Zeit zwischen März und Juni 1985 auf Grund grober Schätzungen angenommen hatten.

Diese Bemerkungen über das Defizit in den beiden hier interessierenden Voraussagevarianten mögen vorläufig genügen. Wir kehren zu diesen Annahmen im nächsten Abschnitt zurück.

Was nun den Zinssatz anbetrifft, so hatten wir im ersten Fall einen monatlichen Zinssatz von 6,5% ab September 1985, im zweiten einen solchen von 13% ab Februar 1986 angenommen. Diese Sätze mögen uns außerordentlich hoch erscheinen, sie sind aber bei monatlichen Inflationsraten in ungefähr gleicher Höhe keineswegs wirtschaftspolitisch unsinnig, da sie zu einer Eindämmung der Kreditnachfrage dienen. Auch entsprechen sie Sätzen, die es schon vorher in Argentinien gegeben hatte, und die auch nach dem Scheitern des „Plan Austral", und zwar Ende 1987, wieder beobachtet wurden.

Für die eigentliche Prognose sind wir dann so verfahren, wie wir es oben beschrieben haben. Dabei ist wichtig, daß wir die ex-post-Prognose in die Zukunft fortgesetzt haben. Anfangswert für die Rechnung war also nach wie vor der Bestand an Forderungen der Zentralbank an die Regierung Anfang Oktober 1983.

Bei dieser Rechnung wurden für jeden Monat der Prognoseperiode, also bis Februar 1987, Monatszahlen der endogenen Variablen ausgewiesen. Gleichzeitig hatten wir jedoch für das letzte Halbjahr der Prognoseperiode, also für September 1986 bis Februar 1987, die prognostizierte Inflationsrate, auf das Jahr bezogen, berechnet. Die deterministische Prognose ergab eine Inflationsrate von 101% für die pessimistische und von 38% für die realistische Variante unseres Modells. Stochastische Simulationen mit jeweils 100 Wiederholungen ergaben im Mittel ungefähr die gleichen Werte (was wegen der Nichtlinearität des Modells nicht selbstverständlich ist) und eine Streuung um diese Werte von etwa 5 Prozentpunkten. Wir wollen vor allem dieses Ergebnis auf seine Genauigkeit untersuchen und uns weniger mit den einzelnen Monatswerten der vorausgesagten Zeitreihen beschäftigen.

3. Die historische Entwicklung der exogenen Variablen und ihr Beitrag zum Prognosefehler

Wie schon im ersten Abschnitt dieser Arbeit erwähnt, hat die wirkliche Inflationsrate zwischen September 1986 und Februar 1987, auf das Jahr gerechnet, 64% betragen, damit also ungefähr in der Mitte zwischen den beiden prognostizierten Werten gelegen. Hätten also die wirklichen Werte der exogenen Variablen auch ungefähr „zwischen" den fiktiven exogenen Variablen der ex-ante-Prognose gelegen, so könnte man das Modell als zutreffende Abbildung der Wirklichkeit ansehen. Noch genauer läßt sich die Prognosequalität unseres Modells beurteilen, wenn wir einfach die fiktiven durch die historischen exogenen Variablen ersetzen und den Ablauf erneut simulieren.

Die deterministische Simulation mit den historischen exogenen Variablen führt aber zu dem überraschenden Ergebnis, daß die Inflationsrate zwischen dem September 1986 und Februar 1987, auf das Jahr gerechnet, nur knapp 24% hätte betragen dürfen. Stochastische Simulationen mit 100 Wiederholungen führen zu ungefähr dem gleichen Ergebnis, wieder mit einer Streuung von etwa 5 Prozentpunkten um den vorausgesagten Mittelwert. Dieses Ergebnis zeigt, daß man den Voraussagefehler nicht einfach durch falsch vorausgesagte exogene Variable erklären kann.

Betrachten wir als erstes die Zinsentwicklung (s. Tabelle 1, Spalte 2, 4 und 6). Der Monatszinssatz schwankte während der ganzen Prognoseperiode nach dem Juni 1985 zwischen 3.0 und 3.5%; lediglich in den letzten fünf Monaten des Jahres 1986 und im Januar 1987 betrug er zwischen 4,5 und 6%. Damit war in der zweiten Hälfte 1985 und in der ersten Hälfte 1986 die inflationsfördernde Wirkung der Zinssätze höchstens halb so groß, wie sie in den beiden ex-ante-Prognosen vorausgesetzt wurde, und das Ergebnis ist ceteris paribus eine geringere Inflationsrate als vorausgesagt.

Überblicken wir nun die historische Entwicklung der zweiten exogenen Variablen, nämlich des Realwerts des staatlichen Defizits, so erkennt man, daß die beiden Reihen, die in den Spalten 1 und 3 der Tabelle 1 dargestellt sind, sich von der historischen Entwicklung, die in der Spalte 5 in dieser Tabelle wiedergegeben ist, in der folgenden Weise unterscheiden: In allen drei Reihen steigen die Zahlen bis zum Februar 1986 an. Dabei sind allerdings die historisch beobachteten Werte zunächst sehr klein, und diese Reihe steigt auch nur bis zum Wert von ungefähr 43 oder 44 (die Dimension dieser Zahlen ist für die folgenden Überlegungen nicht von Belang), während das Maximum in den beiden ex-ante-Reihen 72 ist. Im pessimistischen Szenario gilt dieser Wert bis zum Ende der Voraussageperiode, während er in der mittleren Voraussagevariante wieder bis auf die Hälfte dieses Maximums vermindert wird. Die Entwicklung dieser drei Reihen seit Mai 1985 haben wir auch in der folgenden Abb. 1 dargestellt:

Bei der Annahme dieser Entwicklung des Realwertes des Defizits sind wir von der folgenden Überlegung ausgegangen:

Zu Beginn der Stabilisierung wird dieses Defizit drastisch vermindert, nämlich auf ein Fünftel des Wertes, der noch kurz vor dem Beginn des Stabilisierungsversuchs beobachtet wurde. Nun lassen sich auf längere Sicht die entschlossenen Sparmaßnahmen, die die staatlichen Ausgaben betreffen, nicht aufrechterhalten, da alle strukturellen Reformen, wie etwa Verminderung der Defizite der öffentlichen Unternehmungen, Zeit brauchen. Andererseits lassen sich die ordentlichen Staatseinnahmen bestenfalls in einem Jahr oder in zwei Jahren nachhaltig erhöhen. Erfordert aber diese Erhöhung

Tabelle 1: Ex-ante-Werte der exogenen Variablen *D* und *Z* (Spalte 1 bis 4) und empirische Beobachtungen dieser Variablen (Spalte 5 und 6)

Monat	1 Defizit (pessimistische A.)	2 Zins	3 Defizit (mittlere A.)	4 Zins	5 Defizit (empirische B.)	6 Zins
3.1985	180.0	20.0	180.0	20.0	532.82	20.0
4.1985	180.0	24.0	180.0	24.0	329.41	24.0
5.1985	180.0	24.0	180.0	24.0	210.64	30.0
6.1985	108.0	5.0	108.0	5.0	160.81	16.0
7.1985	41.1	6.0	41.1	5.5	11.60	3.5
8.1985	46.3	7.0	46.3	6.0	46.35	3.5
9.1985	51.4	8.0	51.4	6.5	41.18	3.5
10.1985	56.6	9.0	56.6	6.5	2.64	3.1
11.1985	61.7	10.0	61.7	6.5	2.62	3.1
12.1985	66.9	11.0	66.9	6.5	2.61	3.1
1.1986	72.0	12.0	72.0	6.5	44.26	3.1
2.1986	72.0	13.0	72.0	6.5	43.93	3.1
3.1986	72.0	13.0	69.0	6.5	43.31	3.1
4.1986	72.0	13.0	66.0	6.5	41.74	3.1
5.1986	72.0	13.0	63.0	6.5	40.63	3.1
6.1986	72.0	13.0	60.0	6.5	38.86	3.5
7.1986	72.0	13.0	57.0	6.5	96.84	3.5
8.1986	72.0	13.0	54.0	6.5	77.99	5.1
9.1986	72.0	13.0	51.0	6.5	49.96	4.5
10.1986	72.0	13.0	48.0	6.5	111.88	5.0
11.1986	72.0	13.0	45.0	6.5	106.37	5.5
12.1986	72.0	13.0	42.0	6.5	76.96	5.5
1.1987	72.0	13.0	39.0	6.5	105.52	6.0
2.1987	72.0	13.0	36.0	6.5	92.43	3.0

Zeit, so muß man, wie in der pessimistischen Variante mit einem erneuten Anstieg des Realwertes des staatlichen Defizits rechnen. In der mittleren Variante dagegen greifen nach etwa einem Jahr auf Grund der erwähnten Strukturverbesserungen die Verminderung der Ausgaben und die Erhöhung der Steuereinnahmen. Beides führt zu einem erneuten Absinken des Defizits auf denjenigen Betrag, der zu Beginn der Stabilisierung gegolten hat.

Wie die empirischen Erfahrungen zeigen, waren diese Überlegungen im großen und ganzen zwar richtig, aber doch nicht genau genug, um der wirklichen Entwicklung gerecht zu werden. So hatten wir niemals angenom-

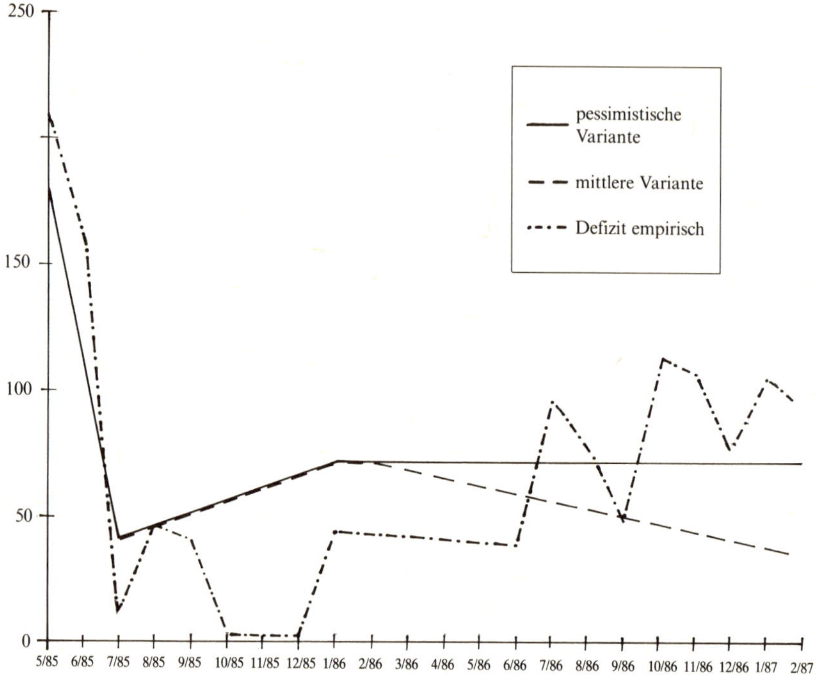

Abbildung 1: Angenommene und wirkliche Entwicklung des staatlichen Defizits, Mai 1985 bis Februar 1987.

men, der Realwert des Defizits könnte auf weniger als 2% des Betrages gesenkt werden, den wir in den Monaten kurz vor der Stabilisierung als gültig angesehen hatten. Dies war aber der Fall und konnte wohl nur dadurch verwirklicht werden, daß beispielsweise Subventionen an öffentliche Unternehmungen einfach eingestellt wurden. So hörte man in jenen Wochen in Buenos Aires auch die Klage, daß etwa die staatliche Erdölunternehmung Lieferanten von Blechdosen, in denen Motorenöl verkauft wurde, einfach nicht mehr bezahlte. Auch waren die Tarife der staatlichen Eisenbahnen und Versorgungsunternehmen kurz vor der Stabilisierung kräftig erhöht worden, so daß diese Unternehmungen in den Monaten danach genügend Substanz hatten, um auch ohne staatliche Hilfe ihre Bilanzen auszugleichen. Auf die Dauer mußte aber eine solche Politik scheitern, und dies erkennt man auch aus den sprunghaften Zunahmen des realen Defizits in dieser Zeit. Gegen Ende unserer Voraussageperiode erreichte es dann auch Werte, die mehr als halb so groß sind wie diejenigen, die man kurz vor der Stabilisierung beobachten konnte.

Stellt man nach diesen Überlegungen die Frage, welche der beiden exogenen Variablen stärker zur Fehlprognose beigetragen hat, so war dies wohl der Zinssatz. Setzt man nämlich den historisch beobachteten Zinssatz in die Gleichungen ein, behält aber das Defizit des pessimistischen Szenarios bei, so ergibt sich bei deterministischer Simulation zwischen September 1986 und Februar 1987 eine Inflationsrate von nur 9%, wie immer auf das Jahr gerechnet. Für die mittlere Variante ist die entsprechende Rate sogar negativ, nämlich −8%. Umgekehrt ergibt die Kombination von historischem Defizit und den beiden fiktiven Zinsentwicklungen eine Inflationsrate von 139% in der pessimistischen und von 89% in der mittleren Variante.

Nun kann man natürlich nicht die beiden exogenen Variablen unabhängig voneinander vorgeben. Im Gegenteil, ein relativ großes staatliches Defizit wird im heutigen Argentinien von vergleichsweise hohen Sollzinssätzen begleitet sein, um die Kreditkosten möglichst hoch zu halten. Daher sind auch die Habenzinssätze hoch, was allerdings die Opportunitätskosten der Geldhaltung der Wirtschaftssubjekte erhöht. Zu der Tatsache, daß diese Beziehung zwischen den beiden exogenen Variablen bei unserer Voraussage nicht in zutreffender Weise berücksichtigt worden ist, kommt noch die Vermutung, daß die erwähnten Zinssätze nach dem Juni 1985 wohl ihre Funktion als Maßstab für die Opportunitätskosten der privaten Geldhaltung verloren haben. Aber diese Frage soll im nächsten Abschnitt beantwortet werden.

4. Ex-post-Simulationen der Folgen des „Plan Austral"

Die Annahme, die geschätzten Parameter eines ökonometrischen Modells bleiben auch nach der Beobachtungsperiode gültig, ist sicherlich eine Vereinfachung. Im allgemeinen werden sich solche Parameter in der Zeit ändern, vielleicht auch in Abhängigkeit von einer Änderung der exogenen Variablen des Modells. Diese Bemerkung drückt eigentlich eine Trivialität aus, und es ist verwunderlich, daß sie erst seit recht kurzer Zeit in der wissenschaftlichen Literatur eine Rolle spielt. Andererseits muß man, um solche Veränderungen der geschätzten Koeffizienten bei ökonometrischen Prognosen zu berücksichtigen, die Gründe für eine solche Veränderung nicht nur kennen, sondern selbst numerisch wiedergeben können. Ist das nicht der Fall, so wird man sich mit der Voraussage recht ungenauer Tendenzen der Parameterentwicklung zufriedengeben müssen.

In dem hier behandelten Zeitraum haben sich die geschätzten Parameterwerte sicherlich auch verändert, und zwar beeinflußt von den politischen Maßnahmen des „Plan Austral". Eine solche Entwicklung ließe sich sogar ohne Kenntnis neuer Schätzungen des Modells erörtern und dann durch eine solche Schätzung bestätigen oder widerlegen. Mit dem auf diese Weise neu geschätzten Modell haben wir schließlich die endogenen Variablen im Prognosezeitraum erneut simuliert, dieses Mal mit den historisch beobachteten exogenen Variablen.

Beginnen wir unsere Betrachtung der wahrscheinlichen Parameterentwicklung mit der Zinselastizität der Geldnachfragefunktion, mit deren Betrachtung wir auch den vorigen Abschnitt abgeschlossen haben. Damit der besagte Zinssatz seine Rolle als Maß für die Opportunitätskosten der Geldhaltung spielen konnte, mußten Termindepositen bei den Geschäftsbanken wirklich einen positiven Ertrag bringen. Außerdem dürften aber mit der Erkenntnis, daß der „Plan Austral“ gescheitert sei und daher ein erneuter Stabilisierungsversuch anstand, die Erfahrungen, die mit dieser Stabilisierung gemacht wurden, für das Verhalten der Wirtschaftssubjekte wichtig geworden sein.

Bei der Umstellung der Währung vom argentinischen Peso auf den Austral wurde eine Konvertierungsskala für längerfristige Schulden, also auch für Termineinlagen, eingeführt, die dem Anleger weniger Austral einbrachte, als er nach dem grundsätzlichen Umstellungskurs von 1:1000 erwarten konnte. Diese Maßnahme begünstigte den Schuldner und benachteiligte den Gläubiger. Sie wurde mit dem Argument durchgeführt, daß andernfalls der Gläubiger einen unverdienten Gewinn durch den hohen, vor der Stabilisierung geltenden Zinssatz erhalten hätte. Dieser nominelle Zinssatz schloß die Inflationserwartungen ein, die sich nach der Stabilisierung als viel zu hoch herausstellten, und führte daher zu einem Gewinn der Gläubiger, der nach Meinung der Regierung vermindert werden mußte.

Wir wollen hier nicht untersuchen, ob diese Überlegung die Lasten auf Gläubiger und Schuldner gerecht verteilte. Tatsache ist aber, daß es andere Möglichkeiten der Geldanlage gab, die einer entsprechenden Abwertung nicht ausgesetzt waren. Hielt also jemand sein Geld auf einem Dollarkonto, so wurde sein Zinsertrag nicht beschnitten, obwohl er natürlich ein Wechselkursrisiko auf sich nahm, das allerdings nur bei einem Stabilisierungserfolg groß zu sein schien. Trat dieser nicht ein, so konnte man eher erwarten, daß der Wechselkurs stärker anstieg als das Preisniveau, was sich besonders 1988 und 1989 als eine richtige Erwartungshypothese herausstellte.

Aus diesen Gründen war zu vermuten, daß erstens eine Geldnachfragefunktion, wie wir sie in (2’) wiedergegeben haben, nach der Durchführung des „Plan Austral“, und besonders nach dessen Scheitern, eine schlechtere Anpassung der abhängigen Variablen an die Daten und gleichzeitig eine weitaus kleinere Zinselastizität der Geldnachfrage ergeben dürfte. Diese Erwartungen wurden durch unsere Schätzungen (vgl. Gleichung (2”) unten) bestätigt.

Wenden wir uns nun der Entwicklung der anderen exogenen Variablen, nämlich dem staatlichen Defizit, zu. Dieses Defizit vergrößert die Forderungen der Zentralbank an den Staat und beeinflußt auf diese Weise die Geldschöpfung und damit das Geldangebot, wie aus der Gleichung (1) hervorgeht. Zur Inflationsbekämpfung sollte dieses Defizit stark vermindert werden und, soweit es unvermeidlich war, nicht durch Kreditaufnahme im Inland, sondern im Ausland gedeckt werden.

Verständlicherweise hätte diese Absicht bestenfalls dann verwirklicht werden können, wenn die Subvention verlustbringender Unternehmen eingestellt und das Steueraufkommen wesentlich vergrößert worden wäre. Diese Ziele waren aber politisch nur schwer durchzusetzen und hätten wohl auch eine große Umstellung der Volkswirtschaft bedeutet. Daher lag es nahe, daß die Regierung Alfonsín zwar die Abschaffung des Defizits verkündete, sich aber nicht diesem Ziel entsprechend verhielt. Allerdings mußte die Monetarisierung des staatlichen Defizits so lange wie möglich aufgeschoben werden, um die Erwartungen des In- und Auslands nicht zu enttäuschen, und was lag daher näher, als das Defizit zwar formal, nicht aber materiell klein zu halten?

Unsere Zahlen geben die Entwicklung der Forderungen der Zentralbank an die Regierung wieder, wie sie in den „International Financial Statistics" des Internationalen Währungsfonds ausgewiesen werden. Nun ist aber die Zentralbank in Argentinien eine den Weisungen der Regierung unterworfenen Behörde, und diese Forderungen sind daher in einem bestimmten Sinn Forderungen der Regierung an sich selbst. Zahlungen an Berechtigte konnte die Regierung aber auch leicht anders abwickeln, als selbst zum Schuldner der Zentralbank zu werden: Sie brauchte diese Bank nur anzuweisen, gewissen Behörden oder Privatpersonen Kredite einzuräumen, ohne daß die Bank Forderungen gegen eben diese Regierung erwarb. Auf diese Weise sind die Banken der Provinzen und auch die im Staatsbesitz befindliche Nationale Hypothekenbank mit sogenannten „redeiscuentos" (Rediskonten) bedacht worden, die, rein technisch gesehen, nicht zum Defizit im Staatshaushalt gerechnet werden brauchten und daher auch in den Statistiken, die wir verwendet haben, nicht erscheinen dürften. Diese Art der versteckten Defizitfinanzierung hat wesentlich zum Zusammenbruch des „Plan Austral" beigetragen. Über ihre Größe schreibt das „Argentinische Tageblatt" vom 6. Dezember 1986:

„Seit Anfang September dieses Jahres hat die Geldschöpfung der Zentralbank zugunsten der Banken, meist in den Provinzen, aufgehört, die mittels sogenannter Rediskonte seit dem Austral-Plan von über 7,2 Mrd. Austral die neue Inflationswelle finanziert hat."

Um die genannte Summe beurteilen zu können, vermerken wir nur, daß der freie Wechselkurs gleich nach der Stabilisierung zwischen 0,8 und einem Dollar für den Austral betragen hat. Überschlägig gerechnet entspricht jener Betrag ungefähr einem Achtel des argentinischen Bruttoinlandsproduktes von 1983.

Da nun diese Art der Geldschöpfung in unserem Modell nicht berücksichtigt worden ist, wird man erwarten, daß nach dem Juni 1985 die Elastizität des Geldangebotes in Bezug auf die Forderungen des Staates an die Zentralbank gesunken ist, daß also nicht das staatliche Defizit im technischen Sinne einen geringeren Einfluß auf die Geldschöpfung hat als vorher. Auch diese Erwartung wird durch die Schätzungsergebnisse bestätigt, die wir nun wiedergeben.

$$(1'') \qquad \log G = -4.3124 + 0.8383 \log S$$
$$(-6.0) \quad (21.1)$$
$$(R^2 = 0.9903) \quad \sigma_{uu} = 0.00354$$
$$rho = 0.4047$$

$$(2'') \qquad \log P = 0.0845 + 1.0 \log G + 0.1345 \log Z$$
$$(0.6694) \quad (1.8814)$$
$$(R^2 = 0.1678) \quad \sigma_{vv} = 0.00856$$
$$rho = 0.6336.$$

Grundlage für diese Schätzung waren wieder Monatsdaten, und zwar vom Januar 1986 bis zum Januar 1988. Als Quelle dienten uns verschiedene Ausgaben der „International Financial Statistics“ sowie des statistischen Mitteilungsblattes der argentinischen Zentralbank. Einige Werte der Bestandsgrößen (Forderungen der Zentralbank an die Regierung und Geldmenge M1) haben wir aus den übrigen Beobachtungen linear interpoliert, da die Datenreihen Lücken aufwiesen.

Was nun die Schätzungen selbst anbetrifft, so haben wir, weil die Methode der kleinsten Quadrate keine befriedigenden Ergebnisse lieferte, die Maximum-Likelihood-Methode (Beach und MacKinnon 1978) verwendet. In diesem Fall hat jedoch die jeweilige Regressormatrix keine Spalte, die eine Konstante enthält. Wir haben daher das korrigierte Bestimmtheitsmaß R^2, das mit diesen Daten in der üblichen Weise errechnet wurde, in Klammern gesetzt. Der Durbin-Watson-Koeffizient ist aus dem gleichen Grund wenig aussagekräftig, und wir haben ihn daher nicht aufgeführt. Rein rechnerisch ergaben sich Werte zwischen 1,7 und 1,9. Schließlich haben wir (2”) etwas spezieller spezifiziert als (2’) und eine klassische Geldnachfragefunktion geschätzt, in der der Koeffizient bei der Geldmenge $M1$ exogen gleich Eins festgesetzt worden ist und daher die Nachfrage nach der realen Geldmenge (G/P) wiedergibt. Eine Spezifizierung der Funktion, in der auch der Koeffizient bei der Geldmenge geschätzt werden mußte, führte zu Ergebnissen, die sich nicht deuten ließen.

Betrachten wir aber die beiden übrigen geschätzten Elastizitäten in den Gleichungen (1”) und (2”). Sie sind bedeutend kleiner als die entsprechenden

Schätzungen in den Gleichungen (1') und (2'). Wären das die einzigen Unterschiede zwischen den beiden Modellen, so müßten Simulationen mit dem Modell (1''), (2'') und (3) mit den historisch beobachteten exogenen Daten für das halbe Jahr zwischen September 1986 und Februar 1987 noch geringere Inflationsraten erbringen, als wir sie mit dem Modell (1'), (2') und (3) für diesen Zeitraum berechnet hatten. Aber es gibt außerdem noch zwei weitere Unterschiede zwischen diesen beiden Modellen. Ihnen wenden wir uns nun zu.

Erstens sind die Konstanten in den beiden Verhaltensgleichungen (1'') und (2'') wesentlich größer als die entsprechenden Konstanten in den Gleichungen (1') und (2'). Dies gleicht die Verminderung der geschätzten Elastizitäten beim Zinssatz und den Forderungen des Staates an die Zentralbank sozusagen aus und führt schließlich dazu, daß die Simulationen für das erwähnte Halbjahr keineswegs niedrigere Inflationsraten ergeben, als wir ex ante berechnet hatten. Aber natürlich ist die Variabilität dieser Raten eingeschränkt, und zwar in dem Sinne, daß nunmehr das staatliche Defizit und der Zinssatz um einen größeren Betrag vermindert werden muß, um eine Stabilisierung des Preisniveaus zu erreichen.

Zweitens aber paßt sich besonders die Geldnachfragefunktion schlecht an die Daten an, wie auch der im Vergleich zur Schätzung (2') bedeutend größere Varianzparameter in (2'') zeigt.

Eine deterministische ex-post-Simulation der Inflation zwischen September 1986 und Februar 1987, also fast in der Mitte des Beobachtungszeitraumes, führt dann auch zu einer Inflationsrate von 83%, auf das Jahr gerechnet. Man erinnere sich: Die wirkliche Inflationsrate betrug in diesem Zeitraum 64%. Aber die oben angegebene Punktprognose besagt wenig, da unser Modell nichtlinear ist, und gibt daher auch nicht einen Erwartungswert wieder. Wir haben daher diese Inflationsrate auch zweimal stochastisch simuliert. Jede dieser Simulationen umfaßte hundert Wiederholungen unter Berücksichtigung der geschätzten Varianzen der beiden latenten Variablen. Als Durchschnittswerte für die vorausgesagte Inflation in dem fraglichen Zeitraum ergaben sich 90 und 89%, allerdings mit einer Streuung von 36 und 35 Prozentpunkten, so daß die Abweichung von der wirklichen Inflationsrate von 64% verständlich wird.

Allerdings ist sehr fraglich, ob die Mittelwerte dieser simulierten Raten wirklich zutreffend voraussagen. Denn erstens ist unser Modell nichtlinear, und zweitens wird aus den vorausgesagten Reihen des Preisniveaus die Inflationsrate berechnet, womit eine weitere Nichtlinearität zu berücksichtigen ist. Wie schon diese beiden Simulationen zeigten, dürften die simulierten Inflationsraten nicht symmetrisch um ihren Mittelwert verteilt sein, sondern vielmehr einer linkssteilen Verteilung folgen. In diesem Fall, so ist zu vermuten, überschätzt das arithmetische Mittel der Inflationsraten die wirkliche

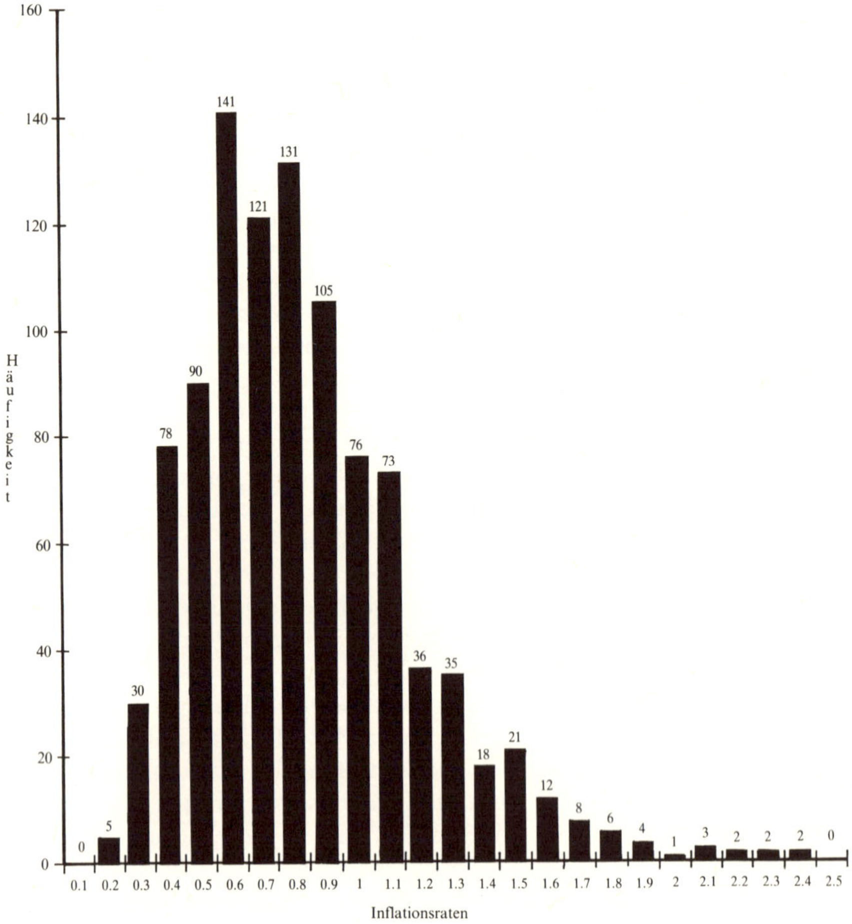

Abbildung 2: Häufigkeitsverteilung der jährlichen Inflationsraten nach 1000 stochastischen Simulationen, berechnet mit Hilfe von (1″), (2″) und (3) und den historischen exogenen Variablen für September 1986 bis Februar 1987.

Entwicklung systematisch, und der häufigste Wert dieser Raten wäre zur Voraussage besser geeignet.

Um diese Vermutung zu überprüfen, haben wir schließlich nochmals 1000 ex-post-Simulationen durchgeführt, alle Inflationsraten mit zehn multipliziert und eine Häufigkeitsverteilung des ganzzahligen Anteils dieser Zahlen gezeichnet. Wir erhielten die folgende Verteilung (Abb. 2):
Wie man aus dieser Verteilung erkennt, wird unsere Vermutung voll bestätigt. Zunächst ist diese empirische Verteilung deutlich linkssteil, und daher ist der Mittelwert größer als der häufigste Wert. Dieser entspricht dem absolu-

ten Maximum der Verteilung, das für einen Abszissenwert von 0,6 angenommen. Jährliche Inflationsraten von mindestens 60%, die aber geringer sind als 70%, treten also in jener Simulation am häufigsten auf, und zwar in 141 Fällen. Wie schon mehrfach erwähnt, lag auch die empirische Rate in diesem Intervall, nämlich bei 64%.

Allerdings kann man in diesem Zusammenhang auch noch die Frage stellen, welche Genauigkeit denn eine ökonometrische Prognose haben sollte, um zweckmäßig zu sein. Nach vielen Gesprächen mit den wirtschaftspolitisch Kundigen in Argentinien hatte der Verfasser im August 1986 das Gefühl, daß die Inflation im hier betrachteten Halbjahr nicht den Satz von 40% übersteigen dürfe, damit der „Plan Austral" als erfolgreich gelten könne. Diese subjektive Grenze haben alle Simulationen überschritten, in denen die exogenen Variablen und die Parameter den tatsächlichen Gegebenheiten angepaßt worden sind. Insofern ist es sogar gleichgültig, ob der wirkliche Satz von 64% durch diese Simulation getroffen worden ist oder nicht. Wie die Abb. 2 zeigt, war es jedenfalls außerordentlich unwahrscheinlich, daß die Inflationsrate zwischen September 1986 und Februar 1987, auf das Jahr bezogen, 40% oder weniger beträgt.

Literaturverzeichnis

Beach, C.M., und J.G. MacKinnon (1978): „A Maximum Likelihood Procedure for Regression with Autocorrelated Errors", *Econometrica 46*, S. 51–58.

Dornbusch, R., und S. Fischer (1981): *Macroeconomics*, McGraw-Hill, New York usw., 2. Aufl.

Institut für Iberoamerika-Kunde (1985): Lateinamerika: Analysen – Daten – Dokumentation. Nr. 1: Der „Plan Austral", Währungsreform und Stabilisierungspolitik in Argentinien, Hamburg.

Jaksch, H.J. (1986a): „Kleine ökonometrische Modelle für sich rasch entwertende Währungen", *IFO-Studien 32*, S. 241–274.

Jaksch, H.J. (1986b): „Simulaciones de políticas antiinflacionarias en Argentina 1983–1987", *Económica* (Universidad Nacional de La Plata) 32, S. 21–56.

Jaksch, H.J. (1988a): „Wirtschaftliche Liberalisierung und Inflation in Argentinien von 1976 bis 1981", Zeitschrift für Wirtschaftspolitik (*Wirtschaftspolitische Chronik) 37*, S. 23–50.

Jaksch, H.J. (1988b): „Gründe für die Monetarisierung staatlicher Budgetdefizite", in: W. Franz, W. Gaab und J. Wolters, Hrsg., *Theoretische und angewandte Wirtschaftsforschung*. Heinz König zum 60. Geburtstag, Springer: Berlin usw., S. 123–136.

Theil, H. (1970): *Economic Forecasts and Policy*, North-Holland: Amsterdam und London, 2. Aufl.

Theil, H. (1971): *Applied Economic Forecasting*, North-Holland: Amsterdam.

Unsere goldlose Goldwährung

von

Erich Streissler

I

Wie allgemein bekannt ist, war Hans Möller bei der Konzeption der deutschen Währungsreform des 21. 6. 1948 als Berater mit beteiligt. Die neue Währung „Deutsche Mark" wurde der kurz zuvor gegründeten „Bank deutscher Länder", nunmehr „ Deutsche Bundesbank", anvertraut, die gerade infolge der bitteren Erfahrungen der deutschen Geschichte als eine der regierungsunabhängigsten Zentralbanken aller marktwirtschaftlich geordneten Staaten etabliert wurde. (Sie wurde ja auch *vor* dem neuen Staat gegründet und ist somit älter als der Souverän, die Bundesrepublik). Nach dem 19. 9. 1949 wurde die DM nie mehr abgewertet (von Marktpreisfluktuationen der 70er und 80er Jahre abgesehen). Die Deutsche Mark wurde somit alsbald eine der „härtesten" oder solidesten Währungen der Welt. Heute wird ihre internationale Bedeutung als „Anker" aller EWS-Währungen gepriesen. Mit ihr hat die Bundesrepublik Deutschland – im übrigen mit erheblichen Kosten – ein wertvolles öffentliches Gut geschaffen, das keineswegs nur den eigenen Bürgern zugute kommt; ja den Wirtschaftssubjekten anderer Länder fast in höherem Maße als den eigenen. An dieser im Grund altruistischen Schöpfung eines bedeutsamen reinen öffentlichen Gutes mitgewirkt zu haben, ist Hans Möllers historisches und dauerhaftes Verdienst.

Solche „Anker"-Währungen kannte die Welt auch früher schon: das Pfund Sterling und – später – den französischen Franc im 19. Jahrhundert, den US-Dollar während der Blüte des Bretton-Woods Systems. Alle diese früheren Währungen waren auf Gold basiert, waren Goldwährungen. Das ist, näher betrachtet, aber nur ein scheinbarer Unterschied. Wie noch auszuführen sein wird, ist die Deutsche Mark im Grunde eine goldlose „Goldwährung", in den Konsequenzen ihrer Existenz, zumal für die sie nutzenden Drittländer, in nichts verschieden von einer „echten" Goldwährung.

Hans Möller war somit durch seine Mitwirkung bei der Schaffung einer neuen Quasi-Goldwährung an einem Akt Newtonscher Größe beteiligt, ja an einer Leistung größer als derjenigen Newtons. Der Master of the Royal Mint Sir Isaac Newton (manchen auch als nicht unbedeutender Mathematiker und Physiker bekannt) schuf 1717 die englische Goldwährung infolge eines ihm unterlaufenden Rechenfehlers.[1] Möller kann für sich hingegen in Anspruch nehmen, aufgrund *zutreffender* ökonomischer Kalküle zur Geburt einer neuen „Goldwährung" beigetragen zu haben. Im einen wie im anderen Falle sind bedeutende Wirtschaften freilich vorwiegend unwissentlich und ungeplant in ein neues Währungssystem hineingestolpert, wie das ja F. A. von Hayek zufolge für große gesellschaftliche Errungenschaften in der Regel zu erwarten steht.[2]

II

Was ist das Wesen einer Goldwährung? Eine Goldwährung wird durch *drei essentielle Merkmale* gekennzeichnet:

Erstens wird der „Geldstoff" nicht von demjenigen Land autonom erzeugt, dessen Währungs- und Finanzpolitik wir betrachten. Vielmehr ist dieser „Geldstoff" als solcher dem Land von außen vorgegeben. Die privaten Wirtschaftssubjekte bestimmen daher grundsätzlich allein, wieviel Geld in einem Land umläuft, dadurch nämlich, daß sie nach ihrem Wunsch „Geldstoff" in Geld „münzen". Noch anders ausgedrückt: die Zentralbank ist weder in der Lage, die nominelle noch erst recht die reale Geldmenge festzusetzen; das ist Ergebnis, nicht Determinante des Wirtschaftskreislaufes. Österreich hat heute eine feste „Parität" des Schillings zur Deutschen Mark, eine Parität, die zwar nicht rechtsverbindlich festgesetzt ist, aber doch durch offen deklarierte gewohnheitsmäßige Wirtschaftsverfassungen seit 1981/82 strikt beibehalten wird. Der Wechselkurs wird dabei innerhalb einer außeror-

---

[1] „On the advice of Isaac Newton" wurde in Großbritannien im Dezember 1717 der Wert der goldenen „guinea"-Münze von 21s6d auf 21s herabgesetzt, bei welchem Wert sie bis zur Aufhebung der Goldeinlösepflicht 1797 verblieb. Gleichzeitig erhielten Goldmünzen (neben denen aus Silber) den Status eines gesetzlichen Zahlungsmittels und ab 1774 für größere Zahlungen diesen Status allein. 1717 war Gold in Großbritannien überbewertet relativ zu Silber. Newton hatte im März 1712 die Meinung abgegeben: „gold is overvalued in England in proportion to silver by at least 9d or 10d in a guinea", den Wert jedoch 1717 nur um 6d herabgesetzt. Gold blieb daher überbewertet (das heißt das billigere Geld) und verdrängte in England im Laufe des 18. Jahrhunderts rasch das Silber, von dem nur untergewichtige Münzen, gewissermaßen als Scheidemünze, verblieben. Die reine Goldwährung Englands entstand somit ungeplant, zum Unterschied freilich zu ihrer Wiederbelebung im 19. Jahrhundert, die sich aber an der Wiederherstellung der Zustände des 18. Jahrhunderts orientieren konnte. Siehe ausführlich T. S. ASHTON, *An Economic History of England*, Methuen, London 1955, S. 167–177. Zitate S. 171 und 170.

[2] Siehe zuletzt FRIEDRICH A. VON HAYEK, *The Fatal Conceit, The Errors of Socialism*. The Collected Works of Friedrich August Hayek Vol I, W. W. BARTLEY III (Hrsg.). Routledge, London 1988.

dentlich engen Bandbreite von zwei Promille auf oder ab um einen Mittelwert von etwa 7.025 Schilling je DM gehalten, also in viel engeren Grenzen, als es je die Goldpunkte waren. Österreich ist somit das prototypische Land, in welchem die Deutsche Mark die historische Rolle des Goldes übernommen hat. Kaum anders aber verhält es sich in den Niederlanden, und nur etwas loser wird die „Goldwährungsbindung" an die DM in der Schweiz und nunmehr auch in Italien und Frankreich eingehalten. In allen diesen Ländern gilt: der den Wirtschaftssubjekten verfügbare „Geldstoff" heißt heute Deutsche Mark und kann jederzeit auf Wunsch und ohne Rechtsschranke in heimische Währung, in Österreich also in Schilling, umgetauscht werden.

Als zweite essentielle Bedingung eines Goldwährungssystems muß der „Münzsatz", zu dem der Geldstoff auf Verlangen „gemünzt" werden kann, fest sein und nur einem geringen „Schlagsatz" des nationalen „Münzamtes" unterliegen. Wie geschildert, ist das heute in Österreich und den Niederlanden der Fall und kaum anders in der Schweiz, Frankreich und Italien. Ja im Gegensatz zu den historischen Goldwährungen mit nicht unerheblichen Schlagsätzen ist der hoheitliche Schlagsatz sogar null: es wird nur eine bescheidene Wechselgebühr von den Geschäftsbanken und Wechselstuben eingehoben, eine Wechselgebühr, die es typischerweise im 18. und 19. Jahrhundert für auswärtige, vielfach aber dennoch frei im jeweiligen Inland kursierende Münzen auch gab. Der feste „Münzsatz" einer Goldwährung darf nur in Notsituationen aufgehoben werden. Wichtig ist, daß historische Goldwährungen durchaus gar nicht so selten solche Notsituationen sahen und „Paritäten" veränderten.[3] Im Rahmen des EWS scheint es seit 1985 klar geworden zu sein, daß der „Münzsatz" zur DM nur in ganz ungewöhnlichen Situationen verändert werden sollte, und Österreich „klebt" mit seinem Schilling nunmehr seit acht Jahren äußerst eng an der DM, während es den Schilling schon seit zwanzig Jahren nur wenig zur DM variieren läßt.

Dritte essentielle Bedingung einer Goldwährung ist freie Kapitalmobilität. Diese ist erforderlich, um der Arbitrage, die die „Münzparitäten" aufrecht erhält, ungehemmtes Spiel zu lassen. Zum freien Kapitalverkehr ist Europa gegenwärtig dabei, rechtlich überzugehen. Aber de facto gilt er für außenwirtschaftlich tätige Unternehmen schon lange: durch Variationen der Zahlungsziele und Variation der Zahlungen innerhalb der Zahlungsziele sowie durch die Modifikation von Verrechnungspreisen können durch Unterneh-

---

[3] Insbesondere Studien von PETER BERNHOLZ haben gezeigt, daß die Goldeinlösepflicht insgesamt betrachtet gar nicht so selten sistiert wurde. Siehe z. B. PETER BERNHOLZ, *Flexible Exchange Rates in Historical Perspective*, Princeton Studies in International Finance 49, Princeton, N. J., 1982; DERS. „Inflation and Monetary Constitutions in Historical Perspective", *Kyklos 36* (1983), S. 397ff. MICHELE FRATIANNI und FRANCO SPINELLI, „Italy in the Gold Standard Period, 1861–1914"; in: BORDO-SCHWARTZ, 1984, loc. cit. in *FN6*, beschreiben die Sistierungen des Goldstandards in Italien.

men in außenhandelsverflochtenen Ländern unschwer gewaltige Kapitalströme in Bewegung gesetzt werden. Sind die „Münzparitäten" nicht ganz fest oder schwanken auch nur die Wechselkurse innerhalb der Bandbreiten, so sind außenwirtschaftsorientierte Unternehmen sogar gezwungen, zwecks Gewinnmaximierung in ihrem laufenden Geschäft am internationalen Kapitalmarkt entweder durch Kurssicherung oder „spekulierend" teilzunehmen: Bei den schmalen Gewinnspannen im internationalen Wettbewerb ist selbst eine einprozentige Kursschwankung ein keineswegs unbedeutender Kalkulationsposten.

In diesen drei essentiellen Bedingungen entspricht somit die Deutsche Mark als Zentrum des Europäischen Währungssystems – und noch mehr als Kern einer enger gefaßten und sich noch rigoroser bindenden DM-Zone, der Österreich und die Niederlande angehören – dem Gold einer Goldwährung. Die Deutsche Mark ist für diesen Raum nicht nur eine bloße Leitwährung, wie wir sie in der Zeit nach dem zweiten Weltkrieg in der Form des US-Dollars und des Pfund Sterlings kannten. Bei einer Leitwährung orientieren sich zwar nationale Währungen an einer bestimmten Währung und drücken ihren Wechselkurs im Verhältnis zu dieser aus. Aber die „fundamentalen Ungleichgewichte", bei denen sie ihre Wechselkursparität zur Leitwährung verändern, werden recht freizügig definiert. Bei einer Goldwährung ist die Bindung hingegen viel enger und nur in außerordentlichen Krisenfällen variierbar. Und diese Variation ist auch viel kostspieliger (in der Form einer langfristigen Erhöhung der Risikoprämien der Zinssätze) als bei bloßen Paritätsveränderungen zur Leitwährung. Der entscheidende Unterschied liegt vor allem darin, daß eine „Goldwährung" die Inflationsrate der sich diesem System anschließenden Länder bestimmt, während in einem bloßen Leitwährungssystem eine nicht unerhebliche nationale Inflationsautonomie bestehen bleibt. Dieser Frage werden wir später noch Augenmerk zuwenden.

In einem wichtigen Beitrag hat Michael D. Bordo[4] noch eine weitere, vierte Bedingung für eine Goldwährung aufgestellt. Eine Goldwährung ist nur ein Unterfall einer Warenwährung. In jeder Warenwährung stabilisiert die Währungsbehörde – und, was noch wichtiger ist, die Arbitrage der Wirtschaftssubjekte – den Kurswert der Währung zu einer bestimmten Ware, z.B. dem Gold, oder zu einem bestimmten Warenkorb. Die Deutsche Mark scheint hier den Test nicht zu bestehen, in irgend einem Sinne ein „neues Gold" zu sein.

Aber dieses Versagen ist nur vordergründig und scheinbar. Der letztlich relevante Vorteil einer Goldwährung ist die Stabilisierung der Erwartungen der Wirtschaftssubjekte. Die Erwartungen werden stabilisiert, wenn der Wert

---

[4] MICHAEL D. BORDO, „The Classical Gold Standard; Some Lessons for Today", *Federal Reserve Bank of St. Louis Review*, Mai 1981, S. 2ff.

der Währung an eine bestimmte wichtige Ware, z.B. Gold, gebunden ist. Nicht anders entsteht eine Stabilisierung der Erwartungen, wenn lediglich der Reputation der Bundesbank vertraut wird, wenn also die allgemeine Meinung annimmt, daß die Bundesbank das Angebot an DM langfristig ebenso beschränkt, ebenso knapp hält, wie dies bei einer Warenwährung der Fall wäre. Oder umgekehrt herum: auch die Warenbasis einer Währung muß keineswegs notwendig vertrauenswürdiger sein als eine politisch unabhängige Währungsbehörde, die viel in ihre Vertrauenswürdigkeit investiert hat und die dieses Kapital nicht entwerten will. Denn bestimmte Waren können sich in bestimmten Zeiten rasch vermehren, wie dies gerade für Gold einerseits um 1850 und andrerseits um 1900 der Fall war (ganz zu schweigen natürlich von der Erhöhung des europäischen Goldumlaufes im frühen 16. Jahrhundert).[5] Auch Warenwährungen können daher keine vollkommene Wertsicherung bieten. Daß bei der Deutschen Mark nur Noten und nicht auch irgendwelche Waren als Geld zirkulieren, stellt auch keinen Unterschied zu „echten" Goldwährungen dar: Schweden hatte z.B. 1873–1931 (mit kurzer Unterbrechung) ein Goldwährungssystem, bei dem vom Publikum kaum Gold verwendet wurde.[6]

Genau genommen ist die Deutsche Mark eigentlich sogar überhaupt eine etwas (hinkende) Warenwährung. Sie versucht, den Warenkorb des deutschen Bruttoinlandproduktes zu stabilisieren. Sie stabilisiert diesen freilich nicht vollkommen, sondern, von seltenen Zeiten großer externer Schocks, wie der Ölkrise, abgesehen, bis auf eine „Warenentwertungsrate" von im langfristigen Schnitt ungefähr 2%.[7] In der Blütezeit der Goldwährung, von etwa 1890 bis 1914, entwertete sich Gold relativ zu den Sozialprodukten der Industrieländer im Schnitt auch etwa so stark, um ungefähr 1% bis 1,5%, ja 1896 bis 1913 gemessen am Großhandelspreisindex bis zu 2,4% pro Jahr.[8]

---

[5] Siehe zusammenfassend z.B. den Artikel „Gold" von Artur Kutzelnigg im *Handwörterbuch der Sozialwissenschaften*, 4. Band, Fischer, Mohr, Vandenhoeck, Tübingen, Göttingen 1965, S. 608ff, hier S. 610–611. Um 1850 waren es die Funde in Kalifornien und Australien, um 1900 die in Südafrika, die die Goldmenge rascher wachsen ließen. Siehe auch *FN8*.

[6] Siehe Lars Jonung, „Swedish Experience under the Classical Gold Standard, 1873–1914", in: *A Retrospective on the Classical Goldstandard, 1821–1931*, Michael D. Bordo und Anna J. Schwartz (Hrsg.), University of Chicago Press, Chikago und London, 1984 (zitiert im Folgenden als Bordo-Schwartz 1984), S. 361ff., hier S. 368ff.

[7] 1981 bis 1987 betrug die durchschnittliche jährliche Inflationsrate der Bundesrepublik Deutschland gemessen am Verbraucherpreisindex 2,2% pro Jahr, am Erzeugerpreisindex 1,2%. Der Anstieg des Verbraucherpreisindex (4-Personen-Arbeitnehmerhaushalt) betrug 1950–1970 im Schnitt ebenfalls 2,2%. Die Periode 1971 bis 1980 scheint mir zu sehr außenwirtschaftlich gestört zu sein, um als relevant betrachtet zu werden.

[8] Robert Triffin, „The Myth and Realities of the So-called Gold Standard"; in: *International Finance*, Selected Readings, R.N. Cooper (Hrsg.), Penguin Books, Harmondsworth, Middlesex 1969 (urspr. 1964), S. 38ff., schätzt die Goldvermehrungsraten (S. 56) auf im Schnitt 6,2% pro Jahr in den elf bedeutendsten Ländern für 1849–1872 und auf

Gold war eine sich damals relativ rasch vermehrende Ware. Eine leicht hinkende Indexwarenwährung, wie die DM, und eine Warenwährung mit sich relativ rasch vermehrender Warenbasis, wie Gold, sind also dann nicht verschieden, wenn die allgemeine Erwartungsbildung in beiden Fällen dieses leicht inflationäre Element richtig durchschaut. Das aber kann aufgrund ihrer langjährigen Reputation für die Deutsche Mark angenommen werden.

Ein weiteres Gegenargument muß noch ad acta gelegt werden: Bei einer echten Warenwährung, so wird behauptet, besteht eine gesetzliche Bindung an eine bestimmte Ware, eine staatliche Garantie der Sicherung einer solchen Warcnäquivalenz. Es wäre jedoch reiner Etatismus, dieser Garantie essentielle Bedeutung beizumessen. Es wäre der Fehler der staatlichen Theorie des Geldes von Georg Friedrich Knapp, der von der Österreichischen Schule der Nationalökonomie seit Menger immer wieder bekämpft wurde.[9] Nur die gesellschaftliche Wertschätzung des Geldes ist bedeutend! Wie Friedrich von Wieser, der Phraseologe der Österreichischen Schule, es formulierte: es kommt nur auf die „Massengewohnheit der Annahme" an. Das Wortspiel mit der doppelten Bedeutung von Annahme sei hier gestattet: Es kommt nur darauf an, daß die Märkte einerseits jetzt die DM als gut annehmen und andrerseits gleichzeitig auch sicher annehmen, sie werde in Zukunft weiterhin gut sein.

III

Welche Konsequenzen hat so eine neue Goldwährung? Und zwar zumal für diejenigen Wirtschaften, wie die österreichische, die sie nur nützen, ohne das „Gold", die DM, selbst zu schaffen? Denn die Konsequenzen für die Bundesrepublik Deutschland sind teilweise verschieden von denjenigen für die Länder, die das reine öffentliche Gut der DM-Währung nur übernehmen. Wir werden uns zuerst den Konsequenzen für die allgemeinen Wirtschaftsbedingungen und für die Verhaltensweisen der privaten Wirtschaftssubjekte zuwenden und im nächsten Abschnitt sodann den daraus resultierenden Konsequenzen für die Wirtschaftspolitik.

3,7% für dieselben 1893 bis 1913. Gemessen am Großhandelspreisindex zeigten die USA 1896–1913 eine durchschnittliche Inflationsrate von 2,4% pro Jahr, Deutschland und Frankreich von jeweils 2,0% und Großbritannien immerhin noch von 1,65%. Für die Periode 1849 bis 1872 zeigten die USA eine ebenso berechnete durchschnittliche Inflationsrate von 2,1%, Deutschland von 1,9% und Großbritannien von 1,4%.

[9] Siehe Carl Menger, *Grundsätze der Volkswirthschaftslehre*, Wien, Braumüller 1871, Achtes Capitel, S. 250ff.; sowie derselbe, Artikel „Geld", *Handwörterbuch der Staatswissenschaften,* 1. bis 3. Auflage, Neudruck in: *Carl Menger Gesammelte Werke*, Friedrich A. von Hayek (Hrsg.), Bd. IV, Mohr, Tübingen 1970, S. 1ff., insbesondere Abschn. I und XIII.

Klassische Konsequenz eines Goldwährungssystems für die ihm angehörenden Länder ist der von David Hume bereits Mitte des 18. Jahrhunderts herausgearbeitete, sogenannte „species-flow mechanism“, der Mechanismus der equilibrierenden Geld-(Gold-)Ströme: Erfährt ein Land einen landesspezifischen Inflationsstoß, so werden seine Waren relativ teuer, die Leistungsbilanz passiviert sich, und dieses Passivum führt (mangels akkommodierender Kapitaltransaktionen) zu einem Goldabstrom. Der Goldabstrom verringert die inländische Basisgeldmenge des inflationsgeplagten Landes und erst recht dessen gesamten Geldumlauf, das aber löst über den quantitätstheoretischen Zusammenhang einen Abwärtsdruck auf die Preise auf, das Preisniveau fällt und wird so wiederum zum Ausgleich mit dem Preisniveau der anderen Länder des Goldwährungssystems geführt.

Empirische Studien haben freilich ergeben, daß während der Blütezeit der Goldwährung Ende des 19. und Anfang des 20. Jahrhunderts der Mechanismus der equilibrierenden Goldströme fast gar nicht in Wirksamkeit trat: Es kam nur in sehr geringem Maße zu Goldbewegungen auf internationaler Ebene.[10] Physische Goldbewegungen sind ja sehr teuer und der Wirtschaftsprozeß findet billigere Formen des Ausgleichs. Und das ist erst recht so, wenn wir die Relevanz dieses Ausgleichsmechanismus heute überprüfen: denn viele seiner wirtschaftlichen Voraussetzungen treffen ja heute nicht mehr oder nur in sehr beschränkter Weise zu: schon an der Gültigkeit der Marshall-Lerner-Bedingungen für den Zahlungsbilanzausgleich durch Preisbewegungen kann man ernstliche Zweifel hegen.[11]

Die den Goldstandard neuerlich untersuchende moderne Literatur betont daher viel eher die *Preisarbitrage* als Ausgleichsmechanismus als den der Geldströme. So stellt Michael D. Bordo in einer seiner historisch orientierten Studien fest: „Later in the nineteenth century, with improvements in communications technology and the development of the international securities and commodity markets, arbitrage in securities and traded commodities reduced the role for gold flows in the adjustment mechanism.“[12] Mikroökonomische Preisarbitrage ist eine weit weniger kostspielige Form des Ausgleichs als der Geldstrommechanismus mit seinen makroökonomischen Konsequenzen. Arbitrage ist insbesondere informationskostensparend und fehlallokationsvermeidend. Denn bei ihr geht es um einen Ausgleich einzelner Preise, bei dem jedermann leicht erkennen kann, daß – Stabilität der

[10] Dies hielt insbesondere fest ARTHUR J. BLOOMFIELD, *Short-Term Capital Movements Under the Pre-1914 Gold Standard.* Princeton Studies in International Finance 11, N.J., 1963.

[11] Siehe GUNTHER TICHY, „Die Folgen der Wechselkursänderungen für Terms of Trade und Verteilung“; in: HELMUT HESSE, ERICH STREISSLER und GUNTHER TICHY (Hrsg.), *Außenwirtschaft bei Ungewißheit*, Mohr, Tübingen 1985, S. 213ff., hier S. 228f.

[12] MICHAEL D. BORDO, „The Gold Standard: The Traditional Approach“; in: BORDO-SCHWARTZ 1984, loc. cit. in *FN 6*, S. 23ff., hier S. 25.

Wechselkursparität vorausgesetzt – ein interlokal relativer Preis falsch ist; während bei Veränderungen des allgemeinen Preisniveaus über die quantitätstheoretischen Wirkungen von Geldströmen immer das Argument von Robert Lucas greift, daß diese informationsmäßig verwirren, weil die Wirtschaftssubjekte nicht unterscheiden können, was die relative Preiskomponente und was die allgemeine des Preisdurchschnittes ist. Solche informative Verwirrung führt zu den Kosten suboptimalen Mitteleinsatzes. Arbitrage als reine Finanztransaktion benötigt weiters keinerlei physische Geldbewegung, weil der erforderliche Kapitalbedarf durch ein Dreiecksgeschäft sofort rückgeliehen werden kann. Arbitrage führt zum raschen Zurückpendeln der Preisniveaus bei geringen oder gar bei fehlenden Geldbewegungen. Sie bedeutet einfach, daß die Märkte preiselastischer reagieren.

Aber unter den Bedingungen des späten 20. Jahrhunderts – oder sollten wir heute schon fast sagen, des 21. Jahrhunderts – ist selbst Arbitrage weit weniger bedeutsam als vor hundert Jahren. Denn Arbitrage setzt weitgehende Wettbewerbsmärkte und da wieder vor allem homogene Güter voraus. Das späte 19. Jahrhundert sah den Höhepunkt der Börsen und der börsengängigen, für den Börsenverkehr homogenisierten Güter; und die Börse ist der locus classicus für Arbitrage. Das 20. Jahrhundert ist hingegen das Jahrhundert der Markenware für den Letztverbraucher und der individuell spezifizierten Einzelfertigung von Maschinen und Gebäuden für die Unternehmer geworden. Arbitrage zwecks internationalem Preisausgleich gibt es im DM-Quasigoldwährungsverbund daher im wesentlichen nur bei Wertpapieren; und dieser Arbitrageausgleich ist keineswegs unwichtig. Auf anderen Märkten sind die Unternehmer hingegen regelmäßig Preissetzer. Und hier gilt ein anderer Preisausgleichsmechanismus: Rationale Preissetzer in einem Goldwährungsverbund werden bei einem intern bedingten inflationären Anstoß ihre Preise gleich gar nicht oder nur geringfügig erhöhen! Denn was ihre makroökonomischen Rahmenbedingungen betrifft, wissen sie, die eigene staatliche Wirtschaftspolitik kann eine lokale inflationäre Preisniveaupolitik gar nicht akkommodieren. Inflation ist höchstens zeitweilig und muß bald zurückgeführt werden. Und mikroökonomisch halten sie ihre Märkte – mit Recht – für grundsätzlich preiselastischer, als sie es in geschlossener Wirtschaft wären; denn es muß ja immer die ausländische Konkurrenz mitbedacht werden, und große auslandsoffene Märkte reagieren erfahrungsgemäß eben preiselastischer als kleine, abgeschlossene. Das heißt somit: der durch das Goldwährungssystem auszugleichende binnenwirtschaftliche Preisstoß entsteht infolge des Bewußtseins des preislichen Systemzusammenhanges weitgehend erst gar nicht. So weit er abgeschwächt entsteht, gilt es nur mehr wenig auszugleichen. Und bei einem systemexternen Preisschock, wie etwa einer Ölkrise, nehmen die Preissetzer ebenfalls an, daß dieser Schock bald zurückgeführt wird, und disponieren entsprechend. Dieses weit preisstabilere

Verhalten gerade von monopoloiden und oligopoloiden Preissetzern im Goldwährungsverbund unseres goldlosen DM-„Goldwährungssystems" führt andrerseits aber keineswegs notwendig zu stärkeren Mengenschwankungen, wie man zeitweise befürchtete. Beim Preissetzerverhalten werden die physischen Endgüterlager[13] oder die ideellen Lager der Lieferfristen so variiert, daß weder Preise noch produzierte Mengen stark schwanken; denn das ist die kostenschonendste Anpassungsweise für Unternehmen mit etwas Marktmacht, wenn sowohl Preisvariation[14] Transaktionskosten wie Mengenvariation Kosten der Erzeugungsumstellung (Variationskosten oder „set-up costs") mit sich bringen.

Genau das alles war mehr oder weniger dunkel bereits zur Blütezeit der echten Goldwährung vor hundert Jahren erkannt. Yeager faßt die Argumente im altösterreichischen Reichsrat zusammen, als Österreich-Ungarn 1892 zur Goldwährung überging: „the gold standard (was seen) less as a transmitter of foreign disturbances than as a means of cushioning domestic disturbances by linkage with the presumably more stable world economy".[15] Von „Stabilitätsimport" wurde 75 Jahre später in Österreich auch dauernd gesprochen, als der neuerliche Übergang zur goldlosen Goldwährung des DM-Anschlusses, die sogenannte österreichische „Hartwährungspolitik", durchdacht wurde. Stabilitätsimport muß vor allem heißen: eine *preisstabilitätsfördernde Bewußtseinsverlagerung der Preissetzer*, eine Veränderung im zugrundegelegten Leitbild über die wahrscheinlichen Reaktionen der Märkte. Diese Bewußtseinsverlagerung durch die neue Goldwährung drückt sich auch darin aus, daß Ökonomen wie Unternehmer in Österreich standardmäßig behaupten, österreichische Unternehmer seien nur Preisnehmer auf Auslandsmärkten, während sie andererseits die Statistiken über die Veränderung der Fakturawährung im Export klar als Preissetzer ausweisen: die Fakturierung österreichischer Exporte erfolgt heute weit stärker als noch vor einigen Jahren in Schilling, oder, was dasselbe ist, in DM.[16]

---

[13] Siehe ALAN S. BLINDER, „Inventories and Sticky Prices: More on the Microfoundations of Macroeconomics", *American Economic Review 72* (1982), S. 334ff.; YAKOV AMIHUD und HAIM MENDELSON, „Price Smoothing and Inventory", *Review of Economic Studies 50* (1983), S. 87ff.

[14] Siehe N. GREGORY MANKIW, „Small Menu Costs and Large Business Cycles: A Macroeconomic Model of Monopoly", *Quarterly Journal of Economics 100* (1985), S. 529ff.; GEORGE AKERLOF und JANE YELLEN, „A Near-Rational Model of the Business Cycle with Wage and Price Inertia", *Quarterly Journal of Economics 100*, Suppl., (1985), S. 176ff.; MICHAEL PARKIN, „The Output-Inflation Trade-Off when Prices are Costly to Change", *Journal of Political Economy 94* (1986), S. 200ff.

[15] LELAND B. YEAGER, „The Image of the Gold Standard"; in: BORDO-SCHWARTZ 1984, loc. cit. in *FN6*, S. 651ff., hier S. 653.

[16] In Österreich hat sich von 1973 bis 1987 der Anteil der Exporte, die in Schilling oder DM fakturiert werden, von 68,4% auf 78,6% erhöht. Dabei wurde insbesondere durch den Anschluß des Schilling an die DM der DM-Fakturierungsanteil von 21,7% auf 30,6%

In unseren heutigen Wirtschaften gibt es jedoch nicht nur Preissetzer, sondern erst recht Lohnsetzer im gewerkschaftlichen (oder betrieblichen) Lohnverhandlungsprozeß. Aber auch hier gilt mutatis mutandis dasselbe, was bereits für das Preissetzerverhalten gezeigt wurde: Ja die Gewerkschaften, zumindestens in Österreich, haben wahrscheinlich sogar früher als die Unternehmer erkannt, daß Österreich wieder in einem Goldwährungssystem lebt, zumal die Einführung der „Hartwährungspolitik" vornehmlich gerade auf den ökonomischen Hauptberater des Österreichischen Gewerkschaftsbundes und früheren Gewerkschaftssekretär, den Generaldirektor der Oesterreichischen Nationalbank, Dr. Heinz Kienzel, zurückging.[17] Wissen Gewerkschaften, daß Unternehmer kaum in der Lage sind, Lohnerhöhungen in die Preise zu überwälzen, weil sie im internationalen Preisverbund stehen, und sind diese Gewerkschaften empfindlich bezüglich der Gefahr der Arbeitslosigkeit ihrer Mitglieder aufgrund von Lohnsteigerungen, was voraussetzt, daß sie große Industriegewerkschaften sind, wie in der Bundesrepublik Deutschland, oder daß sie gar die totale und allumfassende Gewerkschaft sind, wie der Österreichische Gewerkschaftsbund, die zentralisierteste Gewerkschaft der Welt, so müssen sie bei ihren Lohnforderungen äußerste Zurückhaltung üben. Ein Goldwährungssystem reduziert daher drastisch den binnenwirtschaftlichen inflatorischen Kostendruck.

Gerade die Gewerkschaften wissen heute, daß das richtige Modell für die Analyse von Lohnveränderungen wiederum die partialanalytisch konzipierte Arbeitsnachfragekurve im Arbeitseinsatz-Lohnsatzdiagramm des Lehrbuches in der Manier von Alfred Marshall ist. Generationen von Ökonomen haben gelernt, ihren Studenten beizubringen: Verwende die partialanalytische Nachfragekurve nur für die Nachfrage eines kleinen Marktes, wie der für Tee oder Salz. Todsünde ist es hingegen, wie Keynes gezeigt hat, dieselbe Analyse für globale Märkte, wie den Arbeitsmarkt oder den Markt für alle Exportgüter insgesamt, zu verwenden. Denn, um beim Arbeitsmarkt zu bleiben, hier bestimmen die Löhne entscheidend die binnenwirtschaftliche Güternachfrage mit, und jede Lohnveränderung verschiebt daher die Arbeitsnachfragekurve, die nur die abgeleitete Nachfrage aus der von den Löhnen selbst wieder positiv abhängigen Gütermarktnachfrage verkörpert. In einem großen Goldwährungssystem ist all dies in erster Annäherung neuerlich irrelevant: denn die Nachfrage der inländischen Arbeiter nach binnen-

---

gesteigert. Das Ausmaß dieser DM- oder Schilling-Fakturierung ist weit größer als der Export nach der Bundesrepublik Deutschland oder sogar in den DM-Block. Siehe HANDLER 1989, S. 270, loc. cit. in *FN 18*.

[17] Die faszinierende politische Geschichte der Einführung der österreichischen Hartwährungspolitik, an der Politiker mit ganz verschiedenen Motiven mitwirkten, erst Heinz Kienzel und der langjährige Finanzminister Hannes Androsch, dann der Präsident der Oesterreichischen Nationalbank Stephan Koren, ist leider noch nicht geschrieben.

wirtschaftlich erzeugten Gütern ist nur verschwindend klein im Vergleich zu der weit größeren Nachfrage der Weltmärkte nach den Gütern, aus deren Absatz die Arbeitsnachfrage der Unternehmer abgeleitet wird. Selbst der Arbeitsmarkt ist in einem Goldwährungssystem daher nur wie der Markt für Tee und Salz zu sehen. Die Rückwirkung der Preise auf ihm für die Güternachfrage ist verschwindend gering. Auch der negativ geneigte Phillipskurven-Abtausch zwischen mehr Inflation und mehr Beschäftigung wird zunehmend irrelevant. Bezüglich der langfristig vorhersehbaren Inflation und der Arbeitslosigkeit gibt es wahrscheinlich sogar einen *positiven* Trade-Off.[18] Denkt man wieder in den Zusammenhängen eines Goldwährungssystems, so wird einem plötzlich bewußt, daß die von Keynes 1936 publizierte „General Theory" die erste bedeutende ökonomische Monographie *nach* dem *Zusammenbruch* des Goldwährungssystems war, der für England 1931 erfolgte. Keynes verstand richtig die neuen Zusammenhänge und stellte sie vereinfachend als die einer geschlossenen, daß heißt institutionell: einer durch Handelsschranken abgeschlossenen, Wirtschaft dar. Ungerecht war es freilich, das Denken seiner Gegner zu den Lohnwirkungen am Arbeitsmarkt als veraltet „klassisch" abzuqualifizieren. Seine Gegner dachten nur einfach noch unausgesprochen im selbstverständlichen Referenzsystem eines Goldwährungssystems, bei dem die Lohnelastizität der Arbeitsnachfrage relativ hoch ist; und zwar nicht primär aus Gründen einer langfristigen Faktorsubstitution, wie ihre Argumente rekapitulierend Robert Solow vor kurzem meinte[19], nicht also für gegebene Produktionsmenge, sondern einfach als Reflex der Möglichkeit, bei gesenkten Kosten und damit gesenkten Güterpreisen gewinnbringend mehr Güter am Weltmarkt abzusetzen, und zwar gerade dann, wenn man als Unternehmer Preissetzer ist. Ja genau dann, wenn man in einem Goldwährungssystem lebt, ist nicht die Variation der Güterpreise, sondern die der Faktorkosten, genauer: der Kosten der binnenwirtschaftlichen und immobilen Faktoren, die adäquate Reaktion auf binnenwirtschaftliche Ungleichgewichte. Denn die Güter sind international mobil und ihre Preise daher wenig variierbar; die Arbeitskräfte aber sind weniger mobil und müssen primär die Preisanpassung tragen.

Ein nicht dominantes, relativ kleines Land in einem Goldwährungssystem genießt somit den Vorteil eines weniger inflationären Klimas der Preissetzung seiner Unternehmer, muß sich andererseits aber in seiner Lohngestaltung so anpassen, daß Leistungsbilanzdefizite durch relative Lohnsenkungen (relativ zu den anderen Ländern des Systems) ausgeglichen werden. Es im-

---

[18] Siehe neuerdings Heinz Handler, *Grundlagen der österreichischen Hartwährungspolitik, Geldwertstabilisierung, Phillipskurve, Unsicherheit*, Manz, Wien, 1989.

[19] Siehe die Ausführungen von Robert M. Solow, „On Theories of Unemployment", *American Economic Review LXX* (1980), S. 1ff. (Presidential Address) zu den Ansichten von A.C. Pigou und dessen Elastizitätsoptimismus (insbes. S. 6f.).

portiert vom dominanten Land Preisstabilität, die andererseits auf oligopoloiden und monopoloiden Märkten keineswegs zu einer Mengeninstabilität – oder gar zu starken Beschäftigungsschwankungen – führen muß. Nicht dominant sind diejenigen Länder, die die Währungspolitik des wirtschaftlich gesehen größten Landes eines Goldwährungssystems nicht nennenswert beeinflussen können, andrerseits den größten Teil ihres Außenhandels mit diesem Goldwährungssystem abwickeln (wie Österreich etwa 70% mit dem DM-Block, genannt EWS, einschließlich also Italiens und Frankreichs); und die schließlich das Preisniveau im ganzen System nicht nennenswert beeinflussen können. Wie aber steht es mit der Bundesrepublik Deutschland, die dieses Goldwährungssystem als nutzenerhöhendes öffentliches Gut anderen liefert? Die gebrachten Argumente gelten für die Bundesrepublik Deutschland ja nur zum Teil. Sicher kann diese zum Beispiel nicht Geldwertstabilität von sich selbst importieren; ja es scheint so, daß sie durch die Rückwirkung ihres Systems auf sich selbst in den 80er Jahren etwas an Geldwertstabilität verloren hat! Wie Giavazzi und Giovannini überzeugend argumentieren, gewinnt das Kernland jedoch dadurch an Stabilität seines effektiven Wechselkurses, daß sich mehr und mehr Länder seiner Währung als neuer „Goldwährung" anschließen[20]: Während in den 70er Jahren die DM im Kurse in gleicher Richtung gegenüber dem US-Dollar und den Währungen der europäischen Partnerländer schwankte, schwankt sie in den 80er Jahren zunehmend nur mehr gegenüber dem US-Dollar, also gegenüber einem progressiv kleiner werdenden Teil der außenwirtschaftlichen Transaktionen Deutschlands. Für ein wirtschaftlich dominierendes großes Land ist somit der Aufbau eines „Goldwährungssystems", an das sich andere Länder auf Dauer fest binden, die einzige Möglichkeit für die Unternehmer, die kalkulatorischen Kosten stark schwankender flexibler Wechselkurse zum Großteil zu vermeiden. Der Aufbau der Reputation eines neuen Goldwährungssystems, der sicher zu Wachstumsverlusten führt, ist daher eine Investition in zukünftige erhöhte preisliche Planungssicherheit.

Bislang haben wir die Konsequenzen eines neuen Goldwährungssystems auf die Preis- und Lohnbildung und die abzuleitenden Vorteile für unternehmerische Allokationsentscheidungen erwogen. Wie die Geschichte zeigt, erwarteten die Proponenten einer Goldwährung in denjenigen Ländern, die sich, wie Österreich, erst sehr spät (nämlich 1892) dem System anschlossen, vornehmlich aber etwas anderes: Wie Yeager hervorhebt[21], erwarteten sie vor allem eine *erhöhte Elastizität des Geldangebotes*! Verbildet durch die aus einem höchst goldwährungsfernen Raum stammende US-amerikanische und

---

[20] Francesco Giavazzi und Alberto Giovannini, *Limiting Exchange Rate Flexibility – The European Monetary System*, M.I.T. Press, Cambridge, Mass. und London, 1989, S. 8ff.

[21] Yeager 1984, loc. cit. in *FN 15*, S. 652f.

englische ökonomische Literatur sehen wir heute in dem Wunsch nach erhöhter Elastizität des Geldangebotes einen geradezu kindisch anmutenden oder umgekehrt gesehen sogar einen pervers-unverständigen Wunsch. Das Geldangebot, so denkt man, ist gerade in einem Nicht-Goldwährungssystem beliebig elastisch: Die Notenbank muß lediglich mehr Geld schöpfen. Das aber wäre ein gefährlicher Weg, würde er doch nur zu mehr Inflation führen. Aber der Wunsch nach erhöhter Elastizität des Geldangebotes ist keineswegs ein kindisch-unverständiger, handelt es sich doch bei einem Goldwährungssystem um eine *nicht* Inflation auslösende hohe Zinselastizität des Geldangebotes. Das Preisniveau jedes Landes ist ja in einem Goldwährungssystem in erster Annäherung und erst recht etwas längerfristig gesehen weitgehend vorherbestimmt durch den internationalen Preisverbund. Das gleiche gilt in erster Annäherung und etwas längerfristig für das Zinsniveau, obwohl dieses kurzfristig Ausgleichsschwankungen vornimmt. Denn gerade auf Wertpapiermärkten gibt es homogene Güter, die durch den internationalen Arbitragemechanismus in ihren Preisen, genauer: in ihren Ertragsraten, also den Zinssätzen, relativ eng aneinander gekettet werden. Tatsächlich erbringt also ein Goldwährungssystem (zu dem, wie betont, immer internationale Kapitalmobilität dazugehört) ein weit elastischeres, privat determiniertes Geldangebot, ohne daß sich Preise und Zinssätze nennenswert verändern. Denn die eigene Wirtschaft wird ein kleiner Teil eines viel größeren Wirtschaftsraumes, in dem sich Geldkapital je nach den momentanen Bedarfen in Ausnützung kleinster Zinsdifferentiale hin und her verlagert.

Wie in jedem kleinen Markt Mengenveränderungen tendenziell relativ große Preisveränderungen auslösen, so lösen auch in einer geschlossenen Wirtschaft einerseits fehlerhaft gesetzte Geldmengenveränderungen, andererseits Veränderungen der Erwartungen auf den Finanzmärkten starke Zinsveränderungen und starke Preisänderungen der Finanzanlagen aus. Diese haben tendenziell starke reale Effekte. Ja, das war ja gerade eine der wesentlichsten, wenn nicht überhaupt die wichtigste Botschaft von Keyne's „General Theory", wie gesagt, der ersten bedeutenden ökonomischen Monographie nach dem Zusammenbruch des alten Goldwährungssystems. Keynes' Betonung, daß Geldveränderungen hauptsächlich Zins- und nicht Preisveränderungen auslösen, stand 1936 in vollem Widerspruch zur Quantitätstheorie. Sie wäre Merkantilisten, einem Sir Josiah Child, einem Richard Cantillon etwa,[22] durchaus vertraut vorgekommen. Denn sie schrieben vor den Zeiten einer internationalen Kapitalmarktintegration, wie Keynes nach

---

[22] Sir JOSIAH CHILD, *Selected Works 1668–1697*, Gregg Press, Farnborough 1968; RICHARD CANTILLON, *Essai sur la nature du commerce en général*, (fiktiver Verlag und Ort) 1755. Während Child und Cantillon hauptsächlich Zinswirkungen einer Geldmengenveränderung sahen, sah John Locke beide Wirkungen und dann David Hume vornehmlich Preisniveauwirkungen.

deren Zusammenbruch schrieb. Die übliche Quantitätstheorie um 1900 hingegen dachte in den Kategorien eines Goldwährungssystems, bei dem die Zinssätze tendenziell noch stärker in internationalem Verbund stehen als die Güterpreise, einfach weil Wertpapiere international noch mobiler sind als Sachgüter und als homogenisierte Waren weit stärker der Arbitrage unterliegen. Und so ist Zinsstabilität – bei gleichzeitig elastischem Geldangebot – noch mehr die Frucht eines Goldwährungssystems als Preisstabilität. Kritiker haben hier gerade umgekehrt argumentiert. Die Erhaltung der „Goldparität", so argumentierten sie, erfordere starke Zinsveränderungen, um die „Goldparität" – im Falle Österreichs nunmehr die Schilling-DM-Parität – zu verteidigen, wenn die internationalen Finanzmärkte ihre Aufrechterhaltung bezweifeln. Es ist richtig, daß starke Zinsveränderungen erforderlich sind, um angesichts von Zweifeln der Finanzmärkte Glaubwürdigkeit der „Hartwährungspolitik" zu demonstrieren. Wenn aber an die Aufrechterhaltung der „Goldparität" fest geglaubt wird, wenn also auch das sich einem Goldwährungssystem anschließende Land seinen Anschluß auf Dauer glaubhaft gemacht hat, dann werden die erforderlichen Zinsschwankungen gering. Selbst ein oder zwei Prozent Zinsen mehr locken dann sogar in einer ganz großen Krise, wie die Engländer sagten, Gold „vom Mond" herunter![23] Es ist weiters auch richtig, wie Dornbusch in einer allgemein bekannten Arbeit[24] argumentiert, daß sich bei monetären Ungleichgewichten die Preise auf den Finanzmärkten viel rascher verändern als die auf den Güter- oder gar den Arbeitsmärkten und daß daher die Finanzmarktpreise (einschließlich der Zinssätze) kurzfristig die gesamte Anpassungslast tragen müssen und ihren endgültigen Gleichgewichtspreis „überschießen". Kurzfristig werden daher die Zinssätze nicht unerheblichen Schwankungen ausgesetzt sein. Betrachtet man hingegen die für die Wirtschaftsplanung vor allem relevante mittlere Frist, so werden in einem voll eingespielten und unangezweifelten Goldwährungssystem die Zinssätze tendenziell noch stabiler sein als die Preise.

Sind aber die Zinssätze relativ stabil und fällt, wie dies für jedes Goldwährungssystem gilt, das Wechselkursrisiko so gut wie gänzlich weg, so entfällt die Risikoprämie als Teil der Zinssätze in integrierten Finanzmärkten. Das ist der wesentliche wirtschaftliche Vorteil jedes Goldwährungssystems: die realen Zinssätze werden so niedrig wie möglich; das heißt, sie sinken auf das allein den Spar- und Investitionsentscheidungen und den hinter diesen stehenden Zeitpräferenzraten und Grenzproduktivitäten des Kapitals entspre-

---

[23] „7 percent will draw gold from the moon". Siehe RÜDIGER DORNBUSCH und JACOB A. FRENKEL, „The Gold Standard and the Bank of England in the Crisis of 1847"; in BORDO-SCHWARTZ 1984, loc. cit. in *FN 6*, S. 233ff. Die Autoren erklären sich unfähig „(to) trace the exact origin of the maxim" (S. 263).

[24] RÜDIGER DORNBUSCH, „Expectations and Exchange Rate Dynamics", *Journal of Political Economy 84* (1976), S. 1161ff.

chende Niveau, kurz: auf den reinen Realzins. Das genau ist vielleicht der größte Vorteil eines Goldwährungssystems: Es wirkt produktionssteigernd und investitionsanregend[25] durch seine niedrigen und stabilen Zinssätze. Das war auch ein wichtiges Argument für den Übergang zu einem Goldwährungssystem für die Nachzüglerländer im 19. Jahrhundert. Bei seiner unsoliden Währungs- und Finanzpolitik hatte Österreich in den frühen 1860er Jahren dieselben Zinssätze wie Ägypten![26] Nach dem Übergang zur Goldwährung konnte hingegen 1904 der Finanzminister Böhm-Bawerk als seine besondere Großtat den österreichischen Staatsanleihenzins von bereits nur mehr 4,2 % auf 4,0 % senken.[27] Auch für den Fiskus bringt somit ein Goldwährungssystem den Vorteil langfristig gesehen niedrigstmöglicher Finanzierungskosten.

IV

Welche Konsequenzen für die Wirtschaftspolitik hat der Anschluß der Währung eines Landes an einen großen Wirtschaftsraum mit Goldwährungssystem? Auch hier kann man sich wiederum an den wirtschaftspolitischen Grundkonzeptionen der Zeit um 1900 orientieren. Bei näherem Zusehen erweisen sich dieselben nämlich keineswegs als Ausbund wirtschaftlichen Unverstandes, als längst überholt durch den Fortschritt unserer Erkenntnis, oder andrerseits als Konsequenz abwegiger wirtschaftspolitischer Zielvorstellungen gegenüber den heute gewohnten. Sie sind vielmehr nichts anderes als der Reflex der Rahmenbedingungen eines Goldwährungssystems, in welchem sie praktiziert wurden. Anders ausgedrückt: sie sind Lösung einer grundsätzlich gleichartigen wirtschaftspolitischen Optimierungsaufgabe, wie sie heutigen wirtschaftspolitischen Vorstellungen zugrundeliegt, aber einer Optimierung unter andersgelagerten Beschränkungen oder Nebenbedingungen.

Evident ist die unterschiedliche Rolle, die die *Zentralbank* eines Goldwährungs-Gefolgschaftslandes spielt im Vergleich zu der Zentralbank mit einer

---

[25] Daß stabile Preise (und Zinssätze als Preise) unter bestimmten Bedingungen produktions- und investitionssteigernd wirken, zeigt Karl Aiginger, *Production and Decision Theory under Uncertainty*, Blackwell, Oxford 1987.

[26] Siehe Joachim C.-W. Liese, *Staatskredit und Defizitfinanzierung in der ersten konstitutionellen Periode der Habsburger Monarchie 1860–1867*, Dissertation (unveröff.) an der Universität Wien, Wien 1988, S. 184.

[27] Carl Menger, „Eugen v. Böhm-Bawerk", *Almanach der Kaiserlichen Akademie der Wissenschaften in Wien*, Jg. 1915, wiederabgedruckt in: F.A. von Hayek (Hrsg.), *Carl Menger Gesammelte Werke*, Bd. III, Mohr, Tübingen 1970, S. 293ff., streicht im wissenschaftlichen (!) Nekrolog auf einer ganzen Seite (S. 297) diese Leistung Böhm-Bawerks als „besonders bemerkenswert" und implizit als Böhms größte (!) heraus.

mehr oder weniger autonom gestalteten Währung. Die Autonomie der Notenbank ist durch ein Goldwährungssystem natürlich stark reduziert; ja die Literatur betont, daß zahlreiche Länder in der Zeit der „echten" Goldwährung gar keine Zentralbank besaßen und auch gar keine benötigten.[28] Ist die „Goldparität" keine gesetzlich vorgegebene, sondern nur eine usuelle und von der Notenbank in ihrer Politik eingehaltene, wie heute die Schilling-DM-Relation, so behält freilich die Notenbank eine wichtige Aufgabe, nämlich die der Erhaltung dieser Parität. Die Erhaltung einer festen Wechselkursparität ist ein nicht minder ambitiöses und nicht minder ehrenwertes Zwischenziel als ein Geldmengenziel;[29] nimmt man die Währungsgeschichte Österreichs in den letzten zehn Jahren als Beispiel, so ist sie anscheinend ein weit eher erreichbares, weil weit eher glaubhaftes und weit eher verständliches.

Natürlich verliert die Notenbank dabei jede Kontrolle über die Geldmenge, die, wie gesagt, in jedem Goldwährungssystem privatwirtschaftsendogen wird. Sie verliert weiters jede Möglichkeit der Beeinflussung des Preisniveaus ihres Landes. Hier könnte man einwenden, daß die Zentralbank noch das Preisniveau der reinen Binnengüter beeinflussen könnte. Aber auch diese werden nach einiger Zeit mehr und mehr in den internationalen Preisverbund hineingezogen über die Kostenentwicklung, die sich, wie oben für die Löhne dargestellt, an den Preisspielräumen der Außenwirtschaftsgüter orientieren wird. Ja diese Abhängigkeit der Preise der Binnengüter von den Außenwirtschaftsgütern wird im sogenannten Skandinavischen Inflationsmodell – oder der in Österreich modifizierten Variante desselben[30] – gerade herausgestrichen. Verliert die Notenbank somit fast jede Autonomie in ihrer Preisdämpfungsfähigkeit, so ist diese andrerseits in einem Goldwährungssystem auch kaum vonnöten: Die Preise sind in diesem historisch gesehen stabiler[31]; und die „DM-Goldwährung" wurde ja von vielen europäischen Ländern gewählt im Vertrauen, daß ihr Inflationstrend gering ist.

Weiters verliert die Zentralbank in einem Goldwährungssystem auch mit-

---

[28] Im Grunde kann ein sich dem Goldstandard anschließendes Land ohne Zentralbank auskommen. Italien und die Vereinigten Staaten entwickelten eine solche erst nach und nach während des Goldstandards. Siehe BORDO-SCHWARTZ 1984, loc. cit. in *FN6*, passim. Siehe weiters BORDO 1981, loc. cit. in *FN4*, S. 5.

[29] DONALD N. MCCLOSKEY und J. RICHARD ZECHER, „The Success of Purchasing Power Parity: Historical Evidence and its Implications for Macroeconomics"; in: BORDO-SCHWARTZ 1984, loc. cit. S. 121ff. betonen S. 125:, „The bank... could just as well make the exchange rate the policy instrument as the money supply".

[30] HELMUT FRISCH, „Eine Verallgemeinerung des skandinavischen Modells der Inflation: Mit einer empirischen Analyse für Österreich", *Empirica 1976*, Heft 2, S. 197ff.

[31] Siehe BERNHOLZ 1983, loc. cit. in *FN3* zu den Preisen der „echten" Goldwährungszeit; GIAVAZZI und GIOVANNINI 1989, loc. cit. in *FN20* bringen in Kapitel 5 theoretische Argumente wie empirische Evidenz, warum im EWS mit seiner Bindung an die DM die Inflationsrate sank.

tel- bis langfristig die Kontrolle über die Zinssätze. Auch das ergibt sich, wie betont, durch den internationalen Preisverbund, in diesem Fall den Zinsverbund auf integrierten Finanzmärkten. Ebenso ist die Notenbank nicht mehr in der Lage, in nennenswertem Maße den Staat zu finanzieren. Eventuell könnte die Notenbank dem Staat noch bessere Zinskonditionen zuschanzen als anderen Kreditnehmern. Aber das Volumen der Kredite, die einem Land zur Verfügung stehen, kann sie nicht bestimmen; denn dieses ist ebenfalls wirtschaftsendogen. Und selbst, wenn die Notenbank dem Staat in einem Goldwährungssystem günstigere Kreditkonditionen gibt, so ist das, soweit sie dem Staat gehört, im Grund irrelevant: denn dann sinken eben ihre Gewinne, die sie sonst in anderer Weise an den Staat abführen würde. (In Österreich ist übrigens eine Finanzierung des Staates durch die Notenbank gesetzlich verboten, eine Regelung, wie sie logisch einem Goldwährungssystem entspricht.[32])

Die Notenbank wird somit auf die Rolle eines *Hüters der Goldwährungsparität* beschränkt. Diese sichert sie gegen kurzfristig wirksame Ungleichgewichte durch die kurzfristige Variation ihrer Zinssätze, die ihr noch möglich ist; und das war auch die Hauptaktivität der Notenbank in der Zeit der echten Goldwährung.[33] Kapitalströme reagieren nämlich, wie dargestellt, in einem Goldwährungssystem sehr zinselastisch; und der Ausgleich sowohl von krisenhaften binnenwirtschaftlichen Kreditbedarfen wie von Leistungsbilanzschwankungen erfolgt in modernen Goldwährungssystemen hauptsächlich über internationale Kapitaltransaktionen und nicht über die Güterpreise.[34] Bei der Variation der Zinssätze in einem Goldwährungssystem ist die Notenbank jedoch im Grund gar nicht als staatliche Instanz mit Zwangsgewalt tätig. Sie betreibt lediglich privatwirtschaftliche Preispolitik eines mächtigen Großunternehmens; und sogar eine Preispolitik, die sich sinnvoll an Gewinnmaximierung orientieren kann.

Eine alte Rolle der Notenbank wird in einem neuen Goldwährungssystem freilich wieder höchst aktuell: nämlich die eines *„lender of last resort“*. Die Notenbank wird Währungsreserven halten müssen, um Preis- und Zinsausschläge zu dämpfen. Auch hier unterscheidet sich die Notenbank im Grunde aber nicht von privaten Unternehmen. Wie betont, werden diese in einem Goldwährungssystem diverse Lagerhaltungsstrategien entwickeln, gerade

---

[32] Das NationalbankG 1984, BGBl 50/1984, legt im § 41 (1) fest: „Der Bund, die Länder und die Gemeinden dürfen die Mittel der Bank in keiner Weise, also weder mittelbar noch unmittelbar, für ihre Zwecke in Anspruch nehmen“. Für den Bund wird im folgenden insofern eine Ausnahme gemacht, als er „5 v H der Bruttojahreseinnahmen des Bundes aus öffentlichen Abgaben ... für Zwecke der Kassenführung“ borgen darf.

[33] Siehe insbesondere Dornbusch-Frenkel 1984, loc. cit. in *FN27*.

[34] Siehe Bloomfield 1963, loc. cit. in *FN10*, Anna J. Schwartz, „Introduction“; in Bordo-Schwartz, 1984, loc. cit. in *FN6*, S. 1ff., hier S. 7; Bordo 1981, loc. cit. in *FN4*, S. 5.

um Preisausschläge zu dämpfen, da das ganze Goldwährungssystem auf die Vermeidung der Kosten starker Preisausschläge abgestellt ist. Dabei werden die großen und finanzstarken Unternehmen – gewinnbringend – den kleineren unter die Arme greifen. Die Notenbank tut in diesem System im Grunde nur dasselbe. Sie ist ein Großunternehmen, das wie jedes rein private, sehr große Unternehmen in einem Systemzusammenhang positive externe Effekte auf das System mit beachten und mit verursachen muß.

Noch radikaler als die der Zentralbank verändern sich in einem Goldwährungssystem die Möglichkeiten staatlicher *Fiskalpolitik*.

Anscheinend gilt zwar das genaue Gegenteil, anscheinend wird in dem geschilderten Wirtschaftszusammenhang die Fiskalpolitik in ihren globalen Expansions- oder Restriktionsmöglichkeiten sogar stärker. Dies hat man um 1900 nur nicht gesehen; denn man meinte damals, gerade so ein integriertes Weltwirtschaftssystem würde immer zur Vollbeschäftigung tendieren. Bleibend ist sicherlich die Erkenntnis, daß ein großes, außenwirtschaftlich integriertes Wirtschaftssystem mit festen Wechselkursen tendenziell preiselastischer reagiert als ein kleines geschlossenes, daß ein solches System somit leichter durch Reallohnflexibilität Vollbeschäftigung erreichen kann. Aber gerade die letzten Jahrzente haben eine Fülle von theoretischen Ansätzen gebracht, die ganz im Gegenteil rein mikroökonomisch (wenn freilich vielleicht ausgelöst durch gesamtwirtschaftliche Schocks) Arbeitslosigkeit begründen können: etwa die auf Informationsmängeln beruhende Kredit- und Eigenkapitalrationierung,[35] die Nichtvariation von Preisen preissetzender Unternehmen selbst bei kleinen Anpassungskosten[36] oder die Effizienzlohnthese.[37]. Arbeitslosigkeit ist also durchaus möglich, trotz grundsätzlicher Bereitschaft zur Reallohnflexibilität der Arbeitsanbieter. Angesichts der beschriebenen Typen von Arbeitslosigkeit ist globale fiskalische Beschäftigungspolitik durchaus wirksam. Und sie ist insofern sogar wirksamer, als bei vollkommen elastischem ausländischen Kapitalangebot die LM-Kurve eine Horizontale ist und das Gleiche vom Geldmarktgleichgewicht in einem gesamtwirtschaftlichen Mengen-Preisniveau Zusammenhang gilt. Weil also gerade in einem Goldwährungssystem (und solange dieses erhalten bleibt) die Fiskalpolitik weder das Zinsniveau noch das Preisniveau verändern kann, löst sie ganz wie im einfachsten Keynesschen Modell reine Mengeneffekte ohne Verdrängungswirkungen aus und ist daher maximal effektiv.

---

[35] ANDREW WEISS und JOSEPH E. STIGLITZ, „Credit Rationing in Markets with Imperfect Information", *American Economic Review 71* (1981), S. 393ff.; BRUCE C. GREENWALD und JOSEPH E. STIGLITZ, „Money, Imperfect Information, and Economic Fluctuations", in: MEIR KOHN und SHO-CHIEH TSIANG (Hrsg.), *Finance Constraints, Expectations, and Macroeconomics*, Clarendon Press, Oxford 1988, S. 141ff.

[36] Siehe die in *FN 14* zitierte Literatur.

[37] Siehe z.B. JANET L. YELLEN, „Efficiency Wage Models of Unemployment", *American Economic Review*, Papers and Proceedings, *74* (1984), S. 200ff.

Diese Analyse aber täuscht. Der erste Grund, warum die Fiskalpolitik in einem Goldwährungssystem dennoch in der Regel nur sehr zurückhaltend angewendet wird, liegt darin, daß in einem solchen System die Importneigungen hoch und daher die Einkommensmultiplikatoren gering sind. Haben wir es mit modernen Staaten zu tun, die obendrein noch einen hohen einkommensabhängigen Grenzsteuersatz (einschließlich der Sozialversicherungsbeiträge) aufweisen, so wird der Einkommensmultiplikator auf einem kläglich niedrigen Niveau kaum über eins oder sogar unter eins herumpendeln. Dies freilich hat mit dem Goldwährungssystem – also einem dauerhaft festen Wechselkurs und Kapitalmobilität – direkt im Grunde nichts zu tun, sondern lediglich mit der Export/Importliberalisierung und dem Sozialstaat (als Ursache hoher Steuern).

Daß aber dennoch in einem Goldwährungssystem der Fiskalpolitik weit engere Grenzen gesetzt sind, hat in einem anderen und noch viel zu wenig beschriebenen Zusammenhang seine Ursache. Anscheinend ist gerade ein solches System eines *ohne* „Crowding-Out", ohne Verdrängungseffekte: Denn der zusätzliche Kreditbedarf eines staatlichen Budgetdefizites im relativ zum gesamten Goldwährungsraum kleinen Inland kann bei vollkommener Kapitalmobilität immer ohne Zinssteigerung über den internationalen Kapitalmarkt befriedigt werden. Ja, der billige und leichte Zutritt zum internationalen Kapitalmarkt für den Fiskus ist historisch gesehen gerade eines der wichtigsten Motive, die für einen Übergang zu einem Goldwährungssystem sprechen. Ein solcher Zugang ist sicher problemlos zu erreichen bei kurzfristigen Krisenbedarfen (einschließlich dem eines Budgetdefizites in einer ungewöhnlich starken, aber kurzen Depression). Und er wird wohl auch ohne weiteres erzielbar sein bei einem Dauerdefizit, das zur Finanzierung eines gesamtwirtschaftlich ertragreichen Aufbaus der Infrastruktur verwendet wird, insbesondere, wenn diese staatlichen Investitionen letztlich die Exportfähigkeit der betreffenden Wirtschaft so steigern, daß mit der Zeit ein Kapitalrückfluß zu erwarten steht. Unter dem Argusblick der internationalen Kapitalmärkte kommt es also sehr genau darauf an, *wofür* ein staatliches Budgetdefizit verwendet wird, nicht, wie nach einfacher Keynesscher Analyse, daß es überhaupt auftritt. Wenn andrerseits ein *Budgetdefizit sehr groß ist oder länger andauert*, so können den internationalen Kapitalgebern Zweifel kommen, ob die „Goldwährung" aufrecht erhalten werden kann. In einer „echten" Goldwährung kann Sistierung der Goldeinlösung drohen, in unseren „goldlosen Goldwährungen" entgegen der verkündeten Absicht einer festen Bindung doch eine Abwertung. Diese Zweifel sind nur dadurch bekämpfbar, daß den internationalen Kapitaleignern gewissermaßen als Versicherungsprämie gegen Kapitalwertverluste weit höhere Zinssätze geboten werden. Die Furcht vor einer Sistierung der „Goldwährungsparität" löst somit den internationalen Zinsverbund auf und treibt die Zinssätze des Inlandes hinauf. Das aber bedeutet, daß eine expansive Fiskalpolitik in einem Goldwährungssystem über die Erwartungseffekte, die sie auslöst, ein *weit über hundertprozentiges „Crowding-Out"* auslösen kann! Es geht hier eben keineswegs darum, daß die Zinssätze so weit steigen müssen, um genau im Umfang des staatlichen Bedarfes Kapital freizusetzen. Vielmehr verlangen eine Fülle von Kapitalanlegern eine Risikoprämie auf die Zinssätze ihrer Anlagen. Das Vermögenshaltungsgleichgewicht großer Kapitalbestände wird gestört, nicht einfach das Stromgleichgewicht der neuen Kapitalbildung. Der solch ein Vermögenshaltungsgleichgewicht angesichts Abwertungsängsten wieder herstellende Zinsanstieg kann nur zu leicht die privaten Investitionen und andere zinsabhängige Ausgaben weit mehr reduzieren, als die staatlichen Ausgaben zugenommen haben. Anders ausgedrückt: die Staatsausgaben lösen eine unter Umständen drastische, Erhöhung der Liquiditätspräferenz aus. Gerade diese Gefahr negativer Erwartungswirkungen der Staatsbudgets verurteilt die Fiskalpolitik in einem Goldwährungssystem dazu, ihr *oberstes Ziel* darin zu sehen, *die ausländischen Kapitalgeber bei Laune zu halten. Nicht die Budgetpolitik als solche, sondern das Schuldenmanagement und die Auslandsgläubigerpflege stehen dann im Vordergrund des Interesses der Fiskalpolitik*. Sie muß sich primär danach richten, was ausländische Anleger von ihr halten, nicht danach, was eine rein inländisch orientierte Politik von ihr erwartet. Die globale Fiskalpolitik wird weitgehend ohnmächtig und tritt in den Dienst der Imagepflege des Staates als Hort finanzieller Solidität. Wenn internationale Anleger und Bankiers nicht keynesianisch denken, hört sich jede keynesianische Politik auf, weil die Finanzmärkte sie zum sofortigen Scheitern verurteilen können.

Die typische staatliche Wirtschaftspolitik in einem Goldwährungssystem wird daher nicht global sein können, sondern *mikroökonomisch* orientiert sein müssen. Und sie wird – ausgenommen ein sehr kurzfristiges Krisenmanagement – kaum Konjunkturpolitik, sondern vor allem langfristig orientierte *Wachstumspolitik* sein müssen. In einem Goldwährungsverbund läßt sich die gesamtwirtschaftliche Nachfrage nicht nennenswert beeinflussen und noch weniger das gesamtwirtschaftliche Preisniveau oder das Zinsniveau (von sehr kurzfristigen Zinsniveaubeeinflussungen zwecks Kapitalmarktsteuerung abgesehen). Was bleibt, ist eine Beeinflussung binnenwirtschaftlicher Kosten, der Kosten der international wenig mobilen Produktionsfaktoren und die Beeinflussung der die Produktion erleichternden Produktionsbedingungen. Wie betont, ist Reallohnflexibilität in einem solchen System besonders wirksam; diese aber fällt in den Aufgabenbereich der Gewerkschaften. Was die staatliche Wirtschaftspolitik in einem Goldwährungsverbund mit Aussicht auf Erfolg tun kann und was Staaten mit Goldwährung auch immer getan haben, ist der Ausbau einer wirtschaftsförderlichen Infrastruktur, ist wirtschaftswirksame, zum Beispiel berufsbezogene oder technische Bildung, ist die Unterstützung privatwirtschaftlicher Forschung und die Bereitstellung öffentlicher Versuchsanstalten sowie öffentlicher Grundlagenforschung, ist „Wirtschaftsermutigung" durch unbürokratische Unternehmenszulassung und internationale Wirtschaftsverträge, sind niedrige Steuern, und zwar besonders niedrig bei reger Investitions- und Forschungstätigkeit. – Zurück also in der Wirtschaftspolitik zu der besten staatlichen Praxis um 1900, um 1850, ja um 1750! Lange Erfahrung in Goldwährungssystemen hatte in diesen vergangenen Epochen zur Wachstumspolitik erzogen. Und die relevanten Wachstumspolitiken sind vorwiegend mikroökonomisch orientiert: bestimmte Berufsausbildungen müssen forciert, bestimmte Forschungen erleichtert oder öffentlich durchgeführt, bestimmte Regulierungen beseitigt werden. Um dies an der Forschungspolitik zu illustrieren: allgemeine Kostensenkungen in der Produktion sind (abgesehen von Lohnkostensenkungen) kaum zu erreichen, zielführend ist vor allem die Entwicklung bestimmter innovativer Produkte, die Erarbeitung bestimmter Produktinnovationen also statt allgemeiner Prozeßinnovationen.

Wie in der Wachstums-, so auch in der Arbeitsmarktpolitik. In einem Goldwährungssystem sind – von seltenen Sonderfällen abgesehen – im allgemeinen Versuche einer globalen Beschäftigungsanhebung zum Scheitern verurteilt: und erst recht der Versuch eines Turnens auf der Phillipskurve. Was typischerweise mit Erfolg betrieben werden kann, ist mikroökonomisch orientiert: bestimmte Schulungsprogramme, bestimmte Programme, um die Einstellung jugendlicher Arbeitskräfte zu ermutigen, vielleicht bestimmte Regionalprogramme, immer also Programme, die kleine Teilspektren der Beschäftigung im Auge haben.

V

Die Bundesrepublik Deutschland bietet mit ihrer soliden Währung, der Deutschen Mark, einem wachsenden Teil Europas die Basis einer neuen goldlosen Goldwährung. Sie hat damit ein reines öffentliches Gut geschaffen; und Hans Möller kann von sich sagen, er sei von Anfang an dabei gewesen. Der Vorteil für die Goldwährungsnutzung durch die sich anschließenden Länder ist ein niedriges und wenig schwankendes Zinsniveau, ein wenig inflationäres und wenig schwankendes Preisniveau und eine hohe Flexibilität der Finanzmärkte. Eine Goldwährung bietet somit Kostenreduktion und Risikominderung. Länder mit weniger stabilen oder finanziell weniger „soliden" politischen Systemen können die Reputation der deutschen Geldpolitik nutzen. Kleine Länder können an dem höheren Bekanntheitsgrad der Währung eines großen Landes partizipieren.

Weniger klar sind die Vorteile für die Bundesrepublik Deutschland selbst.

Tendenziell wird ihre Preisniveaustabilität eher reduziert dadurch, daß sich andere Wirtschaftsräume mit einem höheren Inflationsdruck dem DM-Währungsgebiet anschließen. Tendenziell ist sie den höheren Risiken eines Leitwährungslandes ausgesetzt, nämlich den Effekten stärkerer spekulativer Finanzkapitalverlagerung. Die Bundesrepublik muß daher höhere Währungsreserven halten, um kurzfristige internationale Kapitalverlagerungen abfedern zu können; und das ist kostspielig. Sie wird zum „lender of ultimate resort" für die nationalen „lenders of last resort" unter ihrem finanziellen Schirm. Ein Vorteil für die Bundesrepublik Deutschland ist lediglich die erhöhte Planungssicherheit ihrer Unternehmen und Touristen, die daraus resultiert, daß der effektive DM-Raum sich vergrößert. Der reale effektive Wechselkurs der Bundesrepublik wird dadurch stabilisiert, daß die DM nunmehr nur mehr gegenüber Dollar, Yen und Pfund Sterling schwankt, aber nicht mehr gegenüber einem Großteil der kontinentaleuropäischen Handelspartner.

Wie aus der Literatur nur zu gut bekannt ist, ist der Aufbau einer hohen Reputation für Geldwertstabilität kostspielig für eine Währungsbehörde: Sie muß sich anfänglich noch „härter" geben, als sie es langfristig zu sein beabsichtigt, bis die Wirtschaftssubjekte glauben, daß sie wirklich „hart" sein wird. Damit die dauerhafte Bindung des österreichischen Schilling an die DM glaubhaft wurde, mußte z.B. der österreichische Schilling über die gesamte bisherige Periode des EWS gerechnet die härteste EWS-Währung werden: der Schilling wurde zu Anfang des EWS absichtlich geringfügig gegenüber der DM aufgewertet. Ähnlich hat die Deutsche Mark ihre Reputation vollends gewonnen durch die schlagartige radikale Reduktion der Geldmengenausdehnung Mitte 1973 von einer Expansionsrate auf Jahresbasis gerechnet von annähernd 20% auf etwa 0%.[38] Diese unerwartete drastische Reduktion führte zu kurzfristigen Zinssätzen von 30%, ja 40% im Sommer 1973 und in der Folge zu einer scharfen Anpassungsrezession (BIP-Wachstum 1974 nur 0,7%) und einem Anstieg der Arbeitslosenrate um 1,4% im Jahr 1974, die sich als dauerhaft erwies und längerfristig nicht wieder rückgeführt werden konnte. Die Schaffung einer „goldlosen Goldwährung" bringt einmalig Wachstums- und Beschäftigungsverluste, die sich erst sehr langfristig „rentieren".

Es widerspricht somit sowohl der ökonomischen Vernunft wie der internationalen Gerechtigkeit, wenn nunmehr im Rahmen der Europäischen Gemeinschaften von manchen Kräften versucht wird, eine synthetische neue europäische Währung zu schaffen und eine synthetische neue europäische

---

[38] *Mut zur Stabilisierung*, JAHRESGUTACHTEN 1973/74 des Sachverständigenrates zur Begutachtung der gesamtwirtschaftlichen Entwicklung, Kohlhammer, Stuttgart und Mainz 1973, zeigt § 177 (S. 72) den Rückgang der Geldmenge und nennt § 186 (S. 75) Höchstzinssätze des Tagesgeldsatzes von 30% im Juli und 40% im August 1973.

Zentralbank zu etablieren. Es widerspricht der ökonomischen Vernunft, da jeder Aufbau einer währungspolitischen Reputation zuerst einmal durch wirtschaftliche Wachtumsverluste erkauft werden muß. Es widerspricht internationaler Gerechtigkeit, da die Bundesrepublik Deutschland Kosten für den Aufbau ihrer währungspolitischen Reputation tragen mußte, die bei Etablierung einer neuen europäischen Währung verlorene Kosten wären, und da die Bundesrepublik Deutschland in der Solidität ihrer Währung ein öffentliches Gut geschaffen hat, das anderen mehr nützt als ihr selbst. Der Versuch, eine neue gemeinsame europäische Währung zu schaffen und eine neue gemeinsame europäische Notenbank zu etablieren, kann daher nur entweder auf nationalistisches Prestigedenken zurückgehen, dem Vergeudung ökonomischer Ressourcen nichts ist angesichts einer gesteigerten, aber doch letztlich hohlen „gloire"; oder auf technokratische Überheblichkeit von Bürokraten, die am Reißbrett Konstruiertes und bewußt Geplantes stets besser dünkt als langsam Gewachsenes.

Ökonomische Vernunft kann hier nur auf das erfreulicherweise geringe Einigungspotential internationaler Politik setzen, einer Politik, die mangels Einigung dann doch alles beim alten läßt. Möge uns die Deutsche Mark als „Anker" einer neuen europäischen goldlosen Goldwährung noch lange erhalten bleiben. Der Wunsch „ad multos annos" gelte noch mehr einem ihrer geistigen Väter, Professor Hans Möller!

3. Marktstruktur und Marktentwicklung

Allokation und externe Effekte

von

EDWIN VON BÖVENTER und GERHARD ILLING

1. Der Marktmechanismus als Allokationsinstrument

Die Fortentwicklung der Theorie vollkommener Konkurrenz zur mathematischen Disziplin der allgemeinen Gleichgewichtstheorie hat nicht nur zu einem besseren Verständnis des Funktionierens von Marktmechanismen beigetragen, sondern sie hat es umgekehrt auch (durch das Verständnis des Phänomens externer Effekte) ermöglicht, die Bedingungen für Marktversagen theoretisch exakt zu spezifizieren und damit eine Grundlage für die Bewertung staatlicher Aktivität zu schaffen. Die zentralen Aussagen der allgemeinen Gleichgewichtstheorie hat ARROW (1971), einer ihrer Begründer, in den beiden Fundamentaltheoremen zusammengefaßt:

(1) Wenn für alle Güter kompetitive Märkte bestehen, dann ist ein Wettbewerbsgleichgewicht (sofern es existiert) Pareto-effizient.

(2) Wenn für alle Güter kompetitive Märkte bestehen und zudem Produktionstechnologien und Präferenzen konvex sind, dann kann jede effiziente Allokation bei entsprechender Umverteilung der Anfangsausstattung als Wettbewerbsgleichgewicht realisiert werden.

Das erste Theorem impliziert, daß das Vorhandensein wohldefinierter rechtlicher Rahmenbedingungen unabdingbare Voraussetzung für das reibungslose Funktionieren von Märkten ist: ohne die Definition von Eigentumsrechten an Gütern können von vorneherein keine Märkte für diese Güter entstehen; eine effiziente Allokation ist dementsprechend in einer anarchischen Gesellschaftsordnung ebensowenig zu erwarten wie in einer Gesellschaft, deren Güterversorgung auf der Harmonievorstellung freiwilliger Geschenke basiert. Die Ressourcenallokation kann aber auch dann nicht effizient erfolgen, wenn für einen Teilbereich aller Güter keine Eigentumsrechte garantiert sind. Dann treten externe Effekte auf, sei es, weil gewisse Güter (wie Umwelt) für alle frei verfügbar sind, oder weil heute noch keine Verträge über zukünftige Produktion und Konsum abgeschlossen werden können – etwa weil die Vertragspartner noch nicht geboren sind. Dabei ist es irrelevant, ob man diesen Tatbestand als Marktversagen bezeichnen will (weil die vorhandenen Märkte kein gesamtwirtschaftlich optimales Ergebnis gewährleisten) oder als Staatsversagen (weil der Staat nicht in der Lage ist, die erforderlichen Eigentumsrechte zu garantieren).

Häufig wird der Marktmechanismus rein gefühlsmäßig abgelehnt, wohl weil das Marktergebnis oft als sozial ungerecht empfunden wird. Pareto-Effizienz stellt eine schwache Forderung an eine Allokation dar, welche die soziale Wohlfahrt maximiert. Das zweite Theorem besagt, daß unter den beschriebenen Bedingungen jedes sozial erwünschte Optimum mit Hilfe eines kompetitiven Wettbewerbsmechanismus realisiert werden kann, wenn nur die Anfangsausstattung an Eigentumsrechten entsprechend umverteilt wird: auch eine sozialistische Ökonomie kann sich des Marktmechanismus bedienen; sie kann sich bei vollständigen Märkten und konvexen Technologien auf reine Umverteilungsmaßnahmen beschränken (sofern eine Umverteilung keine allokativen Verzerrungen hervorruft).

Die beiden Bedingungen von Arrow erlauben es, in einfacher Weise mögliche effizienzsteigernde Staatseingriffe zu kategorisieren:

	TECHNOLOGIEN konvex	TECHNOLOGIEN nicht konvex
EIGENTUMSRECHTE definiert bei	I Private Güter vollk. Konkurrenz	II Private Güter unvollk. Konkurrenz
nicht definiert	III Externe Effekte	IV Öffentliche Güter

Die verschiedenen Kategorien sollen im folgenden anhand des einfachstmöglichen allgemeinen Gleichgewichtsmodells näher analysiert werden. Wir betrachten eine Ökonomie mit *n* Haushalten (*n* groß). Jeder Haushalt verfügt über die Arbeitszeit T_i, die er zur Produktion von Gut *X* oder *Y* einsetzen kann: $T_i = A_{Xi} + A_{Yi}$. Er hat eine Präferenzordnung $U_i(x_i, y)$ mit $y = (y_i, \ldots, y_n)$. Das private Gut *X* (als Numeraire-Gut) wird durch Einsatz von Arbeit A_x mit konstanten Skalenerträgen produziert: $X = A_x$. Bei vollkommenem Wettbewerb entspricht der Lohn im Sektor *X* gleich dem Grenzprodukt von 1. Wir betrachten vier Ökonomien, die sich durch unterschiedliche Eigentumsrechte bzw. Technologien bei der Produktion von Gut *Y* auszeichnen.

Fall I: Wenn *Y* ein rein privates Gut ist, für das vollständig definierte Eigentumsrechte bestehen ($U_i(x_i, y_i)$), und zudem die Produktionstechnologie für *Y* konvex ist, so ist die Marktallokation effizient. Bei konstanten Skalenerträgen ($Y = a\, A_y$) gilt dann im Marktgleichgewicht: $(\delta U_i/\delta y_i)/(\delta U_i/\delta x_i) = a$. Zudem ist die Gleichgewichtsbedingung auf dem Arbeitsmarkt erfüllt:

$\Sigma x_i + 1/a\ \Sigma y_i = \Sigma T_i$. Die Transformationskurve ist linear mit der Steigung $dy/dx = -a$. Der Marktpreis für Gut Y in Einheiten von X entspricht den sozialen Grenzkosten: $p_y = a$.

Fall II: Wird das Gut Y unter zunehmenden Skalenerträgen (Unteilbarkeiten) produziert, so ist trotz freiem Markteintritt kein vollkommener Wettbewerb möglich. Wir gehen davon aus, daß F Unternehmen in einem Cournot-Nash-Wettbewerb miteinander stehen; jedes einzelne Unternehmen betrachtet die Outputmenge seiner Konkurrenten als gegeben. Die Zahl F der Produzenten bestimmt sich im Gleichgewicht so, daß kein Gewinn entsteht. Zur Vereinfachung unterstellen wir eine Produktionstechnologie mit durchweg zunehmenden Skalenerträgen (den Fall eines natürlichen Monopols), aber konstanten Grenzkosten: $Y = 1/a\ A_y - b$. Die Transformationskurve ist nun nicht mehr konvex. Die Bedingung für Gewinnmaximierung lautet nun: $p_y\ (1 - 1/F\varepsilon) = a$, mit ε als Nachfrageelastizität nach Gut Y. Ist Y ein normales Gut, dann wird im Gleichgewicht zu wenig von diesem Gut produziert, obwohl die Zahl der im Sektor Y produzierenden Unternehmen zu hoch ist. Der Marktpreis übersteigt die sozialen Grenzkosten.

Fall III: Verursacht der Konsum y_i von Gut Y durch Haushalt i externe Effekte auf die anderen Haushalte, dann entsprechen die privaten Bewertungen nicht mehr den sozialen. Es gelte: $U_i = U_i(x_i, y_1, \ldots, y_i, \ldots, y_n)$. Im individuellen Optimum ist die private Grenzrate der Substitution zwischen Gut X und Gut Y gleich den Grenzkosten $(\delta U_i/\delta y_i)/(\delta U_i/\delta x_i) = a$.

Das soziale Optimum ist gekennzeichnet durch die Bedingung: $(\delta U_i/\delta y_i)/(\delta U_i/\delta x_i) + \sum_{j \neq i} (\delta U_j/\delta y_i)/(\delta U_j/\delta x_j) = a$. Bestehen etwa durchwegs positive externe Effekte ($\delta U_j/\delta y_i > 0$ für alle j, alle i), dann fällt die private Nachfrage der einzelnen Haushalte nach Gut Y relativ zu Gut X zu gering aus. Eine „Marktlösung", die im Sinn von Arrows Ansatz der allgemeinen Gleichgewichtstheorie eine effiziente Ressourcenallokation gewährleisten könnte, bestünde darin, daß jeder Haushalt j einen Preis p_{ji} an i in Höhe des externen Effekts $p_{ji} = (\delta U_j/\delta y_i)/(\delta U_j/\delta x_j)$ zahlt. Der Güterraum wird so formal erweitert in dem Sinn, daß der Konsum von y_i durch einen Haushalt j jeweils als ein spezifisches Gut interpretiert wird, für das ein bestimmter Preis entrichtet werden muß. Daß der Markt für solche „Arrow"-Güter naturgemäß extrem eng ist (es gibt jeweils nur einen Anbieter und einen Nachfrager), deutet gerade auf die wesentliche Ursache für Marktversagen hin: Jeder Betroffene muß einen spezifischen (positiven oder negativen) Preis an die Verursacher der externen Effekte zahlen.

Fall IV: Externe Effekte sind formal dadurch gekennzeichnet, daß die anderen Haushalte (ob gewollt oder ungewollt) nicht vom Konsum des Gutes y_i ausgeschlossen sind, wobei alle Haushalte die gleiche Menge y_i konsumieren. Nichtausschließbarkeit und Nicht-Rivalität ist gleichermaßen ein Charakteristikum für öffentliche Güter. So betrachtet, wären öffentliche

Güter ein Spezialfall externer Effekte: Es sind Güter, die von privaten Haushalten in zu geringem Umfang nachgefragt werden. Bei konvexen Technologien und Präferenzen würde jeder Haushalt immer eine Mischung zwischen dem privaten und dem öffentlichen Gut wählen. Ist die Bereitstellung von Gut Y beliebig teilbar, wird demnach im Nash-Gleichgewicht eine positive Menge Y produziert. Im Gleichgewicht bestimmt sich die Nachfrage y_i des einzelnen Haushalts aus der Bedingung, daß die Grenzrate der Substitution zwischen der Gesamtmenge Y und seinem privaten Konsum x_i dem relativen Preis entspricht. In der Regel freilich versteht man unter öffentlichen Gütern solche Güter, die über den privaten Markt überhaupt nicht nachgefragt würden. Das impliziert, daß (im Unterschied zum Fall III externer Effekte) die Bereitstellung öffentlicher Güter mit zunehmenden Skalenerträgen (Unteilbarkeiten) verbunden ist.

Untersuchen wir als ein Beispiel die Menge an Sauerstoff Y an einem Ort, die durch die dort angepflanzten Bäume produziert wird. Für jeden Haushalt ist bei seiner Wahlentscheidung nur die Gesamtmenge $y = \Sigma y_i$ entscheidend: $U_i(x_i,y) = U_i(x_i,y_1 + \ldots + y_i + \ldots + y_n)$. Die Bedingung für ein Nash-Gleichgewicht lautet: $\delta U_i(x_i^*,y_i^* + y_{-i}^*)/\delta y_i/\delta U_i(x_i^*,y_i^* + y_{-i}^*)/\delta x_i \leq a$ mit $\Sigma y_i^* = y^*$. Jeder einzelne Haushalt pflanzt die Menge $y_i^* \geq 0$ an Bäumen, wobei er bei seiner Entscheidung berücksichtigt, daß seine Nachbarn insgesamt y_{-i}^* Bäume anpflanzen. Zwar ist die Gesamtmenge erheblich geringer als bei einer effizienten Allokation (die sich aus der Bedingung $\Sigma\, \delta U_j/\delta y/\delta U_j/\delta x_j \leq a$ ergibt), doch werden beispielsweise bei identischen Präferenzen alle Haushalte die gleiche Menge Bäume pflanzen. Ist die Bereitstellung von Y dagegen unteilbar (aufgrund von Nicht-Konvexitäten bei der Produktion (steigenden Skalenerträgen)), so liegt ein typisches öffentliches Gut vor: Der marginale Vorteil aus dem Kauf kleiner Mengen ist dann für den einzelnen zu gering; das Gut wird privat überhaupt nicht nachgefragt. Dagegen übersteigt die Summe der Grenznutzen die Grenzkosten, sodaß eine Bereitstellung als öffentliches Gut, die nur durch eine Gemeinschaft aller Nutzer erfolgen kann, effizient wäre.

2. *Institutionelle Regelungen zur Internalisierung externer Effekte*

Das von Arrow entwickelte abstrakte Konzept personen-spezifischer Märkte für externe Effekte mag zunächst als abstrakte, formale Spielerei erscheinen. Doch verdeutlicht dieser Ansatz den entscheidenden Aspekt beim Problem externer Effekte und erleichtert so die Interpretation unterschiedlicher Vorschläge zu deren Internalisierung. Bei vollständiger Information über Technologien und Präferenzen könnte ein Walrasianischer Auktionator ohne Schwierigkeiten auch alle personengebundenen Gleichgewichtspreise p_{ji} festlegen.

Bei unvollständiger Information müßte der Auktionator Nachfrage- und Angebotsfunktionen aller Wirtschaftssubjekte ermitteln. Auf kompetitiven Märkten, auf denen die einzelnen einen verschwindend geringen Einfluß auf die Marktpreise besitzen, hat jeder einen Anreiz, dem Walrasianischen Auktionator seine wahre Zahlungsbereitschaft mitzuteilen – es ist unter solchen Bedingungen eine dominate Strategie. Weil dagegen bei externen Effekten individuelle Preise bestimmt werden müssen, besteht ein Anreiz, durch strategisches Verhalten die Preise p_{ij} im eigenen Interesse zu manipulieren. In diesem Licht erscheint die Kontroverse zwischen der Pigou- und der Coase-Lösung in neuem Licht. Die Schaffung von Eigentumsrechten im Sinne von COASE (1960) ist als institutionelles Arrangement völlig äquivalent zur Einrichtung von „Arrow"-Märkten. Nach Coase bietet die Garantie von Eigentumsrechten am Gut y_i einen Anreiz zu effizienten Verhandlungslösungen, sofern keine Transaktionskosten bestehen. Bei effizienten Verhandlungen zahlt jeder betroffene Haushalt j einen Preis p_{ji} in Höhe der externen Effekte an den Eigentümer i. Indem der Staat die Durchsetzbarkeit von Verträgen garantiert, soll es den Privaten ermöglicht werden, über Verhandlungen die Preise p_{ji} selbst zu bestimmen.

Während der Coase-Ansatz als Simulation der Marktlösung verstanden werden kann, lassen sich Pigou-Steuern (PIGOU, 1938) als staatliche Planungsregelung interpretieren. Bei vollständiger Information des Planers verwirklicht er über die Festlegung des optimalen Steuersatzes ebenfalls eine effiziente Allokation. Das allgemeine Gleichgewichtsmodell zeigt freilich, daß eine Besteuerung des Verursachers negativer externer Effekte in der Regel mit einer Kompensation des Geschädigten verbunden sein sollte, um keinen Anreiz zu weiteren Verhandlungen zu schaffen (vgl. NEWBERY [1980]).

2.1 Der Einfluß von Eigentumsrechten und Marktverhalten bei externen Effekten

Die Behandlung externer Effekte soll im folgenden für unterschiedliche Situationen untersucht werden, die sich auf die Eigentumsrechte und Transakionskosten sowie das Marktverhalten der Akteure beziehen, und zwar beginnend mit vollkommener Information und Mengenpassung der Handelnden. Die externen Effekte gehen von Wirtschaftseinheiten F aus, welche die Umwelt als Abfallbehälter nutzen, und sie treffen die Wirtschaftseinheiten H – etwa in der Form von Emmissionen während einer Periode, die am Ende wieder voll absorbiert sind, aber das Wohlergehen der Haushalte H laufend beeinträchtigen. Die Analyse beschränkt sich auf Werte der Emmis-

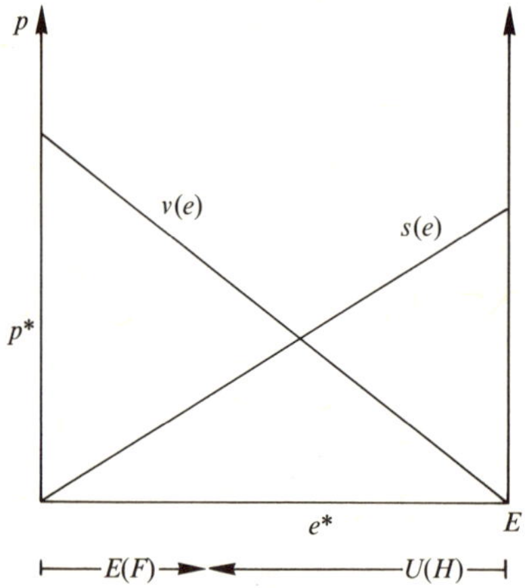

Abbildung 1

sionen e zwischen den Extremen 0 – von wo ab die Emissionen als externe Effekte für H erstmalig fühlbar werden – und dem Wert E als dem Maximum der Emissionen, die F vornehmen für den Fall, daß die Emission *frei* ist, also F keine Rücksicht zu nehmen haben. Das sich einstellende Niveau an Emissionen kann man analysieren, indem man zunächst Interaktionen zwischen F und H betrachtet bei unterschiedlicher Aufteilung der Eigentumsrechte E auf H und F – vgl. Abbildung 1, wobei das Eigentumsrecht der F als erlaubte Emmission $E(F)$ bezeichnet und von links aus gemessen wird und das Eigentumsrecht von H als $U(H)$ das Recht auf schadstofffreie Umwelt angibt, das von rechts aus gemessen wird: $E(F) + U(H) = E$ – beide ergänzen sich zu E. $u(H) = E$ beinhaltet, daß das volle Eigentumsrecht bei H liegt. Beim anderen Extrem $E(F) = E$ kann F die Umwelt als einen zunächst freien Abfallbehälter betrachten.

Verschiedene Marktsituationen in bezug auf die externen Effekte kann man am besten durch Angebots- und Nachfragefunktionen beschreiben. Für von Null aus ansteigende externe Effekte hat man für die Wirtschaftseinheiten H die steigende *marginale Schadensfunktion* $s(e)$ mit $s' > 0$ und $s'' > 0$ (vgl. die Abbildung 1). Diese Funktion wird – andersherum betrachtet, wenn man vom Preise p für die Nutzung der Umwelt ausgeht – zur *Angebotsfunktion* $A(p)$ als Maß für die *Bereitschaft* der Haushalte, die Umwelt als Abfallbehälter für Emission zur Verfügung zu stellen in Abhängigkeit von Preis p.

Während hier gefragt wird, welcher Preis p den H geboten werden muß, damit sie bestimmte Emissionswerte $e > 0$ akzeptieren bereit sind, betrachtet man im entgegengesetzten Extremfall als Ausgangspunkt die Situation $E(F) = E$: die F haben das volle Eigentumsrecht auf die Nutzung der Umwelt. Die

H müssen hier als Nachfrager nach verbesserter Umwelt auftreten; damit wird die Funktion A von E aus zur Nachfragefunktion nach verbesserter Umwelt. Die H müssen Eigentumsrechte von F kaufen. Die F benötigen einen Anreiz, auf ihre *Emissionsrechte zu verzichten.*

Dieser Anreiz besteht darin, daß F die *marginalen Kosten* der *Vermeidung von Umweltschäden ersetzt* bekommen: Dies ergibt – mit anfangs niedrigen Werten – die (von rechts nach links) steigende Funktion der marginalen Vermeidungskosten $v(-e)$. Für die von F *vermiedene* Emmission $-e_F$ gilt $-e_F = f(p)$ mit $f' > 0$ und $-f'' > 0$. Die extreme Situation $e = 0$ gibt durch den Wert $v_{\max}$ den Preis an, der den F geboten werden müßte, damit sie vollständig auf Emissionen verzichten. Haben dagegen – wie im anfangs betrachteten Fall – die Wirtschaftseinheiten H die vollen Eigentumsrechte, so beschreibt dieser Punkt den Fall, daß die F *für die Nutzung der Umwelt zahlen* müssen, und gibt den Mindestpreis der Umweltnutzung an, ab dem F die Emissionen auf Null reduzieren. Von $e = 0$ aus sehen F steigende Emissionsmengen dann vor, wenn der Preis niedriger als $v_{\max}$ ist. Die Schadensvermeidungsfunktion ist hier – vom Punkt $e = 0$ aus gesehen – die *Nachfragefunktion von F nach Umweltnutzung* – nach Nutzungsrechten, aufgrund derer entsprechende Emissionsmengen in die Umwelt geleitet werden dürfen.

Zusammenfassend: Die angebotenen beziehungsweise nachgefragten Emissionsrechte hängen von der Zuteilung der Eigentumsrechte sowie von den marginalen Schadens- und Vermeidungskosten ab. Der gewünschte Zustand u^* des Haushaltes hängt vom Preis p und von der Anfangsausstattung sowohl an Umweltrechten $E(H)$ *als auch* an *anderen Gütern* $X(H)$ ab. Ist $E(H) > u^*$, so wird die Differenz als e_H^S angeboten, andernfalls wird sie nachgefragt: also

$$e_H^S = E(H) - u_H^* \text{ mit } u_H^* = u\,(p|E(H), X(H)).$$

Entsprechend gilt für die von F zusätzlich nachgefragte Emission e_F: F fragen als e_F^d die Menge von Nutzungsrechten nach, die sie über die Anfangsausstattung hinaus als die günstigste ansehen:

$$e_F^d = e_F^* - E(F) \text{ mit } e_F^* = e_F\,(p|E(F), X(F)).$$

Die optimale Emissionsmenge e^* ist durch den Preis p^* charakterisiert, bei dem

$$e_H^S = e_F^d \text{ und } u_H^* + e_F^* = E.$$

Der einfachste Fall ist derjenige, in dem allseitig vollständige Information über die Funktionswerte *und* Konkurrenzverhalten aller Marktpartner vorliegt *und* die Anfangsausstattungen *keinen* Einfluß auf das Verhalten haben: die relevanten Angebots- und Nachfragefunktionen sind invariant in bezug auf die Verteilung der Eigentumsrechte. Im allgemeinen Fall hat jedoch eine

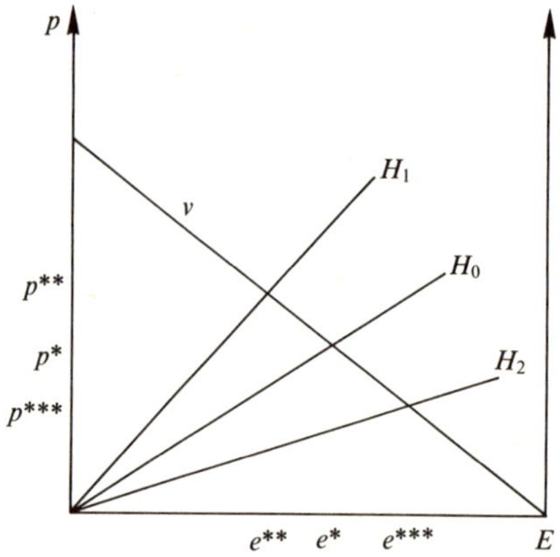

Abbildung 2

veränderte Erstausstattung einen positiven Einkommenseffekt auf die von den Wirtschaftseinheiten gewünschte Menge der Güter. Dies beinhaltet insbesondere den Wunsch nach verbesserter Umweltqualität: Die Ableitung $e_{u(H)} > 0$. Mit steigendem Wert für $U(H)$ nimmt für jeden gegebenen Preis die Nachfrage der Haushalte an Umwelt zu – etwa von H_0 auf H_1 in Abbildung 2. Ist $U(H)$ größer als in der Anfangssituation, wandert der Optimalpunkt e^* nach links (etwa e^{**}), im umgekehrten Fall nach rechts (vgl. e^{***}). Der Preis liegt im ersten Fall höher, im zweiten Fall niedriger als vorher: $p^{**} > p^* > p^{***}$.

Die Lösung (e^*, p^*) kann entweder im Sinne von Coase als Marktlösung bei Konkurrenzverhalten oder als eine Pigou-Lösung interpretiert werden, wenn der Staat auf der Grundlage der Haushaltspräferenzen die Angebotsfunktion H festlegt und die Umweltnutzer F sich als Mengenanpasser verhalten. In jedem Falle entstehen Renten, und zwar in Abhängigkeit von der Zuteilung der Eigentumsrechte. Liegen diese bei den Haushalten H, dann ist bei beiden erwähnten Betrachtungsweisen $e = o$ als Ausgangspunkt anzusehen. Die Fläche zwischen der Nachfragefunktion F und der Angebotsfunktion H stellt die Summe der für (p^*, e^*) entstandenen Renten dar, dabei oberhalb der Linie p^* die *Nachfrager-Rente* (Fläche $RN(_o)$), unterhalb die *Anbieter-Rente* ($RA(_o)$).

Sind dagegen die Umweltnutzer F die Besitzer der Eigentumsrechte, so daß der Punkt E als Ausgangspunkt anzusehen ist, dann haben wir die Flächen $RN(E)$ und $RA(E)$ als die Nachfrager-Rente der H als $RN(E)$ und die Anbieter-Rente der F als $RA(E)$.

Treten nun Transaktionskosten auf, so gehen diese zu Lasten der beiden Renten. Da beide Marktseiten jeweils von der Transaktion profitieren, ist

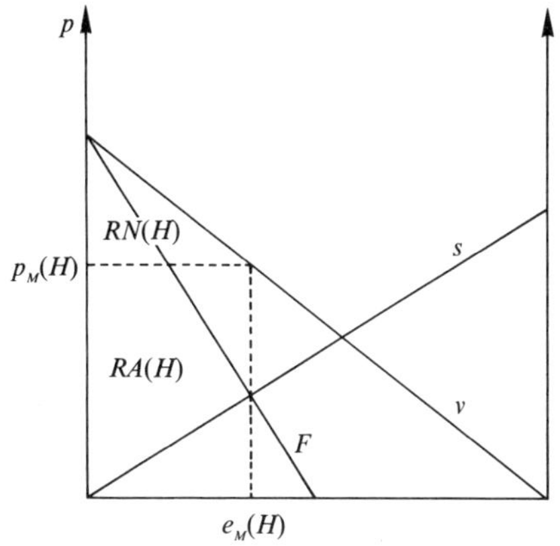

Abbildung 3a

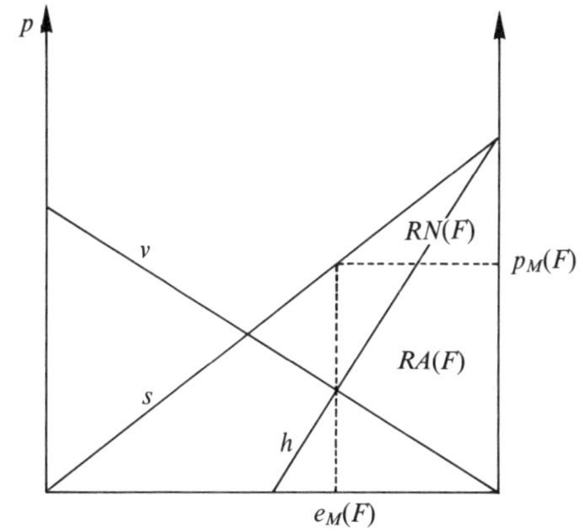

Abbildung 3b

nicht von vornherein klar, wer diese Kosten tragen sollte. Wenn die Nachfrager die Transaktionskosten – angenommen in der Höhe T – allein zu tragen haben, verringert sich deren Rente um die entsprechende Fläche zwischen den Punkten (v_{max}, a,b) und die Nachfragefunktion beginnt erst mit e_1 bei Punkt b und verläuft dann weiter wie bisher. Gehen die Transaktionskosten dagegen zu Lasten der Anbieter, haben wir die modifizierte Angebotsfunktion *cdG*. Ganz Entsprechendes gilt für den Fall, daß die Eigentumsrechte bei der anderen Marktseite liegen, so daß *E* der Ausgangspunkt ist. Auch in diesem Fall werden die Nachfragefunktion (oben) und die Angebotsfunktion (unten) um die den Betrag der Transaktionskosten gekappt. In allen Fällen werden die Handlungsspielräume eingeengt. Optimallösungen liegen zwischen $e_1 < e^* < e_2$.

Wichtige weitere Modifikationen ergeben sich, wenn monopolistisches Verhalten unterstellt wird.

(1) Die Wirtschaftseinheit *H* im Besitz der Eigentumsrechte kann als monopolistischer Anbieter bei vollkommener Information über die Kosten- und Angebotsfunktion der *F* die Anbieter-Rente *RA*(*H*) zu Lasten der Nachfrager-Rente *KN*(*H*) erhöhen (vgl. Abb. 3a). Im Cournotschen Punkt M_H (Abb. 3a) wird die monopolistische Angebotsmenge $e^M(H)$ durch die übliche Bedingung bezüglich Grenzschäden *s* und Grenzerlös *f* bestimmt: $e^*(H)$ ist kleiner als e^*, und $p_M(H)$ ist größer als p^*. Die Fläche *C(H)* kennzeichnet den hierbei auftretenden volkswirtschaftlichen Verlust.

(2) Umgekehrt könnten die Umweltnutzer *F* als Besitzer der Eigentumsrechte eine Monopolmacht gegenüber den *H* als den Nachfragern ausnutzen. In diesem Falle haben wir die Grenzerlösfunktion *h* und wieder die Grenzkostenfunktion *v* und erhalten im Cournotschen Punkt die Angebotsmenge $e^*(F)$ zum Preise $p_M(F)$. Die Nachfrager-Rente reduziert sich, die Anbieter-Rente ist *RA(F)*. Gegenüber dem Konkurrenzverhalten werden mögliche Renten entsprechend der Fläche *D*(*F*) verzichtet. Wenn der Monopolist durch seine Preisfestsetzung die Rente der Gegenseite vollständig abschöpfen kann, fällt ihm die Gesamtrente zu. Diese ist maximal bei dem effizienten Niveau e^*.

2.2. Unvollständige Information als Transaktionskosten von Verhandlungen

Ähnlich wie das allgemeine Gleichgewichtsmodell bei vollständiger Information (für den Fall I) nur zeigen kann, daß Markt und Planung zu identischen Lösungen führen, stimmen Pigou- und Coase-Lösung bei vollständiger Information überein. Die Aussage, daß unter solchen Bedingungen Planungslösung und Marktlösung äquivalent sind, ist freilich völlig wertlos, weil die essentiellen Probleme dabei ja gerade ausgeklammert werden.

Um entscheiden zu können, ob die Pigou-Lösung oder private Verhandlungslösungen effizienter sind, müßte untersucht werden, welche Transaktionskosten bei den alternativen Regelungen jeweils anfallen. Häufig wird argumentiert, daß die Transaktionskosten mit steigender Zahl der Verhandlungspartner enorm zunehmen. Die Verhandlungstheorie prognostiziert jedoch, daß bei vollständiger Information der Beteiligten über die Präferenzen aller Vertragspartner immer eine effiziente Lösung zu erwarten ist. Die Argumentation ist simpel: Alle Beteiligten haben einen Anreiz, ihre Verhandlungen solange fortzusetzen, bis keine Verbesserung mehr möglich ist – d.h., bis eine effiziente Vereinbarung getroffen wird.

Die ökonomische Theorie hat bisher kaum Ansätze entwickelt, mit deren Hilfe Transaktionskosten sinnvoll erfaßt werden könnten. Ein vielversprechender Ansatz modelliert private Informationen als eine Art von Transaktionskosten. Interessant wird ein institutioneller Vergleich ja erst dann, wenn die Informationen über Präferenzen und Technologien privat sind. Die Aufgabe des Staates besteht darin, institutionelle Rahmenbedingungen zu schaffen, die einen Anreiz zur Enthüllung der wahren Zahlungsbereitschaft bieten. Es ist Aufgabe der ökonomischen Theorie, zu untersuchen, welche institutionellen Regelungen bei unvollständiger Information eine Allokation gewährleisten können, die einem sozialen Optimum unter solchen Bedingungen möglichst nahe kommt.

Bisher freilich kann die ökonomische Theorie zu einem solchen Vergleich von Institutionen wenig beitragen. In den letzten Jahren hat die Theorie des Mechanismus-Designs allerdings einige Erkenntnisse geliefert, die zu Skepsis bei der Beurteilung der Effizienz von Verhandlungslösungen Anlaß geben. Sobald unvollständige Information besteht, ist das Verhandlungsergebnis in der Regel selbst bei nur zwei Partnern nicht mehr effizient. Es zeigt sich, daß bei externen Effekten im allgemeinen keine effizienten Vereinbarungen zu erwarten sind, und daß das Ausmaß an Effizienz von der Verteilung der Eigentumsrechte abhängt. Das bedeutet aber: Bereits bei zwei Parteien sind die Transaktionskosten so hoch, daß eine effiziente Lösung unwahrscheinlich wird.

Verhandlungstheoretisch kann man dies so erklären: Bei unvollständiger Information weiß jeder einzelne nicht, mit welchem konkreten Gegenspieler er konfrontiert ist. Potentiell sieht er sich einer Vielzahl von möglichen Typen von Gegenspielern gegenüber. Wie HARSANYI (1967) gezeigt hat, kann eine solche Situation formal als Bayes-Nash-Gleichgewicht analysiert werden, bei dem jeder denkbare Typ als ein potentieller Gegenspieler behandelt wird. Bei einer stetigen Zufallsverteilung ergibt sich sogar ein Kontinum von Typen. Das Zwei-Personen-Verhandlungsspiel unvollständiger Information wird in der Interpretation äquivalent zu einer Situation mit sehr vielen Teilnehmern und entsprechend hohen Transaktionskosten.

Ein kleines Beispiel soll dies illustrieren:
Ein Unternehmen Y betreibt eine (unteilbare) Aktivität y (etwa Energieproduktion), die einen Gewinn genau in der Höhe von y abwirft: $G_Y = y$. Das Niveau von y sei zufallsbedingt und nur dem Unternehmen selbst bekannt.

Zur Vereinfachung sei unterstellt, daß y als Zufallsvariable gleichverteilt zwischen 0 und 1 ist. Die Aktivität y verursacht gleichzeitig einen negativen externen Effekt (durch Umweltverschmutzung), der einem anderen Unternehmen Z (einer Wäscherei) einen Schaden S_Z in Höhe des μ-fachen der Aktivität y zufügt: $S_Z\ G_2 = -\mu y$. Es gelte $1<\mu<2$. Da wegen $\mu>1$ der Verlust von Z den Gewinn des Energieproduzenten immer übersteigt, wäre die Einstellung der Produktion von y effizient. Könnte die Wäscherei die Aktivität y kontrollieren, würde die effiziente Lösung verwirklicht. Wenn aber das Eigentumsrecht für y beim Energieproduzenten liegt, dann muß dieser für den entgangenen Gewinn entschädigt werden. Auf den ersten Blick erscheint dies völlig unproblematisch, weil die Wäscherei immer einen positiven Gewinn durch den Abkauf der Eigentumsrechte erzielen kann, auch wenn sie dem Energieproduzenten den gesamten, durch eine Stillegung entstehenden Gewinnausfall erstattet. Bei vollständiger Information über y wäre dies auch als Ergebnis von Verhandlungen zu erwarten. Weil die Wäscherei aber den Wert von y nicht kennt, muß sie Erwartungen über den Wert des Eigentumsrechts bilden: Es gilt $E(y) = ½$, damit $E(G_Z) = ½\mu$. Wenn sie aber z.B. eine Kompensation in Höhe des erwarteten Werts $E(G_Z)$ bieten würde, würde das Angebot vom Energieproduzenten nur dann angenommen, wenn sein wahrer Wert niedriger ist als der gebotene Preis, also nur, falls $y \leq ½\mu = E(G_Z)$. Sofern das Gebot akzeptiert wird, beträgt der erwartete Vorteil für die Wäscherei also nur : $¼\mu^2 < E(G_Z)$ [weil $\mu<2$], sodaß sie im Erfolgsfall einen erwarteten Verlust in Höhe von $½\mu - ¼\mu^2$ erleiden müßte. In der beschriebenen Situation muß die Wäscherei sogar immer – ganz egal, wie hoch ihr Gebot ausfällt – mit einem Verlust rechnen: Für jedes z nämlich gilt: Im Erfolgsfall führt die Differenz zwischen dem Gebot z und dem daraus erwarteten Vorteil $½ \cdot z \cdot \mu$ zu einem Verlust von $(1-½\mu) \cdot z$. Das einzig rationale Verhalten besteht darin, die ineffiziente Situation bestehen zu lassen, also nichts für das Eigentumsrecht zu bieten. Die Verteilung der Eigentumsrechte kann somit bei unvollständiger Information drastische Konsequenzen auf die Effizienz der Allokation haben.

In gleicher Weise, wie asymmetrische Information des Funktionierens von kompetitiven Märkten unmöglich machen kann (vgl. das berühmte Beispiel des „Markets for Lemons“ von Akerlof [1970]), kann eine unterschiedliche Informationsverteilung also auch zum Zusammenbruch von Verhandlungsmechanismen führen. Im betrachteten Beispiel ist die Bewertung des Eigentumsrechtes für beide Parteien vollständig miteinander korreliert, und nur der Verkäufer kennt den Wert des Produkts (das ist hier das Eigentumsrecht an der Umweltverschmutzung). Das führt zum Phänomen des „Winner's Curse:“ Die Bereitschaft des Energieproduzenten, zu verkaufen, signalisiert der Wäscherei, daß das Eigentumsrecht den Preis nicht wert ist; sie wird deshalb gar nichts bieten. Man könnte vermuten, dieses Phänomen tritt nur deshalb auf, weil die Bewertungen der Verhandlungspartner miteinander korreliert sind. Doch selbst wenn die Bewertung des Eigentumsrechtes für Wäscherei und Energieunternehmen unabhängig voneinander ist, wird ein effizientes Verhandlungsergebnis nicht notwendigerweise zustande kommen. Wieder sei der Gewinn von y zwischen Null und Eins gleichverteilt, der Wert des Eigentumsrechts für Z betrage nun jedoch 1,2; er sei beiden Partnern bekannt.

Wir betrachten folgenden Verhandlungsprozeß, in dem Z über die gesamte Verhandlungsmacht verfügt: Z bietet einen Preis für das Eigentumsrecht, und Y hat die Wahl, entweder zu akzeptieren oder abzulehnen. Bei einem Gebot in Höhe von z beträgt der Nettovorteil für die Wäscherei $1{,}2 - z$. Das Gebot wird akzeptiert, sofern $y \leq z$. Aufgrund der Gleichverteilung beträgt die Wahrscheinlichkeit dafür, daß das Angebot angenommen wird, also gleich z. Der erwartete Gewinn für die Wäscherei errechnet sich demzufolge als $z\,(1{,}2 - z)$; das optimale Gebot lautet $z^* = 0{,}6$. Ein effizientes Verhandlungsergebnis erfolgt also nur in 60% aller Fälle. Mit einer Wahrscheinlichkeit von 40% kommt keine Einigung zustande.

Die Annahme, daß nach einer Ablehnung durch Y keine weiteren Verhandlungen erfolgen, erscheint freilich nicht besonders plausibel: Bei nichtstrategischem Verhalten von Y wäre seine Ablehnung ja ein untrügliches Indiz dafür, daß die Bewertung 0,6 übersteigt; damit bestünde für Z ein Anreiz, ein neues, höheres Gebot zu machen. Die Wäscherei kann sich nicht glaubwürdig bindend verpflichten, nur ein einziges Angebot abzugeben. Ein solches Verhalten wäre dynamisch nicht konsistent. Sofern Y dies antizipiert, würde er freilich auch bei einem Wert kleiner als 0,6 nicht sofort akzeptieren, sondern ein höheres Gebot abwarten, vorausgesetzt, der in der Zukunft erwartete höhere Preis übersteigt die durch die Abdiskontierung anfallenden Opportunitätskosten. Ein dynamisch konsistentes sequentielles Verhandlungsgleichgewicht besteht in einer Folge von im Zeitablauf steigenden Verhandlungsangeboten (vgl. dazu FUDENBERG/TIROLE [1983]). Die durch unvollständige Information verursachte Ineffizienz des Verhandlungsprozesses spiegelt sich nun in der Zeitverzögerung wider, bis eine Einigung erfolgt. Die Verzögerung tritt deshalb auf, weil ein Unternehmen mit einem hohen Wert y mit seiner Zustimmung abwartet, um so seine hohe Bewertung zu signalisieren. Für niedrige Werte von y dagegen übersteigen im Gleichgewicht die Opportunitätskosten, die durch eine spätere Einigung anfallen, den erwarteten zukünftigen Gewinn.

In den angeführten Beispielen wurden nur einfache, konkret spezifizierte Verhandlungsabläufe analysiert, bei denen der Nichtinformierte die gesamte Verhandlungsmacht besitzt. Man könnte vermuten, daß alternative Verhandlungsmechanismen zu effizienteren Lösungen führen. MYERSON/SATTERTHWAITE (1983) haben jedoch gezeigt, daß bei unvollständiger Information kein Verhandlungsmechanismus existiert, der die effiziente Lösung realisieren kann, die unter vollständiger Information erreichbar wäre.[1] Erfolgt nur ein einmaliges Verhandlungsangebot, dann zeigt sich die Ineffizienz darin, daß mit positiver Wahrscheinlichkeit keine Einigung zustande kommt; bei einem sequentiellen Verhandlungsprozeß entstehen Opportunitätskosten durch den Zeitverlust bis zur Einigung.

Natürlich ist es unsinnig, das Ergebnis beim Vorliegen von Transaktionskosten an der First-Best-Lösung zu messen. Weit interessanter wäre die Frage, durch welche Mechanismen eine Second-Best-Lösung verwirklicht werden kann, die die Anreizverträglichkeitsbedingungen als Beschränkungen berücksichtigt. Die Antwort darauf hängt davon ab, ob man als Nutzenkriterium den erwarteten Nutzen der Teilnehmer vor oder nach der Kenntnis ihrer eigenen privaten Information zugrundelegt. MYERSON (1988) hat eine Theorie der Wahl von Mechanismen (Mechanismusdesign) entwickelt. Sie untersucht, welche Allokationen erreichbar sind, wenn eine Besserstellung eines Teilnehmers nicht zu einer Verschlechterung von anderen führen darf, nachdem alle bereits ihre privaten Informationen kennen. Eine beschränkt effiziente Allokation ermittelt man, indem die Nutzen der Spieler um die Kosten korrigiert werden, die durch das Beachten der Anreizbeschränkungen entstehen. Solche Beschränkungen werden also analog zu Produktionskosten behandelt. Im ersten Beispiel ist nach diesem Kriterium trivialerweise jeder Verhandlungsmechanismus beschränkt effizient, weil Verhandlungen hier ohnehin nie zu einem Erfolg führen würden. Wenn das Eigentumsrecht beim Energieunternehmen liegt, dann ist kein Mechanismus denkbar, der durchsetzen könnte, daß die Wäscherei das Eigentumsrecht abkauft, und der zugleich garantiert, daß für jeden Wert y die Anreizbindungen für einen Verkauf durch Y beachtet werden.

Welcher Mechanismus effizient ist, hängt im allgemeinen allerdings von der konkreten Situation der Verhandlungspartner (z.B. von ihren Wahrscheinlichkeitseinschätzungen) und natürlich auch von der Verteilung der Eigentumsrechte ab. Das bedeutet, daß in jeder konkreten Verhandlungssituation die Partner sich jeweils darauf einigen müßten, unter allen denkbaren Mechanismen, die die Anreizbeschränkungen beachten, denjenigen auszuwählen, der in der spezifischen Situation eine beschränkt effiziente Allokation garantiert. Dies scheint zum einen wenig praktikabel, zum anderen besteht die Gefahr der Manipulierbarkeit des Mechanismus. Ein sinnvolleres Vorgehen besteht wohl darin, zu analysieren, ob institutionell robuste Mechanismen verankert werden können, die zumindest im Erwartungswert effi-

[1] Dies gilt immer, sofern die Verteilung der Zufallsvariablen stetig ist. Gibt es eine diskrete Menge von verschiedenen Informationszuständen, kann das Verhandlungsergebnis unter Umständen effizient sein (so etwa in dem Modell von SCHWEITZER (1989); vgl. dazu allgemein CHATTERJEE [1985]).

ziente Allokationen gewährleisten. So scheint es nicht unplausibel, daß die staatliche Festsetzung von Pigou-Steuern im Durchschnitt beschränkt effiziente Allokationen ermöglichen kann, selbst wenn die verordneten Steuersätze im Einzelfall nicht den optimalen Verhandlungspreisen entsprechen. Die Pigou-Lösung könnte damit der Coase-Lösung in folgendem Sinne überlegen sein: Wenn Wirtschaftssubjekte über einen institutionellen Mechanismus zu einem Zeitpunkt entscheiden, bevor sie ihre privaten Informationen kennen, versprechen staatliche Steuer- und Subventionssätze einen höhren Erwartungswert, weil sie die Anreizbedingungen, die nach Kenntnis der entsprechenden Informationen für Verhandlungen bindend werden, nicht einhalten müssen.

Literaturverzeichnis

AKERLOF, G. (1970): The Markets for Lemons: Qualitative Uncertainty and the Market Mechanism, Quarterly Journal of Economics 89, S. 488–500

ARROW, K. (1971): Political and Economic Evaluation of Social Effects and Externalities, in: Intriligator, M. (ed.): Frontiers of Quantitative Economics, North-Holand, Amsterdam 3–31

VON BÖVENTER, E. (1989): Volkswirtschaftliche Allokation – Konzeption und wirtschaftspolitische Praxis. Referat beim Verein für Socialpolitik (= Schriften des Vereins für Socialpolitik, in Druck).

CHATTERJEE, K. (1985): Disagreement in Bargaining: Models with Incomplete Information, in: Roth (1985), S. 9–26

COASE, R. (1960): The Problem of Social Coast, Journal of Law and Economics 3, 17–33

FUDENBERG, D./TIROLE, J. (1983): Sequential Bargaining with Incomplete Information, Review of Economic Studies 50, 221–247

HARSANYI, J. (1967): Games with Incomplete Information played by „Bayesian" Players, Management Science 14, 159–189

MYERSON, R. (1989): Mechanism Design, in: Eatwell, J./Milgate, M./Newman, P. (eds.): Allocation, Information and Markets, London

MYERSON, R./SATTERTHWAITE, M. (1983): Efficient Mechanisms for Bilateral Trading, Journal of Economic Theory 29, 265–281

NEWBERY, D. (1980): Externalities: The Theory of Environmental Policy, in: Hughes, G./Heal, G. (eds.): Public Policy and the Tax System, London 106–149

PIGOU, A.C. (1938): Economics of Welfare, London

ROTH, A. (ed.) (1985): Game Theoretic Models of Bargaining, Cambridge University Press, Cambridge

SAMUELSON, W. (1984): Bargaining under Asymmetric Information, Econometrica 52, 995–1005

SAMUELSON, W. (1985): A Comment on the Coase Theorem, in: ROTH (1985), 321–339

SCHWEIZER, U. (1988): Externalitäten und das Coase Theorem: Hypothese oder Resultat?, Zeitschrift für die gesamte Staatswissenschaft 144, 245–266

Umstrittene Märkte und die Theorie der reinen Kosten

von

MANFRED J. HOLLER

1. Die Herausforderung

In einer Reihe von Beiträgen, die er z.T. zusammen mit anderen Autoren veröffentlichte[1], und insbesondere in seiner Rede, die er als Präsident auf der 94. Versammlung der American Economic Association hielt (s. BAUMOL, 1982), propagierte William Baumol die „Revolutionierung“ der Theorie des Marktes durch die von ihm forcierte Theorie der „contestable markets“ (die „Theorie der umstrittenen Märkte“). Den entscheidenden Beitrag dieser Theorie sieht er darin, daß sie nicht nur das Marktgleichgewicht und damit die Preise, Mengen, Werbeausgaben und andere Aktionsparameter der Unternehmen erklärt, sondern auch die morphologische Struktur des Marktes.

Wenn nun im folgenden aufgezeigt wird, daß der Baumolsche Ansatz weitgehend in von STACKELBERGS „Grundlagen einer reinen Kostentheorie“ (1932) vorweggenommen ist, so geschieht dies nicht, um Baumols Anspruch auf Originalität zu relativieren, oder um ein Problem der nordatlantischen Dominanz in der Ökonomie zu beleuchten, und auch nicht, um zu zeigen, wie gering der Fortschritt der Wirtschaftstheorie über einen Zeitraum von fünfzig Jahren sein kann, sondern es geschieht in der Absicht, mit Mitteln und Ergebnissen der Stackelbergschen Analyse zur Klärung einiger wesentlicher Aspekte des Baumolschen Ansatzes beizutragen, und damit auf die Herausforderung zu antworten, die Baumol mit der Generalisierung dieses Ansatzes als allumfassende Markttheorie verband. Denn Tatsache ist, daß heute diese Theorie oft Grundlage der Analyse von Märkten und Marktversagen und vielfach Ausgangspunkt für Deregulierungsvorschläge ist. Sollte allerdings die vorliegende Arbeit als Aufruf verstanden werden, sich verstärkt der Aufarbeitung „älterer“ Literatur zuzuwenden, so ist dies durchaus im Sinne ihres Verfassers.

---

[1] Vgl. BAUMOL (1977), BAUMOL, PANZAR und WILLIG (1977), BAUMOL und FISCHER (1978) und BAUMOL, PANZER und WILLIG (1982). Siehe auch BAILEY und FRIEDLAENDER (1982).

Im folgenden Abschnitt werden die wesentlichen Annahmen und Ergebnisse der „Theorie der umstrittenen Märkte“ dargestellt und diskutiert. In Abschnitt 3 diskutiere ich das Gleichgewichtsproblem, das sich für diese Annahmen ergibt. Im vierten Abschnitt untersuche ich Existenz- und Stabilitätsprobleme des natürlichen Monopols unter den Annahmen umstrittener Märkte. Der letzte Abschnitt enthält eine kritische Würdigung dieses Ansatzes.

Im vorliegenden Beitrag beschränke ich mich auf die Betrachtung von Einproduktunternehmen, obwohl Baumol et al. gerade in bezug auf die verbundene Produktion ein sehr brauchbares Instrumentarium mit wertvollen Ergebnissen geschaffen haben. Aber diese Resultate scheinen die Theorie der umstrittenen Kosten unverhältnismäßig aufzuwerten (vgl. Shepherd, 1984). Wir wollen sehen, was von diesem Ansatz als Ergebnis bleibt, wenn wir von ihm den Glanz dieser Ergebnisse „abmontieren“.

2. Theorie der umstrittenen Märkte: Annahmen und Ergebnisse

Ein Markt ist nach Baumol *umstritten*, wenn (a) der Zutritt kostenlos ist bzw. wenn im Sinne STIGLERS (1968, S. 67) keine *barriers to entry* bestehen und ein neueintretender Produzent keine Kosten zu tragen hat, die die bereits am Markt befindlichen Anbieter nicht auch zu tragen haben, (b) das Verlassen des Marktes nicht mit Kosten verbunden ist, (c) ein neueintretender Anbieter eine Preis-Mengen-Kombination realisieren und den Markt wieder verlassen kann, noch ehe ein etablierter Anbieter mit Preis oder Menge darauf reagieren kann und (d) Alt- und Neuanbieter ihre Gewinne maximieren. Die Annahmen (a) und (b) beinhalten, daß Investitionen reversibel sind, d.h., daß die Kapitalgüter bei Einstellung der Produktion (unter Berücksichtigung der Abnutzung) voll und ohne sonstige Abschläge veräußert werden können: Es existieren also keine „versunkenen Kosten“.[2] Ferner ist impliziert, daß ein Neuanbieter stets die Produktionstechnologie der Altanbieter imitieren kann. Annahme (c), das Hit-and-run-Prinzip, beinhaltet in Verbindung mit Annahme (b), daß sich Neuanbieter stets vor Verlusten schützen können, indem sie den Markt „rechtzeitig“ verlassen.

Ungeklärt ist, was geschieht, wenn mehr als ein Neuanbieter auftritt und die Gesamtangebotsmenge der Neuanbieter die Menge überschreitet, die zum avisierten Preis nachgefragt wird. Sehen wir zunächst vom Problem simultanen Markteintritts ab, so folgt aus diesen Annahmen ummittelbar,

---

[2] Zum Unterschied von Fixkosten und versunkenen Kosten und der Relevanz dieses Unterschieds für die Theorie der umstrittenen Märkte, siehe die Diskussion in SCHWARTZ und REYNOLDS (1983) und BAUMOL, PANZAR und WILLIG (1983) und vgl. SHEPKERD (1984).

daß ein Markt nur im Gleichgewicht sein kann, wenn zum einen die Marktteilnehmer keine Gewinne erzielen und zum anderen auch keine Gewinne erzielen können, indem sie entweder von einer technisch ineffizienten zu einer technisch effizienten Produktionsweise übergehen oder statt einer Ausbringungsmenge x, für die der Preis p größer oder kleiner den Grenzkosten ist, eine Menge x' anbieten, für die p gleich den Grenzkosten ist, und damit ihre Gewinne maximieren.

Das Gleichgewicht bei umstrittenen Märkten beinhaltet also sowohl effiziente Produktion als auch die Gleichheit von Preis mit Grenz- und Durchschnittskosten, sofern die Kosten nicht subadditiv sind und ein natürliches Monopol vorliegt. Damit ist eine wesentliche Bedingung für ein (paretianisches) Wohlfahrtsoptimum erfüllt – und zwar auch für Märkte mit einer beschränkten Zahl von Marktanbietern, sofern die Märkte gemäß den Annahmen (a) und (d) „umstritten" sind. Dies ist das zentrale Ergebnis der Theorie der umstrittenen Märkte. Es ist ordnungspolitisch relevant, denn Baumol et al. wollen es auf reale Märkte angewandt wissen und geben auch entsprechende Empfehlungen. Das theoretische Ergebnis und die abgeleiteten Empfehlungen gehören inzwischen zum festen Bestandteil der Deregulierungsdebatte.

Das theoretische Ergebnis zeigt, daß bei umstrittenen Märkten die Produktionskosten bestimmend für das Marktgleichgewicht und damit für die Preise, Mengen und anderen Entscheidungsparameter der Marktteilnehmer, aber auch für die morphologische Struktur des Marktes sind, sofern ein Marktgleichgewicht existiert. Deshalb steht die Kostentheorie (für Ein- und Mehrproduktunternehmen und unterschiedlichste technologische Annahmen) im Zentrum der Theorie der umstrittenen Märkte. Aus diesem Grund scheint es legitim, die Folgerungen, die von Stackelberg aus der Betrachtung der Kosten und Marktformen gezogen hat, zur Beurteilung der Ergebnisse der Theorie der umstrittenen Märkte heranzuziehen. Dies geschieht in den nachfolgenden Abschnitten.

Die Anbindung an die Kosten setzt voraus, daß sich potentielle Neuanbieter nicht durch die Möglichkeit simultanen Eintritts abschrecken lassen. Ansonsten könnte man in Anlehnung an eine Studie von SHERMAN und WILLETT (1967) folgern, daß der Eintritt um so unwahrscheinlicher ist, je mehr potentielle Neuanbieter vorhanden sind und daß deshalb der Marktpreis, den die Altanbieter fordern, positiv mit der Zahl der potentiellen Neuanbieter korreliert und die entsprechenden Durchschnittskosten übersteigt. Bei einer grundsätzlich unendlich großen Zahl von Neuanbietern, wie sie in den Annahmen (a) mit (d) impliziert ist, führte dies zu einem Ergebnis, das den Aussagen und Intentionen der Theorie der umstrittenen Märkte diametral entgegengesetzt wäre. Wir können deshalb folgern, daß diese Theorie die implizite Annahme macht, daß die „ultra-freien" Markteintrittsbedingungen (vgl. SHEPHERD, 1984) auch für den simultanen Markteintritt gilt. Ein Neuanbieter kann in bezug auf andere Neuanbieter seine Preise und Mengen so gestalten, daß er keinen Verlust erleidet.

3. Das Gleichgewichtsproblem

Stellen die Anbieter nur ein Gut her und ist die Produktion durch konstante Skalenerträge gekennzeichnet und die Kostenfunktion entsprechend linear, so sind die Grenzkosten mit den Durchschnittskosten für jede beliebige Ausbringungsmenge identisch und konstant, falls keine Fixkosten auftreten. Im Gleichgewicht ist der Marktpreis gleich den Durchschnitts- bzw. Grenzkosten. Die Betriebsgröße des einzelnen Anbieters, die Zahl der Anbieter und damit die Morphologie des Marktes sind unbestimmt.

Erfordert die Aufnahme der Produktion Investitionen, denen fixe, aber nicht versunkene Kosten entsprechen, und ist der Verlauf der variablen Kosten linear, so ergeben sich bei Anwendung der Regel „Grenzkosten gleich Preis" für den Hersteller Verluste, da die Durchschnittskosten zwar gegen die Grenzkosten konvergieren, aber für endliche Ausbringungsmengen stets größer als die Grenzkosten sind. Es liegt ein natürliches Monopol vor, sofern den Fixkosten ein tatsächlicher Aufwand in der Produktion entspricht. Dieser Fall führt, wie wir unten noch deutlicher sehen werden, auch bei umstrittenen Märkten zu speziellen Ergebnissen. Sind die Fixkosten aber nur Vorbedingung für eine Produktion (z.B. ein Fabrikgelände) und können sie bei Einstellung der Fertigung ohne Abzug amortisiert werden, wie in Annahme (b) postuliert, so bleiben sie für die Bestimmung des Marktgleichgewichtes unberücksichtigt, d.h., das Marktgleichgewicht wäre durch die als linear unterstellten variablen Kosten gekennzeichnet: Der Preis ist gleich den Grenzkosten bzw. durchschnittlichen variablen Kosten; die Betriebsgröße des einzelnen Anbieters, die Zahl der Anbieter und damit Marktmorphologie sind wiederum unbestimmt.

Gehen wir von den U-förmigen Durchschnittskostenverläufen aus, die sowohl im Mittelpunkt der Baumolschen als auch der Stackelbergschen Argumentation stehen, so ist das individuelle Gleichgewicht eines Anbieters entsprechend der Theorie der umstrittenen Märkte dadurch gekennzeichnet, daß der Preis gleich dem Minimum der Durchschnittskosten ist: „Im statischen Gleichgewicht befindet sich jede Unternehmung im Betriebsoptimum" (VON STACKELBERG, 1932, S. 76).

Auch die übrigen Ergebnisse Baumols, die sich für U-förmige Durchschnittskosten für das statische Gleichgewicht ergeben, lassen sich durch Zitate aus von Stackelbergs „reiner Kostentheorie" belegen. So bezeichnet von Stackelbergs „allgemeines Preisniveau" den Vektor der gleichgewichtigen Faktor- und Güterpreise, die „günstige Struktur eines Betriebes" entspricht der gewinnmaximalen Ausbringungsmenge. Die „Produktionsgeschwindigkeit", die Ausbringungsmenge pro Zeiteinheit, ist bei der üblichen Vernachlässigung der Zeit mit der Angebotsmenge x gleichzusetzen. Im statischen Marktgleichgewicht ist die (optimale) Produktionsgeschwindigkeit eines Anbieters durch dessen Durchschnittskostenminimum bestimmt. Interessant ist, daß von Stackelberg diese Standardergebnisse der Markttheorie aus Marktbedingungen herleitet, die weitgehend denen umstrittener Märkte entsprechen, und daß er zu vergleichbaren Ergebnissen kommt. Allerdings stellt er das sogenannte Ganzzahligkeitsproblem als eine wesentliche Beschränkung für Koordinierungsleistung von Märkten heraus. Dieses Problem wird von der Theorie der umstrittenen Märkte fallweise ignoriert, ausgeklammert oder umgangen, wie wir sehen werden.

„Lassen wir ... die Isolierung der einzelnen Produktionszweige fallen, wo wird sich eine Umlagerung der Produktionsfaktoren von einem Zweig zum anderen feststellen lassen, bis überall der gleiche Satz für Rente, Zins und Lohn herrscht und das ganze vorhandene Angebot an Produktionsfaktoren produktiv verwertet ist. Das für den einzelnen Produktionszweig Gesagte gilt nun gleichmäßig für die ganze Sozialwirtschaft.

Das allgemeine Preisniveau bestimmt jetzt die günstigste Struktur eines Betriebs oder, wie wir uns etwas ungenauer aber geläufiger ausdrücken können, die Betriebsgröße; diese können wir einerseits durch die aufgewandte Menge an Boden, Kapital und Arbeit, andererseits durch die zugehörige optimale Produktionsgeschwindigkeit charakterisieren. Das Preisniveau bestimmt ferner die Nachfrage nach dem betreffenden Produkt. Die in jeder Zeiteinheit nachgefragte Menge dividiert durch die optimale Produktionsgeschwindigkeit ergibt die Anzahl der Unternehmungen; auch diese hängt somit vom Preisniveau ab. Da die Anzahl immer eine ganze Zahl ist, so gelten unsere Aussagen nur dann genau, wenn die nachgefragte Menge gerade ein ganzzahliges Vielfaches der optimalen Produktionsgeschwindigkeit ist. Nehmen wir diese als verhältnismäßig sehr klein an – was wir auch als notwendige Voraussetzung für die ‚freie Konkurrenz' tun müssen – so können wir die Ungenauigkeit einer Verallgemeinerung mit in Kauf nehmen und unsere Aussagen ohne Einschränkungen machen" (von Stackelberg, 1932, S. 78).

Die Lösung des Ganzzahligkeitsproblems über die große Zahl der Anbieter gilt auch für die Theorie der umstrittenen Märkte; sie bringt aber keine Ergebnisse, die nicht auch schon von der Theorie der vollkommenen Konkurrenz ableitbar wäre. Baumol (1982) bietet im wesentlichen zwei Konzepte an, aus denen sich auch bei einer beschränkten Zahl von Anbietern ein Marktgleichgewicht herleiten läßt. Das erste Konzept geht auf Arbeiten von Tijs ten Raa zurück. Es beruht darauf, Eintrittsgebühren zu erheben, so daß das Gesamtangebot unter der Nullgewinnbedingung für den Gleichgewichtspreis p^+ gleich der Gesamtnachfrage ist. In Abbildung 1 ist diese Lösung durch die „erhöhten" Durchschnittskosten k^+ illustriert. Der Preis für dieses Gleichgewicht sind i.d.R. Wohlfahrtsverluste (vgl. Holler, 1985a). Im Ansatz der „barrier markets" ist dieser Grundgedanke weiter

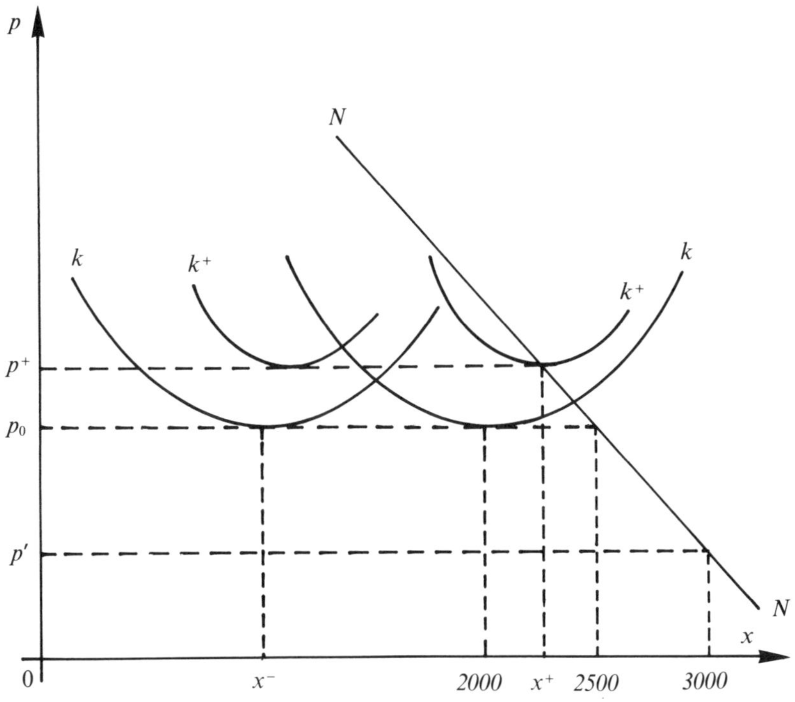

Abbildung 1

ausgearbeitet worden (vgl. WITTELOOSTUIJN und MAKS, 1988). Da er aber der Annahme (a) des freien Marktzutritts widerspricht und i.d.R. einen Regulierungsbedarf beinhaltet, der nicht der marktideologischen Zielsetzung der Theorie der umstrittenen Märkte entspricht, wollen wir hier nicht weiter darauf eingehen. Doch die Tatsache, daß er von BAUMOL (1982) andiskutiert wird, zeigt, daß Baumol das Ganzzahligkeitsproblem als eine relevante Herausforderung seines Ansatzes erkennt.

Das zweite von BAUMOL (1982) angebotene Konzept, mit dem bei einer kleinen Zahl von Anbietern bestehende Unteilbarkeiten in der Betriebsgröße überwunden und ein Gleichgewicht im Sinne der „umstrittenen Märkte" abgeleitet werden könnte, greift auf die Beobachtung zurück, daß das Minimum der Durchschnittskosten im allgemeinen nicht nur für eine ganz bestimmte Ausbringungsmenge x, sondern für einen größeren Definitionsbereich der Durchschnittskostenfunktion gilt. Baumol unterstellt, daß die Durchschnitts- und Grenzkosten über einen größeren Bereich alternativer Ausbringungsmengen identisch und (damit) konstant sind. Nehmen wir, ausgehend von dem in Abbildung 1 skizzierten Beispiel an, daß die Durchschnittskosten eines Anbieters im Bereich $x_u = 900$ bis $x_o = 1250$ ein Minimum aufweisen und dieses den Wert p_o hat, so resultiert ein Gleichgewicht, wenn jeder der beiden Anbieter die Menge x_o auf den Markt bringt.[3] Die Betriebsgröße, die Zahl der Anbieter, der Gleichgewichtspreis und die Gleichgewichtsmenge sind eindeutig bestimmt.

Ändern wir unser Beispiel so ab, daß die Untergrenze nunmehr $x_u = 750$ ist, so ist denkbar, daß die gleichgewichtige Gesamtmenge von drei Anbietern erstellt wird, die z.B. jeweils $x = 2500/3$ auf den Markt bringen. Selbstverständlich sind auch Kombinationen wie (800,800,900) oder (750,750,1000) mit einem Gleichgewicht vereinbar. Es existieren unendlich viele Kombinationen, die die Bedingung eines Gleichgewichts erfüllen, aber es besteht kein Mechanismus, der sicherstellt, daß eine bestimmte Gleichgewichtskombination realisiert wird.

Sofern man Mengenabsprachen ausschließt, ist bei drei Anbietern i.d.R. mit einem Marktungleichgewicht zu rechnen, da der Preismechanismus zur Bestimmung der Mengen versagt. Ein Überschußangebot impliziert für die Altanbieter Verluste. In dem gewählten Beispiel können sie vermieden werden, indem zwei Anbieter entsprechend ihrer Obergrenze $x_o = 1250$ anbieten. Insofern ist diese Mengenkombination gegenüber den Gleichgewichtskombinationen ausgewiesen: Man würde sie als Marktergebnis erwarten. Nehmen wir aber an, die Obergrenze der minimalen Durchschnittskosten sei nicht $x_o = 1250$, sondern $x_o = 1500$ für jeden potentiellen Anbieter. Bei sonst gleichen Bedingungen, sind auch weiterhin mindestens zwei Produzenten erforderlich, um die beim Preis p_o nachgefragte Menge $x = 2500$ anbieten zu können. Doch mindestens einer der beiden Produzenten muß eine Menge x anbieten, die kleiner als x_o ist, da ansonsten ein Überangebot resultiert, das zu Preisverfall und zu Verlusten führt oder Lagerhaltung bedingt. In einem grundsätzlich statischen Modell (vgl. BAUMOL, PANZAR und WILLIG, 1983), das sich zudem durch kostenlosen Marktaustritt auszeichnet, überschreitet Lagerhaltung den vorgegebenen Rahmen bzw. läßt man sie zu, so wird das Modell, von Grenzfällen abgesehen, indeterminiert.

Während bei einer Obergrenze $x_o = 1250$ für jeden einzelnen ein Anreiz gesehen werden kann, genau diese Menge auf den Markt zu bringen, da ansonsten der Markt durch zusätzliche Anbieter (u.U.) aus dem Gleichgewicht gebracht wird, besteht bei einer Obergrenze $x_o = 1500$ kein spezifischer Anreiz, eine bestimmte Menge anzubieten – vielleicht mit der Ausnahme, daß die Menge nicht kleiner als $x = 1000$ sein soll, da ansonsten bei zwei Anbietern unter den angenommenen Schranken kein Gleichgewicht resultieren kann. Diese Beschränkung läßt aber eine unendlich große Zahl von Mengenkombinationen zweier Anbieter zu, für die der Markt nicht im

[3] Dieses Beispiel ist in HOLLER (1985a,b) enthalten und weiter ausgeführt.

Gleichgewicht sein wird. Ohne Absprache über die Mengen zwischen den beiden Anbietern ist ein Gleichgewicht nur durch „Zufall" erreichbar. Absprachen aber sind in der Theorie der umstrittenen Märkte nicht vorgesehen.

Die Unterstellung von Bereichen konstanter Durchschnittskosten beinhaltet letztlich, daß die Betriebsgröße nicht eindeutig festgelegt ist. Es braucht deshalb auch nicht zu überraschen, daß die Betriebsgröße damit nicht mehr eindeutig aus der „Theorie der umstrittenen Märkte" ableitbar ist. Aus dem skizzierten Beispiel ist aber auch zu ersehen, daß selbst die Zahl der Anbieter u.U. nicht aus diesem Konzept herzuleiten ist. In der Regel kann nur die minimale und maximale Zahl der Anbieter angegeben werden; die maximale Zahl ist gleich dem (ganzzahligen) Quotienten der Gleichgewichtsmenge x^* und der Untergrenze x_u. Diese Zahl ist allerdings nur dann realisierbar, wenn die Summe der Obergrenzen x_o größer oder gleich x^* ist. Selbst wenn diese Bedingung erfüllt ist, erfordert die Verwirklichung der Gleichgewichtsmenge x^+ eine Koordination der Mengenentscheidungen der Anbieter, die exogen in bezug auf die unterstellte Marktheorie ist.

Aufgrund der bisherigen Analyse bieten sich vier Konsequenzen für eine (statische) Theorie des Marktes an, die sowohl das Verhalten der Marktanteilnehmer als auch die Struktur des Marktes erklären will:

(1) Entweder man findet sich mit der latenten Unbestimmtheit des Verhaltens und der Marktstruktur ab, die kennzeichnend für Märkte ist, die nicht durch vollkommene bzw. „freie" Konkurrenz oder „natürliche Monopole" beschreibbar sind,

(2) oder man führt einen exogenen Aktor (Staat) ein, der Bedingungen setzt, die ein Marktgleichgewicht herbeiführen,

(3) oder man geht davon aus, daß sich die Wirtschaftssubjekte kooperativ verhalten und z.B. Absprachen treffen können, falls der Konkurrenzmechanismus kein Gleichgewicht hervorbringt[4],

(4) oder man beschränkt die Menge der endogen bestimmten Marktformen auf das Monopol und die vollkommene Konkurrenz.

In VON STACKELBERGS Werk (1932, 1934) finden wir alle vier Konsequenzen angesprochen. So läßt sich nach seinen Worten „zeigen, daß ein Zwischenstadium, also freie Konkurrenz einiger weniger Unternehmungen nicht ohne bestimmte zusätzliche Voraussetzungen möglich ist" (1932, S. 49, Fn 1). Damit ist die Menge der möglichen Marktformen im Sinne von (4) auf Monopol und vollkommene Konkurrenz beschränkt. Oder man führt

---

[4] Sind die Marktteilnehmer in der Lage, verbindliche Absprachen zu treffen, so können kooperative Lösungskonzepte wie der Kern, der Nucleolus und unterschiedliche Verhandlungsmengen angewandt werden. SHITOVITZ (1973) weist beispielsweise für eine „oligopolistische Marktstruktur", die sich durch "wenige große" und "viele kleine" Marktteilnehmer

„zusätzliche Voraussetzungen" ein, die den Marktzutritt beschränken und den Markt im Sinne von (2) regulieren – oder man findet sich mit der Unbestimmtheit gemäß (1) ab. Nach VON STACKELBERG (1934, S. 98) sind letztlich alle Marktformen, die nicht der „freien Konkurrenz" bzw. dem „natürlichem Monopol" entsprechen, „mit den beiden Grundprinzipien der freien kapitalistischen Wirtschaft: ‚individuelles Streben nach dem Nutzen- (Gewinn-) Maximum' und ‚Freiheit der Preisbildung' inkompatibel."

„Die ... Gleichgewichtslosigkeit kann nur dadurch eliminiert werden, daß mindestens eines der miteinander inkompatiblen Momente aus dem volkswirtschaftlichen Aufbau ausgeschaltet wird. So haben wir folgende Möglichkeiten zu unterscheiden:

1) Ausschaltung der gleichgewichtslosen Marktformen.
2) Ausschaltung der freien Preisbildung.
3) Ausschaltung des Prinzips des maximalen Nutzens (insbesondere des erwerbswirtschaftlichen Prinzips).

Die genannten Ausschaltungsmaßnahmen können erstens von den Wirtschaftssubjekten selbst, zweitens vom Staat ergriffen werden" (von Stackelberg, 1934, S. 99).

Hier spricht von Stackelberg die unter (2) und (3) aufgelisteten Konsequenzen an. Sein „Lösungsvorschlag" bezieht sich dabei insbesondere auf die Forderung nach einem „starken Staat", der

„von einer einheitlichen Zielsetzung aus dem Wirtschaftsleben einen ordnenden Willen aufzwingt. Hier besteht die Möglichkeit, den selbsttätigen, unter gewissen Bedingungen jedoch nicht funktionierenden oder nicht konform mit dem staatlichen Willen funktionierenden Wirtschaftsablauf durch Wirtschaftspolitik sinn- und zielgemäß zu ergänzen. Diese Wirtschaftspolitik hat dann zwei Funktionen:

1) Ergänzung der selbsttätigen Wirtschaftskräfte dort, wo sie nicht zu einem ‚natürlichen' Gleichgewicht gelangen können, derart, daß ein ‚konventionelles' Gleichgewicht entsteht.

(2) Errichtung eines Wirtschaftsystems, das nicht nur funktioniert, sondern mit einem vom Staate gewünschten Effekt funktioniert" (von Stackelberg, 1934, S. 101f.).

Die Tatsache, daß von Stackelberg im Anschluß an dieses Zitat das „theoretische Schema des faschistisch-korporatistischen Marktes" im Sinne eines Lösungsvorschlags darstellte, dürfte der Grund sein, weswegen seine scharfsinnige Analyse des Marktes in „Vergessenheit" geriet. Wobei aktuelle neokorporatistische Ansätze durchaus als Bestätigung der ordnungspolitischen Konsequenzen gewertet werden könnten, die er aus der möglichen Gleichgewichtslosigkeit des Marktsystems zog. Allerdings ist zu fragen, ob aus einer *logischen* Inkonsistenz der marktwirtschaftlichen Konzeption mit den ihr

---

auszeichnet, nach, daß Allokationen im *Kern* die Marginalbedingungen des Konkurrenzgleichgewichts erfüllen, falls die Menge der möglichen Koalitionen (d.h. Tauschbeziehungen) „balanciert" ist bzw. gewisse Forderungen nach Ausgeglichenheit erfüllt.

immanenten Zielsetzungen, die sich aus der potentiellen Gleichgewichtslosigkeit ergibt, auch eine *faktische* Inkompatibilität einer Marktwirtschaft mit den üblichen Wohlfahrtszielen geschlossen werden und daraus die Forderung nach einem „starken Staat" abgeleitet werden kann. Modelle der dynamischen Optimierung zeigen, daß eine Wirtschaft, deren Entwicklung nicht einem *steady state*-Gleichgewicht folgt, durchaus eine bessere Güterversorgung über die Zeit bewerkstelligen kann, als eine Wirtschaft, der in jeder Phase ein (statisches) Gleichgewicht entspricht.

Die dynamische Entwicklung einer Wirtschaft ist mit anderen Konzepten zu analysieren und zu bewerten als seine statische Abbildung. So muß auch BAUMOL (1982, S. 12) feststellen, daß die „invisible hand", die nach seiner Meinung unter den statischen Bedingungen der Theorie der umstrittenen Märkte „unexpected strength" beweist, unter dynamischen Bedingungen schwächer ist, „than some of us might have expected". Die Theorie der umstrittenen Märkte ist grundsätzlich eine statische Theorie; die Möglichkeit des Markteintritts ist nur ein Potential, das zur Ableitung und Rechtfertigung des statischen Gleichgewichts eingesetzt wird. Zeit ist „ultra-kurz" und hat keinen Güterwert; sie ist letztlich nur von strategischer Bedeutung und unterscheidet Neu- und Altanbieter. Bleiben wir deshalb bei der statischen Analyse und betrachten das natürliche Monopol unter dem Blickwinkel umstrittener Märkte – also jene Marktform, die nach von Stackelberg neben der „freien Konkurrenz" als zweite mit den Grundprinzipien der kapitalistischen Wirtschaft kompatibel ist.

4. Das natürliche Monopol

Ein *natürliches Monopol* ist durch die *Subadditivität* der Kosten gekennzeichnet (so z.B. BAUMOL, BAILEY, und Willig, 1977): Die Produktion eines beliebigen Ausbringungsvektors $x = (x_1, \ldots, x_m)$, der Argument der Kostenfunktion $K(.)$ ist, durch genau einen Hersteller ist dann kostenminimierend. Ist die Funktion $K(.)$ des Unternehmens i bezüglich einer bestimmten Ausbringungsmenge x_i subadditiv, so ist i bezüglich x_i ein natürliches Monopol. Hat ein Produzent nur im Hinblick auf eine Teilmenge von Ausbringungsvektoren gegenüber der Fertigung durch mehrere Hersteller einen Kostenvorteil, so ist $K(.)$ „ausbringungsspezifisch subadditiv".

Fallen die Durchschnittskosten des Produzenten i monoton, so stellt die Formulierung von Preis und Menge unter der Null-Gewinnbedingung für ein Gleichgewicht bei umstrittenen Märkten im Ein-Produkt-Fall kein Problem dar, falls dem Anbieter viele Nachfrager gegenüberstehen: Preis und Menge sind durch den Schnittpunkt der Durchschnittskostenkurve mit der Nachfragekurve bestimmt. Ist jedoch die Durchschnittskostenkurve, wie in

Abbildung 2 skizziert[5], nicht monoton fallend, so ist es für einen zweiten Hersteller gewinnbringend bei dem Preis p^+, der gleich den Durchschnittskosten bei der Menge x^+ ist (also $p^+ = \tan \beta$), die Menge x' anzubieten. Ein Neuanbieter könnte einen Altanbieter, der die Menge x^+ zum Kostendekkungspreis p^+ auf den Markt bringt, für die Menge $x' < x^+$ vom Markt verdrängen, indem er einen Preis p' ansetzt, der marginal unter p^+ liegt. Der Preis p' implizierte einen Gewinn, sofern ihn kein weiterer Neuanbieter unterbietet. Das Angebot von von x' zum Preis p' stellt aber kein Gleichgewicht dar, da unbefriedigte Nachfrage in Höhe von $x^+ - x'$ auf dem Markt besteht. Dies ändert sich auch nicht, wenn Neuanbieter oder die bloße Drohung potentiellen Eintritts den Preis auf $p^o = \tan \alpha$ für x^+ senken. Zwar besteht für die Menge x' ein natürliches Monopol, aber es kann die Nachfrage nicht befriedigen und ist deshalb bei umstrittenen Märkten nicht gleichgewichtig: Die Restnachfrage $x^+ - x'$ wäre entweder zu einem höheren Preis zu decken – und man hätte für ein homogenes Gut zwei unterschiedliche Preise –, oder sie bliebe unbefriedigt. Bei unterschiedlichen Preisen für ein homogenes Gut aber ist die Koordination der Güterverteilung über den Markt gefährdet, falls keine exogene Rationierung besteht. Unbefriedigte Nachfrage, die nicht über den Preis ausgeschlossen wird, impliziert hingegen einen Wohlfahrtsverlust – ein Ergebnis, das nicht für die Durchsetzung umstrittener Märkte spricht. Wäre der Markt dahingehend reguliert, daß kein Eintritt möglich ist, falls zum einen der Preis kostendeckend ist und zum anderen keine unbefriedigte Nachfrage besteht, dann resultierte die effiziente Menge x^+ zum Preis p^+.

Dies scheint zunächst ein etwas überraschendes Ergebnis, denn die in Abbildung 2 skizzierte Kostenfunktion ist subadditiv: Für jede Ausbringungsmenge $x \leqq x^+$, die von zwei statt von einem Unternehmen erstellt wird, fallen Kosten in Höhe von $2K' > K^+$ an, denn die fixen Kosten K' sind von jedem der beiden Anbieter aufzubringen. Subadditivität beinhaltet aber nicht notwendigerweise *Beständigkeit* („sustainability"): Eine Preis-Mengen-Kombination (p,x) ist beständig, wenn kein potentieller Mitanbieter den Preis p unterbieten kann, ohne Verluste zu erleiden (vgl. BAUMOL, BAILEY und WILLIG, 1977; PANZAR und WILLIG, 1977). Beständigkeit ist aber Voraussetzung für ein Gleichgewicht auf umstrittenen Märkten (BAUMOL, PANZAR und WILLIG, 1983). Damit ist die Anwendung umstrittener Märkte in bezug auf das natürliche Monopol erheblich eingeschränkt – eine Tatsache, die die Protagonisten dieses Ansatzes nicht immer berücksichtigen. Insbesondere bedeutet dieses Ergebis auch, daß die Tatsache, daß kein natürliches

[5] Abbildung 2 ist eine erweiterte Darstellung von „Figure 1" in BAUMOL, PANZAR und WILLIG (1977).

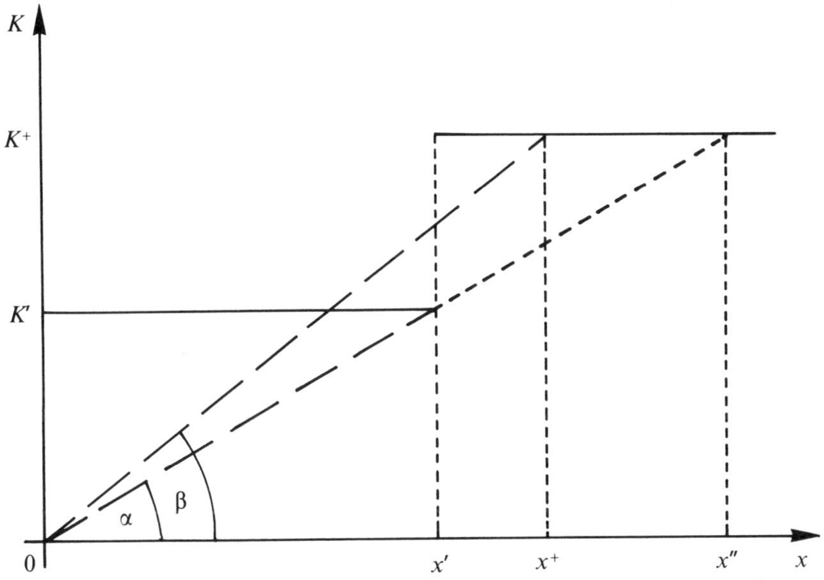

Abbildung 2

Monopol „existiert", nicht notwendigerweise Subadditivität der Kosten ausschließt. Es könnten sich u.U. sehr wohl Effizienzgewinne einstellen, falls eine exogene Autorität (i.d.R. der Staat) den Marktzutritt beschränkte (siehe dazu FAULHABER, 1975). Ohne Zugangsbeschränkungen stellen sich somit möglicherweise Effizienzverluste ein, die über das Maß hinausgehen, daß durch das Abweichen von der Regel „Grenzkosten gleich Preis", bedingt durch die Subadditivität der Kosten (vgl. BAUMOL, 1977), ohnehin schon gegeben sind.

Der Zusammenhang von Beständigkeit und Subadditivität läßt sich in bezug auf das spieltheoretische Konzept des *Kern* veranschaulichen (z.B. LUCE and RAIFFA, 1957, 192–194): Die Bedingung der *Subadditivität* ist gleichzusetzen mit *Gruppenrationalität* bzw. Pareto-Optimalität. *Beständigkeit* entspricht der Koalitionsrationalität, die für die Einer-Koalition mit der individuellen Rationalität zusammenfällt. Ein natürliches Monopol ist somit beständig, wenn eine Preis-Mengen-Kombination existiert, die im Kern des Marktspiels liegt. Bezeichnen wir, FAULHABER (1975) folgend, die Geldmenge, die Nachfrager *i* zum Kauf der Menge x_i unter der Nachfragebedingung $x_i\,(p_i)$ aufwendet, mit x_i, so gilt

$$r_i = p_i x_i\,(p_i) \text{ und } R(x^S) = \sum r_i \text{ für alle } i \text{ in } S$$

Hierbei ist x^S ein n-Tupel (x_i^S), für das $x_i^S = 0$, wenn i kein Element der Koalition S ist, und $x_i^S = x_i$, wenn i in S ist. S ist eine Teilmenge der Menge aller Nachfrager N. Die Menge N enthält n-viele Elemente: die Nachfrager. Die Gütermengen aller n Nachfrager lassen sich durch den Vektor $x^N = (x_i, \ldots, x_n)$ beschreiben.

Unter der Null-Gewinn-Bedingung umstrittener Märkte folgt aus *Gruppenrationalität*:

(1) $$R(x^N) - K(x^N) = 0$$

Hierbei sind $K(x^N)$ die Kosten, die bei der Produktion des n-Vektors anfallen. Aus *Koalitionsrationalität* folgt:

(2) $$R(x^S) \leqq K(x^S), \text{ für alle } S \text{ von } N$$

bzw.

(3) $$R(x^S) \geqq K(x^N) - K(x^{N-S}), \text{ für alle } S \text{ von } N.$$

Bedingung (3) leitet sich aus (1) und (2) ab. Sie stellt einen um die Berücksichtigung von Koalitionen erweiterten „incremental cost test“ dar: Sie drückt aus, daß die zusätzlichen Kosten, die durch die Befriedigung der Nachfrager in S entstanden sind, über die Kaufausgabe $R(x^S)$ getragen werden. Für den in Abbildung 2 skizzierten Fall ist diese Bedingung für die Preis-Mengen-Kombination (p^+, x^+) von der Nachfrage („Koalition der Nachfrager“), die durch die Teilmenge $x^+ - x'$ repräsentiert ist, nicht erfüllt; diese Teilmenge trägt bei einem Preis p^+ nicht im vollen Umfang die Kosten, die mit Ausweitung der Menge von x' auf x^+ anfallen. Die Koalition S' der Nachfrager, denen die Menge x' entspricht, hätten bei einem Preis x^+ mehr für die Menge x' auszugeben, als an Produktionskosten und Zahlungsverpflichtungen entstehen, wenn ein Unternehmen U' in Konkurrenz zum (natürlichen) Monopol U^+ (nur) die Menge x' herstellt und den Nachfragern in S' anbietet. Also ist $x^N = x^+$ nicht im *Kern* und damit auch nicht „beständig“.

Dieses Ergebnis wird durch den (erweiterten) „stand alone test“ in (2) bestätigt: Für die Mitglieder von S' ist es vorteilhaft, wenn sich U^+ nicht durchsetzt und statt dessen U' zum Preis $p' < p^+$ die Menge x' anbietet. Wird hingegen die Preis-Mengen-Kombination (p^+, x^+) realisiert, so „kreuzsubventionieren“ im Sinne von FAULHABER (1975) die Nachfrager in S' die Nachfrager in $N-S'$ über den Preis p^+. Das Beispiel macht deutlich, daß *Kreuz-Subventionierung* u.U. notwendig ist, um bei Subadditivität der Kosten eine effiziente Lösung zu erreichen. Es zeigt aber auch, daß in diesen Fällen unter den Bedingungen umstrittener Märkte keine effizienten Lösungen resultieren, denn diese schließen Kreuz-Subventionierung aus.

5. *Würdigung*

Bisher sind wir nur am Rande auf die üblichen Kritikpunkte in bezug auf die Theorie der umstrittenen Märkte eingegangen, nämlich die Abhängigkeit der Ergebnisse von der spezifischen Zeit- bzw. Reaktionsstruktur im Verhältnis von Alt- und Neuanbieter (vgl. SCHWARTZ und REYNOLDS, 1983) und auf das Problem der fixen, aber nicht versunkenen Kosten (vgl. WEITZMAN, 1983; SHEPHERD, 1984). Schwartz und Reynolds zeigen, daß geringfügige Änderungen in der Lag-Struktur der Entscheidungen und ihrer Realisierung wesentlich andere Marktergebnisse erbringen, als sie die Theorie der umstrittenen Märkte vorsieht. Nimmt man zum Beispiel an, daß die Altanbieter ihre Preise schneller variieren können, als Neuanbieter die Produktion aufnehmen und ihr Angebot auf den Markt bringen können – eine vielleicht nicht unplausible Alternative –, so besteht (z.B. bei U-förmigen Durchschnittskosten) die Möglichkeit, daß die Altanbieter Gewinne erzielen. Nur bei Neueintritten würden sie den Preis auf die Durchschnittskosten senken. Unter Umständen würden sie sogar ihre angefallenen Gewinne dazu verwenden, über Preise unter den Durchschnittskosten Neuanbieter zu bekämpfen. Dadurch aber haben potentielle Neuanbieter schon im Vorfeld des Eintritts keine Veranlassung, ihre Option zu realisieren.

Die konstruktive Ausarbeitung dieses Kritikpunktes erforderte eine dynamische Analyse, u.U. gekoppelt mit einem spieltheoretischen Ansatz im Sinne von SHERMAN und WILLETT (1967), wie wir ihn oben bereits angesprochen haben. Das kann aber hier nicht geleistet werden. Ich will an dieser Stelle auch nicht auf die viel umfassendere Kritik Shepherds eingehen, die bereits am (irreführenden) Begriff „contestability" ansetzt und zu dem Urteil führt, daß die Theorie der umstrittenen Märkte

> „only treats a specialized, extreme set of conditions, which are probably found in no real markets which have significant internal market power. Little has been added to the preexisting entry and exit analysis. Thus no general basis has been provided, but rather an extended *gedankenexperiment*. Moreover the ultra-free entry model rests on assumptions which are contradictory... and which reverse reality" (SHEPHERD, 1984, S. 585).

Auf einige Widersprüche sind wir eingegangen. Aber selbst bei wohlwollender Interpretation (z.B. des Problems simultanen Markteintritts) kann die Theorie umstrittener Märkte ihrem eigenen Anspruch nicht genügen, nämlich nicht nur das Marktgleichgewicht und damit die Preise, Mengen, Werbeausgaben und andere Aktionsparameter der Unternehmen zu erklären, sondern auch die morphologische Struktur des Marktes. Wir haben gesehen, daß dies die Theorie nur in Ausnahmefällen leistet.

Positiv wäre anzumerken, daß mit der Diskussion der Theorie der umstrittenen Märkte ein verstärktes Interesse an der Kostentheorie geweckt wurde und daß die Protagonisten dieser Theorie selbst zur Ausarbeitung der Kostentheorie insbesondere für die verbundene Produktion beigetragen haben. Ob darin aber ein Fortschritt zu sehen ist, könnte zum Beispiel ein Vergleich mit von Stackelbergs „Theorie der reinen Kosten" (1932) zeigen. Dort ist bereits der Mehr-Produkt-Fall – wie mir scheint, sehr elegant – behandelt.

Eine andere Frage, die nur angedeutet wurde, ist die Stabilität des Marktes und die Beziehung der staatlichen Autorität zu ihr. Die neue Theorie des Marktes, insbesondere die Oligopoltheorie hat auch da marktmäßige Bedingungen für stabile Ergebnisse formuliert (vgl. FRIEDMAN, 1977, 1983), wo VON STACKELBERG (1934) nur die Stabilisierung über eine exogene Autorität als Lösung sah. Grundsätzlich aber ist zu fragen, ob die damit verbundene Reduktion der Komplexität der Entscheidungen, die sich aus ihrer strategischen Interdependenz ergibt, falls die Zahl der Marktteilnehmer gering ist (vgl. HOLLER, 1989a,b), unerläßlich für das Funktionieren und das Gestalten von Märkten ist. Die Diskussion der Theorie der umstrittenen Märkte macht deutlich, welche Probleme sich stellen und welchen Preis wir zahlen müssen, wenn wir diese Reduktion wohl zu weit treiben.

Literaturverzeichnis

BAILEY, E., und A. F. FRIEDLAENDER (1982): „Market Structure and Multiproduct Industries", *Journal of Economic* Literature, 20, S. 1024–1048.

BAUMOL, W. J. (1977): „On the Proper Cost Tests for Natural Monopoly in a Multiproduct Industry", *American Economic Review, 67*, S. 809–822.

BAUMOL, W. J. (1982): „Contestable Marktes: An Uprising in the Theory of Industry Structure", *American Economic Review, 72*, S. 1–15.

BAUMOL, W. J. und D. FISCHER (1978): „Cost-Minimizing Number of Firms und Determination of Industry Structure", *Quarterly Journal of Economics, 92*, 1978, S. 439–467.

BAUMOL, W. J., J. C. PANZAR, und R. D. WILLIG (1982): *Contestable Markets and the Theory of Industry Structure*, Harcourt Brace Jovanovich: San Diego.

BAUMOL, W. J., J. C. PANZAR und R. D. WILLIG (1983): „Contestable Markets: Reply", *American Economic Review, 73*, S. 491–496.

FAULHABER, G. R. (1985): „Cross-Subsidization Pricing in Public Enterprise", *American Economic Review, 65*, S. 966–977.

FRIEDMAN, J. W. (1977): *Oligopoly and the Theory of Games*, North-Holland: Amsterdam, New York und Oxford.

FRIEDMAN, J. W. (1983): *Oligopoly Theory*, Cambridge University Press: Cambridge.

HOLLER, M. J. (1985a): „Kritische Anmerkungen zur Theorie umstrittener Märkte", *Jahrbücher für Nationalökonomie und Statistik, 200*, S. 479–485.

HOLLER, M. J. (1985b): „The Theory of Contestable Markets: Comment", *Bulletin of Economic Research", 37*, S. 65–67.

HOLLER, M. J. (1989a): „Komplexe Entscheidungen in sozialen Institutionen", *Jahrbuch für Neue Politische Ökonomie, 8*, S. 219–228.

HOLLER, M. J. (1989b): „Über die Grundlagen einer Strategischen Wirtschaftstheorie und die Reduktion sozialer Komplexität", in: M. J. HOLLER, Hrsg., *Systeme und ihre Modelle* (Homo oeconomicus VI), Accedo-Verlag: München, S. 29–54.

LUCE, R. D., und H. RAIFFA (1957), *Games and Decisions*, Wiley: New York.

PANZAR, J. C. und R. D. WILLIG (1977), „Free Entry and the Sustainability of Natural Monopoly", *Bell Journal of Economics*, *8*, S. 1–22.

SCHWARTZ, M., und R. J. REYNOLDS (1983): „Contestable Markets: An Uprising in the Theory of Industry Structure: Comment", *American Economic Review*, *73*, S. 488–490.

SHEPHERD, W. G. (1984): „‚Contestability' vs. Competition,", *American Economic Review*, *74*, S. 572–587.

SHERMAN, R., und T. D. WILLETT (1967): „Potential Entrants Discourage Entry", *Journal of Political Economy*, *75*, S. 400–403.

SHITOVITZ, B. (1973): „Oligopoly in Markets with a Continuum of Traders", *Econometrica*, *41*, S. 467–501.

STACKELBERG, H. von (1932): *Grundlagen einer reinen Kostentheorie*, Springer: Wien.

STACKELBERG, H. von (1934): *Marktform und Gleichgewicht*, Springer: Wien und Berlin.

STIGLER, G. J. (1968): *The Organization of Industry*, Irvin: Homewood.

WEITZMAN, M. L. (1983): „Contestable Markets: An Urprising in the Theory of Industry Structure: Comment", *American Economic Review*, *73*, S. 468–487.

WITTELOOSTUIJN, A. VAN, und J. A. H. MAKS (1988), „Workable Competition and the Barrier Market", in: M. J. HOLLER and R. REES, Hrsg., *The Economics of Market Structure (European Journal of Political Economy, 4)* S. 117–135.

Steuerungswirkungen von Institutionen:

Theoretische Grundlagen und wirtschaftspolitische Konsequenzen

von

GÉRARD GÄFGEN

1. Institutionelle Gestaltung, prozessuale Steuerung und Gesamtordnungspolitik

In den Typologien wirtschaftspolitischer Maßnahmen wird häufig zwischen der Setzung des Rahmenwerks der Wirtschaftsordnung (Ordnungspolitik) und der Beeinflussung des Wirtschaftsablaufs (Prozeßpolitik) unterschieden, so bei Tuchtfeld zwischen Ordnungs- und Ablaufpolitik.[1] Auch wo in den Abläufen nach Konjunktur- und Strukturbeeinflussung differenziert wird, so etwa bei Kantzenbach zwischen Niveau- und Struktursteuerung[2], wird doch eine vorgeordnete Entscheidung über die Wirtschaftsordnung vorausgesetzt, der die steuernden Eingriffe nicht widersprechen sollten: Kriterium der Ordnungskonformität von Maßnahmen. Der Akzent liegt dabei auf der Gesamtordnung als der Gesamtheit der in einer Gesellschaft vorherrschenden, das wirtschaftliche Handeln aller einzelnen steuernden Normen und Werte. Diese bilden einander ergänzende zweckgerichtete Komplexe, durch die vielfältige Daueraufgaben des Wirtschaftsgeschehens gelöst werden, also das, was man gemeinhin als Institutionen zu bezeichnen pflegt. Diese wiederum ermöglichen die Nutzung von Allokationsmechanismen, die das Verhalten der Wirtschaftssubjekte kompatibel machen, z.B. verlangt die Nutzung des Marktmechanismus unter anderem bestimmte eigentums-, vertrags- und gesellschaftsrechtliche Regelungen, die Nutzung von Kollektivver-

[1] TUCHTFELD, E. (1957): „Das Instrumentarium der Wirtschaftspolitik. Ein Beitrag zu seiner Systematik", *Hamburger Jahrbuch für Wirtschafts- und Gesellschaftspolitik 2*, S. 52–64.

[2] KANTZENBACH, E. (1966): „Einzel-, Struktur- und Niveausteuerung der Wirtschaft in einer freiheitlichen Gesellschaftsordnung. Zur Systematik der Theorie der Wirtschaftspolitik", *Hamburger Jahrbuch für Wirtschafts- und Gesellschaftspolitik 11*, S. 67–75.

handlungen darüber hinaus die Institutionalisierung von Marktverbänden (Korporationen).[3]

Sobald man sich diese Beziehung zwischen Ordnungsrahmen und Institutionen vor Augen führt, sieht man aber auch, daß je nach historischen Umständen (überkommene Ordnung, Entwicklungsstand der menschlichen, sachlichen und natürlichen Ressourcen, politische Einstellungen und Konflikte) und angestrebten Zielen eine Änderung einzelner Institutionen oder die Schaffung neuer Institutionen den Inhalt ordnungspolitischen Geschehens ausmachen werden und nicht die Gestaltung des gesamten Ordnungsrahmens. Die Wirtschaftspolitik ist sozusagen nicht frei, sich grundsätzlich für eine bestimmte Ordnung zu entscheiden, auch wenn sie nicht zum Vollzug eines historischen Determinismus verurteilt ist. Sie muß vielmehr immer über einzelne Änderungen und Ergänzungen der Ordnung entscheiden, wobei sie versuchen wird, die Auswirkungen auf die Funktionsweise der übrigen Ordnungsbereiche mit abzuschätzen, um nicht der Kurzsichtigkeit des punktuellen Interventionismus anheimzufallen. Die – zunächst einmal nur klassifikatorische – Unterscheidung von Ordnungs- und Ablaufpolitik beinhaltet demnach nicht eine Stellungnahme zugunsten eines ordnungspolitischen Apriorismus, der die logische und wertende Priorität der Ordnungspolitik postuliert, indem er sie mit der Grundentscheidung für einen bestimmten Ordnungstyp gleichsetzt (Euckens „Gesamtentscheidung").[4] Ordnungspolitik dieser Art wäre nicht gleichzusetzen mit mehr oder minder weitreichender institutioneller Gestaltung, sondern eingeengt 1) auf bestimmte Maßnahmen, die der Sicherung der einmal gewählten Ordnung dienen, 2) auf die Bereitstellung eines Kriteriums der Ordnungskonformität, sei dies nun radikal dualistisch oder unterscheide es nach Konformitätsgraden. Der Terminus „Ordnungspolitik" wird in der deutschen wirtschaftspolitischen Diskussion vielfach in diesem letzteren Sinne verwendet, vor allem in Urteilen „vom ordnungspolitischen Standpunkt". Zudem wird dieser ordoliberalen Konzeption nicht zu Unrecht vorgeworfen, sie gehe von einer ein für allemal etablierten Vorzugswürdigkeit einer bestimmten Ordnung aus, die nur scheinbar als das geeignetste Instrument zur Garantierung von Wohlstand und Freiheit analytisch abgeleitet, in Wirklichkeit aber willkürlich vorgegeben werde.[5]

Es besteht aber keine Notwendigkeit, Ordnungspolitik so aufzufassen, da

---

[3] Vgl. zur Konstituierung von Verhandlungsinstanzen GÄFGEN, G. (1987): „Kollektivverhandlungen als konstitutiver Allokationsmechanismus korporatistischer Ordnungen", *Zeitschrift für Wirtschaftspolitik 36*, S. 125–150.

[4] EUCKEN, W. (1960): *Grundsätze der Wirtschaftspolitik*, hrsg. von E. EUCKEN und K.P. HENSEL, Mohr (Siebeck): Tübingen und Zürich, S. 379.

[5] Zu dieser Kritik an der Ordnungspolitik siehe RIESE, H. (1972): „Ordnungsidee und Ordnungspolitik – Kritik einer wirtschaftspolitischen Konzeption", *Kyklos 20*, S. 24–48.

damit zur Analyse konkreter Gestaltungsmöglichkeiten wenig beigetragen wird. Vielmehr kann man unter Ordnungspolitik auch einfach alle Maßnahmen institutioneller Gestaltung zusammenfassen, um sie von den jeweiligen Eingriffen in den Wirtschaftsablauf bei unverändertem institutionellem Rahmen zu unterscheiden. Als Beispiel sei zunächst auf gängige Instrumentenkataloge verwiesen, die oft zwischen Geldpolitik, Finanzpolitik, direkten Kontrollen und Änderungen der institutionellen Rahmenbedingungen unterscheiden[6] und die auf diese Weise faktisch praktizierte Maßnahmen unter bestimmte Begriffe subsumieren können. Solches ist dann sinnvoll, wenn relevante Unterschiede in der Wirkungsweise oder den Entstehungs- und Vollzugsbedingungen solcher Gruppen von Instrumenten ausgemacht werden können. So hat Tinbergen, bei gleichzeitiger Kritik an wirtschaftspolitischen Schulen, die eine Vorliebe für die Ordnungspolitik hegen, einschlägig die qualitative Wirtschaftspolitik institutioneller Änderungen von der quantitativen Wirtschaftspolitik unterschieden. Der Zweck dieser Unterscheidung liegt für ihn vor allem darin, daß quantitative Maßnahmen optimiert oder auf Fixziele ausgerichtet werden können, während qualitative Maßnahmen eine Entscheidung zwischen einer endlichen Anzahl alternativer Gestaltungsmöglichkeiten erfordern.[7] Wie noch zu zeigen sein wird, ist die Handhabbarkeit mit Hilfe quantitativer Methoden nicht unbedingt ein geeignetes Kriterium, um zwischen institutionellen Gestaltungen und der Handhabung prozeßpolitischer Parameter zu unterscheiden; doch soll dieser Hinweis ja nur zeigen, daß es um ein Problem analytischer Fruchtbarkeit der Begriffe geht.

Auch darf man eine volle Trennschärfe der Unterscheidung zwischen qualitativ-institutionellen und quantitativ-prozessualen Maßnahmen nicht erwarten, da es logische Überschneidungen gibt, z.B. Einführung eines Nulltarifs, oder die Wirkungen qualitativer Maßnahmen auf die Beeinflussung quantitativer Phänomene ausgerichtet sein können, z.B. Steuerrechtsänderungen zur Beeinflussung der effektiven Gesamtnachfrage, bzw. Umgekehrtes für quantitative Maßnahmen gilt. Der Rekurs auf primär beabsichtigte Wirkungen[8] ist da nicht immer hilfreich. Dennoch gibt es bedeutsame Unterschiede in der beabsichtigten Wirkungsweise der Maßnahmen:

Prozeßsteuernde Maßnahmen orientieren sich an konjunkturellen oder strukturellen Besonderheiten der jeweiligen Situation und suchen diese zu beeinflussen, z.B. rezessive Tendenzen, sektorale Überkapazitäten. Das ist nicht gleichbedeutend mit einem kurzfristigen Zeithorizont, wenngleich viele

---

[6] Vgl. etwa Kirschen, E.S., Benard, J., Besters, H., Blackaby, F., Eckstein, O., Faaland, J., Hartog, F., Morissens, L., Tosco, E. (1964): *Economic Policy in Our Time, Vol. I*, North Hollands Publishing Company: Amsterdam, S. 15–18.

[7] Tinbergen, J. (1952): *On the Theory of Economic Policy*, North Holland Publishing Company: Amsterdam, Kap. 1.

[8] So bei Tuchtfeld, E. (1957): a.a.O.

geld- und fiskalpolitischen Instrumente typischerweise kurzfristig und zeitlich begrenzt eingesetzt werden. Vielmehr kann der sachliche Kontext einer Situation zeitlich durchaus weit gezogen sein, z.B. bei Infrastrukturinvestitionen zur langfristigen Förderung des regionalen Wirtschaftswachstums oder bei Erhaltungssubventionen zugunsten eines Sektors mit positiven externen Effekten. Institutionelle Politik im Sinne einer Schaffung oder einer – hinreichend bedeutsamen – Veränderung institutioneller Rahmenbedingungen ist dagegen immer langfristig orientiert. Ihr situativer Kontext umfaßt dabei nicht nur eine aktuelle Situation in zeitlich weiter Perspektive, sondern alle potentiellen künftigen Situationen bestimmten Typs. Die institutionellen Vorkehrungen sollen dafür sorgen, daß diese Situationen sich in bestimmter Weise gestalten. Das ist naturgemäß nur für eine gewisse Variationsbreite von Situationsmerkmalen möglich, jenseits deren die Vorkehrungen eben nicht mehr „greifen", was nichts anderes heißt, als daß keine oder unerwünschte Wirkungen auftreten. Geschieht das öfter, so wird die Institution obsolet und muß reformiert oder ersetzt werden. Daß hier der Begriff der institutionellen Maßnahme daran festgemacht wird, daß sie sich auf einen intendierten Bereich von Fällen erstreckt, die in erwünschter Weise gestaltet werden sollen, liegt daran, daß geringe auf einmalige kurzfristige Wirkungen ausgerichtete Änderungen, wie z.B. vorübergehende Steuererleichterungen nicht einbezogen werden sollen. Es muß sich im Sinne unserer Begriffsbildung um grundlegende Änderungen handeln, die dann eo ipso auch langfristig und an potentiellen späteren Entwicklungen orientiert sind. Das stimmt im übrigen auch mit dem Begriff der institutionellen Änderungen überein, wie er in Beschreibungen praktischer Politik verwendet wird, so von Kirschen u.a..[9]

Im folgenden wird von diesem Begriff institutioneller Maßnahmen ausgegangen. Auf internationale und übernationale Institutionen wird wegen der Beschränkung auf das theoretisch Grundsätzliche nicht eingegangen. Wohl aber wird zu beachten sein, daß Institutionen sowohl auf der Ebene der Wirtschaftssubjekte ansetzen und deren Verhalten kanalisieren als auch auf der Ebene der wirtschaftspolitischen Akteure, deren instrumentelle Möglichkeiten und Handlungsbindungen ja institutionell fixiert sind. Im letzteren Fall werden die *Systeme* der prozeßpolitischen Instrumentarien geändert: Steuer- und Transfersystem, Geld- und Kreditsystem, System administrativer Kontrollen, wobei unter System die Einsatzbedingungen, Art und Anzahl der Instrumente und deren Beziehungen untereinander (z.B. Komplementarität) zu verstehen ist. Es mag sich auch etwa um ein sektorales System

[9] Kirschen, E.S., Benard, J., Besters, H., Blackaby, F., Eckstein, O., Faaland, J., Hartog, F., Morissens, L., Tosco, E. (1964): a.a.O.

handeln, wenn ein Wirtschaftszweig den Maßnahmen einer Regulierungsinstanz unterliegt.

2. *Die Ansatzpunkte der Verhaltenssteuerung in ökonomischer Sicht.*

Aussagen über die Wirkungsweise von Institutionen – Kürzel für die Wirkungsunterschiede zwischen institutionellen Varianten bzw. für den komparativen Effekt einer institutionellen Änderung – beruhen auf Vorstellungen vom Einfluß der Institutionen auf das wirtschaftliche Verhalten. In diesem Sinne bedient sich eine eingriffstechnologische Analyse eines bestimmten Typs von Maßnahmen immer einer verhaltenstheoretischen Grundlage, letztlich einer mikroökonomischen Theorie, sei diese nun eher neoklassisch oder psychologisierend. Institutionalistische bzw. neoinstitutionalistische Deutungen der Ordnungsformen einer Wirtschaftsgesellschaft, ihrer Entwicklungen und Hintergründe[10] tragen als solche zu einer Wirkungsanalyse im genannten Sinne daher nichts bei. Wir stützen uns deshalb auf eine einfache Version ökonomischer Theorie individuellen Verhaltens. Verhalten wird dabei abgebildet als Festlegung des Wertes (bzw. bei qualitativen Merkmalen der Ausprägung) eines Handlungsparameters. Diese wird vorgestellt als resultierend aus

- der objektiven Situation des Wirtschaftssubjekts,
- der subjektiv verfügbaren oder beschafften Information über diese Situation,
- den Präferenzen des Wirtschaftssubjekts für die Ergebnisse alternativer durch die Situation in subjektiver Sicht ermöglichter Handlungen.

An diese fachlich eher banalen Konzepte wird angeknüpft, weil sie drei wichtige Ansatzpunkte für die Beeinflussung der gewählten Aktion durch wirtschaftspolitische Maßnahmen aufzuzeigen erlauben:

- Eingriffe zwecks Änderung der Lage (der verfügbaren Handlungsmöglichkeiten und/oder ihrer Ergebnisse): Politik durch Anreize,
- Eingriffe zur Veränderung des Informationsstandes: Politik durch Information,
- Eingriffe zur Beeinflussung der Präferenzen: Politik durch Indoktrination (auch langfristig im Sinne von Sozialisation).

Die gegebene Lage wird widergespiegelt in den Beschränkungen, denen die Festlegung der Handlungsparameter oder die Handlungsergebnisse unterlie-

---

[10] Zu diesen Bestrebungen in der Gegenwart siehe GRUCHY, A.G. (1972): *Comtemporary Economic Thought, The Contribution of Neo-Institutional Economics*, Kelley: Clifton.

gen. Information über diese Restriktionen ist mehr oder minder vollständig, genau und deterministisch/stochastisch vorhanden. Die Präferenzen können mehr oder minder komplex dargestellt werden. Überhaupt sind alle diese Problemdimensionen für praktische Eingriffsanalysen nie „an und für sich" definiert, sondern nach dem untersuchten Eingriffsbereich: Es geht nicht um die Frage, ob es Präferenzen gibt und auf was alles diese sich erstrecken oder welche Handlungen für den Lebensplan des Wirtschaftssubjekts überhaupt betrachtet werden könnten, sondern um einen begrenzten, nämlich den durch wirtschaftspolitische Maßnahmen eines „Politikbereichs" zu beeinflussenden Bereich von Handlungen und Wertungen. Präferenzen, etwa für Zielvariable einer Unternehmung, können in anderem Zusammenhang wieder auf Informationen über Handlungsmöglichkeiten beruhen, z.B. über die Verwendungsmöglichkeiten des entnommenen Unternehmensgewinns für die Lebensführung des Unternehmers. Diese Begrenzungen im Auge behaltend, muß auch institutionelle Politik sich auf die genannten Elemente eines Handlungskontextes beziehen:

1) Sie gestaltet *institutionelle Restriktionen*, die zu den Restriktionen aus der marktlichen und technischen Umgebung hinzutreten. Restriktionen geben die Reaktionsweise anderer Subjekte oder technischer Objekte auf die Veränderung der Handlungsparameter an. Institutionelle Restriktionen bestehen dabei aus Handlungsnormen, die den Gebrauch der Aktionsparameter regeln. Sie regeln ihn dadurch, daß sie die Handlungsweisen mit positiven oder negativen Sanktionen belegen, welche demnach das Handlungsergebnis verändern. Die Verhängung von Sanktionen stellt daher nichts anderes dar als – analog anderen Arten von Restriktionen – die Reaktionsweise eines anderen Subjekts auf die Veränderung von Handlungsparametern, nämlich die zu erwartende Reaktion einer sanktionierenden Instanz. Deren Existenz sei im Moment einmal vorausgesetzt, um nicht in die bekannten Komplikationen des erwarteten Rollenverhaltens eines „homo sociologicus" zu geraten.[11] Jedenfalls gehört zu der institutionellen Restriktion nicht nur die Etablierung einer Norm und der zugehörigen normkonformes Verhalten mitbewirkenden Sanktionen, sondern auch einer sanktionierenden Instanz, die wiederum an Handlungsnormen gebunden ist. Daß die Einhaltung der letztgenannten Normen ihrerseits wieder sanktioniert sein muß, eröffnet die Aussicht auf einen infiniten Regreß immer weiterer ergänzender Maßnahmen. Dieser ist aber de facto da unterbrochen, wo auf schon existierende Instanzen zurückgegriffen wird, die nur zusätzliche Aufgaben der Überwachung

[11] Siehe hierzu aber GÄFGEN, G. und MONISSEN, H.G. (1978): „Zur Eignung soziologischer Paradigmen. Betrachtungen aus der Sicht des Ökonomen, *Jahrbuch für Sozialwissenschaft 29*, S. 113–144.

des neu normierten Verhaltensbereichs erhalten, ansonsten aber bereits funktionieren. Da der typische Fall institutioneller Neuerungen in einer modernen Gesellschaft der Erlaß von Gesetzen ist, die Verhaltensweisen ermöglichen, verbieten, erlauben, belohnen und bestrafen sowie neue Zuständigkeiten und Instanzen schaffen, ist die typische Sanktionsinstanz, auf die letztlich verwiesen wird, die Rechtsprechung bzw. deren Organe.

2) Institutionelle Politik gestaltet als zweites *Informationszustände*. Sie richtet Kommunikationswege ein, schafft Beobachtungsinstanzen mit Berichts- und Aufklärungspflichten, begrenzt Informationsmöglichkeiten durch Geheimhaltungspflichten, erweitert sie durch Auskunfts- und Beratungsmöglichkeiten. Das Zusammenwirken vieler Aktionen steuert überdies indirekt die Verbreitung und die Nutzung von Wissen in der Gesellschaft, auch wenn diese Institutionen nicht nur und schon gar nicht ausdrücklich zur Informationssteuerung geschaffen worden sind.[12] Das zeigt, daß Politik durch Information sich nicht auf so leicht faßliche Maßnahmen, wie Institutionen des Technologietransfers u.ä.m. beschränkt, sondern ein sehr weites Feld darstellt. Es handelt sich sogar um ein Aspekt *jeglicher* Institutionalisierung, deren Funktionieren ja immer mit Informationsaktivitäten einhergeht.

3) Verhaltenssteuerung durch Institutionen kann schließlich an dem dritten verhaltensbestimmenden Element, den Präferenzen, anknüpfen, also die *Werthaltungen* von Wirtschaftssubjekten beeinflussen. Das geschieht ausdrücklich durch diejenigen Maßnahmen, welche die allgemeinen und professionellen Sozialisationsvorgänge zu gestalten versuchen, z.B. auf das Familienleben, das Erziehungssystem, das berufliche Ausbildungswesen Einfluß nehmen. Kurzfristige auf die aktuelle Situation abgestellte Kampagnen der Indoktrination (Propaganda, moral suasion) gehören nicht zu den institutionellen Änderungen – ganz abgesehen davon, daß sie wohl weniger auf Präferenzen einwirken als informativ an vorhandene Präferenzen anknüpfen. Werthaltungen können nicht nur als Verhaltensdeterminanten neben äußerlich auferlegten Normen und Informationszuständen aufgefaßt werden, sondern auch als internalisierte Normen, ja es ist umstritten, ob sinnvollerweise zwischen Normen und Werten unterschieden werden sollte. Internalisierte Normen beurteilen mögliche Handlungsweisen durch eine innere Instanz und bestimmen von daher die Auswahl eines als richtig erachteten Verhaltens. Man mag dabei eine Hierarchie innerer Normen unterstellen, bei der Normen des Geschmacks selbst der Aufsicht übergeordneter Normen der Moral unterliegen. Einige Ökonomen haben solche Aspekte des Selbstmanagements des Ichs durch Entscheidungen auf zwei Ebenen, vor allem einer der

---

[12] Auf diesen Aspekt hat vor allem und bereits früh v. Hayek aufmerksam gemacht. Vgl. etwa von HAYEK, F.A. (1937): „Economics and Knowledge“, *Economica N.S. 4*, S. 33–54.

Präferenzen und einer der Meta-Präferenzen, zu erfassen versucht.[13] Begrifflich kann man diese Verhaltenssteuerung auch durch innere, insbesondere moralische Restriktionen, erfassen, welche einige Handlungsmöglichkeiten ausschließen oder doch ihre Ausführung hemmen. Institutionen stützen sich dabei dann auf die Moralität, also die übergeordnete Präferenzebene bzw. auf moralische Restriktionen – was die Analogie zu den nicht vom inneren Zensor, sondern von äußeren Instanzen sanktionierten Normen besonders deutlich macht. Auch ohne diese Unterscheidungen aber ist für institutionelle Politik wichtig, daß die Abstützung auf Werthaltungen die Funktionsweise von Institutionen zusätzlich absichert oder gar entscheidend trägt. Sie macht Normsetzungen oder Sanktionen entbehrlich oder schwächt doch die Anforderungen an diese Instrumente institutioneller Politik ab.

In diesem Zusammenhang besonders wichtig ist die mögliche Variabilität der Präferenzen in Anpassung an länger anhaltende Situationen. Zwar ist es nicht zweckmäßig, Verhaltensänderungen grundsätzlich mit veränderten Werthaltungen zu erklären, solange Veränderungen in objektiv beobachtbaren Situationsfaktoren und Informationszuständen als Auslöser der Verhaltensänderung herangezogen werden können. Dies macht ja den methodischen Sinn der berühmten Annahme konstanter fundamentaler Präferenzen aus, die von Becker und Stigler ausführlich begründet wurde.[14] Aber die Existenz von Verhaltensweisen, die mit früherem Verhalten in Widerspruch stehen, deutet auf die Beeinflussung von Präferenzen durch anhaltende äußere Einflüsse hin: Wirtschaftssubjekte sehen sich selbst als aus Vorlieben statt aus Knappheitszwängen oder aus sanktionierten Normzwängen oder aus neuen Einsichten handelnd und internalisieren daher als Wertvorstellung, was ursprünglich äußerer Anlaß zu bestimmten Verhaltensweisen war. So mag es sein, daß im Laufe der Zeit in manchen Fällen die Bedeutung institutioneller Restriktionen für die Funktionsweise einer Institution abnimmt und Sanktionen immer seltener Platz greifen müssen, weil schon innere Werthaltungen das Verhalten in gewünschte Richtungen kanalisieren. In modernen Massengesellschaften mit anonymer Position des Einzelnen ist die Abstützung auf innere Werte sicher nur selten ein verläßlicher Mechanismus, der explizite Normzwänge zu ersetzen vermöchte, doch hat er etwa da seinen Platz, wo Verhalten kaum sanktioniert werden kann, weil es nicht beobachtbar ist. Ein Beispiel bietet die Forderung nach einer neuen Umweltmoral, welche in solchen Fällen gesetzliche Standards ergänzen soll.

---

13 Zum Selbstmanagement siehe SCHELLING, T.C. (1978): „Economics, or the Art of Self-Management", *American Economic Review 68*, Papers and Proceedings, S. 290–294.

14 STIGLER, G.J., und BECKER, G.S. (1977): „De Gustibus Non Est Disputandum", *American Economic Review 67*, S. 76–90.

3. Die Analyse der Verhaltenseffekte von Institutionen.

3.1. Normen und Sanktionen als Grundlage der Verhaltensbeeinflussung.

Wirksame und zielgerichtete Ordnungspolitik bedarf der bedingten Vorhersage der Verhaltensänderungen, die durch eine institutionelle Änderung bewirkt werden.[15] Gewiß wird es sich praktisch dabei eher um begründete Vermutungen als um bereits bewährte Theorien und Hypothesen handeln, aber das sind graduelle Unterscheidungen, wenn man den Gegensatz zu Wünschbarkeitsurteilen a priori über alternative Maßnahmen bedenkt. Des weiteren sind institutionelle Gestaltungen relativ komplex, einmal, was das sie ausmachende Gefüge von Normen angeht, zum anderen, was Richtung und Reichweite ihrer Wirkungen betrifft, die zudem vom Zusammenwirken mit einem im übrigen schon als bestehend zu denkenden Ordnungsrahmen abhängen. Man wird daher in der Regel institutionelle Teilmaßnahmen, auch wenn sie einander ergänzen, hintereinander prüfen und erst dann ihr Zusammenwirken abzuleiten suchen.

Beginnen wir mit der Wirkung einer Normsetzung bei als funktionierend vorausgesetztem Sanktionsmechanismus. Als Beispiel sei ein allgemeines Verbot von „Preiswucher" ausgewählt. Die einschlägige Verhaltensnorm grenze bestimmte Preispolitiken aus, nämlich solche, die einen Preis p höher als ec setzen, wobei c die Selbstkosten je Stück und $(e\text{-}c)/c$ den relativen Aufschlag auf die Stückkosten darstellt. Die genannten Selbstkosten seien operational definiert in Abhängigkeit von Auslastungsgrad und Zurechnungsvorschriften, sollen jedoch in unserem vereinfachten Beispiel unabhängig von der abgesetzten (gleich produzierten) Menge m sein. Die Verhaltensnorm ist relevant für Unternehmen mit einem Preisspielraum, deren Preis-Absatz-Funktion sich linearisiert als $p = a - bm$ darstellen lasse. Die Unternehmensleitung sei über Marktlage und Produktionstechnik voll informiert und ihre Präferenzen seien die eines Periodengewinn-Maximierers. Wenn neben der Markt- und der Kostenrestriktion die institutionelle Restriktion $p = ec$ voll greift, so wird die Cournot-Lösung mit $m = (a-c)/2b$ und $p = (a+c)/b$ abgelöst durch die normkonforme Lösung mit $m = (a-ec)\,b$ und $p = ec$. Nur wo die restringierende Norm nicht bindet, wird der Cournotsche Punkt mit p unterhalb ec erreicht (wir verzichten auf die Angabe der dazu nötigen Parameter-Konstellation).

Verhalten streut aber faktisch um eine Norm herum, selbst wenn diese so

[15] Zum generellen Problem siehe SCHMID, A.A. (1981): „Predicting the Performance of Alternative Institutions", in: W.J. SAMUELS and A.A. SCHMID, Hrsg., *Law and Economics: An Institutional Perspective*, Martinus Nijhoff Publishing: Boston, Den Haag, London, S. 76–94.

unrealistisch scharf formuliert ist wie im Beispiel.[16] Es kann nämlich nicht vorausgesetzt werden, daß die unterstellte undefinierte Sanktion auf normabweichendes Verhalten einfach prohibitiv wirkt. Statt dessen wird die Sanktionierung nur mehr oder minder graduell von deviantem Verhalten abschrecken, indem sie solches Verhalten mit Kosten belegt, seien diese nun zu entrichtende Kosten (direkte pekuniäre oder sonstige Nachteile) oder Opportunitätskosten, d.h. entgangene Belohnungen für normkonformes Verhalten. Führen wir nun eine Sanktion in Form einer Bußgeldzahlung s ein, die proportional der Abweichung des gesetzten Preises p von der Preisnorm ec sei: $s = d(p-ec)$. Entweder steige also die Bußgeldhöhe mit dem Umfang der Normabweichung, oder es bestehe für jede Normabweichung die gleiche Strafe S, die aber nur mit einer Wahrscheinlichkeit w auch verhängt werde, welche ihrerseits mit dem Umfang der Normabweichung ansteige: $w = f(p-ec)$. Abweichendes Verhalten wird umso eher entdeckt (und bei Entdekkung umso energischer verfolgt), je größer und damit augenfälliger die Abweichung von der Norm. Im letzteren Fall beträgt der Erwartungswert der Strafe $ES = wS = f(p-ec)S$, so daß fS definitionsgemäß dem zuerst genannten Parameter d entspricht. Die Analyse des Verhaltens unter institutionellen Restriktionen kann sich demnach der gleichen Konzepte bedienen wie die sogenannte Ökonomie der Kriminalität[17], die allgemeiner als Ökonomische Analyse der Devianz bezeichnet werden kann.

Die gewinnmaximale Lösung unter Einbezug der Sanktionskosten läßt sich aus der erweiterten Gewinnfunktion $G = am - bm^2 - cm - d(a-bm-ec)$ ableiten. Die gewinnmaximale Menge beträgt dann $m^* = (a-c+db)/2b$ und der entsprechende Preis $p^* = (a+c-db)/2$. Er liegt unter dem oben angegebenen Cournot-Preis $(a+c)/2$ und über der Preisnorm. Entsprechendes gilt für die Menge $m^* = (a-c+db)/2b$, weil sich die Grenzkosten c um den Betrag db als den Strafgrenzkosten vermindern, die pro Stück eingespart werden, je mehr man sich der Preisnorm ec annähert. (Auch hier werden nur Lösungen im relevanten Bereich $p \geqq ec$ betrachtet).

Natürlich sind die sanktionierenden Vorgänge in realen Fällen subtiler; das Beispiel dient aber nur dazu, darzutun, daß Institutionen eine Verhaltensweise nicht als solche fixieren, sondern je nach Situation in bestimmte Richtungen lenken, so daß bei einer Reihe von beobachteten Situationen sich insgesamt eine Streubreite des beeinflußten Verhaltens ergibt. Es zeigt zugleich, daß wirkungsorientierte Ordnungspolitik sich keiner anderen analytischen Grundlagen zu bedienen hat als prozeßpolitische Maßnahmen. Zu

---

[16] Daß Normen selbst auch ansonsten noch Spielräume belassen, wird begründet bei BLAKE, J., und DAVIS, K. (1964): „Norms, Values, and Sanctions", in: R.E. FARRIS, Hrsg., *Handbook of Modern Sociology*, Rand McNally&Co.: Chicago, S. 456–484.

[17] BECKER, G.S. (1974): *Essays in the Economics of Crime and Punishment*, Columbia University Press: New York.

beachten ist auch die indirekte Gestaltung sekundärer Institutionen; diese werden von privaten Subjekten im Rahmen ihrer Rechte oder durch Abmachung geschaffen und regeln dann das Verhalten in privaten Organisationen oder kontraktuellen Beziehungen. Hierfür stellt die staatliche Ordnungspolitik institutionelle Alternativen zur Verfügung, z.B. gesellschaftsrechtliche Formvorschriften, oder bindet die Errichtung privater Einrichtungen an bestimmte Voraussetzungen. Bei der Schaffung der einschlägigen primären Vorschriften müssen theoretische Vorstellungen darüber bestehen, welchen Gebrauch private Subjekte oder Kollektive von diesen Gestaltungsmöglichkeiten machen werden, wie sie Spielräume und Durchsetzungsschwächen beim staatlichen Rahmenwerk ausnutzen werden usw.[18]. Dieses Problem einer gestuften Schaffung von Institutionen – bei dem es auch mehr als zwei Stufen geben kann – bereitet keine qualitativ anderen analytischen Probleme, nur daß die zu beeinflussenden Wirtschaftssubjekte nun Vorhersagen machen müssen, die sich nicht nur auf Marktreaktionen und ähnliches beziehen, sondern wiederum auf die Performanz der von ihnen gewählten Institutionen.

3.2. Das Verhalten sanktionierender Instanzen.

Normen, die das Verhalten stark restringieren und sich wenig auf akzeptierte Werte stützen können, bedürfen einer Instanz, die das Verhalten privater Subjekte überwacht und gegebenenfalls mit speziellen Anordnungen oder direkt mit der Verhängung von Sanktionen einschreitet. Beispiele für auf Wirtschaftszweige oder Tätigkeitsbereiche spezialisierte Instanzen bieten Wettbewerbsbehörden, amerikanische „agencies“ oder deutsche Aufsichtsämter. Daß es auch hierbei um die Kanalisation des Verhaltens – in diesem Falle von „Amtsträgern“ – geht und nicht einfach pflichtgemäßes Ermessen vorausgesetzt werden kann, ist durch die Diskussion um die Eigenziele regulierender Instanzen und ihre Stellung im politischen Prozeß deutlich geworden. Damit wiederholt sich die Problemstellung auf übergeordneter Ebene: Auch hier sind positive und negative Anreize zu setzen oder innere Wertvorstellungen von Amtsmoral zu stärken. Um im Beispiel von Abschn. 3.1. zu bleiben: Die dort aufgeführte lineare Straffunktion bzw. steigende Sanktionswahrscheinlichkeit mag etwa aus der folgenden Situation der Überwachungsinstanz resultieren:

Diese beziehe eine Erfolgsprämie y, die an das Bußgeldaufkommen gekoppelt sei: $y = hd(p-ec)$. Es existieren eine Reihe potentieller Fälle, die mit Hilfe eines Ressourcenbestandes (fixes Budget) aufgegriffen werden können.

---

[18] Vgl. das Beispiel von MARTIN, D.L. (1973): „Legal Constraints and the Choice of Organizational Form“, *American Economic Review 63*, Papers and Proceedings, S. 326–334.

Sind die Kosten pro bearbeitetem Fall konstant, so wird sich zwecks Maximierung der Gesamtprämie die Aktivität tendenziell auf die krasseren Fälle konzentrieren (wobei vorab ein fester Kostenbetrag zur vorläufigen Charakterisierung aller Fälle aufgewandt werde). Ein Beispiel bieten die Abmahngebühren der Vereinigung zur Bekämpfung des unlauteren Wettbewerbs. Es muß sich jedoch nicht um Geldprämien und damit um pekuniäre Motive handeln. So kann etwa das Bußgeldaufkommen als Indikator für den Erfolg bei der Bekämpfung von Normverletzungen dienen und dessen Maximierung daher eine Erfolgsorientierung der Instanz widerspiegeln (Leistungsmotivation als solche oder aus Streben nach Ansehen und persönlichem Fortkommen). Die Konzentration auf die krasseren Fälle bietet eine erste Erklärung für die konjekturale Wahrnehmung von Höhe und Wahrscheinlichkeit der Sanktion durch die in Abschnitt 3.1. behandelten Normadressaten.

Im Einzelnen kann das auch anders begründet werden: So besteht Grund zu der Annahme, daß mit steigender Normabweichung $p-ec$ ein Fall sozusagen von selbst eher auffällt, so daß er weniger Kosten seiner Entdeckung und näheren Identifizierung verursacht. Besonderheiten in der Funktionsweise der Öffentlichkeit können hierzu beitragen, indem etwa die veröffentlichte Meinung ihre Aufmerksamkeit gerade den krasseren Fällen von Normabweichung zuwendet. Damit haben wir zugleich ein Beispiel für den informellen Charakter vieler Sanktionsmechanismen, zumal öffentliche Mißbilligung selbst schon als Verhängung einer Sanktion wirkt. Überhaupt haben viele Elemente, die in unseren Beispielen strenger gefaßt sind, oft informellen Charakter. Das gilt auch für die Normen selbst, etwa solche des kaufmännischen Anstandes. In unserem Zusammenhang möge der Hinweis genügen, daß der analytische Ansatz auch bei informellen Institutionalisierungen gilt – nur daß bei diesen das Zustandekommen oft nur schwer als das Ergreifen einer wirtschaftspolitischen Maßnahme interpretiert werden kann. Im Rahmen unseres primitiven Instanzenmodells bedeutet die teilweise informelle Fallaufdeckung sinkende Fallkosten und damit eine mit $p-ec$ steigende Wahrscheinlichkeit, daß der Fall zu den im Rahmen eines begrenzten Budgets aufgegriffenen gehört.

Allerdings muß davon ausgegangen werden, daß das Verhalten der Behörde den Wirtschaftssubjekten bekannt ist, so daß diese Gewinneinbußen zur Verminderung der Entdeckungswahrscheinlichkeit auf sich nehmen, wenn dadurch die Nettogewinnerwartung steigt. Damit entsteht ein strategisches Problem der gegenseitigen Voraussicht, das man wie folgt verdeutlichen kann: Die Behörde verfüge über alternative Beobachtungs- und Aufgriffsstrategien; jede davon äußere sich in einer anderen Abhängigkeit der Sanktionswahrscheinlichkeit w von $p-ec$ und in anderen Beobachtungskosten B: $w = f(B)(p-ec)$. Für jede Verhaltensweise p der Normadressaten ergibt sich dann für eine gegebene Strategie der Instanz ein Erwartungswert des Prämienaufkommens abzüglich Beobachtungskosten. Das daraus sich ergebende Unbestimmtheitsproblem werde dadurch gelöst, daß die Behörde ihre Strategie – man verstehe sie etwa als ihre Verfahrensgrundsätze – bekannt gibt. sie kann sich dann auf diejenige Verfahrensweise festlegen, auf welche die Wirtschaftssubjekte im Sinne des Behördenziels besonders günstig reagieren. Die Sanktionsinstanz bestimmt so die von den Normadressaten tendenziell praktizierte Normabweichung. Diese diene als ein Beispiel für die Bestimmung der bei einer gesetzten Institutionalisierung zu erwartenden Ergebnisse.

3.3. Wertgesteuertes Verhalten und internalisierte Normen.

Eine Wirtschaftsordnung, die sich nicht auf verbreitete Werthaltungen der Bevölkerung stützen kann, würde an dem enormen Bedarf an äußeren Normkontrollen scheitern. Um diese Ergänzung von äußeren Normen durch innere Werte zu verdeutlichen, bleiben wir zunächst bei unserem Beispiel der gesellschaftlichen Regelung von „Preiswucher“. Die Verhaltensregelung stütze sich aber nun darauf, daß eine Preisüberhöhung über die Norm ec hinaus sozial verpönt sei und dem Gefühl für kaufmännischen Anstand und Sitte widerspreche. Der relevante Ausschnitt aus den Präferenzen des Unternehmers sei entsprechend durch eine Nutzenfunktion $N = N(G,T)$ abgebildet, in welcher der Nutzen von der Höhe des Gewinns G und dem Grad an Normtreue T abhänge. Dabei sei T definitionsgemäß 0 beim Cournotpreis $(a+c)/2$ und 1 bei $p = ec$. Gemäß der Gewinnfunktion $G = (a-c)m - bm^2$ nimmt der Gewinn vom Cournotschen Punkt des Maximalgewinns an bis zu der der Gewinnhöhe ec entsprechenden Menge kontinuierlich ab: Grenzgewinn $= a - c - 2\,bm$, also mit m zunehmender Grenzverlust. Daraus ergibt sich eine zum Ursprung konvex gekrümmte Transformationsfunktion zwischen G und T im Bereich zwischen $T = 0$ (Maximalgewinn) und $T = 1$ (Gewinn bei Normpreis $p = ec$). Das Nutzenmaximum liegt bei normal gekrümmten Indifferenzkurven $G = J(T)$, abgeleitet aus $N = N(G, T) = N^*$, beim Tangentialpunkt der Transformationskurve mit der Indifferenzkurve mit dem höchsten der Nutzenniveaus N^*. Die Lösung stellt einen individuellen Kompromiß zwischen Gewinnstreben und internalisierten Normvorstellungen dar. Das dabei realisierte Ausmaß an Normabweichung hängt dabei ab 1) von der situationstypischen Grenzrate der Substitution dG/dT, also der Markt- und Kostenlage, 2) vom Normanspruch e, 3) von dem inneren moralischen Gewicht der Norm, das die Sozialisationsmechnismen dem typischen Kaufmann haben vermitteln können. Auch diese Anwendung unseres Beispielfalles zeigt, daß es für Verhaltensprognosen unter institutionellen Prägungen nicht genügt, auf gegebene Präferenzen hinzuweisen oder sich auf die soziologische Rollendetermination des Verhaltens zu verlassen. Vielmehr sind auch diese Steuerungsmodalitäten verhaltenstheoretischer Analyse zugänglich. Diese ist auch im Prinzip erforderlich, wenn man an die faktische Verbreitung dieser Art von institutioneller Steuerung denkt: Es handelt sich nicht nur um allgemeine in einer Gesellschaft verbreitete Moralvorstellungen, die durch Einzelmaßnahmen schwer änderbar sind, aber als Voraussetzung für die Funktionsfähigkeit des übrigen Ordnungsrahmens beachtet werden müssen, sondern durchaus auch um spezifische Moralitäten, die durch berufliche Sozialisation der Geschäftswelt und besonderen Berufen vermittelt werden. Ohne berufsspezifische moralische Regeln wären besondere Ordnungen einzelner Sektoren gar nicht funktionsfähig, z. B. Sektoren mit asymmetrischen Informationsvorsprüngen der Anbieter mit dem Extremfall der medizinischen Berufe[19]. Die Internalisierung der Moralvorstellungen wird dabei in praxi oft abgestützt durch äußere Sanktionierungen, z. B. durch die professionelle Ehrengerichtsbarkeit. Das geschieht nicht nur zur Vermeidung von „Ausreißern“, sondern auch zur Verstärkung der Sozialisierung durch aktuelle Verdeutlichung der Normen – auch dies ein Hinweis auf die gegenseitige Abstützung von Norm- und Wertsteuerung. Diese Ergänzung besteht auch in den anfangs erwähnten Einflüssen persistierender Situationen und Normierungen auf die Präferenzen: Unter solchen Zwängen verstärkt angestrebte individuelle Ziele gewinnen im Laufe der Zeit an innerem Gewicht, um kognitive Dissonanzen zwischen Erwünschtem und Erreichtem zu verringern. So befürchten z. B. Sozialpolitiker, daß eine häufige Nutzung materieller Anreize zu sozial erwünschtem Handeln (Spenden, persönliche Hilfsdienste) die nicht-pekuniären Motive abschwächt[20]. Analoge wenn auch sehr vage Wirkungstheorien liegen oft der Befürwortung „affirmativer Aktionen“ zugrunde, womit Normen gemeint sind, welche direkt und mit prohibitiven Sanktionierungen ein erwünschtes Verhalten vorschreiben, z. B. Zwangsintegration von Bevölkerungsteilen in gemeinsamen Schulen, Frauenquoten. Diese sollen erzieherisch wirken, indem die äußere Norm auf die Dauer zum freiwillig bejahten inneren Wert wird. Solche langfristigen Beziehungen zwischen Norm- und Wertsteuerung, wie überhaupt Vorgänge des Präferenzwandels, entbehren noch weitgehend einer verläßlichen theoretischen Grundlage, und einschlägige Maßnahmen stützen sich leider vorwiegend auf weltanschauliche Vorlieben[21]. Der Vollständigkeit

---

[19] Zur Bedeutung solcher Motivationen für die Wirtschaftsordnung siehe MÜNNICH, F. E. (1980): „Gesellschaftliche Ziele und Organisationsprinzipien“, in: E. STREISSLER und C. WATRIN, Hrsg., *Zur Theorie marktwirtschaftlicher Ordnungen*, Mohr (Siebeck): Tübingen, S. 163–196.

[20] So TITMUSS, R. (1970): *The Gift Relationship*, George Allen Unwin: London.

[21] Vgl. die Begründungen von Programmen, besonders von affirmativen Aktionen bei GALBRAITH, J. K. (1973): *Economics and the Public Purpose*, Moughton Mifflin Co.: Boston.

halber sei noch darauf hingewiesen, daß eine Angleichung der Präferenzen an die institutionellen Restriktionen auch noch darauf beruhen kann, daß Wirtschaftssubjekte die Tendenz haben, sich in den Geltungsbereich derjenigen Norm zu begeben, die mit ihren Präferenzen am ehesten in Einklang stehen. Solche Selektionswirkungen von Institutionen (durch Wanderungsbewegungen, Erwerb von Mitgliedschaften u. dgl.) werden kaum erwähnt[22], doch sind – wie jedem Praktiker bewußt ist – Gesichtspunkte der Attraktivität einer institutionellen Umgebung oft ausschlaggebend für gestaltende Maßnahmen von politischen Körperschaften oder Unternehmensleitungen.

4. Einige Konsequenzen für eine zweckorientierte Ordnungspolitik

Soweit wurde gezeigt, auf welchen analytischen Grundlagen eine Ordnungspolitik beruht, die nicht Ordnungen als solche wertet, sondern durch institutionelle Gestaltung bestimmte Zwecke anstrebt. Es kam dabei darauf an, skizzenhaft die elementare Logik einer solchen Institutionenpolitik aufzuzeigen. Die informationellen Aspekte von Institutionen oder gar Institutionen mit vorwiegend informativen Funktionen wurden dabei als einer von drei Ansatzpunkten der Gestaltung nur kurz erwähnt. Ihre Analyse, selbst innerhalb unserer einfachen Illustrations-Modelle, hätte die Heranziehung der Ökonomie der Information und insbesondere der Wahlakte unter unvollkommener Information erfordert und damit den Rahmen der Exposition des hier gemeinten Grundkonzepts gesprengt. Dieses Konzept besteht darin, die grundsätzlichen Möglichkeiten einer Vorhersage der Wirkungen institutioneller Maßnahmen, die im Hinblick auf vorgegebene Zwecke getroffen werden, zu untersuchen.

Die Erzeugung erwünschter Ergebnisse durch Induzierung bestimmter Bandbreiten von Verhaltensweisen und deren Interaktionen für eine abgegrenzte Klasse von potentiellen Situationen kann mehr oder minder direkt erfolgen. So kann man sich Normen vorstellen, die selbst schon das erwünschte Verhalten beinhalten. Sollen z.B. die Gefahren des Straßenverkehrs gemindert werden, so kann man unmittelbar die Qualität der Verkehrsmittel standardisieren und überwachen sowie enge Verkehrsregeln erlassen. Man kann aber auch indirekt vorgehen, indem man etwa eine Gefährdungshaftung der Verkehrsteilnehmer einführt. Die direkten Maßnahmen führen zu höherer Regelungsdichte, sichereren und spezifischereren Ergebnissen, aber auch zur Ausnutzung der Spielräume innerhalb der Standardsetzung;

---

[22] Vgl. aber den Hinweis bei GÄFGEN G. (1984): „Entwicklung und Stand der Theorie der Property Rights: Eine kritische Bestandsaufnahme", in: M. NEUMANN, Hrsg., *Ansprüche, Eigentums- und Verfügungsrechte*, Schriften des Vereins für Socialpolitik, N. F. Band 140, Duncker&Humblot: Berlin, München, S. 57.

ihre theoretische Struktur ist relativ einfach. Die Institutionalisierungen, die auf indirektem Wege eine Verhaltensbeeinflussung anstreben, beruhen auf komplexeren und theoretisch schwerer faßbaren Zusammenhängen; ihre Ergebnisse sind daher unsicherer, dabei oft auch nicht so genau zweckgerichtet, reizen aber allgemeiner zu einem generell unabhängig von Standardgrenzen in erwünschte Richtung gehenden Verhalten an und bedienen sich nicht so vieler und dichter Restriktionen.

Die Wirkungen von Institutionen lassen sich auch in einem anderen Sinne nicht so genau auf einen Zweck ausrichten; sie streuen nämlich in andere Zielbereiche. Diese Nebenwirkungen werden oft bei Maßnahmen, die soziale Wohltaten sein sollen, wenig beachtet. So führt mehr Sicherheit für Konsumenten durch verschärfte Produzentenhaftung zugleich zu einer Verteuerung sowie Verringerung der Güterversorgung und Güterauswahl sowie zu einer Minderung des Realeinkommens der bisher auf etwas mindere Qualitäten angewiesenen Käuferschichten. Das Beispiel zeigt zugleich, daß institutionelle Lösungen für Teilprobleme zwecks Abfangens unerwünschter Nebenwirkungen ergänzende Institutionalisierungen in anderen Bereichen nahelegen. Die Beachtung dieser sehr vielfältigen Interdependenzen zwischen sich ergänzenden oder sich beeinträchtigenden Institutionen stellt dann keine so hohen Anforderungen, wenn grundlegende Institutionen geschaffen werden, die ausdrücklich so wirken, daß sie Gefährdungen ihrer Zweckerreichung, die von anderen Bereichen her drohen, auszugleichen vermögen. Solches kann z.B. eine Grundinstitution der Sicherung eines Mindestrealeinkommens bewirken, die unerwünschte distributive Effekte abfängt. Diese Verflechtungen führen dazu, daß vielen Institutionen gar nicht bestimmte einzelne Funktionen zugeschrieben werden können, auf jeden Fall aber zeigt sich die Notwendigkeit einer breiten Perspektive, die weit in den gesamten Ordnungsrahmen ausgreift. Auch in zeitlicher Hinsicht muß institutionelle Gestaltung weit vorausdenken: Institutionen erfahren einen Bedeutungswandel oder Funktionsverluste, wenn der Situationsrahmen, auf den sie zugeschnitten sind, gesprengt wird, wenn die Normadressaten langfristig ihre Einstellungen ändern („Wertwandel", Generationenwechsel) und wenn sich Informationen verbreiten oder kreativ neues Wissen entsteht, so daß beispielsweise die Menschen lernen, bestimmte Sanktionen zu umgehen oder auszugleichen.

Schließlich müssen institutionelle Änderungen wie alle Maßnahmen in Prozessen der politischen Willensbildung durchgesetzt werden, wobei sie vielfältige Änderungen erfahren. Gerade mit einem existierenden Ordnungsrahmen, der Eigentumsrechte, soziale Ansprüche und sektorale Regulierungen enthält, sind vielfältige Interessen verbunden. Diese werden sich institutionellen Änderungen widersetzen, die zur Verlagerung von Kompetenzen und zur Entwertung bisheriger Positionen führen. Auch wenn hier nicht eine politische Ökonomie der Reformen entwickelt werden kann, zeigt sich doch, daß größere Änderungen des Ordnungrahmens von der historischen Gesamtsituation der Gesellschaft ausgehen müsse. Vielleicht kann der zähe Widerstand des Existierenden dabei eher überwunden werden, wenn weltanschauliche Überzeugungen sich verbreiten, die der institutionellen Neuerung förderlich sind. Damit gewinnt die ideologisch inspirierte Idee der Gesamtordnung dann doch wieder an Bedeutung – wenn auch unter einem ganz anderen Blickwinkel.

Überlegungen zu Tariföffnungsklauseln*

von

Utta Gruber

Unter der Überschrift „Flexibilität: ein neuer Modebegriff?" schreibt Bombach:

> „Es ist üblich geworden, alle möglichen Fehlentwicklungen, die sich schwer deuten und noch schwerer bekämpfen lassen, auf mangelnde Flexibilität zurückzuführen. *Flexibilisierung* lautet deshalb das Zauberwort. Man wird an den Terminus ‚strukturell' erinnert, der oft nicht mehr denn ein Sammelbegriff für schwer entwirrbare Tatbestände ist – für Probleme, die sich auf kurze oder mittlere Sicht nicht lösen lassen."[1]

Selbst, wenn man sich auf nur einen Bereich: den Arbeitsmarkt, beschränkt, können Flexibilität und Flexibilisierung inhaltlich sehr Unterschiedliches bedeuten. Sie können sich beziehen auf Lohnhöhe, Lohnstruktur, Lohnnebenkosten, Arbeitszeit, sonstige Arbeitsbedingungen, Beginn und Beendigung des Arbeitsverhältnisses, auf das Arbeitsrecht[2], ebenso aber auch auf das Verhalten der Tarifvertragsparteien, ihrer Mitglieder und der nicht organisierten Arbeitgeber und Arbeitnehmer bei und nach Abschluß der Verträge.

Wenn aus dieser Vielzahl von Flexibilisierungsmöglichkeiten die Lohnflexibilisierung und hier speziell das Instrument der Tariföffnungsklauseln herausgestellt werden, bedarf dies der Begründung. Vorausgeschickt seien einige Bemerkungen über die Bekämpfung der Arbeitslosigkeit durch Flexibilisierung des Lohnniveaus und der Lohnstruktur mit Bezug auf die Entwicklung in der Bundesrepublik. Daran anschließend sind die wichtigsten Wege einer solchen Flexibilisierung aufzuzeigen und miteinander zu vergleichen.

Im letzten Abschnitt wird ein einfaches Vertragsmodell mit Tariföffnungsklausel vorgestellt.

---

* Meinen Mitarbeitern Herrn Dr. Jürgens Callies und Herrn Dipl.-Volksw. Markus Eder danke ich für vielfache Unterstützung.

[1] Bombach (1986) S. 291.

[2] Die Flexibilisierung des Arbeitsrechts sollte nach Zöllner (1988), S. 268, nicht nur in Hinblick auf den Arbeitsmarkt verstanden werden, sondern als „Herbeiführung eines Rechtszustands, der Selbstbestimmung und Anpassungsfähigkeit erhöht".

I. Flexibilisierung von Lohnhöhe und Lohnstruktur.

Wenn die Forderung nach Flexibilisierung des Beschäftigungsverhältnisses mit der Bekämpfung der Arbeitslosigkeit begründet wird – ein anderer Grund könnte die Unterstützung des Strukturwandels sein –, so ist es naheliegend, die Lohnflexibilisierung in den Vordergrund zu stellen.

Sie kann zwei Formen annehmen:

1) die Flexibilisierung des Lohnniveaus bei unveränderter Lohnstruktur[3],
2) die Flexibilisierung der Lohnstruktur.

Zu 1): Stuft man Arbeitslosigkeit als Mindestlohnarbeitslosigkeit ein und begründet sie mit der Starrheit der Tariflöhne, unterstellt man, daß das Tariflohnsystem die effektiv bezahlten Löhne bestimmen würde. So wird behauptet, daß die Spanne zwischen Effektiv- und Tariflöhnen, im weiteren Gebrauch des Wortes als Lohndrift bezeichnet, zwar bis in die 70er Jahre eine gewisse Elastizität des Effektivlohnniveaus gewährleistet habe, seit Mitte der 70er Jahre aber diese Funktion verloren habe.[4] Die Gewerkschaften hätten die Spanne institutionalisiert. Die frei vereinbarten Bestandteile der Spanne seien Gegenstand von Tarifverhandlungen geworden. Der sogenannte harte Kern der Lohndrift – das sind Bestandteile der Lohndrift, die Gegenstand von tariflichen Abmachungen sind, aber nicht in der Tariflohnstatistik auftreten – habe sich vergrößert. Ferner wird die Ansicht vertreten, daß sich infolge Verschlechterung der Arbeitsmarktlage die Lohndrift auf diesen harten Kern reduziert habe, indem nahezu alle übertariflichen Bezahlungen abgebaut seien. Hardes hat die These von der Einebnung der Lohndrift kritisiert und differenziert.[5] Vor allem in großbetrieblichen Industriesektoren findet sich eine Lohnstruktur, die stärker von den internen und zwischenbetrieblichen Effektivlohndifferenzen als von den Rahmentarifverträgen geprägt ist.

Sind somit schon Zweifel anzumelden, ob in einem durch das Nebeneinander von Effektiv- und Tariflöhnen geprägten System eine allgemeine Mindestlohnarbeitslosigkeit aufgrund von Tariflohnstarrheiten verursacht wird, so ergeben sich erst recht Zweifel an der therapeutischen Wirkung einer allgemeinen undifferenzierten Geldlohnsenkung. Denn der Vollbeschäftigungsreallohn wird – vollkommen flexible Geldlöhne und Preise vorausgesetzt – auf dem Wege einer sich in der Zeit vollziehenden Anpassungsbewegung von Geldlöhnen und Preisen erreicht.

Von der dynamischen Struktur dieser Bewegungen sowie von der gleich-

---

[3] SCHULTZE (1986) argumentiert, daß ohne eine Flexibilität der relativen Löhne auch keine Flexibilität des Nominallohnniveaus zu erreichen sei. Allerdings argumentiert er auf der Basis der impliziten Kontrakte.

[4] ENGELS u.a. (Kronberger Kreis) (1985) S. 19.

[5] HARDES (1988) S. 65; s. hierzu auch die Untersuchung von GAHLEN, RAMSER (1987).

Abb. 1

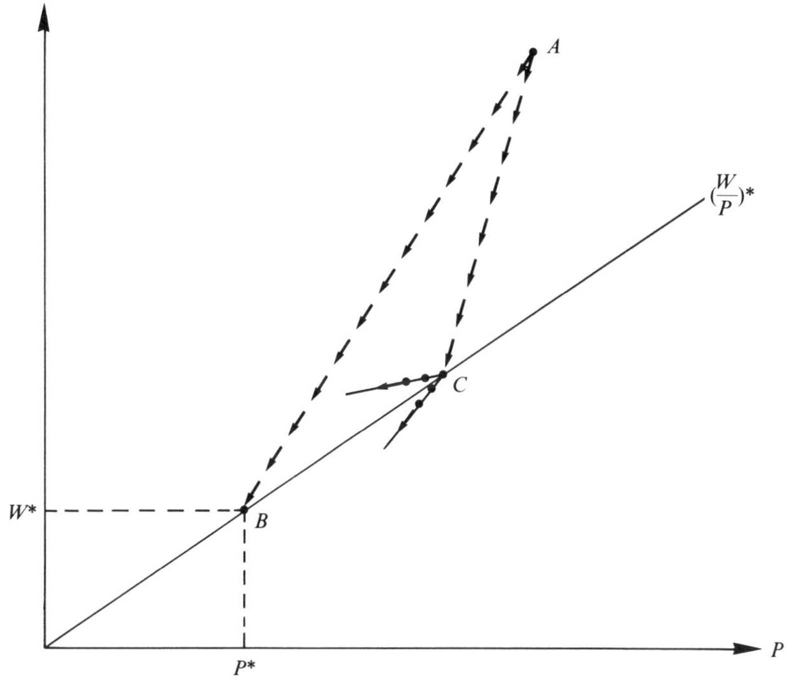

zeitig praktizierten Geld- und Fiskalpolitik hängt es ab, in welcher Zeit und ob überhaupt die Geldlohnflexibilität zum Vollbeschäftigungsgleichgewicht führt. Ohne auf die zugrundeliegende Modellanalyse näher einzugehen, läßt sich die Problematik intuitiv aus Abb. 1 ersehen.

In dieser stark vereinfachenden Darstellung seien gegebene makroökonomische Funktionen, insbes. eine gegebene Geldmenge, angenommen. Die durchgezogene Gerade kennzeichnet den Vollbeschäftigungsreallohn. Wie sich mit Hilfe eines einfachen keynesianischen-neoklassischen Synthesemodells mit Mengenrationierung leicht zeigen läßt, gehören zum Vollbeschäftigungsgleichgewicht unter den gegebenen Annahmen nicht nur ein bestimmter Reallohn, sondern auch ein bestimmter Geldlohn und ein bestimmtes Preisniveau: w^* und p^*. Wird diese Kombination (Punkt *B*) nicht verwirklicht, wird keine Vollbeschäftigung erreicht. Ausgangspunkt sei Punkt *A*, also ein über dem Gleichgewichtsniveau liegender Reallohn. Mögliche Anpassungspfade sind die Linien *A–B* oder *A–C*. Die hier angenommene Linearität der Pfade spielt für das Ergebnis keine Rolle. Nur per Zufall wird der eingangs eingeschlagene Pfad direkt zur Kombination w^*, p^* führen

(Pfad *A–B*). In allen anderen Fällen – hier wurde nur der Pfad *A–C* eingezeichnet – wird zwar der Vollbeschäftigungsreallohn erreicht, aber nicht bei der gleichgewichtigen Kombination w^*, p^*. Im Zuge der weiteren Anpassungsbewegungen kann der Vollbeschäftigungsreallohn beibehalten, überschritten oder unterschritten werden (punktierte Pfeil-Linien). Es kann auch zu zyklischen Schwankungen kommen.

Ganz anders jedoch, wenn man z.B. von einem elastischen Geldangebot ausgeht. Dann bedeutet – wie sich ebenfalls anhand eines keynesianisch-neoklassischen Synthesemodells zeigen läßt – *jede* Kombination von w und p Vollbeschäftigungsgleichgewicht, die auf der Linie des Vollbeschäftigungsreallohns liegt.[6] Wirtschaftspolitisch ist diese Möglichkeit, z.B. bei konstantem Geldlohn und erhöhtem Preisniveau zur Vollbeschäftigung zu gelangen, eine zu verlockende Alternative, um ihr die umstrittene und unsichere Deflationslösung vorzuziehen. Ein realistisches Konzept der Flexibilisierung wird somit nicht auf eine Senkung des allgemeinen Lohnniveaus ausgerichtet sein, sondern, wenn überhaupt auf Lohnsenkungen, dann nur auf partielle Lohnsenkungen, so daß eine Änderung der Lohnstruktur resultiert.

Zu 2: Zu unterscheiden ist die Flexibilisierung der Lohnstruktur als Ganzes, die durch partielle und/oder differenzierte Lohnsenkungen, durch eine Kombination von Lohnsenkungen und Lohnsteigerungen oder auch durch differenzierte Lohnsteigerungen zustande kommen kann, von fallweisen partiellen Lohnsenkungen einzelner Unternehmen und Wirtschaftszweige in Krisensituationen. Wir wenden uns zunächst dem ersten Typ der Lohnstrukturflexibilisierung zu.

In den Fehlentwicklungen bzw. der mangelnden Anpaßbarkeit der Lohnstruktur werden die Ursachen der strukturellen Arbeitslosigkeit gesehen, bei der ein „mismatch" zwischen Arbeitslosen und freien Arbeitsplätzen entsteht. Zugeschrieben werden diese Verzerrungen der Lohnstruktur dem herrschenden Tarifsystem, und zwar im einzelnen:

1. einer zu geringen Differenzierung der Tariflohnabschlüsse, aber auch der Effektivlöhne, nach Regionen, Sektoren, Berufen, Qualifikationen und einzelnen Unternehmen,
2. einer durch die Tarifpolitik der Gewerkschaften ausgelösten Nivellierungstendenz,
3. der durch das Tarifsystem bedingten Starrheit der Lohnstruktur.

Will man diese drei Thesen über den Zustand und die Entwicklung der Lohnstruktur überprüfen, zeigen sich folgende Schwierigkeiten: die erste und

---

6 „... this economy responds to unemployment with a policy-induced increase in the money supply without the need for intervening deflation." Hahn, Solow (1986) S. 2, die im Rahmen eines Modells der überlappenden Generation eine solche Wirtschaft mit inflexiblen Nominallöhnen einer anderen mit flexiblen Nominallöhnen gegenüberstellen.

die dritte These sind weder theoretisch noch empirisch zu stützen. Gewiß kann man auf theoretisch-normativer Ebene den Schluß ziehen, daß eine fehlende Markträumung zweier in heterogener Konkurrenz stehender Märkte in dem Sinn, daß auf einem Markt ein Überangebot und auf dem anderen eine Übernachfrage herrscht, auf eine zu geringe Differenzierung der Lohnstruktur zwischen den beiden Märkten hindeutet (These 1). Aber das setzt einmal Gewißheit darüber voraus, daß eine Lohnsenkung auf dem einen und eine Lohnerhöhung auf dem anderen Markt zur Markträumung führen.

Wie die Ergebnisse der modernen Arbeitsmarkttheorie zeigen, braucht das aber nicht zuzutreffen. So können Arbeitnehmer, die aufgrund ihres niedrigen Reservationslohnes den herrschenden Lohn unterbieten, für minderqualifiziert gehalten und deshalb nicht eingestellt werden.[7]

Außerdem ist auch aufgrund mancher Insider-Outsider-Modelle der Schluß zu ziehen, daß Arbeitnehmer, die niedrigere Löhne akzeptieren, nicht eingestellt, sondern unfreiwillig arbeitslos werden. Diese Modelle beruhen auf der Unterscheidung zwischen eingearbeiteten bzw. in der Einarbeitung befindlichen Insidern und arbeitsuchenden Outsidern, die ihre Arbeit zu niedrigerem Lohn anbieten[8]. Die Kosten der Personalfluktuation können so hoch sein, daß die Spanne zwischen Insider- und Outsider-Lohn nicht ausreichend ist, um zu Neueinstellung von Outsidern zu führen. Deren Beschäftigung würde ferner u. U. die Kooperationsvorteile, die zwischen den Insidern bestehen und die sich der genauen Kontrolle durch die Unternehmensleitung entziehen, zunichte machen. Aus diesen Gründen entfällt der Lohndruck durch Außenseiterkonkurrenz.

Von einer „zu geringen" Differenzierung der Lohnstruktur zu sprechen, verbietet sich außerdem deshalb, weil keine eindeutige Korrelation zwischen der absoluten oder der relativen Höhe der Lohndifferenzen und den Knappheitsverhältnissen des Arbeitsmarktes besteht: Ein nicht ausschließlich zufallsbedingter Arbeitsplatzwechsel, Risikoaversion, Externalitäten und Fristigkeiten der Verträge bestimmen die Lohnstruktur unabhängig von den Markträumungsbedingungen.[9]

Auch für die dritte These bietet die Theorie keine ausreichende Unterstützung, sondern liefert im Gegenteil eine Reihe von Begründungen, warum es auch ohne Tarifsystem zu Lohnstarrheiten kommen kann bzw. warum es für

---

[7] Stiglitz (1986) S. 185.

[8] Lindbeck, Snower (1986).

[9] Vgl. hierzu die Untersuchung von Dasgupta, Gang (1987) auf der Grundlage eines Harris-Tadoro-Modells zur Erklärung der Lohndifferenzen zwischen heterogenen Arbeitsmärkten.

beide Seiten rational sein kann, auf Lohnanpassungen nach unten zu verzichten. Diese Begründungen[10] basieren

- auf der Theorie der impliziten Kontrakte in ihrer älteren Fassung, die auf den Annahmen unterschiedlicher Risikoneigungen und Zugangsmöglichkeiten zum Kapitalmarkt beruht und/oder asymmetrische Informationen über die Wertgrenzproduktivität der Arbeit voraussetzt;
- auf der Effizienzlohntheorie in den Versionen des Shirking-Ansatzes, der Attraktion leistungsfähiger Arbeitnehmer durch einen höheren Lohn oder ein anreizkompatibles Karriereprofil und der im beiderseitigen Interesse liegenden Erhaltung der betriebsspezifischen Arbeitnehmerqualitäten und somit der Reduzierung des Arbeitsplatzwechsels. Diese Ansätze, die durch explizite oder implizite Verträge verwirklicht werden, sind uns schon zum Teil bei der Frage begegnet, warum trotz Lohnsenkungen Arbeitslosigkeit bestehen bleibt. Hier geht es jetzt um einen anderen Aspekt: Die Effizienz von Lohnsätzen, die über dem markträumenden Lohn liegen.

Mit diesen im theoretischen Bereich liegenden Problemen, die Thesen 1 und 3 zu bestätigen, hängt es zusammen, daß bereits die empirische Feststellung, ob Lohnstarrheiten gegeben sind, nicht eindeutig vorzunehmen ist. Nimmt man Starrheiten der Lohnstruktur immer dann als gegeben an, wenn Disparitäten in den Arbeitslosenquoten auf Teilmärkten zu beobachten sind, negiert man die oben angeführten Ergebnisse der Arbeitsmarkttheorie. Somit lassen sich „Starrheiten der Lohnstruktur" nur – rein formal – als Konstanz der Lohnstruktur definieren. In Schwierigkeiten gerät man, wenn es darum geht, geringfügige Änderungen der Lohnstruktur einzuordnen, die man bei konsequenter Anwendung des Kriteriums nicht mehr als Lohnstarrheiten bezeichnen dürfte.

Wenn schon Fragen nach dem *Bestehen* eines ausreichenden Differenzierungsgrads (These 1) sowie einer Inflexibilität der Lohnstruktur (These 3) nicht eindeutig zu beantworten sind, gilt das um so mehr für die empirische Überprüfung der Frage, ob die Ursachen für die mangelnde Differenziertheit und die nicht ausreichende Flexibilität in dem bestehenden Tariflohnsystem liegen. Ebenso entzieht sich die Frage, ob eine größere Flexibilität der Lohnstruktur zur Verringerung der Arbeitslosigkeit beigetragen hätte, der empirischen Überprüfung. Wir beschränken uns deshalb im Folgenden auf die Fragen nach den tatsächlichen Differenzierungsgraden, den Nivellierungstendenzen und der Lohnstarrheit im formalen Sinn, also der Konstanz der Lohnstruktur. Ohne auf die Einzelheiten näher einzugehen, werden wir die Ergebnisse der empirischen Untersuchungen von VOGLER-LUDWIG (1985),

---

[10] Zur Systematik dieser Ansätze vgl. AZARIADIS, STIGLITZ (1983), FLANAGAN (1984), SCHULTZE (1986).

FRANZ (1987) und HARDES (1988) heranziehen und sie durch einige auf neueren Zahlen beruhenden Tendenzfeststellungen ergänzen.

Beginnen wir mit der Frage nach dem Differenzierungsgrad (These 1). Obgleich immer wieder auf die Vereinheitlichungstendenzen des Tarifsystems hingewiesen wird, findet man dafür keine empirische Bestätigung. Auffällig ist zunächst die große Anzahl der Tarifverträge: 45000 im Jahre 1988[11]; ein Drittel davon waren Firmen-Tarifverträge, durch die zumindest die Möglichkeit zur individuellen Anpassung besteht. Vier Fünftel der Verträge betrafen weniger als 10000 Beschäftigte. Des weiteren finden sich, bezogen auf ein- und dieselbe Qualifikationsgruppe, beträchtliche Unterschiede in den Branchenlöhnen. Läßt man die beiden Extremfälle: Mineralölverarbeitung einerseits und Lederverarbeitung andererseits fort, so betrugen 1988 die durchschnittlichen Bruttowochenverdienste von männlichen Arbeitern in der Zellstoff-, Papier- und Papperzeugung DM 876 und im Bekleidungsgewerbe DM 654 bei einem Durchschnitt für die verarbeitende Industrie ohne Bauindustrie von DM 786[12]. Nach den Untersuchungen von Vogler-Ludwig entsprechen die sektoralen Lohndifferenzierungen, wenn auch in abgeschwächtem Ausmaß, annähernd den Produktivitätsunterschieden zwischen den Sektoren. Was sich allerdings nicht feststellen läßt, ist, ob dies auch für die zwischenbetriebliche Lohnstruktur gilt. Auf jeden Fall ergeben sich auch zwischen den verschiedenen Qualifikationsgruppen und zwischen Männern und Frauen erhebliche Lohnunterschiede. Die Lohndifferenzen zwischen den Arbeitern der Leistungsgruppe 1 und 3 liegen von unten her gerechnet für die meisten Industrien zwischen 20% und 30%. Allerdings gibt es auch Abweichungen nach oben: Schiffbau 37%, Luft- und Raumfahrzeugbau 34% sowie nach unten: Eisenschaffende Industrie 16%, Zieherei, Kaltwalzwerke, Stahlverformung 12%. Vergleicht man Männer- und Frauenlöhne der Leistungsgruppe 3, so ist das Bild sehr viel weniger einheitlich: Differenzen von nur 8% (Büromaschinen, EDV-Geräte) stehen Differenzen von über 30% in den verschiedensten Industrien gegenüber, im Sonderfall der Zellstoff-, Papier- und Papperzeugung sogar von 42%[12]. Diese Verschiedenheit ist ein Zeichen dafür, daß bei den Tarifabschlüssen den unterschiedlichen Tätigkeitsstrukturen Rechnung getragen wurde.

Der Lohndifferenzierung entgegen steht das Bemühen der Gewerkschaften um eine Nivellierung der Lohnstruktur (These 2), das seit den 70er Jahren insbesondere auf die Angleichung von Frauen- und Männerlöhnen und auf die Anhebung der unteren Lohngruppen gerichtet war. Eine relativ stärkere Anhebung der Tarife für die unteren Lohngruppen und die „Sockelbetragspolitik" der Gewerkschaften dienten diesem Ziel. Im Ergebnis hat

[11] ZIMMERMANN (1988) S. 80.

[12] STATISTISCHES BUNDESAMT (1988): Löhne und Gehälter, Fachserie 16, Reihe 1.2, Arbeitsverdienste in der Industrie, Oktober 1988. Wiesbaden S. 57–62.

sich zwar der Lohnabstand zwischen Frauen und Männern verringert, aber auch dies gilt in der Hauptsache nur für die unteren Lohngruppen. Nicht eingeebnet wurden die branchenmäßigen Lohndifferenzen, im Gegenteil, bei den männlichen Facharbeitern, aber auch bei den Angestellten, zeigten sich bei den Effektiv- wie bei den Tariflöhnen Differenzierungstendenzen. Überproportional stiegen Löhne und Gehälter in den Wachstumsbranchen (Luft- und Raumfahrzeugbau, Chemische Industrie, Maschinenbau, Büromaschinen/ADV-Geräte und Versicherungen). Das muß allerdings nicht zu einer stärkeren Lohndifferenzierung führen: Wenn Wachstumsbranchen, die zu den Niedriglohn-Sektoren zählen, einen überproportionalen Lohnanstieg aufweisen (Büromaschinen/ADV-Geräte) und einige Hochlohn-Sektoren einen unterproportionalen (wie z.B. Bergbau, Schiffbau, Druckereien), dann ergibt sich eine Nivellierungstendenz.[13]

Auch hinsichtlich der Lohnstruktur nach Qualifikationsgruppen läßt sich bei den Arbeitern keine durchgängige Nivellierungstendenz feststellen. Bei den Angestellten war sie bis Ende der 70er Jahre zu beobachten; dann wich sie einer Differenzierungstendenz.[14] Daß die gewerkschaftliche Nivellierungspolitik so wenig auf die qualifikationsbezogene Lohnstruktur durchschlägt, ist einmal entgegengerichteten Effektivlohnentwicklungen zuzuschreiben, die allerdings erst in den letzten Jahren und in nur wenigen Branchen wirksam wurden, mehr aber noch der zu geringen quantitativen Basis: die überproportionale Anhebung der Tariflöhne war auf wenige untere Lohngruppen beschränkt, und diese waren z.T. nur geringfügig besetzt. Lohnnivellierungstendenzen zeigen sich dagegen in regionaler Hinsicht. Hier sind sie das Ergebnis des Strukturwandels, der sich zu Lasten einiger Hochlohn-Regionen vollzog (Nordrhein-Westfalen, Saarland, Niedersachsen).

Aus dem bisher Gesagten zeichnet sich bereits die Antwort auf die dritte Frage ab: die sektorale und qualifikationsbezogene Lohnstruktur erweist sich als relativ stabil (These 3), sieht man von einzelnen partiellen Nivellierungs- und Differenzierungstendenzen ab. Die Prozentsätze der Tariflohnerhöhungen sind relativ gleichförmig. In 25 von 32 Industriezweigen betrugen die Tariflohnsteigungen in der Zeit von 1980 bis 1988 zwischen 30,9 und 35,9%, bei keinem weniger. Den Ergebnissen in den Schlüsselindustrien folgen die übrigen Branchen mit nur geringen Abweichungen. Eingeschlossen ist damit die Stabilität der Rangordnungen der Lohnhierarchie.

Die Effektivlöhne (Bruttowochenverdienste) weisen zwar eine größere Varianz als die Tariflöhne auf, jedoch bei 18 von 32 Branchen der verarbeitenden Industrie drängten sich die Effektivlohnsteigerungen zwischen 1980 und 1988 auf eine Spanne von 29,3–33,6% zusammen und bei 28 der 32 Indu-

[13] Hardes (1988) S. 64.

[14] Vogler-Ludwig (1985) S. 24.

striezweige auf eine Spanne von 26,2–36,3%. Bemerkenswert ist außerdem, daß in diesem Zeitraum in 26 Industriezweigen die Tariflöhne stärker stiegen als die Effektivlöhne, also die Lohndrift zurückging. Die Ausnahmen betreffen zumeist Industrien, die sich aus strukturellen oder Wettbewerbsgründen am unteren Ende der Tariflohnsteigerungen befanden, aber zu den Hochlohnindustrien gehören (Eisenschaffende Industrie, Straßenfahrzeugbau). Auch aus diesen Tatsachen kann man – mit der gebotenen Vorsicht – auf eine durch das Tariflohnsystem bedingte Inflexibilität der Lohnstruktur schließen. Außerdem sind sie als Anhaltspunkt für „überhöhte" Tariflöhne anzusehen. Wenn nämlich die Tariflöhne das markträumende Niveau nicht überschreiten würden, hätte sich in den Wachstumsindustrien angesichts des Facharbeitermangels eine stärkere positive Lohndrift herausbilden müssen, als tatsächlich geschehen ist.

Insofern sind auch der Verbesserung der Beschäftigungssituation durch stärkere Differenzierung der Lohnsteigerungsraten, indem für weniger qualifizierte Arbeit geringere Lohnzuwächse realisiert werden, geringe Chancen beizumessen. In seinem Gutachten 1988/9 Ziff. 334 warnt der Sachverständigenrat vor der Überschätzung dieser Möglichkeit.

Andererseits können relativ höhere Löhne in den produktivitätsgünstigen Branchen zwar den Strukturwandel beschleunigen, u.U. aber die Beschäftigungschancen verringern. Denn die höheren Löhne mindern die Gewinnchancen und bremsen dadurch u.U. den Strukturwandel frühzeitig ab. Es existiert ein Trade-off zwischen der Markträumung durch flexible Lohnstrukturen und der Verbesserung der Wachstumschancen durch eine stabile Lohnstruktur. Aus diesem Trade-off ergibt sich eine uneinheitliche Beurteilung der Lohnstrukturflexibilität hinsichtlich der Beschäftigung. Wichtig ist es, folgende Fälle der Beschäftigungswirkung flexibler Lohnstrukturen zu unterscheiden[15]:

1. Treten Nachfrageverschiebungen zwischen zwei Sektoren (oder substitutiven Tätigkeiten) ein, dann kann die Lohnflexibilität dafür sorgen, daß Arbeitslosigkeit in dem benachteiligten Sektor rasch abnimmt oder überhaupt nicht entsteht. Die höheren Löhne im begünstigten Sektor locken Arbeitnehmer an und schränken gleichzeitig die Arbeitsnachfrage ein. Wie dieser Ausgleich funktioniert, hängt von den sektorspezifischen Bedingungen ab: von der Reallohnelastizität von Angebot und Nachfrage in den beiden Sektoren wie auch von der Gesamtlage des Arbeitsmarktes (Zahl der Arbeitslosen und Situation in den übrigen Sektoren).

2. Anders aber, wenn die Diskrepanz zwischen zwei Sektoren infolge unterschiedlicher, nicht-nachfragebedingter Produktivitätsentwicklung entstanden ist: Angenommen sei der Extremfall, in dem die Produktivität in

[15] Franz (1987) S. 7/8.

einem Sektor gestiegen und im anderen gesunken ist. Offensichtlich würde eine Lohnsenkung in dem letzteren Sektor zu einer Erhaltung von Arbeitsplätzen in diesem Sektor führen. In dem Sektor mit der gestiegenen Produktivität würden jedoch bei Lohnrigidität infolge der gesunkenen Stückkosten auf jeden Fall mehr Arbeitsplätze entstehen als bei steigenden Löhnen. Es kommt entsprechend dem Trade-off zwischen Markträumung und Wachstum darauf an, ob man eine möglichst rasche Umverteilung einer gegebenen Arbeitsmenge auf unterschiedlich produktive Wirtschaftszweige anstrebt oder einen möglichst großen Beschäftigungseffekt. Die günstigere Beschäftigungswirkung würde bei Lohnrigidität im begünstigten Sektor und Lohnflexibilität im benachteiligten Sektor erzielt. Dieses Denkmodell wird uns nochmals bei den Tariföffnungsklauseln beschäftigen. Dem Strukturwandel und damit dem Wachstumsaspekt allein könnte in diesem Fall dagegen u.U. besser durch Lohnrigidität in beiden Sektoren entsprochen werden.

Einen Anhaltspunkt für die Beurteilung der Beschäftigungswirkung für Lohnstrukturflexibilität – aber eben nur einen Anhaltspunkt – mag der Blick auf Volkswirtschaften mit größerer Lohnflexibilität ergeben. Als Vergleich bieten sich die USA an[16], denn die dortige günstige Beschäftigungsentwicklung seit den 70er Jahren wird oft der größeren Flexibilität zugeschrieben. Stichwortartig kann man das Lohnsystem in den USA durch eine größere Flexibilität und Variabilität in den Lohnabschlüssen charakterisieren: Außenseiterkonkurrenz, Firmentarifverträge, Konzessionsvereinbarungen mit den Gewerkschaften, z.B. über gespaltene Lohnsysteme (two-tier wage system), die zu einer niedrigeren Bezahlung der neueingestellten Arbeitnehmer führen, oder über den Vorrang betrieblicher Regelungen. Speziell die Lohnstruktur ist durch noch größere Differenziertheit als in der Bundesrepublik gekennzeichnet und durch größere Flexibilität. Doch sind die Lohnveränderungsraten geringer als die Raten der Produktivitätsveränderung, und trotz der größeren Bewegungsmöglichkeiten wird die amerikanische Lohnstruktur insofern als stabil bezeichnet, als die sektorale Lohnhierarchie zeitlich keine größeren Veränderungen aufweist. Alle Kennzeichen deuten darauf hin, daß durch die größere Lohnstrukturflexibilität in den USA im Vergleich mit der Bundesrepublik keine bessere Anpassung an den Strukturwandel erzielt wurde. Dieses Ergebnis unterstützt die Hypothese, daß zur Förderung des Strukturwandels Lohnflexibilität nicht unbedingt notwendig oder vorteilhaft ist. Nimmt man hinzu, daß – zumeist vorübergehende – Lohnsenkungen nur geeignet sind, um Beschäftigungseinbrüche in Krisensituationen abzuwehren, so spricht einiges dafür, daß die günstige Beschäftigungsentwicklung in

---

[16] Vogler-Ludwig (1985) S. 25; Bell, Freeman (1985). Vgl. auch Bombach (1986) S. 292ff.

den USA kein Resultat der größeren Lohnflexibilität war, sondern mehr durch gesamtwirtschaftliche Faktoren bestimmt wurde.

Als Ergebnis dieses stark zusammengedrängten Überblicks läßt sich – mit den erheblichen Vorbehalten, die sich aus den eingangs beschriebenen Schwierigkeiten ergeben, – feststellen:

1. Die Lohnstruktur in der Bundesrepublik zeigt in sektoraler und qualifikationsmäßiger Hinsicht beträchtliche Differenzierungen. Ausgeprägte Nivellierungstendenzen sind – von den genannten Ausnahmen abgesehen – nicht erkennbar. Ob die Differenzierungen allerdings den Marktverhältnissen entsprechen, kann nicht beantwortet werden. Über die Differenziertheit der zwischenbetrieblichen und der internen Lohnstruktur liegt kein ausreichendes Material vor.

2. Offensichtlich ist die Lohnstruktur relativ stabil. Ob die Ursache im bestehenden Tariflohnsystem liegt, läßt sich ebenfalls nicht eindeutig beantworten.

Als lohnpolitische Schlußfolgerung ergibt sich: Eine allgemeine Flexibilisierung der Lohnstruktur ist in ihrer Beschäftigungswirkung viel zu unsicher, um als Patentrezept empfohlen zu werden. Andererseits liegt auf der Hand, daß Lohnflexibilisierung nach unten in vorübergehenden Krisensituationen einzelner Unternehmungen und Wirtschaftszweige zur Beschäftigungsstabilisierung führen könnte und daß das bestehende Tariflohnsystem diese Lohnflexibilisierung nach unten behindert. Aus diesem Grund befassen wir uns im Folgenden ausschließlich mit der partiellen Lohnflexibilisierung, d.h. mit der Flexibilisierung einzelner Lohnsätze in bestimmten Krisensituationen.

II. Instrumente der Lohnflexibilisierung im Vergleich.

Lohnflexibilisierung ist hier immer im o.g. Sinn der partiellen Flexibilisierung zu verstehen.

Die Möglichkeiten der Lohnflexibilisierung in einem durch ein Tarifsystem gekennzeichneten Arbeitsmarkt seien in der folgenden Systematik festgehalten.[17]

1. Einzelarbeitsverträge mit Lohnregelungen, die von den tariflichen Regelungen nach unten abweichen, sind zugelassen:
1.1 für nicht organisierte Arbeitnehmer und Arbeitgeber,
1.2 auch dann, wenn nur eine Vertragspartei nicht organisiert ist,
1.3 für organisierte und nicht organisierte Arbeitnehmer und Arbeitgeber:
1.3.1 bei Neueinstellungen

[17] Als Beispiel für eine alternative Systematik s. HARDES (1988) S. 56.

1.3.2 durch recontracting in Krisensituationen.
2. Abweichungen von den tariflichen Abschlüssen nach unten sind zugelassen und werden geregelt:
2.1 durch Betriebsvereinbarung,
2.2 durch neue Tarifverhandlungen.
3. Tarifverträge werden als Firmentarife abgeschlossen.
Hierbei kann eine Variante des Falls 2.2 miterfaßt werden, indem auf der Arbeitgeberseite der Arbeitgeberverband durch den einzelnen Arbeitgeber ersetzt, also ein Firmentarif anstatt eines Verbandtarifs abgeschlossen wird.
4. Im Tarifvertrag selbst sind Regelungen für evtl. Abweichungen vorgesehen, wobei Inhalt und Dauer der Abweichungen sowie die Verhandlungspartner mehr oder weniger genau festgelegt sind. Verhandlungspartner bei den Abweichungen sind:
4.1 die bisherigen Tarifparteien,
4.2 falls bisher keine Firmentarife bestanden haben: auf der Arbeitgeberseite der einzelne Arbeitgeber, auf der Arbeitnehmerseite wie bisher die Gewerkschaft,
4.3 Arbeitgeber und Betriebsrat im Rahmen einer Betriebsvereinbarung,
4.4 Arbeitgeber und einzelne Arbeitnehmer.

In dieser institutionell ausgerichteten Übersicht ist der Leitgedanke: Welche Vertragsparteien sind berechtigt,
a) über Abweichungen von bisherigen tariflichen Regelungen bzw. vom bisherigen Verfahren zu entscheiden,
b) die Abweichungen im einzelnen auszuhandeln?

Zu Ziff. 1.1 und 1.2 der Übersicht:

Tarifliche Lohnregelungen gelten unmittelbar und zwingend nur „zwischen den beiderseitig Tarifgebundenen, die unter den Geltungsbereich des Tarifvertrags fallen“ (Tarifverfassungsgesetz (TVG) § 4(1)). Tarifgebunden sind lt. TVG § 3(1) „die Mitglieder der Tarifvertragsparteien und der Arbeitgeber, der selbst Tarifvertragspartei ist“. Theoretisch wäre es einem Arbeitgeber, selbst dann, wenn er einem Arbeitgeberverband angehört, möglich, Außenseiter untertariflich zu bezahlen. In der Praxis spielt diese Möglichkeit nur eine sehr untergeordnete Rolle. Gewiß gibt es einzelne Arbeitgeber, die nicht organisiert sind[18] und ihre Arbeitnehmer untertariflich bezahlen. Größere Arbeitgeber-Außenseiter jedoch, deren Belegschaft zu einem ins Gewicht fallenden Anteil gewerkschaftlich organisiert ist, sehen sich einem zunehmenden Druck der Gewerkschaft zum Abschluß von Firmentarifverträgen ausgesetzt. Für Mitglieder von Arbeitgeberverbänden wird in der Regel ihre Verbandstreuepflicht eine gewisse Hemmschwelle begründen, um Kostenvorteile aufgrund der möglichen Beschäftigung von untertariflich bezahl-

[18] Im Bereich der Industrie, der Banken und Versicherungen wird der Organisationsgrad auf 80% der Betriebe und 90% der Belegschaften geschätzt. H. Franke, A. Krüger, „Die Bundesvereinigung der Deutschen Arbeitgeberverbände“, Arbeitsrecht-Blätter Nr. 387 v. 15. 9. 1982.

ten Außenseitern auszunutzen. Natürlich bildet diese Hemmschwelle kein absolutes Hindernis und entfällt dann, wenn für alle die Möglichkeit zur Lohndifferenzierung zwischen organisierten und nicht-organisierten Arbeitnehmern besteht. Andererseits hat nach herrschender Rechtsmeinung der Unternehmer kein Recht, nach der Gewerkschaftszugehörigkeit zu fragen. Die Gewerkschaft selbst hat ihrerseits kein Interesse, daß Nicht-Mitglieder von den gewerkschaftlichen Errungenschaften profitieren. Um eine Benachteiligung ihrer Mitglieder gegenüber den Nicht-Organisierten zu vermeiden, muß sie jedoch verhindern, daß eine fühlbare Außenseiterkonkurrenz sie zur Rücknahme ihrer Tarifforderung zwingt. Zur Ausschaltung der Außenseiterkonkurrenz sowohl im Interesse der organisierten Arbeitnehmer als auch der Arbeitgeber wurde im TVG § 5 das Instrument der Allgemeinverbindlichkeitserklärung geschaffen, das unter bestimmten Voraussetzungen auch bisher nicht-tarifgebundene Arbeitnehmer und Arbeitgeber im Geltungsbereich des Tarifvertrags dessen Rechtsnormen unterwirft. An diesem Instrument zur Verhinderung der Außenseiterkonkurrenz setzten die Flexibilisierungs- und Deregulierungsvorschläge an.

Empfohlen wird die Einschränkung oder die Abschaffung der Allgemeinverbindlichkeitserklärung. Deren Vereinbarkeit mit dem Grundgesetz ist schon einmal Gegenstand eines Normenkontrollverfahrens gewesen, und das Urteil des Bundesverfassungsgerichts vom 14. 5. 77 zeigt, wie es die Absicht des Gesetzgebers interpretiert: Danach hat die allgemeine Verbindlichkeitserklärung die Aufgabe, „die Effektivität der tariflichen Normensetzung gegen die Folgen wirtschaftlicher Fehlentwicklungen" abzusichern.[19]

Kaum weiterführen würde es, wenn man die Beurteilung dieses Instruments davon abhängig machen wollte, ob und wann Außenseiterkonkurrenz gegenüber den tarifvertraglich Gebundenen eine Fehlentwicklung darstellt, sondern es kommt darauf an, welchen Rang man der Tarifautonomie zuordnen will. Dies wird auch bei der Beurteilung aller anderen Flexibilisierungsvorschläge den entscheidenden Punkt darstellen. Eine realistische Einschätzung der Durchsetzungsmöglichkeit von Flexibilisierungsvorschlägen sollte von der allgemein anerkannten Regelungskompetenz der Tarifpartner ausgehen, die durch Art. 9, Abs. 3 GG geschützt wird. Ihre Grenzen findet die Tarifautonomie in ihrer eigenen Grundlage: der Koalitionsfreiheit, die ebenso wie die Koalitionen die Existenz von Außenseitern schützt. Dies hat aber nur Sinn, wenn den Außenseitern auch die Möglichkeit, Arbeitsverträge abzuschließen, zuerkannt wird und somit die Möglichkeit zur Außenseiterkonkurrenz. Auf der anderen Seite schränkt die Außenseiterkonkurrenz die

---

[19] Entscheidung des BVG, 44. Bd., Tübingen 1977, S. 342.

Gestaltungsmöglichkeiten der Tarifvertragspartei ein oder macht sie sogar zunichte.[20]

Befürworter der Außenseiterkonkurrenz auf der Arbeitnehmerseite sollten sich zudem vor Augen halten, daß auf dem nicht-organisierten Arbeitsmarkt kein vollständiger Wettbewerb herrscht. Ihre monopsonistische Position ermöglicht den Arbeitgebern u.U. zudem eine teilweise oder vollständige Lohndiskriminierung. Im letzteren Fall würde durch Einzelarbeitsverträge jeder Arbeitnehmer zu seinem Reservationslohn eingestellt. Die bisherige Bezugskurve wird zur Grenzausgabenkurve für Arbeit, und der jeweils zu bezahlende Durchschnittslohn liegt entsprechend tiefer. Daraus ergibt sich zwar – analog der Lösung zur monopolistischen Preisdifferenzierung –, daß die Beschäftigung bis zu dem Punkt ausgedehnt würde, der dem Konkurrenzgleichgewicht entspricht, daß aber die Verteilung für Arbeitnehmer ungünstiger geworden ist. Außerdem ist eine Besonderheit der Arbeitnehmerkonkurrenz auf unorganisiertem Arbeitsmarkt zu beachten: das Auftreten von zusätzlichen Arbeitsanbietern mit niedrigerem Reservationslohn wird nicht zu einem geringeren Lohn der bisher Beschäftigten führen bzw. zu deren Substitution durch niedriger entlohnte Arbeitnehmer.

Zu Ziff. 1.3 der Übersicht:

Eine allgemeine Regelung, die in einer Zeit gravierender Arbeitslosigkeit z.B. bei Neueinstellungen Einzelarbeitsverträge unterhalb des Tariflohns anbietet, erfordert eine Änderung des TVG, da abweichende Regelungen nur zulässig sind, „soweit sie durch den Tarifvertrag gestattet sind oder eine Änderung der Regelungen zugunsten der Arbeitnehmer enthalten". (Günstigkeitsprinzip nach TVG § 4(3).) Es müßte also eine gesetzliche Öffnung des Tarifvertrags zugunsten von einzelvertraglichen Regelungen stattfinden.

Hinsichtlich der Wirkungen gilt ähnliches wie für die Außenseiter-Verträge zu untertariflichen Löhnen. Sind bei Neueinstellungen untertarifliche Löhne zulässig, so treten die neueingestellten Arbeitnehmer als Außenseiter auf, gleichgültig, ob sie Gewerkschaftsmitglieder sind oder nicht. Für den Unternehmer wäre es die günstigste Strategie, wenn er sämtliche tariflich bezahlten Arbeitnehmer durch untertariflich bezahlte ersetzen könnte; die Beschäftigung würde zunehmen. Der gleiche Beschäftigungseffekt, aber ein geringeres Gewinnmaximum, würde resultieren, wenn die der Gewinnmaximierung ent-

---

[20] Lampert (1986) S. 183/4: „Meines Erachtens ist die Verhinderung einer Außenseiterkonkurrenz die logische Konsequenz der Zulassung der Tarifautonomie. Wenn diese ihren eigentlichen Zweck erfüllen soll, Mindestarbeitsbedingungen zu gewährleisten, so muß sichergestellt werden können, daß diese Mindestbedingungen nicht unterboten werden, und zwar weder von einzelnen Arbeitnehmern noch von Arbeitnehmergruppen (Betriebsvereinbarungen), weil dadurch die vereinbarten Arbeitsbedingungen einer fortschreitenden Erosion ausgesetzt werden würden."

sprechende Zahl der niedrigbezahlten Arbeitnehmer zusätzlich zu den bisher Beschäftigten, die nach wie vor nach Tarif bezahlt werden, eingestellt würde.

Ein zweites Problem – neben dem Anreiz zur Substitution von organisierter Arbeit und dem Widerstand der Gewerkschaft gegen eine solche Regelung – ist das Nebeneinander von zwei verschiedenen Kategorien von Arbeitskräften mit unterschiedlicher Bezahlung für gleiche Leistungen. Gewiß ist es sinnvoll, im Hinblick auf das Ziel, die Arbeitsplatzwechselkosten zu senken, dem Arbeitnehmer die Kosten seiner Einarbeitung in Form eines expliziten Lohnabschlags sichtbar zu machen, anstatt sie durch einen niedrigeren Durchschnittslohn abzugelten. Aber erstens muß die Zeitdauer dieses Abschlags wie auch seine Höhe in Übereinstimmung mit der Einarbeitungszeit und den Einarbeitungskosten stehen, und zweitens müßte diese Regelung für alle gelten, nicht nur für die in Krisenzeiten Eingestellten.

Zu Ziff. 2 der Übersicht:

Beide Varianten sollen die immer wieder geforderte „betriebsnahe Tarifpolitik" verwirklichen, die eine bessere Anpassung der Arbeitsbedingungen an die temporär und strukturell gegebenen Besonderheiten des Unternehmens wie auch an die differenzierten Interessen der Arbeitnehmer bewirken soll. Der Unterschied zwischen den beiden Vorschlägen liegt in den verschiedenen Verhandlungspartnern auf der Arbeitnehmerseite: Betriebsrat oder Gewerkschaft – und damit verbunden – in den erforderlichen institutionellen Änderungen, wichtiger aber noch: in der Lockerung oder Beibehaltung der Bindung an die notwendigerweise immer auch überbetrieblich und politisch orientierte Gewerkschaftspolitik.

Die Verlagerung der Lohnverhandlungskompetenzen in den Betriebsrat erfordert eine Beseitigung des Tarifvorrangs, der durch die Sperrwirkung des § 77(3) Satz 1 des Betriebsverfassungsgesetzes zwingend gegeben ist[21]. Als Regelverfahren oder als Verfahren auf Antrag von Arbeitgeber und Betriebsrat würde eine solche Kompetenzverlagerung das Ende des Tarifvertragssystems bedeuten, denn Arbeitskampfmaßnahmen der Betriebsräte, die jetzt durch Gesetz ausgeschlossen sind (Betr. Verf. G. § 74(2)) lassen sich auf betrieblicher Ebene nicht sinnvoll durchführen. Die jetzige Praxis der Einigungsstellen droht zur Zwangsschlichtung zu werden.

Daß der Tarifvertrag nur Rahmenregelungen enthält, deren Ausführung durch Betriebsvereinbarungen erfolgt, ist lediglich im Bereich der Qualifizierung und Weiterbildung der Arbeitnehmer praktikabel. Die Festsetzung z. B. von Ober- und Untergrenzen der Lohnsteigerung im Tarifvertrag wäre nichts anderes als die oben erwähnte Kompetenzverlagerung im begrenzten

[21] § 77 (3) BetrVerfG: „Arbeitsentgelte und sonstige Arbeitsbedingungen, die durch Tarifvertrag geregelt sind oder möglicherweise geregelt werden, können nicht Gegenstand einer Betriebsvereinbarung sein. Dies gilt nicht, wenn ein Tarifvertrag den Abschluß ergänzender Betriebsvereinbarungen ausdrücklich zuläßt."

Rahmen, die genau die gleichen Probleme mit sich bringen würde. Praktikabel erscheint allein die Festlegung der Regelungskompetenz der Betriebsvereinbarungen im Rahmen des Tarifvertrags selbst, der genaue Vorschriften über Eintreten, Umfang und Beendigung dieser Regelungskompetenz enthalten müßte. Das wäre aber genau das Instrument der Tariföffnungsklauseln, deren Behandlung der übernächsten Ziff.vorbehalten ist.

Ein anderer gangbarer Weg der Flexibilisierung bestünde darin, daß dem Betriebsrat und der Unternehmensleitung im Tarifvertrag verschiedene Wahlmöglichkeiten geboten werden. Denkbar wäre z.B. die Wahl zwischen verschiedenen Kombinationen von Entlohnung und Gewinnbeteiligung.[22]

Zu Ziff. 3 der Übersicht:

Einfacher durchsetzbar, weil im Rahmen des Tarifvertragssystems verankert und seit langem gängige Praxis, sind die Firmentarifverträge. Ausdehnen könnte man diese Praxis, indem man beispielsweise Betriebsräten und Unternehmungsleitung gemeinsam ein Antragsrecht zum Abschluß von Firmentarifverträgen zugesteht.

Kritiker sehen allerdings auch hier, wie bei der Regelung durch Betriebsvereinbarungen, daß wesentliche Vorzüge des Tarifvertragssystems verlorengehen. Diese Vorzüge bestehen einmal in der Ersparnis von Transaktionskosten bei zentralen Verhandlungen. Von den Arbeitgebern wird außerdem als Vorteil des Verbandtarifs hervorgehoben, daß er für die Unternehmen die Konkurrenzbedingungen von der Lohnkostenseite her vereinheitlicht. Herrschte vollständige Konkurrenz auf dem Arbeitsmarkt, gäbe es ebenfalls keine Lohndifferenzen. Das Tarifvertragssystem simuliere die Konkurrenzbedingungen, der Tariflohn könne bei entsprechend ausgeglichenen Machtverhältnissen zwischen Arbeitgeberseite und Gewerkschaft sogar auf der Höhe des Konkurrenzlohns liegen, während der Lohn auf dem unorganisierten Arbeitsmarkt das Ergebnis von monopsonistischen und monopsonähnlichen Konstellationen sei. Diese Argumentation verhält sich konträr zu dem Anliegen der Lohnflexibilisierung, wonach auf Märkten mit unterschiedlichen Angebots- und Nachfragebedingungen auch unterschiedliche Löhne zustande kommen können. Hier ist aber die schon erwähnte Tatsache zu berücksichtigen, daß die zwischen den einzelnen Arbeitgebern und der Gewerkschaft bzw. dem Betriebsrat ausgehandelten Löhne eben nicht nur die speziellen Angebots- und Nachfrageverhältnisse widerspiegeln, sondern Ergebnisse einer bilateralen Verhandlung sind, deren Ausgang durch Macht- und Zufallseinflüsse bestimmt ist. Es ist nicht ausgeschlossen, daß sich sowohl der Lohnsatz als auch die Beschäftigung verringern, und es steht keineswegs fest, ob der Verbandstarif oder der Firmentarif die Second-best-Lösung ist. Zu berücksichtigen ist auch, daß die Ausweitung der Kompeten-

[22] *SVR, JG 1988/9* Text-Ziff. 347, S. 173.

zen der Betriebsvereinbarungen voraussichtlich eine Verlagerung der Verhandlungsmacht zugunsten der Arbeitgeberseite bedeuten würde, wenn anstelle der Gewerkschaft die betriebliche Vertretung fungiert.

Ausgiebig diskutiert wurde der Einwand, daß überdurchschnittliche Lohnhöhe in Unternehmen mit überdurchschnittlicher Produktivität Piongewinne absorbiert, somit fortschrittshemmend wirkt, und außerdem – wie bereits erwähnt – ebenso wie die unterdurchschnittlichen Löhne in unterdurchschnittlich produktiven Unternehmen den Strukturwandel verzögert. Zu bedenken ist, daß dies aber nur für die Zu- bzw. Abwanderung des Kapitals gilt; für die Zu- und Abwanderung der Arbeit gilt genau das Gegenteil: Sie wird durch hohe Löhne angeregt und durch niedrigere abgeschreckt.

Zu Ziff. 4 der Übersicht:

Steht man auf dem Standpunkt, daß die Lohnfindung eine Angelegenheit der Tarifpartner sein muß, – angesichts der historischen Aufgaben der Koalitionen, der Aufgabenteilung zwischen den Trägern der Wirtschaftspolitik und der Verankerung im Grundgesetz erscheint dies als der allein realistische Standpunkt –, so bleibt die einzige Möglichkeit, die unmittelbar Betroffenen direkt an der Lohnfindung zu beteiligen, daß man diese Beteiligung in den Tarifverträgen festlegt und zwar in einer Form, die zu einer möglichst großen Gestaltungsfreiheit führt und trotzdem die Grenzen nicht überschreitet, die beispielsweise durch die übrigen Aufgabenbereiche des Betriebsrats gesetzt sind. Dies gilt insbesondere für solche tarifvertraglichen Regelungen, die Abweichungen vom ausgehandelten Tariflohn nach unten enthalten. Diese auf die Lohnflexibilisierung bezogenen Tariföffnungsklauseln werden wir im Folgenden ausschließlich behandeln.[23]

Als Partner für die abweichenden Regelungen kommen der einzelne Arbeitgeber und die Gewerkschaft bzw. der Betriebsrat in Frage (Ziff. 4.2 und 4.3 der Übersicht). Die Möglichkeiten der Ziff. 4.1 und 4.4 fallen deshalb aus, weil einmal auf betriebliche Bedürfnisse abzustellen ist, und außerdem die Außenseiterkonkurrenz aus den genannten Gründen nicht gefördert werden soll.

Juristisch umstritten ist die Zulässigkeit derjenigen Tariföffnungsklauseln, welche nach unten abweichende Regelungen durch Betriebsvereinbarung zulassen, und damit die Frage, ob für die Einführung dieser Art der Tariföffnungsklauseln ein ordnungspolitischer Handlungsbedarf besteht. Der Kern des Problems liegt im Folgenden: § 4(33) Fall 2 TVG läßt die Tariföffnungs-

---

[23] Der auf Tariföffnungsklauseln abzielende Vorschlag findet sich bereits in dem Gemeinschaftsgutachten der 5 wirtschaftswissenschaftlichen Forschungsinstitute, Herbst 1984 (S. 15): „Eine Absicherung gegen unvorhergesehene Risiken könnte mit der Zulassung von Öffnungsklauseln in Tarifverträgen erreicht werden, die in Fällen einer betrieblichen Notlage auf Beschluß von Unternehmensberatung und Betriebsrat eine untertarifliche Entlohnung erlauben."

klauseln zu und schränkt damit das sonst geltende Günstigkeitsprinzip (§ 4(33) Fall 1 TVG) ein. Es bleibt aber noch die Regelungssperre des § 77(33) Satz 1 BetrVerf (vgl.[21]), mit der die Tarifvorrangskompetenz oder Normensetzungsprärogative der Vertragsparteien vor der Betriebsvereinbarung sichergestellt wird. Aufgehoben wird die Sperrwirkung von Satz 1 jedoch durch § 77(33) Satz 2 BetrVerfG unter der Voraussetzung, daß der Tarifvertrag den Abschluß ergänzender Betriebsvereinbarungen zuläßt. Die Kontroverse bezog sich darauf, ob unter „ergänzenden Betriebsvereinbarungen" auch solche zu verstehen sind, die für die Belegschaft ungünstigere Lohnregelungen enthalten und insbes. auch, ob „ergänzende Betriebsvereinbarungen" in gleicher Weise zu interpretieren sind wie die „abweichenden Abmachungen" des § 4(33) TVG.[24]

Auf der einen Seite steht die Meinung, daß die „Ergänzung" kein bestimmter Vertragsinhalt sei, „sondern vielmehr der tarifvertragliche Freiraum, den die Tarifpartner der betrieblichen Parteien kraft Öffnungsklauseln überlassen".[25] Als Konsequenz ergibt sich, daß § 77(33) BVG abweichende Betriebsvereinbarungen auch zuungunsten der Arbeitnehmer ermöglicht, die ausdrückliche Zulassung im Tarifvertrag vorausgesetzt.[26]

Die entgegenstehende Auffassung geht von dem Grundsatz aus, daß eine Ergänzung nur das ist, was nichts ändert, ein niedrigerer Lohnsatz aber zweifelsohne eine Änderung bedeutet und deshalb nicht durch die Aufhebung der Sperrwirkung zugunsten von „ergänzende Betriebsvereinbarungen" abgedeckt ist. So betont Zöllner[27], daß der Vorschlag, abweichende Regelungen zugunsten der Arbeitnehmer mit Zustimmung des Betriebsrates dann zuzulassen, wenn das Unternehmen vom Zusammenbruch bedroht sei, de lege ferenda sicher bedenkenswert sei, de lege lata hingegen nicht nur gängigen, sondern auch der normzweckgerechten Auslegung von § 4(33) TVG widerspreche. Die richtige Lösung läge in der Aufhebung der Regelungsvorbehalte des § 77(33) BVG und in der Betriebsvereinbarungsdispositivität von Tarifverträgen unter der Voraussetzung des drohenden Unternehmenszusammenbruchs. Zu umgehen wäre diese Problematik der rechtlichen Zulässigkeit, wenn die abweichende Regelung nicht durch Betriebsvereinbarung, sondern durch einen Firmentarifvertrag herbeigeführt wird. Dadurch ginge allerdings ein Teil der Belegschaftsnähe verloren. Zuverlässig wären solche zuungunsten der Arbeitnehmer abweichenden Betriebsvereinbarungen dann, wenn die Tariföffnung mit kompensierenden Regelungen zugunsten der Arbeitnehmer verbunden ist, z.B. mit befristeten Beschäftigungsgarantien oder Neueinstellungszusagen. Ausreichen würde auch, wenn nachge-

---

[24] BEUTHIEN (1983) S. 1994 und die dort angegebene Literatur.
[25] HESSE, PETERS (1987) S. 29.
[26] BEUTHIEN (1983) S. 1997.
[27] ZÖLLNER (1988) S. 287ff.

wiesen wird, daß die Lohnherabsetzung der Arbeitsplatzsicherung einer großen Zahl oder allen Arbeitnehmern dient. Ebenso könnte als Ausgleich eine andere Leistung geboten werden, z.B. Kapitalbeteiligung, Rationalisierungsschutzabkommen oder zusätzliche Sozialleistungen. Unumstritten ist, daß solche die Arbeitnehmer benachteiligenden Tariföffnungsklauseln ausschließlich in Krisensituationen wirksam werden sollen und daß im Tarifvertrag das Inkrafttreten der Klauseln, ihre Befristung, ihr Ausmaß und die Kompensationen festgelegt sein müssen.

III. Ein Vertragsmodell der Tariföffnungsklauseln.

Bei der Einführung von Tariföffnungsklauseln in ein Vertragsmodell ist zu entscheiden, ob man auf der Arbeitnehmerseite die Nutzenfunktion eines repräsentativen Gewerkschaftsmitglieds, die Lohneinkommen und Beschäftigung bzw. Arbeitslosigkeit berücksichtigt, zugrunde legt und z.B. das Modell eines impliziten Kontrakts mit Beschäftigungssicherheit und zustandsabhängigen Löhnen (der Tariflohn und der Lohn nach Eintreten der Tariföffnungsklauseln) konstruiert oder ob man eine Nutzenfunktion für die vorhandene Gewerkschaft selbst zugrunde legt. Da die moderne Gewerkschaftspolitik der Beschäftigungshöhe (zumindest der Beschäftigungshöhe ihrer Mitglieder) einen positiven Nutzen beimessen wird, bietet sich als Basis die gewerkschaftliche Nutzenfunktion an, in die Lohnhöhe und Beschäftigungshöhe eingehen. Die einzelwirtschaftliche Nutzenfunktion berücksichtigt dagegen den Trade-off zwischen Lohn und Freizeit und bringt somit Arbeitszeitüberlegungen ins Spiel, die für die auf Lohnflexibilisierung gerichteten Tariföffnungsklauseln außer Betracht bleiben. Auf der Arbeitgeberseite liegt die Gewinnfunktion eines einzelnen Unternehmens zugrunde, was nicht einschließt, daß unbedingt auf einen Firmentarifvertrag abgestellt wird. Der Vertrag kann auch als Verbandstarif ausgehandelt werden.

Bei den Gewerkschaftsmodellen hat man wiederum zwischen zwei Grundtypen zu wählen: dem Monopolmodell auf der einen Seite, dessen Ergebnis ineffizient ist, weil bei Verwirklichung eines Kontraktpunkts auf der Arbeitsnachfragekurve die Isogewinnkurve von einer gewerkschaftlichen Indifferenzkurve geschnitten wird, und einem „efficient bargaining“-Modell auf der anderen Seite, in dem das Ergebnis auf der Kontraktkurve, aber nicht mehr auf der Arbeitsnachfragekurve des Unternehmens liegt. Bei der Entscheidung zwischen beiden Modellen steht man vor einem Dilemma: die Lösungen des Monopolmodells sind zwar ineffizient, aber sie sind realitätsnäher als die der „efficient bargaining“-Modelle, wenn man von den Verhältnissen in der Bundesrepublik ausgeht. Denn zugleich über den Lohn und die Beschäftigungshöhe zu verhandeln, ist höchstens mittelbar bei Rationalisierungsschutzabkommen üblich. Tarifverträge mit Beschäftigungsgarantien scheitern an der Durchsetzungsmöglichkeit. Die Gewerkschaft hat keinen aktiven Einfluß auf die Angebotsentscheidungen der Arbeitnehmer. Sie kann z.B. Auflösungsverträge nicht als Verletzung des Tarifvertrags erklären oder den Arbeitgeber zur Wiederbesetzung freigewordener Arbeitsplätze zwingen. Realistischer wird die Koppelung von Lohnabkommen und Beschäftigungsgarantie aber im Fall der Tariföffnungsklauseln, wenn der Unternehmer als Kompensation für die Lohnherabsetzung während der Zeit der Tariföffnung die Beschäftigung garantiert. Das Dilemma zwischen ineffizienten oder effizienten, aber unrealistischen Verträgen löst eine spezielle Form des gewerkschaftlichen Präferenzsystems, die den Unterschied zwischen effizienten und monopolistischen Gleichgewichten beseitigt, indem nämlich die effizienten Kontrakte doch auf der Arbeitsnachfragekurve liegen.[28] Die negativ geneigten Indifferenzkurven der Gewerkschaft werden bei einer bestimmten Beschäftigungshöhe L° horizontal (Abb. 2a). Dies kann die Beschäftigungshöhe sein, bei der alle Gewerkschaftsmitglieder beschäftigt sind, oder aber jene, die durch die Zahl der bisherigen Belegschaftsmitglieder bestimmt ist.

$$U = \begin{cases} U(w) \text{ für } L \geqq L^0 \\ \\ U[w, L(w)] \text{ für } L < L^0 \end{cases}$$

Die unterschiedliche Berücksichtigung von Insidern und Outsidern führt hier allerdings nicht zu Lohndifferenzen, wohl aber zu unterschiedlicher Bewertung der Beschäftigung. In Abb. 2a sei das Ergebnis der Tarifverhandlung der Lohn w_1. Der Unternehmer wird seinen Gewinn maximieren und die Beschäftigung L^* verwirklichen. Somit liegt der Kontraktpunkt auf der Arbeitsnachfragekurve und stellt gleichzeitig eine effiziente Lösung dar. Seine Lage im horizontalen Teil besagt, daß Arbeitslose herangezogen werden, deren Beschäftigung den Gewerkschaftsnutzen nicht steigert. Allerdings gilt dies nur für die kurze Frist. Langfristig ergibt sich die Situation in Abb. 2b.[29] Die bisherigen Außenseiter sind zu Belegschaftsmitgliedern geworden. Ihre Beschäftigung geht in die gewerkschaftliche Nutzenfunktion ein. Nach wie vor liegt der Kontraktpunkt auf der Nachfragekurve und ist zugleich effizient.

Jetzt zur Darstellung der Tariföffnungsklauseln unter diesen Modellannahmen: Ausgehend von der Situation des langfristigen Gleichgewichts: Punkt A in Abb. 2b und Abb. 3 – tritt für das Unternehmen eine Ertrags-

---

[28] Oswald (1982) S. 178, der – für eine andere Anwendung – die Abb. 2a und 2b eingeführt hat. Vgl. auch Oswald (1987).

[29] Oswald (1982) S. 179.

Abb. 2a

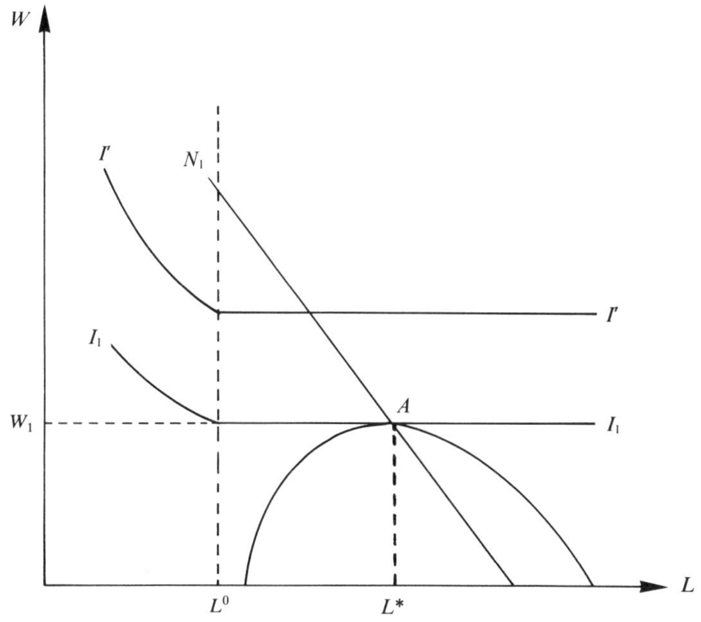

Abb. 2b

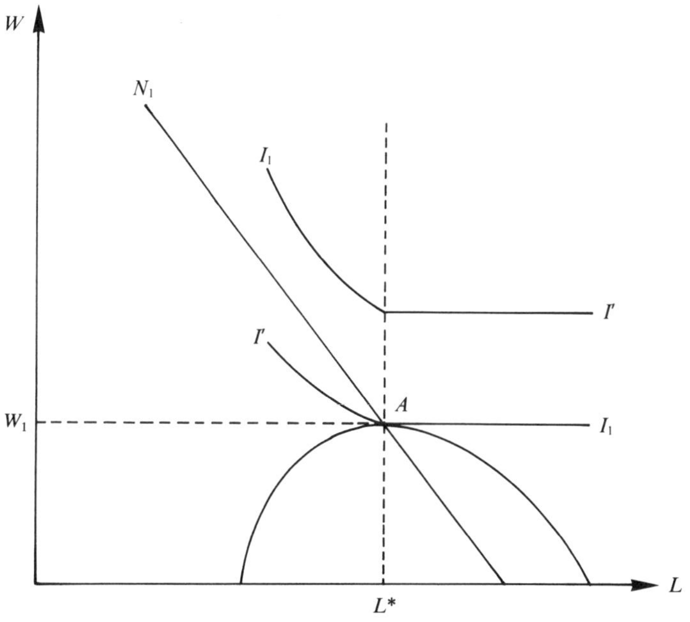

verschlechterung ein (Verlagerung der Arbeitsnachfragekurve von N_1 nach N_2).

$$\text{Die Gewinnfunktion sei: } \pi = \theta_s f[L(w)] - wL(w)$$

Θ_s mit $s = 1,2$ ist ein zustandsabhängiger Parameter. 1 bezeichnet den guten Zustand, 2 den schlechten, der z. B. auf eine Preis- oder Produktivitätssenkung zurückzuführen ist.

A' bezeichnet in Abb. 3, in die nur noch die neuen Isogewinnkurven eingetragen sind, die gleiche Gewinnhöhe wie in *A*. Nach Eintritt des Zustands 2 stehen jetzt Unternehmen und Belegschaft (ggf. auch die Gewerkschaft) vor der Entscheidung, eine im Tarifvertrag vorgesehene Tariföffnungsklausel wirksam werden zu lassen. Die Alternative wäre die Verwirklichung von Punkt *C*, der für beide Parteien eine erhebliche Verschlechterung bedeutet. Für den Vergleich mit dieser Alternative kommt es auf die Formulierung der Tariföffnungsklausel an.

Drei mögliche Fälle seien in Betracht gezogen:

1) Die Tariföffnungsklausel beinhaltet als Kompensation gegenüber der Lohnsenkung eine Beschäftigungsgarantie bei der bisherigen Beschäftigung *L**. Die Unternehmung würde ihren Gewinn in Punkt *B* maximieren, was für die Arbeitnehmer eine erhebliche Verschlechterung, für die Unternehmung dagegen eine Verbesserung gegenüber der Ausgangssituation mit sich bringen würde. Ob sich die Arbeitnehmerseite zu einer solchen Lösung bereitfinden könnte, hängt davon ab, ob *B* auf einer höheren Indifferenzkurve liegt als *C*, was im Fall der Abb. 3 nicht zutrifft. Verhandlungslösungen könnten auf der Linie *B–B'* liegen. *B'* wäre für die Unternehmung indifferent mit der Lösung *C*.

2) Die Tariföffnungsklausel enthält keine Regelungen der Beschäftigung, sondern möglicherweise andere Kompensationen. Bleibt es dem Unternehmer überlassen, welche Beschäftigung er bei dem nach der Tariföffnung ausgehandelten Lohn durchführt, so wird er jeweils eine Lösung auf seiner Nachfragekurve N_2 anstreben, weil er damit den jeweils höchsten Gewinn erzielt. Die für die Gewerkschaft günstigste Lösung wäre ihre Monopollösung, bei der eine Indifferenzkurve die Arbeitsnachfragekurve tangiert (in Abb. 3 nicht eingezeichnet). Lösungen entlang der Arbeitsnachfragekurve sind ineffizient. Die gewerkschaftlichen Indifferenzkurven schneiden die Isogewinnkurven.

3) Nach der Tariföffnung werden Verhandlungen sowohl über den Lohnsatz als auch über die Beschäftigung geführt. Eine solche gekoppelte Verhandlung ist in der Situation der (vorübergehenden) Tariföffnung leichter zu verwirklichen als im Rahmen einer regulären Tarifverhandlung. Denn erstens können aus der aktuellen Situation heraus und durch die beteiligten

Abb. 3

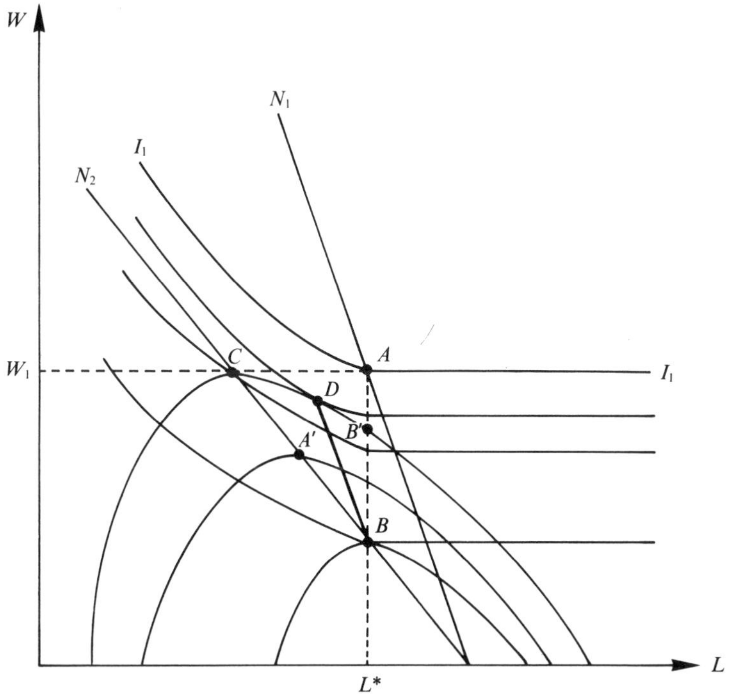

Verhandlungspartner die spezifischen Probleme des Unternehmens besser berücksichtigt werden. Zweitens würde eine Verletzung der Vereinbarung sofort die Tariföffnung rückgängig machen. Effiziente Lösungen liegen auf der Kontraktkurve *D–B*, sofern es überhaupt im Bereich *ABC* zu Tangentialpunkten zwischen Isogewinnkurven und Indifferenzkurven kommt. Als Verhandlungsgleichgewicht könnte man hier – ebenso wie für den Spezialfall der Beschäftigungsgarantie – eine Nash-Lösung zugrunde legen, z. B. in der Form[30]:

$$\max_{w} \{U[w, L(\mathrm{w})] - U^0\}^{\alpha} \{\theta f[L(w)] - wL(w) - \pi^0\}^{1-\alpha}$$

$$\text{mit } 0 < \alpha < 1$$

[30] „It has become conventual to assume ... that the outcome of such bargaining can be represented by the generalized Nash Bargaining Solution ...". Malcomson (1987) S. 142.

α und 1-α sind hier Parameter der Verhandlungsstärke, U° und π° bestimmte Ausgangsniveaus oder bestimmte Mindestgrößen. Als Maximierungsbedingung ergibt sich für die 1. Ableitung die Formel (in abgekürzter Schreibweise):

$$Q' = Q\{\alpha(U - U^0)^{-1}(U'_w + U'_L L') + (1 - \alpha)(\pi - \pi^0)^{-1}[(\theta f' - w)L' - L]\}$$

mit einer möglichen Lösung von $Q = 0$ und einer zweiten, bei der der Ausdruck in der geschweiften Klammer = 0 wird.

Ein Vorteil der Tariföffnungsklausel gegenüber den impliziten Verträgen ergibt sich dadurch, daß man erst bei Kenntnis des jeweiligen Zustands entscheidet, ob man von der Tariföffnungsklausel Gebrauch machen will. Es zeigt sich das Ergebnis, daß die Unternehmer immer aus der Tariföffnungsklausel einen Vorteil ziehen gegenüber der Beschäftigungseinschränkung bei gleichbleibendem Lohn und evtl. sogar auch gegenüber der bisherigen Situation. Für die Arbeitnehmer wird die Tariföffnung immer einen Nachteil gegenüber der bisherigen Situation bedeuten. Andererseits gibt es stets auch für sie Lösungen, bei denen sie durch eine Tariföffnungsklausel besser gestellt werden kann als bei Beschäftigungsrückgang mit gleichbleibendem Lohn (Punkt *C*).

Literaturverzeichnis

I. Theorie:

AZARIADIS, C., STIGLITZ, J.E. (1983): „Implicit Contracts and Fixed Price Equilibria", *Quarterly Journal of Economics, Supplement 98*, S. 1–22.

BECKERMAN, W., JENKINSON, T. (1986): „How Rigid are Wages Anyway?", in: W. BECKERMAN, ed., Wage Rigidity and Unemployment, John Hopkins University Press: Baltimore, S. 21–42.

BLACK, J., BULKEY, G. (1984): „Union Utility Maximisation and Optimal Contracts", in: G. HUTCHINSON, J. TREBLE, Hrsg., Recent Advances in Labour Economics, Croom Helm: London & Sidney, S. 43–57.

DASGUPTA, A., GANG, I.N. (1987): „A Framework for Analyzing Economics with Wage Differentials", *Rivista Internazionale di Scienze Economiche e Commerciali 34*, N. 9, S. 869–886.

FLANAGAN, R. (1984): „Implicit Contracts, Explicit Contracts, and Wages", *American Economic Review, Papers and Proceedings 74*, S. 345–349.

FRANZ, W. (1986): „Neuere mikroökonomische Analysen des Arbeitsmarktgeschehens", in: H. SCHELBERT-SYFRIG u.a., Hrsg., Mikroökonomik des Arbeitsmarktes, Paul Haupt: Bern und Stuttgart, S. 7–70.

GAHLEN, B., RAMSER, H.J. (1987): „Effizienzlohn, Lohndrift und Beschäftigung", in: G. BOMBACH U.A., Hrsg., Arbeitsmärkte und Beschäftigung..., J.C.B. Mohr (Paul Siebeck): Tübingen, S. 129–160.

GREEN, J., KAHN, CH.M. (1983): „Wage-Employment Contracts", *Quarterly Journal of Economics 98, Supplement*, S. 173–187.

HAHN, F.H., SOLOW, R.M. (1986): „Is Wage Flexibility a Good Thing?" in: W. BECKER-

MAN, ed., Wage Rigidity and Unemployment, John Hopkins University Press: Baltimore, S. 1–19.
JACKMAN, R. (1984): „Money Wage Rigidity in an Economy with Rational Trade Unions" in: G. HUTCHINSON, J. TREBLE, Hrsg., Recent Advances in Labour Economics, Croom Helm: London & Sidney, S. 61–76.
KAHN, CH., SCHEINKMAN, J. (1985): „Optimal Employment Contracts with Bankrupting Constraints", *Journal of Economic Theory 35*, S. 343–365.
LAYARD, R., BEAN, C. (1988): „Why Does Unemployment Persist?" London School of Economics, Centre for Labour Economics, Discussion Paper No. 321.
LINDBECK, A., SNOWER, D.J. (1987): „Union Activity, Unemployment Persistence and Wage-Employment Ratchets", *European Economic Review 31*, S. 157–167.
LINDBECK, A., SNOWER, D.J. (1986): „Wage Rigidity, Union Activity and Unemployment", in: W. BECKERMAN, ed., Wage Rigidity and Unemployment, John Hopkins University Press: Baltimore, S. 97–125.
MCDONALD, I.M., SOLOW, R.M. (1981): „Wage Bargain and Employment", *American Economic Review 71*, S. 896–908.
MALCOMSON, J.M. (1987): „Trade Union Labour Contracts", *European Economic Review 31*, S. 139–148.
MALCOMSON, J.M. (1983): „Trade Unions and Economic Efficiency", *Economic Journal 93, Conference Papers*, S. 51–65.
MITCHELL, D.J.B. (1986): „Explanations of Wage Inflexibility: Institutions and Incentives", in: W. BECKERMAN, ed., Wage Rigidity and Unemployment, John Hopkins University Press: Baltimore, S. 43–76.
OSWALD, A. (1987): „Efficient Contracts Are on the Labour Demand Curve: Theory and Facts", Centre for Labour Economics, London School of Economics, Discussion Paper No. 284.
OSWALD, A. (1982): „The Economic Theory of Trade Unions: An Introductory Survey", *Scandinavian Journal of Economics* 84, S. 160–193.
PENCAVEL, J. (1985): „Wages and Employment under Trade Unionism..." Scandinavian Journal of Economics 87, S. 197–225.
SCHNEIDER, J. (1987): „Marktfehler und Arbeitslosigkeit", transfer Verlag: Regensburg.
SCHULTZE, C.L. (1985): „Microeconomic Efficiency and Nominal Wage Stickiness", *American Economic Review 75*, S. 1–15.
STIGLITZ, J.E. (1986): „Theories of Wage Rigidity", in: J.L. BUTKIEWICZ u.a., Hrsg., Keynes' Economic Legacy, Praeger N.Y., S. 153–206.
VAN DER PLOEG, F. (1987): „Monopoly Unions, Investment and Employment..." London School of Economics, Centre for Labour Economics, Discussion Paper No. 280.

II. Empirie, Lohnpolitik, Arbeitsrecht:

ARBEITSGEMEINSCHAFT DEUTSCHER WIRTSCHAFTSWISSENSCHAFTLICHER FORSCHUNGSINSTITUTE e.V., Essen (1984): „Die Lage der Weltwirtschaft und der westdeutschen Wirtschaft im Herbst 1984."
BELL, L.A., FREEMAN, R.B. (1985): „Does a Flexible Industry Wage Structure Increase Employment?...", *National Bureau of Economic Research*, Working Paper No. 1604.
BEUTHIEN, V. (1983): „Tariföffnungsklauseln zwecks Arbeitsplatzsicherung", *Betriebs-Berater 38*, H. 31, S. 1992–1998.
BOMBACH, G. (1986): „Lohnniveau, Lohnstrukturen und Beschäftigung", in: *Expertengespräch der List Gesellschaft 85*: „Flexible Technik – inflexible Arbeit", List Forum, 13, H. 5, S. 287–307.
BUTTLER, F. (1986): „Regulierung und Deregulierung der Arbeitsbeziehungen", in: H. WINTERSTEIN, Hrsg., Sozialpolitik in der Beschäftigungskrise II, Schriften des Vereins für Socialpolitik NF Bd. 152/II, S. 9–52.

EISOLD, H. (1989): „Gründe und Scheingründe gegen eine Flexibilisierung des Tarifsystems", *Wirtschaftsdienst 69*, H. 2, S. 94–101.

ENGELS, W. U. A. (Kronberger Kreis) (1985): „Mehr Markt im Arbeitsrecht", Frankfurter Institut für wirtschaftspolitische Forschung e.V. Bd. 10.

FRANZ, W. (1987): „Beschäftigungsprobleme aufgrund von Inflexibilitäten auf Arbeitsmärkten? Erweiterte Fassung." Institut für Volkswirtschaftslehre und Statistik der Universität Mannheim. Discussion Paper No. 340–87.

HARDES, H.-D. (1988): „Vorschläge zur Differenzierung und Flexibilisierung der Löhne", *Mitteilungen aus der Arbeitsmarkt- und Berufsforschung 21*, S. 52–73.

HESSE, W.-F., PETERS, R. (1987): „Tariföffnungsklauseln der Tarif- und Vermögenspolitik", *Sozialer Fortschritt 36*, S. 36–40.

HOYNINGEN-HUENE V., G., MEIER-KRENZ, U. (1988): „Flexibilisierung des Arbeitsrechts durch Verlagerung tariflicher Regelungen auf den Betrieb...", *Zeitschrift für Arbeitsrecht 19*, H. 3, S. 293–318.

KLAU, F., MITTELSTÄDT, A. (1986): „Labour Market Flexibility", *OECD Economic Studies*, 6, S. 7–45.

LAMPERT, H. (1986): „Möglichkeiten und Grenzen einer Flexibilisierung der Beschäftigungsverhältnisse", *Wirtschaftsdienst 66*, H. 4, S. 179–186.

MITCHELL, D.J.B. (1982): „Recent Union Contract Concessions", *Brooking Papers on Economic Activity*, S. 165–201.

MÖSCHEL, W. (1988): „Arbeitsmarkt und Arbeitsrecht", *Zeitschrift für Rechtspolitik*, Jg. 21, H. 2, S. 48–51.

OECD (Hrsg.) (1986): „Labour Market Flexibility". Report by a high-level of experts to the Secretary-General, Paris.

OHASHI, I. (1987): „Cyclical Variations in Wage Differentials and Unemployment", *Journal of Labour Economics* 5, S. 278–300.

PÜTTNER, G. (1987): „Mitbestimmung über Verträge und Verfassungsrecht. Zur verfassungsrechtlichen Zulässigkeit von Tariföffnungsklauseln", *Betriebs-Berater 42*, H. 17, S. 1122–1126.

REUTER, D. (1988): „Re-Individualisierung des Arbeitsverhältnisses?..." in: H. BESTERS, Hrsg., Auflösung des Normalarbeitsverhältnisses? Nomos Verlagsgesellschaft: Baden-Baden, S. 29–48.

RÖSNER, H.J. (1984): „Mehr Arbeitsmarkteffizienz durch Tarifflexibilisierung", *Wirtschaftsdienst 64*, H. 12, S. 601–608.

SACHVERSTÄNDIGENRAT ZUR BEGUTACHTUNG DER GESAMTWIRTSCHAFTLICHEN ENTWICKLUNG (SVR), Jahresgutachten (JG)1976/7, 1977/8, 1984/5–1988/9.

VOGLER-LUDWIG, K. (1985): „Flexibilisierung der Lohnstrukturen: Ein Patentrezept der Beschäftigungspolitik?", *ifo-Schnelldienst 38*, H. 16, S. 18–31.

ZIMMERMANN, L. (1988): „Deregulierung der Arbeitsbedingungen – Gefährdung des kollektiven Handelns", in: H. BESTERS, Hrsg., Auflösung des Normalarbeitsverhältnisses? Nomos Verlagsgesellschaft: Baden-Baden, S. 79–91.

ZÖLLNER, W. (1988): „Flexibilisierung des Arbeitsrechts", *Zeitschrift für Arbeitsrecht 19*, H. 3, S. 265–291.

4. Wirtschaftliches Wachstum

On Aggregate Stability of Open and Closed Economies

by

FRANZ GEHRELS

We take up here an old question which may never be answered fully: To what extent is a market economy able to maintain stability in the aggregate without intervention. We put the question first for a closed economy – this is more familiar – and then for an economy engaged in international trading, investing and borrowing. It turns out that in neither case is the economy immune to shocks but that under specified circumstances the open economy responds better to real disturbances than does the closed economy. On the other hand the open economy may be troubled by international capital transfers.

A. The Closed Economy

In order to define the problem we first keep fiscal and monetary intervention outside the discussion – but change this near the end. For the moment the government budget responds neither on the expenditure nor on the taxation or transfer side to fluctuations in activity. And the money supply is flexible (neutral) in the sense that the nominal rate of interest stays constant.

There are random disturbances; these include discoveries and innovations, possibly attributable to research effort but coming as a surprise to most firms and households. They may include political news, such as changes of government or specific legislation affecting business or labor; and it may include natural accidents. Any of these would lead business to change its production or investment plans, or households to change their outlays.

As a description of reality, prices are taken to have only limited flexibility with respect to demand increases or decreases, but considerably more flexibility in response to wage and other cost changes. One reason for the former is that products are differentiated, except for primary products, and firms find it better to wait out demand fluctuations, in the expectation that sales would return to normal. Price cuts may increase present at the expense of future sales; price increases in response to strong demand believed to be temporary may generate ill will on the part of buyers and encourage new competition. In the case of new products the story is different because costs tend to fall after the introductory phase, while at the same time competition increases. But in general the cyclical behavior of prices of manufactures and services tends to be one of relative stability. Market signals to producers are in the form of sales volume and order backlags, more strongly than in the form of prices.[1]

A second important reason for the low responsiveness of price to demand shifts but high responsiveness to cost changes is the shape of cost functions in the short run. We speak here of incremental cost rather than marginal cost in the neoclassical sense. In the short run there is high complementarity between capital – which is in congealed form – and the variable factor labor, and inputs of energy and materials. Increasing levels of output correspond to changing use of capacity, in other words, the use of previously idle equipment. Before capacity limits are reached there is no reason from the cost side to raise price when demand increases. Indeed, the spreading of overhead cost, including that of the salaried work force, gives a positive reason for preferring output increases to price increases.

When something like full capacity is reached and demand increases further, efforts at recombination and substitution increase. These may have taken place all along in some activities such as services; they are more difficult in manufacturing and especially in heavy industry. One of the possibilities here is the use of overtime and extra shifts, in effect making the stock of equipment work longer hours. But costs now rise with output, and in some cases steeply.

If we for the moment imagine a world without financial stores of value, in which any offerer of goods or services is willing to accept payment in other goods or services (and there is good communication), the only reason for excess supply would be a relative price or wage too high or a quality which finds no takers. As CLOWER (1965) puts it, a worker could always be paid in the product of his labor, and if his supply-wage were low enough, an employer would find it worthwhile to hire his services. To be sure, a market with perfect communication at low cost would be necessary in order for the worker to exchange his product for desired other goods.

The presence of money and money substitutes saves the search for a match between goods offered and demanded, one which might require several barter transactions. But money is also a store of value, and so a supply of one good may not imply a demand for other current goods, but only for money. One supplier may be successful in selling his goods but requires cash. An-

[1] The idea that agents respond to quantity signals as well as to price goes back at least to BARRO and GROSSMAN (1971) and is discussed more recently by DRAZEN (1980).

other finds no market for his products and is able to acquire neither cash nor other goods. Thus a generalized excess supply of goods becomes possible in the presence of money; and generalized excess demand is just as possible, if the starting point is full employment.

There is more to say about other financial assets than money. DRAZEN (1980) in a survey article expresses a probably widespread view – that *any* financial claim with negligible cost of production causes the same trouble as money. The reason offered is that demand can shift from goods to any of these without bringing forth productive effort to match the decline of production elsewhere. But let us suppose that the only financial asset were perpetual bonds. This would raise the price of bonds in terms of some numéraire (this could be the bundle of goods in the general price level) and this is equivalent to reducing the rate of interest – the coupon payments on the bonds are fixed in units of the numéraire. But this fact means that the going real rate of interest has fallen, and so the market rate of substitution between present goods and those of any future date has changed in favor of future goods. Any real investment which transforms present inputs into future outputs is encouraged because all positive future returns (net of variable costs) have an increased present value.

The market for equities – let us assume that these are now the only financial asset – works in a way analogous to the bond market. A shift from goods into equities tends to drive up share prices and reduce the implicit rate of return. This is a factor encouraging investment and so tending to offset the diminished demand for goods.

Both in the bonds and equities cases there is no assurance that the reduction in rate of interest, explicit or implicit, would be sufficient to make investment fill the gap in demand left by more hoarding. But there is a force working in the right direction which is absent when only money is present as a store of value.[2]

We have taken as realistic the inflexibility of money prices and wages. This does not exclude putting the hypothetical question, what consequences would a general downward flexibility of prices and wages in response to a recession have. One answer is that this increases the real value of all fixed-price assets (deposits, bonds, mortages, loans, bills, cash). In the absence of government debt, the value of these assets to their holders just matches the liabilities of others. But the effect on debtors could be disastrous, and that on creditors could be equally so (banks can be driven into insolvency). If there is government debt one can argue that the *net* value of private-sector claims

[2] An exception to this would be if the general price level fell secularly, with the consequence that money earns interest through its growing purchasing power. GRANDMONT (1977) develops a model with only money as an asset, and in which savers earn interest in this way. But this departs far from reality as we know it.

varies inversely with the price level. But given the effect on private debtors, and that government debt is small in relation to the total of private debt, the latter effect heavily outweighs the former.[3]

Another line of argument has to do with elastic expectations – this was effectively formulated by OSCAR LANGE (1952). Individual price and price-*level* changes may generate expectations of possibly even greater further changes in the same direction. With falling prices this leads to abstention on the part of potential buyers and brings about fulfillment of their expectations. The same argument applies in the case of rising prices. Price-level flexibility, rather than having a corrective effect on real variables, may therefore be *destabilizing* to aggregate output and employment.

A special position on aggregate stability of output and employment has been taken by LUCAS (1973) and discussed by SARGENT (1979) and others. He assumes that producers are price takers and make their output decisions as a function of past output and of the ratio of own price to the expected general price level. Price expectations at time t make use of all available information from the past, but this does not include the most current information about markets other than the one directly confronting any producer. When a particular price rises relatively to the predicted general price level, the producer responds with increased output. Afterwards he may discover that the level has risen just as fast, and in subsequent periods he would revise his predictions. With enough experience he might correctly anticipate the general rate of inflation, and this rate would no longer have an effect on his production decisions. Accurate prediction of the general price level would be easiest if the rate of change were constant or were zero; in that case output responds to relative price correctly, with corresponding reallocation of productive resources. One implication of this argument is that the level of output and employment need have no particular dependence on the rate of inflation (so Lucas in his international comparison).

Not clear is by what mechanism correct anticipation of price would lead to full employment (or, for Lucas, to a natural rate of unemployment). It would seem that even correct anticipation of the price level could lead to decisions for investment and consumption, and therefore for outputs, which add up to less than full use of the labor force. In the case of investment, correct anticipation of future markets and prices might still lead to decisions which cause investment to fall short of the full-employment supply of saving. And this may still be true at any positive nominal rate of interest.

Still another related view, expressed by MALINVAUD (1984, p. 19) and

[3] This is in harmony with KEYNES' remarks in the *General Theory*, Ch. 19. It is also an answer to Pigou's net wealth effect (see PIGOU, 1943).

earlier by DRÈZE (1975) is that not only individual markets for goods or labor services can be cleared by adjusting price (non-adjustment leads to „rationing") but the same is true of markets in the aggregate. In the case of wage reduction costs are reduced and profitability increased, and in time labor tends to be substituted for capital. Not clear is to what extent demand management is called for at the same time, nor to what extent destabilizing expectations could set in. In the case of Europe since 1970, Malinvaud suggests that capital formation has been labor-saving and so required a lower wage to put factor prices back into balance and restore full employment (see *Mass Unemployment*, 1984, p.87ff.).

There is another kind of evidence which at least weakens the Malinvaud case stated above. This is that generally the number of job vacancies has been increasing as the degree of capacity utilization increased – and this with real wages not falling. The table below shows the situation from 1890 to 1989 in West Germany.

Comparison of Announced Job Vacancies with Capacity Utilization

Year	Vacancies (in thousand)	Capacity Use (in percent)	Comparison of Changes*
1980	308,3	85,3	
1981	207,9	79,2	+
1982	104,9	78,0	+
1983	75,8	75,8	+
1984	87,9	81,1	+
1985	110,0	82,9	+
1986	153,9	84,3	+
1987	170,7	83,6	–
1988	189,0	84,8	+
1989 (June)	257,0	87,9	+

* Agreement in direction of change is indicated with a plus sign, and disagreement, with a minus sign.

Sources: *Wirtschaft und Statistik*, ed. Statistisches Bundesamt, for vacancies; *IFO Schnelldienst*, ed. IFO Institut für Wirtschaftsforschung, for capacity use.

If indeed a generalized capacity limit, applying to the bulk of activity, were reached, one would expect employers *to reduce* the number of vacancies offered, when wages were stable or rising. There would no longer be positions available despite growing order backlogs. This could still be true in particular industries – the data are too aggregated to reveal this. But the general picture is that of economies with enough possibilities for expanded employment of labor with a given stock of capital, and without real wage reduction. It may be that in a strong expansion phase final demand shifts relatively toward labor-intensive activities, where capacities are not sharply defined.

The following pair of figures contrasts the two positions, Figure (a) describing the Malinvaud view, and Figure (b) conforming to the data more nearly.

Does one of these situations augur better for a return to equilibrium than the other? One can say that the clearing of all markets, including those for goods and that for labor, can better be reached in situation (b) than in (a). In particular „rationing“ of labor – involuntary unemployment – disappears when aggregate demand is strong enough. But there is no clear reason for maximal *attainable* output to be reached or to maintain itself more easily under (b) than under (a).

B. The Open Economy

A comparison of the closed with the open economy requires definition of a common ground. We do this by introducing one more price, the exchange rate, and an external constraint. For the latter we take the balance of payments – the sum of current and capital accounts. We interpret this as a rather loose constraint, allowing some tenable rate of accumulation or decumulation of official foreign-exchange reserves. This means that the primary emphasis is on maintenance of stable output and employment. When the adjustments to disturbances do not lead to any new capital flows, changes in current balance and in payments balance are equivalent.

B.1. Real Disturbances

Let us consider first an autonomous change of domestic demand for investment or consumption. Adjusting the exchange rate so as to leave the *trade balance* unchanged makes the problem equivalent to the closed-economy case because the multiplier is the same. More realistic is that the trade balance adjusts only with a lag, so that in the interim the foreign sector does indeed have a damping effect. A demand expansion has a foreign leakage and so a smaller multiplier, and the same is true for a demand contraction. In the extreme case of zero response to price in the short run, the reduction in terms of trade alone has a *negative* multiplier effect. But a domestic expansion may well lead to an inflow of capital funds seeking profitable investment (even though the interest rate is held constant). In that event less depreciation and a greater current-account deficit is called for, with the consequence that the damping effect of the import leakage is greater. This presupposes that the

Figure 1: Job Vacancies and Capacity Use

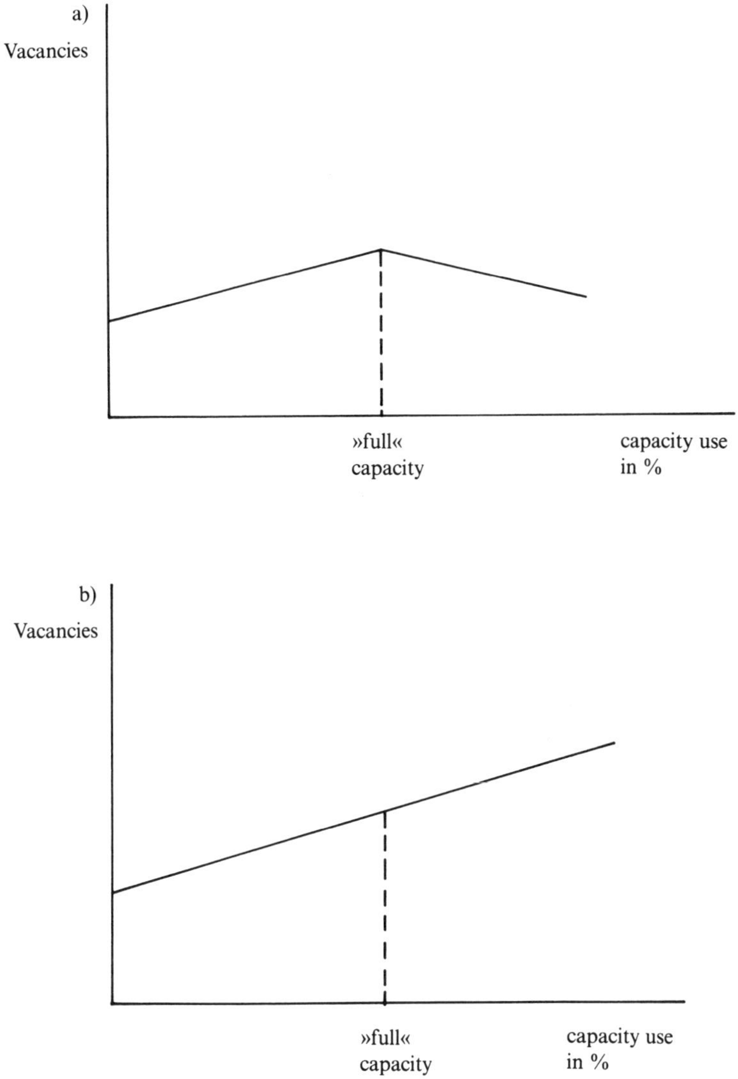

Figure 2: Homothetic Preferences

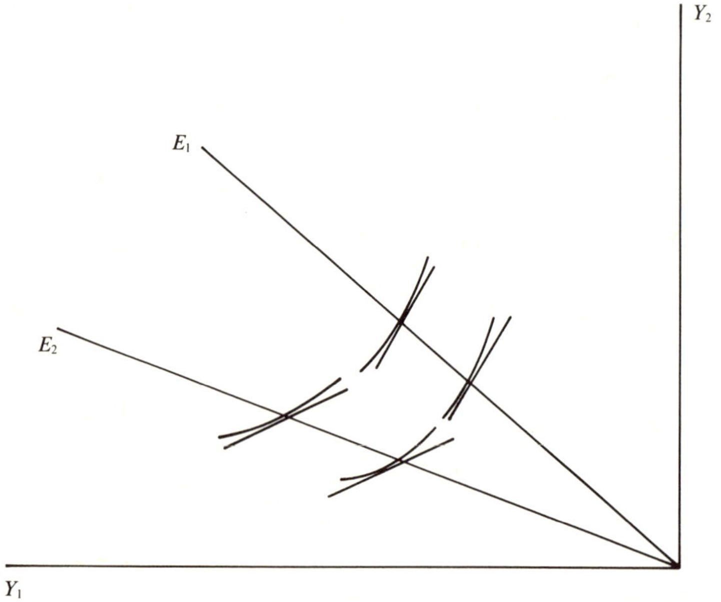

stimulating effect of the inflow of funds is caught up by appropriate monetary measures, so as to hold the interest rate constant. In effect, domestic lenders are displaced by foreign lenders and investors.

Domestic supply changes are in some respects the same and in some respects different. Let us suppose that there is technological progress in the form of new products and new techniques of production. There is a tendency for this to increase exports and reduce imports but there is also a rise of real income per head and a tendency for investment to increase, and these affect the trade balance in the opposite direction. One possibility is that at a constant rate of interest there is no departure from full employment (approximately Harrod-neutral progress). But the trade balance may get into surplus at the going exchange rate, and so there is a tendency toward appreciation. This creates no great problems and should be easily manageable.

But many shocks, both in supply and in demand, emanate from the outside world. The question we put now is, can these be neutralized by means only of a suitable exchange-rate adjustment. In that case, one can argue that on balance the outside world acts as a cushion against domestic shocks, because external disturbances have little or no effect, and internal-disturbance spillovers are absorbed at least as easily as in a closed economy.

An external demand increase can be met by means of appreciation, which damps the increase of some exports and reduces absolutely some other exports. At the same time the appreciation increases imports, so that a new equilibrium is found at a higher level of trade. It may or may not be the case that restoration of the old internal balance is compatible with an unchanged balance of trade.[4]

In a somewhat laborious derivation we set out to show why this is true. We seek to obtain constant output by means of exchange-rate correction alone, and this implies that real income needs to change exactly as much as the terms of trade times exports. That is

(1) $$dY = Xd\Pi$$

where Y is real income, X is initial exports, and Π is the price of exports in import units. With constant output the only source of real-income change is the terms of trade. For real income we write the identity

(2) $$Y = A + X\Pi - M$$

where A is domestic real absorption (consumption and investment) and M is imports. Differentiating with respect to Π yields

(3) $$dY/d\Pi = dA/d\Pi + dX/d\pi + X - [(\delta M/\delta Y)(\delta Y/d\Pi) + \varepsilon M)]$$

where the import response has been broken into an income term and a substitution term, ε being the elasticity of substitution, and M being initial imports (by definition $\varepsilon = (1/M) \cdot (\delta M/\delta\pi)$. For $dA/d\pi$ we write $dA/d\pi = \alpha(dY/d\pi)$, and for $\delta M/\delta Y$ we write $\delta M/\delta Y = \tau$; α is the marginal propensity to absorb, and τ is the marginal propensity to import. Finally, μ is the foreign elasticity of demand for exports.

Rearringing the expression with the help of these definitions yields

(4) $$dY/d\Pi = X[(1 + \mu - \varepsilon)/(1 - \alpha + \tau)]$$

where we made one simplification, that the initial trade balance was zero, i.e., $X\pi = M$.

This does not yet tell us how much π needs to change in response to the initial autonomous change of export demand. For this purpose we note that the initial effect of this on domestic income is, taking account of the multiplier,

(5) $$dY = dX_0/(1 - \alpha + \tau)$$

[4] What follows is related to the argument of Laursen and Metzler (1950). The implicit assumption that home and foreign import propensities add up to less than one is justified in Section B.2.a. below.

by differentiating (2) with constant π and taking account of the absorption and import propensities.

In order to solve for $d\pi$ we now combine the three pieces represented by (1), (4) and (5) to give the expression

$$(6)\qquad dY = Xd\Pi = [X(1 + \mu - \varepsilon)d\Pi/(1 - \alpha + \tau)] + [dX_0/(1 - \alpha + \tau)]$$

Solving the second equality for $d\pi$ yields

$$(7)\qquad d\Pi = [dX_0/X]/[- \alpha + \tau - \mu + \varepsilon]$$

Now exports respond negatively to an increase in their price, π, (μ is negative) and imports respond positively (ε is positive). The difference between the two propensities is less than one, i.e., $|\alpha - \tau| < 1$. If the elasticities are large enough, i.e., $|\mu| + \varepsilon > |\alpha - \tau|$, the change in terms of trade needed to keep output constant goes in the same direction as the autonomous export change. An increase calls for appreciation; a decrease calls for depreciation.

But the trade-balance change brought about by the same forces is

$$(8)\qquad dB = X(1 + \mu - \tau - \varepsilon)d\Pi + dX_0$$

Substituting into this the solution above for $d\pi$ yields, after some cancellations

$$(9)\qquad dB/dX_0 = (1 - \alpha)/(- \alpha + \tau - \mu + \varepsilon)$$

Since the denominator is positive from the assumptions above, dB/dX_0 is positive if α, the marginal propensity to absorb, is less than one. This is commonly assumed to be the case; that is, countries are assumed to be „stable in isolation". $\alpha > 1$ is a priori possible, if not likely, and would imply that the correction of π to stabilize output would be such that dB/dX_0 is negative. But the normal case is that an autonomous export increase then would require a positive change in the trade balance as a consequence of stabilization of output through appreciation.[5]

Retaining the assumptions above about the parameters, a *reduction* of foreign supply has a stimulating effect on domestic activity, providing that there are domestic substitutes. At the same time this leads to an initial increase in the balance of trade if the demand for the particular import is elastic (and the opposite, as with oil, when the demand is inelastic). The stimulating effect on domestic output implies an appreciation in order to damp the rise of domestic activity. This is in harmony with the desired

[5] This style of treatment has its origins in the literature of the 1950's where prominent contributions were those of POLAK (1954), HARBERGER (1950), METZLER (1942), LAURSEN and METZLER (1950), NEISSER and MODIGLIANI (1956).

correction of the trade surplus, and so the appreciation serves both purposes at once, much as in the case of the autonomous export change.[6]

B.2. Financial Disturbances

This section shifts the ground from foreign demand and supply disturbances to the problems created by transferring capital between countries. Clearly the closed economy is not faced with adjustments to capital transfer, and one may put the question, are there advantages to putting up barriers in order to retard such transfers. We first show why *trade* inpediments make transfers more difficult to deal with, requiring both expenditure and terms-of-trade adjustments. Under the presence of such hindrances we then explore the complexities of financial transfers.

B.2.a. Trade impediments and the adjustment of the trade balance[7]

We now wish to defend the position that both tariffs and costs of transportation reduce the share of imports in expenditure and thus make it necessary to alter the terms of trade, in order to adjust the trade balance in the desired direction. The first figure shows expansion lines (Engel curves) for a typical consumer, under the assumption that his utility function is homothetic. For expository reasons the figure is drawn in the northwest quadrant, rather than the northeast.

We assume that x_1 is the export good and x_2 the import good. Either a duty or international transport costs raises the relative price of importables in terms of exportables and moves the representative consumer from the expansion line (Engel curve) E_1 to expansion line E_2.

We now use the northeast quadrant to represent the trading situation, and this in two stages. We begin with a situation of free trade without transport costs and adopt the Samuelson position that preferences at home and abroad between x_1 and x_2 are exactly the same. This means that the home and foreign Engel curves, E_a and E_b, coincide. If a transfer of funds takes place from *B* (the home country) to *A* (the rest of the world) there is a movement northwest along the common Engel curve, and *without* any change in the terms of trade. This does however require a contraction of expenditure at home and an inflation of expenditure abroad, by fiscal and monetary means.

[6] The special case of the oil-price shocks deserves comment: Low substitutability against imported oil, at least in the short run, was one fact, but high price elasticity of demand (including its income component) on the part of OPEC countries was another factor. For countries like West Germany, the balance of trade continued to increase.

[7] This section draws on a 1978 article of the author, in which reference is made to the copious earlier literature on the subject.

Figure 3: The Transfer Problem under Trade Impediments

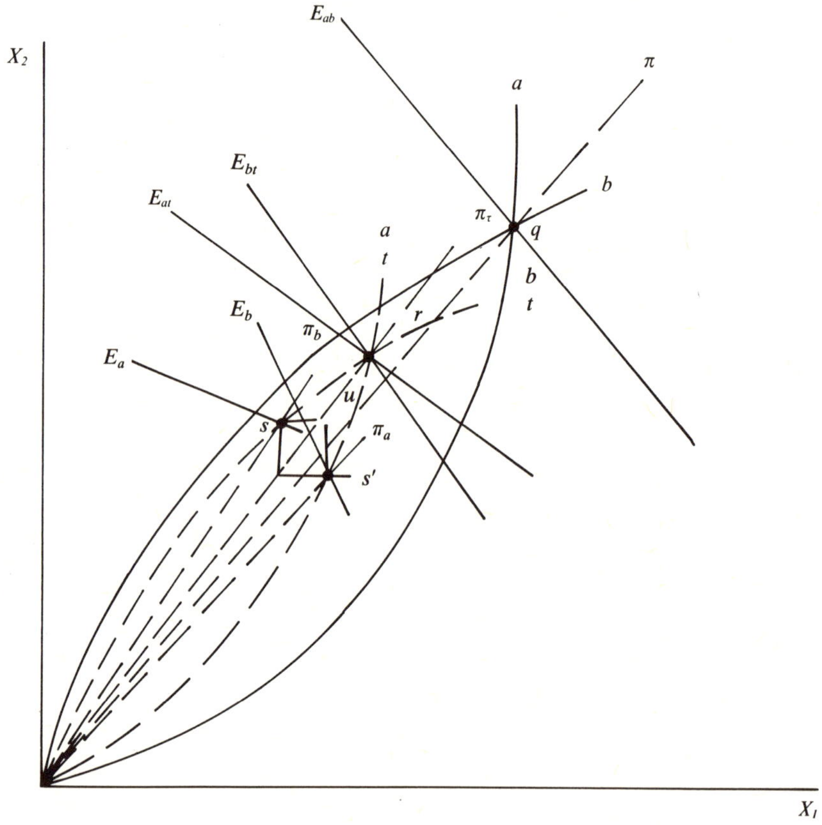

The first comparison is now with a tariff situation. For this purpose we shift both offer curves inward to intersect at *r*. The E_a-Engel curve now becomes less steep compared with that under free trade, because (as shown with the first figure) the typical consumer shifts his Engel curve toward the now cheaper exportable good. The E_at curve in the trading quadrant is the mirror image of this and changes its slope in the same way; by the same argument the E_bt-curve is steeper than its free-trade counterpart, E_b. The contract curve runs between them; and, because the sum of import propensities at the international price ratio is now less than one, the terms of trade become steeper in the northwest direction.[8] Assuming that price elasticities of impor-

[8] If $\alpha+\tau=1$ represents the marginal propensities to spend on home goods and imports (both stated as shares of expenditure rather than income) and $\alpha^*+\tau^*=1$ has the same meaning for the outside world, then $\tau+\tau^*=1$ implies $\alpha=\tau^*$ and $\alpha^*=\tau$. $\tau+\tau^* < I$ implies $\alpha > \tau^*$ and $\alpha^* > \tau$.

tant demand in sum exceed one, the trade balance also changes positively for the paying country, *B*.

In stage two we introduce transport costs and assume these to consume something of both $x_1$and x_2. As a particular case we have taken these to leave unchanged the terms of trade (this only makes the diagram simpler). The delivered price of x_2 to *A* rises (π_a becomes less steep) and the delivered price of x_1 to *B* similarly rises (π_b) becomes steeper). There is now a wedge between the offer curves, and trade is diminished. The amounts of x_1 and x_2 traded and consumed in transport is given by point *U*, and this is more than the amounts of the two goods actually delivered, shown by points *S* and *S'H*. But the consequence internally is a further shift of the Engel curve, with more of the exportable and less of the importable being consumed.

Its image in the trading quadrant similarly changes slope, becoming still less steep for *A* and still steeper for *B*. The conclusion is that *both* tariffs and transport costs, by shifting expenditures away from importables and toward exportables, make terms-of-trade reduction necessary for the country transferring funds abroad.

If the normal case is one of import propensities summing to less than one, the problem of adjustment has two aspects. The first is the already stated one of contracting expenditure in the paying country and inflating expenditure in the receiving country, and this is already formidible. The second is to alter relative prices so as to increase exports and decrease imports by a further amount. Associated with this is an additional deflation of disposable income in the paying, and an expansion of income in the receiving country. This is necessary because of the reduction in terms of trade, which amounts to a real-income loss for the paying country equal to the initial volume of exports times the reduction in terms of trade.

All of this can be summarized in a relatively simple way with the following expression. The important assumption is that appropriate measures to contract absorption in the paying and to expand absorption in the receiving country are taken, both to match the transfer and to adjust for the terms-of-trade reduction.

$$B = X\Pi - M \tag{10}$$

$$\begin{aligned} dB &= Xd\Pi + \Pi(dX/d\Pi)d\Pi - (dM/d\Pi) \\ &= Xd\Pi + \Pi(-\tau^* + \varepsilon^*)Xd\Pi - (\tau + \varepsilon)Md\Pi \end{aligned} \tag{11}$$

In both the case of exports and that of imports the price-elasticity term has been broken into an income term and a substitution term, to emphasize the importance of the income effect in the adjustment process. Substitution and income pull in the same direction. For $dB/d\pi$ to be negative (a reduction in terms of trade increases the trade balance) the conventional price elasticities must add up to more than one. This is possible even if the substitution elasticities are rather small ($\mu^* = \tau + \varepsilon^*$ and $\mu = \tau + \varepsilon$).

Casual observation would say that exchange-rate corrections in the years since World War II have not had strong effects on trade balances. Surplus countries tended to stay in surplus and deficit countries stayed in deficit. One answer to this would be that the income and expenditure adjustments required to make the devaluations effective did not take place. Devaluing countries needed to reduce absorption and appreciating countries needed to inflate expenditures, and both failed to do so.

B.2.b. Financial disturbances

Here we use the result of the previous section in dealing with financial shocks, contrasting these with real disturbances. Shifts of foreign demand or supply imply an excange-rate correction such that home output in the aggregate is unaffected. An increase of foreign demand implies increased absorption to match the real-income gain from the improved terms of trade. A diminution of foreign supply calls for appreciation in order to damp absorption. The result above was that the exchange rate alone could bring about the stabilization of output (and suitable contraction or expansion of absorption). The trade balance would in general be undercorrected but the gap would adjust in the right direction. The fact that supplementary domestic measures are not needed makes it relatively easy to manage external real shocks. By contrast, financial transfers are more complicated and difficult to manage. They require an exchange-rate adjustment, and along with this active measures to correct absorption both in the paying and in the receiving countries. Fiscal measures to change disposable income are subject to political and administrative constraints, which hamper both timing and proper magnitude.

This appraisal needs to be modified by inclusion of monetary measures. Here we consider both their effect on absorption and that on the flow of funds. While it is true that central banks have the power to alter credit conditions at least from week to week, the consequences for real expenditure are less immediate. There are several lags between monetary changes and actual investment changes: one is the investment-planning process; a second is the negotiating and contracting phase; and a third is the delivery and construction phase. From the first to the last may take at least a year. Consequently monetary measures are not obviously superior to fiscal measures with respect to expenditure adjustment. Something similar may be said with respect to residential construction, while the case of consumer durables is somewhat different. Here the first impact of, say, automobile purchases is

Figure 4: Alternative Balance of Payments Equilibria with Constant Employment

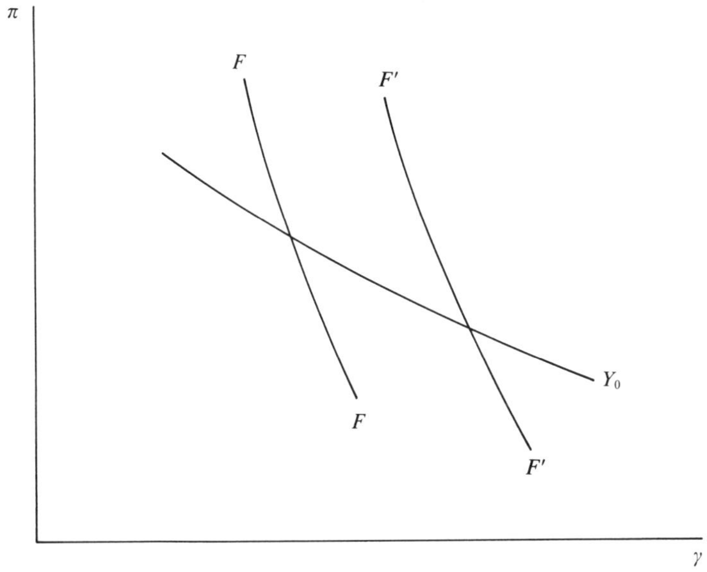

on dealer inventories, with subsequent reordering and production responses. The whole process should be shorter than for investment or residential construction.

B.3. Induced Capital Flow as a Corrective

The emphasis heretofore has been on stabilizing domestic activity in the face of various shocks, and in most of the discussion these shocks were external in nature. Along with domestic stabilization attention was paid to current account adjustment – in the one case holding its changes small, in the other case adjusting it in the direction of autonomous capital flows. Such attention is legitimate given the interest of most countries in maintaining their net foreign asset positions – the sum of foreign exchange reserves, short-terms claims and long-term investments. An alternative, which may loosely fit the United States position until the mid-1980s, is to consider the net balance of payments, including capital items, and not to aim for any particular behavior of the current account. This is a looser requirement that to correct the current account, because it is no longer necessary to adjust absorption to real income. If an external disturbance causes a current-account deficit, this can be tolerated so long as the capital account balances the current account. The well-known Mundell-Fleming style of argument tells us that raising the domestic rate of interest can induce a compensating capital inflow. In the case of real external disturbances this may not be needed because the exchange-rate has already stabilized domestic activity and corrected the trade balance. In the case of an outward capital transfer raising the interest rate pulls some capital inward again but also depresses domestic activity. Consequently monetary measures alone can not compensate for capital outflows. They can only serve as a modifier to the mechanism already described – depreciation and an increase of the current account. The current account need change by less because the interest-rate tends to cause a reverse flow of capital. The figure below illustrates the effect of an autonomous outflow combined with adjustment of the terms of trade and raising the rate of interest. The *FF* curve represents old and new external balances, while Y_0 represents domestic balance. The Y_0 curve is unaffected by the capital transfer, while the *FF* curve shifts to the right. Its steepness reflects a high responsiveness of capital flows to international differentials in rate of interest.

C. *Concluding Remarks*

The arguments above led to the conclusion that neither the closed nor the open economy has any inherent tendency toward stable full employment. In comparing the two for stability it was found that domestic shocks may be absorbed in part by the rest of the world through changes in trade. On the other hand, real external disturbances could be absorbed with relative ease by adjusting the exchange rate upward or downward. Most troublesome were financial transfers when these required current-account adjustment: The paying country needed to deflate absorption and reduce its terms of trade, and the receiving country needed to do the opposite. A mitigation was possible if monetary policy could be used to induce a reverse flow of capital, but this used alone would lead to domestic deflation. Necessary was to use terms-of-trade reduction in order to maintain domestic stability, and this implied matching the capital transfer in part with a positive change in the current-account. All of this calls into question the desirability of free international mobility of capital. Some amounts of friction, brought about, say, by a special tax on foreign-owned securities, shares, and deposits, would make the maintainance of domestic stability somewhat easier.

Literature

BARRO, R.J. and GROSSMAN, H.J. (1971): „A General Disequilibrium Model of Income and Employment“, in: *American Economic Review 61*, S. 82–93.

CLOWER, R.W. (1965): „The Keynesian Counterrevolution: A Theoretical Appraisal“, in: F.H. HAHN, F. BRECHLING (eds.), „The Theory of Interest Rates“, MacMillan: London.

DRAZEN, A. (1980): „Recent Developments in Macroeconomic Disequilibrium Theory“, in: *Econometrica 48*, S. 283–306.

DRÈZE, J. (1975): „Existence of an Equilibrium under Price Rigidity and Quantity Rationing“, in: *International Economic Review* 16, S. 301–320.

GEHRELS, F. (1978): „Trade Impediments, Domestic Goods, and the Transfer Problem“, in: *Weltwirtschaftliches Archiv*, Band 114, S. 418–498.

GRANDMONT, J.M. (1977): „Temporary General Equilibrium Theory“, in: *Econometrica 45*, S. 535–573.

HARBERGER, A.C. (1950): „Currency Depreciation Income and the Balance of Trade“, in: *Journal of Political Economy LVIII*, S. 47–60; reprinted in: AEA, *Readings in International Economics*, Irwin: Homewood (Ill.), 1968.

KEYNES, J.M. (1936): „The General Theory of Employment, Interest, and Money“, MacMillan: London.

LANGE, O. (1952): „Price Flexibility and Employment“, Principia Press: Bloomington (Ind.).

LAURSEN, S. and METZLER, L. (1950): „Flexible Exchange Rates and the Theory of Employment“, in: *Review of Economics and Statistics XXXII*, S. 281–290.

LUCAS, R.E. (1973): „Some International Evidence on Output-Inflation Tradeoffs“, in: *American Economic Review* 63, S. 326–334.

MALINVAUD, E. (1980): „Profitability and Unemployment“, Cambridge University Press: Cambridge.

MALINVAUD, E. (1984): „Mass Unemployment“. Blackwell's: Oxford.

METZLER, L.A. (1942): „The Transfer Problem Reconsidered“, in: *Journal of Political Economy L*, S. 397–414; reprinted in: *AEA Readings in The Theory of International Trade*, Blakiston: Philadelphia, S. 179–197.

NEISSER, H. and MODIGLIANI, F. (1956): National Incomes and International Trade: A Quantitative Analysis“, University of Illinois Press: Urbana.

PIGOU, A.C. (1943): „The Classical Stationary State“, in: *Economic Journal LIII*, S. 343–351.

POLAK, J.J. (1954): „An International Economic System“, Allen & Unwin: London.

SARGENT, T.J. (1979): „Macroeconomics“, Academic Press: New York.

Growth and Inflation under Alternative Interest Rate Policies or Wicksell Revisited

by

Martin Beckmann

1. Suppose the Central Bank pursues a policy of fixing interest rates, either the money rate or the real rate of discount. What can be said about the consequences of such policies in the short run? This question was, of course, first studied by Knut Wicksell who said

„At any moment and in any economic situation there is always a certain rate of interest, at which the exchange value of money and the general level of commodity prices have no tendency to change. This can be called the normal rate of interest; its level is determined by the current natural rate of interest, the real return on capital in production, and must rise or fall with this.

„If the rate of interest on money deviates downwards, be it ever so little, from this normal level prices will, as long as the deviation lasts, rise continuously; if it deviates upwards, they will fall indefinitely in the same way" (Wicksell, 1907, p. 82–83).

We wish to reexamine this question in a modern context. Any such attempt must include elements of Keynesian, New Classical, and Monetarist approaches to inflation and growth. At the same time the strict limitation of the policy options permits a simpler model than, say the comprehendsive attempt at integrating all these schools made by Stein (1982).

2. Model

We consider a closed economy. Government expenditures are treated as autonomous and are not considered explicitly. Aggregate demand in money terms is then described by

$$Y = I(r) + C(Y) + A \tag{1}$$

Ignoring autonomous demand and assuming a linear consumption function

$$C = cY$$

the multiplier formula states aggregate demand as

$$Y = \frac{I(r)}{s} \tag{2}$$

Aggregate supply y will be defined in real terms. Let p be the price level.

Consider the difference of aggregate demand and aggregate supply stated in money terms

$$\frac{I}{s} - py$$

The change in aggregate supply, measured in money terms, is assumed to be proportional to this excess aggregate demand

$$\frac{d}{dt}(py) = \theta \left[\frac{I}{s} - py\right] \tag{3}$$

where $0 < \theta < 1$ measures the intensity of the response. Alternatively $\frac{1}{\theta}$ may be viewed as the mean lag between excess demand and the supply response.

Equation (3) may also be written

$$\frac{d}{dt}(py) = \frac{\theta}{s}[I - spy]$$

$$\frac{d}{dt}(py) = \frac{\theta}{s}[I - S] \tag{3a}$$

The expansion of aggregate supply is proportional to the excess of investment over saving.

Next consider investment demand

$$I = p\dot{k} \tag{4}$$

(A dot indicates the derivative with respect to time). Here k ist the real capital stock in use. We shall focus on periods of expansion, either the recovery phase of a recession or the expansionary process during a boom period. We can then identify capital in use with the available capital stock.

Regarding investment demand we take a (new) classical stance. Investment relative to existing capital stock is induced by a discrepancy between the marginal product of real capital $\frac{\delta y}{\delta k}$ and the real rate of interest r.

$$\frac{\dot{k}}{k} = \frac{\delta y}{\delta k} - r \tag{5}$$

The proportionality factor relating investment activity to the right hand expression can be made equal to unity by a suitable choice of the time unit.

The real interest rate r will be treated as an instrument of the Central Bank. We will distinguish two scenarios: the Central Bank commits itself to keeping the real rate of interest constant or, alternatively, it fixes the money rate of interest i. The two rates are related by the definition

$$r = i - \pi \tag{6}$$

Here

$$\pi = \frac{\dot{p}}{p} \tag{7}$$

is the prevailing rate of inflation. This is considered to be also the expected rate of inflation.

The aggregate production function for real output in terms of employment L and real capital stock k

$$y = f(L,k)$$

is assumed to be Cobb Douglas

$$y = aL^{\lambda}k^{\kappa} \tag{8}$$

and homogeneous of degree one

$$\lambda + \kappa = 1. \tag{9}$$

By a suitable choice of output units the productivity factor a can be made equal to unity

$$a = 1.$$

The marginal net product of capital (when depreciation is, by definition, excluded) is then

$$\frac{\delta y}{\delta k} = \kappa\ L^{\lambda}k^{\kappa - 1}$$

$$\frac{\delta y}{\delta k} = \kappa\ (\frac{L}{k})^{\lambda} \tag{10}$$

While the adjustment of real capital inputs to the prevailing rate of interest takes time, see equation (5), adjustments in the employment of labor take place without delay. Profit maximization by firms implies employment determined by

$$\operatorname*{Max}_{L}\ p\ L^{\lambda}k^{k} - wL \tag{11}$$

Here w denotes money wages. Solving problem (11) yields the labor demand function

$$L = (\lambda \frac{p}{w})^{\frac{1}{\kappa}} \cdot \mathrm{k} \tag{12}$$

Notice that employment is proportional to the capital stock and depends inversely on real wages $\frac{w}{p}$

Substituting employment (12) in the formula for the marginal product of capital (10) yields

$$\frac{\delta y}{\delta k} = \kappa (\frac{\lambda p}{w})^{\frac{\lambda}{\kappa}} \tag{13}$$

$$\frac{\delta y}{\delta k} = \kappa\, b$$

where we have used the abbreviation

$$b = (\frac{\lambda p}{w})^{\frac{\lambda}{\kappa}} \tag{14}$$

for the productivity of capital.

In view of the instantaneous adjustment of labour inputs (12) to capital stock the production function takes the form

$$y = (\lambda \frac{p}{w})^{\frac{\lambda}{\kappa}} k$$

$$y = b\, k \tag{15}$$

Equations (3), (4), (5), (10), (12) constitute the model. There is no need for an equation describing the market for money. The Central Bank supplies all the money demanded at the real rate of interest which it controls.

The endogenous variables which have to be determined are

$\frac{\dot{y}}{y}$ the rate of growth of real output
π the rate of inflation
$\dot{k}$ the real level of investment
L the level of employment, and later
$\frac{w}{p}$ the real wage rate.

3. *Analysis: Real interest rate r held constant*

Investment demand may now be written as follows, using (4),(5) and (15)

$$I = p\dot{k} = p(k\frac{\delta y}{\delta k} - rk) = p(b - r)k \tag{16}$$

Substituting in (3)

$$(py)^{\cdot} = \frac{\theta p}{s}[(\kappa - s)\,b - r]k$$

Dividing both sides by py

$$\frac{(py)^{\cdot}}{py} = \frac{\dot{p}}{p} + \frac{\dot{y}}{y} = \frac{\theta}{s}[\kappa - s - \frac{r}{b}] \quad \text{and using} \tag{15}$$

and finally, recalling (7)

$$\frac{\dot{y}}{y} + \pi = \frac{\theta}{s}[\kappa - s - \frac{r}{b}] \tag{17}$$

The growth rate of national product in money terms is positive provided the bracket is positive; this growth rate is constant when the real rate of interest is held constant and when real wages remain constant.

We assume the latter to be true as long as employment remains to the left of the Phillips point at which wage inflation begins.

$$\frac{d}{dt}(\frac{w}{p}) = 0 \text{ for } L < N_0. \tag{18}$$

The growth rate of money valued output is seen to decrease with respect to the propensity to save s and to the real rate of interest r. In view of (14) it also decreases with the real wage rate $\frac{w}{p}$

Hence a positive growth rate is possible only for sufficiently low savings rates, real wage rates and real interest rates.

Turn next to the growth of real output. The growth rate of real output $\frac{\dot{y}}{y}$ is also the growth rate of real capital in view of the proportionality relationship (15). Hence, using (5)

$$\frac{\dot{y}}{y} = \frac{\dot{k}}{k} = \frac{\delta y}{\delta k} - r$$

or using (10), (14)

$$\frac{\dot{y}}{y} = \kappa\, b - r \tag{19}$$

$$\frac{\dot{\mathrm{y}}}{\mathrm{y}} = \kappa(\lambda \frac{p}{w})^{\frac{\kappa}{\lambda}} - r \tag{19a}$$

The growth rate of real output is a linear decreasing function of the real rate of interest r. It is a decreasing function of the real wage rate $\frac{w}{p}$.

Combining (19) and (17) the rate of inflation is shown to be

$$\pi = \frac{\theta}{s}[\kappa - s - \frac{r}{b}] - \kappa b + r \tag{20}$$

This inflation is the result of demand pull, when the economy is slow in adjusting aggregate output to aggregate demand. A negative value of π (20) must be interpreted as a deflationary pressure, deepening rather than alleviating a recession.

Rewriting (20)

$$\pi = (\frac{\theta}{sb} - 1)(\kappa b - r) - \theta \tag{20a}$$

we see how the rate of inflation is affectied by the supply lag $\frac{1}{\theta}$, the real wage rate $\frac{w}{p}$ and the rate of interest r. In an expansionary period the marginal product of capital exceeds the real interest rate

$$\kappa b - r > 0 \tag{21}$$

It follows that the inflation rate decreases with the savings rate s, a reasonable result since saving alleviates the pressure on resources.

A non-negative inflation rate requires that the first parentesis be positive

$$\frac{\theta}{sb} - 1 > 0.$$

This and $\theta < 1$ implies that π is an increasing function of 0, the reaction speed of aggregate supply. The effect of real wages varies. At low real wage rates there is an increasing relationship.

A zero rate of inflation defines the „natural interest rate r_0" of Wicksell

$$(\frac{\theta}{sb} - 1)(\kappa\, b - r) - \theta = 0$$

or

$$r_0 = \kappa\, b - \frac{\theta\, s\, b}{\theta - sb} \tag{22}$$

r_0 is a decreasing function of the savings rate s and an increasing function of the rate of response θ. It increases with b and hence decreases with the real wage rate $\frac{w}{p}$ provided, as we may assume, $\kappa > s$.

In a growing economy r_0 must lie below the marginal product of capital in order to induce capital accumulation, cf. (5)

In order for recovery to occur, the growth of real output $\frac{\dot{y}}{y}$ must exceed the natural growth rate n of the labour supply L measured in efficiency units. This requires, using (19)

$$\kappa b > r + n \tag{21}$$

or

$$(\lambda \frac{p}{w})^{\frac{\lambda}{\kappa}} > \frac{r + n}{\kappa}$$

$$\frac{w}{p} < \lambda \left(\frac{\kappa}{r + n}\right)^{\frac{\kappa}{\lambda}} \tag{21a}$$

Recovery is possible only under sufficiently low real wage rates in combination with sufficiently low interest rates. It is facilitated by a low rate of growth of the labour supply n.

For conventional values $\lambda = \frac{3}{4}$, $\kappa = \frac{1}{4}$ the criterion (21a) becomes

$$\frac{w}{p} < \frac{0.472}{\sqrt[3]{r + n}} \tag{21b}$$

But keep in mind our standardization of units in the Cobb Douglas production function.

4. Policy alternative: money rate of interest fixed

When Central Bank policy fixes the money rate of interest i, equation (20a) for the determination of the inflation rate π must be rewritten, observing the definition (7)

$$\pi = (\frac{\theta}{sb} - 1)(\kappa b - i + \pi) - \theta$$

whose solution is

$$\pi = \frac{(\theta - sb)(\kappa b - i) - \theta sb}{2\, sb - \theta} \tag{23}$$

Once more the rate of inflation is a linear decreasing function of the money rate of interest, provided the fraction $\frac{\theta - sb}{2\ sb - \theta}$ is positive. This requires that θ lies in the range

$$sb < \theta < 2\ sb \tag{24}$$

The (negative) response of the inflation rate to the money interest rate is

$$-\frac{\theta - sb}{2\ sb - \theta} > -\frac{\theta - sb}{sb}$$

the response to the real rate. This means that the absolute size of the response of the inflation rate to the interest rate is smaller for money than for real rates of interest.

Now a zero rate of inflation occurs when

$$i_0 = r_0 = \kappa b - \frac{\theta sb}{\theta - sb} \tag{22}$$

as before.

5. *Full employment*

When $\frac{\dot{y}}{y} > \mathrm{n}$ then eventually unemployment is eliminated as the Phillips point is crossed. As a labor shortage developes real wages must rise. This will decrease the rate of output growth see (19a) above, until it becomes equal to n, the natural rate of growth. We calculate the associated real wage rate by setting

$$n = \frac{\dot{y}}{y} = \kappa b - r$$

from which

$$b = \frac{r + n}{\kappa} \tag{25}$$

or

$$\frac{w}{p} = \lambda\left(\frac{\kappa}{r + n}\right)^{\frac{\kappa}{\lambda}} \tag{26}$$

This equilibrium real wage under full employment growth is larger, the smaller is the fixed real rate of interest.

Regarding the rates of inflation our previous conclusions apply with the special value (25) for capital productivity b substituted, that results from the equilibrium rate of real wages (26).

$$\pi = \left(\frac{\theta\kappa}{s(r + n)} - 1\right) n - \theta. \tag{27}$$

This inflation rate increases with the rate of growth n provided θ is in the range (24).

It decreases with the real interest rate r and increases with the response rate θ.

Full employment growth without inflation requires

$$0 = \left(\frac{\theta\kappa}{s(r + n)} - 1\right) n - \theta$$

or

$$r = \left[\frac{\kappa\theta}{s(\theta + n)} - 1\right] n \tag{28}$$

The natural interest rate exceeds the natural growth rate provided the latter is small enough

$$\frac{\kappa}{s} > 1 + \frac{n}{\theta}$$

or

$$n < \theta \cdot \left(\frac{\kappa}{s} - 1\right)$$

It is assumed here, that the attainment of full employment produces no inflationary shock beyond the adjustment of real wages to their equilibrium level.

How long equilibrium growth at the natural rate continues until a recession begins again is an interesting question. In the present context such a downturn could result from an upward adjustment of real or money interest rates in an effort to reduce inflation. But this is another topic.

Perhaps the most interesting conclusion of this paper is the importance of real wages in determining both growth and inflation under a monetary policy that fixes interest rates.

Literature

STEIN, J., *Monetarist. Keynesian and new classical economics*, Oxford, Blackwell, 1982.
WICKSELL, K., „The Influence of the Rate of Interest on Prices“, *Economic Journal*, XVII, (1907), pp. 213–219.
WICKSELL, K., *Geldzins und Güterpreise*“, Jena (1898), pp. 141–150.

Bevölkerungswachstum und Wohlstandsentwicklung

von

MANFRED NEUMANN

Seit Robert Malthus herrscht die Auffassung vor, daß eine Zunahme des Bevölkerungswachstums eher wohlstandsmindernde als wohlstandsfördernde Wirkungen hat.[1] Diese Auffassung wurde kürzlich noch einmal durch einen Bericht der WELTBANK (1984, S. 92ff.) bekräftigt. Demgegenüber haben ESTER BOSERUP (1965, 1981) und JULIAN SIMON (1981) hervorgehoben, Bevölkerungswachstum könne wohlstandsfördernd wirken und habe in der Tat in der Vergangenheit vielfach wohlstandsfördernde Effekte ausgelöst.

Die Vertreter einer pessimistischen Auffassung verweisen darauf, daß die Knappheit natürlicher Ressourcen dem wirtschaftlichen Wachstum Grenzen setze und Bevölkerungswachstum daher zu abnehmenden Erträgen von Arbeit und Kapital führen müsse. Von den Vertretern der optimistischen Auffassung wird ins Feld geführt, daß mit zunehmender Bevölkerung eine intensivere Arbeitsteilung möglich ist und als Folge davon steigende Skalenerträge ausgenutzt werden können. Überdies könne die Knappheit natürlicher Ressourcen durch technischen Fortschritt ausgeglichen werden, und das Reservoir technischen Fortschritts sei letztlich unerschöpflich.

Berücksichtigt man gleichzeitig die Knappheit natürlicher Ressourcen und die Möglichkeit der Ausnutzung steigender Skalenerträge durch intensivere Arbeitsteilung, so läßt sich prinzipiell eine optimale Bevölkerungsgröße und eine optimale Rate des Bevölkerungswachstums ableiten (MEADE 1955, DASGUPTA 1969). Dieser Gesichtspunkt soll im vorliegenden Beitrag jedoch nicht verfolgt werden. Vielmehr soll der Aspekt des technischen Fortschritts in den Vordergrund gerückt werden. Es soll gezeigt werden, unter welchen Bedingungen eine Zunahme der Wachstumsrate der Bevölkerung die Rate des technischen Fortschritts günstig beeinflußt. Die Wachstumsrate der Bevölkerung wird in dieser Betrachtung als exogen angenommen. Das ist eine aus

---

[1] Einen Überblick über die kontroverse Literatur gibt FELDERER/SAUGA 1988

analytischen Gründen zweckmäßige Vereinfachung. In der Realität muß demgegenüber sicher davon ausgegangen werden, daß das Bevölkerungswachstum auch von ökonomischen Faktoren bestimmt wird und insoweit endogen ist (vgl. NEUMANN 1984, 1989 und BARRO/BECKER 1989). Das gilt in hohem Maße für die Fertilität, in geringerem Maße für die Mortalität, die namentlich in Entwicklungsländern überwiegend exogener Natur ist. Im Gegensatz zum Bevölkerungswachstum wird im vorliegenden Beitrag der technische Fortschritt als eine endogene Variable aufgefaßt.

Technischer Fortschritt ist dabei die Hauptquelle der Vergrößerung des ökonomischen Wohlstands. Würde man den technischen Fortschritt außer Betracht lassen, so käme man zu einem eher pessimistischen Schluß. Als Folge einer Zunahme des Bevölkerungswachstums würde der Konsum pro Kopf sinken. Entweder würde die Kapitaldecke dünner werden, so daß der Kapitalstock und damit auch das Sozialprodukt pro Kopf sinken müßte, oder – falls das vermieden werden soll – die gesamtwirtschaftliche Sparquote müßte steigen, so daß aus diesem Grund der Konsum pro Kopf sinken würde. Berücksichtigt man jedoch technischen Fortschritt, so läßt sich zeigen, daß sich Bevölkerungswachstum fortschrittssteigernd und sich deshalb auch wohlstandserhöhend auswirken kann.

Technologische Bedingungen

Angenommen wird eine neoklassische Produktionsfunktion, nach der die Nettoproduktion (Bruttoproduktion abzüglich der Abschreibungen mit einer Rate δ) $Y = G(K,AL) - \delta K = F(K,AL)$ vom Kapitaleinsatz K und vom Arbeitseinsatz L abhängig ist, wobei sich technischer Fortschritt so auswirkt, als würde sich die Menge der verfügbaren Arbeit erhöhen. Dieser Effekt kommt in der Veränderung des Effizienzparameters $A(t)$ zum Ausdruck. Die Funktion G sei linear-homogen, strikt quasikonkav und erfülle die Inada-Bedingungen. Das bedeutet, daß man die Nettoproduktion auch als $Y = ALf(x)$ mit $x := K/AL$ darstellen kann, wobei $f(0) = 0, f'(x) > 0$, $f''(x) < 0$ und $f''(0) = \infty$ sowie $f''(\infty) = 0$ ist. Um den Stand des technischen Wissens, der in der Größe des Parameters $A(t)$ zum Ausdruck kommt, zu erhöhen, bedarf es Aufwendungen für Forschung und Entwicklung. Dabei sei $r := R/AL$ als Aufwand für Forschung und Entwicklung je Effizienzeinheit Arbeit definiert. Er hängt von der angestrebten Rate des technischen Fortschritts $a := \dot{A}/A$ ab. Dabei sei $r(a) > 0$ für $a \geqq 0$, und $r'(a) > 0$, $r''(a) > 0$ für $a > 0$ sowie $r'(a) = 0$ für $a = 0$. Wenn die Fortschrittsrate erhöht werden soll, bedarf es eines überproportional steigenden Einsatzes von Forschung und Entwicklung. Auch bei einer Fortschrittsrate von $a = 0$

sind Aufwendungen erforderlich, um den Stand des technischen Wissens einer Gesellschaft im Wechsel der Generationen zu erhalten.

Die Kapitalakkumulation wird durch die Gleichung

$$\dot{K} = Y - C - R$$

beschrieben, in der C den Konsum darstellt. Unter Verwendung der Definition für x und r kann man die Kapitalakkumulation auch durch die Gleichung

$$(1) \qquad \dot{x} = f(x) - \tilde{c} - r(a) - (n + a)x$$

darstellen, in der $\tilde{c} := C/AL$ den Konsum je Effizienzeinheit der Arbeit wiedergibt.

Der Stand der Technik verändert sich entsprechend der Gleichung

$$(2) \qquad \dot{A} = a(t)A,$$

wobei die Fortschrittsrate $a(t)$ von Periode zu Periode verschieden sein kann.

Der Prozeß der Kapitalbildung und der Veränderung des Standes der Technik kann durch die Wahl des Periodenkonsums $\tilde{c}$ und der Rate des technischen Fortschritts $a(t)$ gesteuert werden.

Nutzenfunktion

Vorausgesetzt wird, daß sich die in einer Gesellschaft abspielende Wahl von Konsum und technischem Fortschritt als Entscheidungen einer repräsentativen, ewig lebenden Familie abbilden läßt. Dem liegt die Vorstellung zugrunde, daß jedermann nicht allein am eigenen Wohlergehen, sondern in einem gewissen Maß auch am Wohlergehen seiner unmittelbaren Nachkommen interessiert ist und dabei annimmt, daß sich seine Nachfahren in gleicher Weise verhalten. Der effektive Zeithorizont, der bei den gegenwärtigen Entscheidungen zugrunde gelegt wird, erstreckt sich deshalb von der Gegenwart in die unendlich ferne Zukunft. Dabei wird jedoch zukünftiger Konsum geringer gewichtet als gegenwärtiger Konsum.

Die den Entscheidungen zugrunde liegende und zu maximierende Nutzenfunktion kann dann in der Form

$$U = \int_0^{\infty} L^{1-\mu}\, u(c) e^{-\rho t} dt$$

geschrieben werden. Darin ist $u(c)$ der Nutzen des Pro-Kopf-Konsums eines Individuums in der einzelnen Periode. Für diese Nutzenfunktion sei die Form

$$u(\mathrm{c}) = \frac{1}{1 - \varepsilon} c^{1-\varepsilon}$$

angenommen, so daß $u'(c) > 0$ und $u''(c) < 0$ ist. Die Grenznutzenelastizität $\varepsilon := -cu''(c)/u'(c)$ ist eine Konstante.

Durch $1 - \mu$ wird zum Ausdruck gebracht, in welchem Maße die Größe der Bevölkerung (genauer: der Familie) in den Entscheidungskalkül eingeht. Je kleiner μ ist, um so größer ist der Altruismus gegenüber künftigen Generationen.[2] Bei $\mu = 0$ gilt das Prinzip Jeremy Benthams, nach dem das größte Glück der größten Zahl von Menschen zum maximieren ist. Bei $\mu = 1$ ist $L^{1-\mu} = 1$. Maximiert wird also nur der diskontierte Nutzenstrom des Konsums pro Kopf. Die Möglichkeit, daß die Bevölkerung wächst und künftige Generationen eine größere Zahl von Personen umfassen als die gegenwärtige Generation, wird bei den Entscheidungen in der Gegenwart nicht berücksichtigt.[3]

Die Größe der Bevölkerung und damit auch die der repräsentativen Familie verändert sich mit der Rate $n := \dot{L}/L$, die also exogen und aus analytischen Gründen als konstant angenommen wird.

In dem verwendeten Modell wird der Strom von $L^{1-\mu}\, u(c)$ mit einer konstanten Zeitpräferenzrate ρ diskontiert. Dadurch kann sichergestellt werden, daß das Integral U einen endlichen Wert annimmt. Das ist dann der Fall, wenn $\rho > (1-\mu)n + (1-\varepsilon(\dot{c}/c)$ ist. Diese Bedingung soll als erfüllt angenommen werden.

Optimale Kapitalakkumulation und technischer Fortschritt

Wird die vorausgesetzte Nutzenfunktion U durch die Wahl einer Sequenz von $\tilde{c}(t)$ und $a(t)$ unter den Nebenbedingungen der Gleichungen (1) und (2) maximiert, so ergibt sich als Steady-State-Lösung das Gleichungssystem (siehe Anhang).

(3) $$f(x) - \tilde{c} - r(a) - (n + a)x = 0$$

(4) $$f'(x) - \varepsilon a = \rho + \mu n$$

(5) $$[f'(x) - n - a]\, r'(a) + r(a) - [f(x) - xf'(x)] = 0$$

---

[2] Der hier benutzte Ausdruck „Altruismus" ist wegen der ethischen Konnotation etwas irreführend. Es handelt sich hier nicht in erster Linie um ein ethisches Problem. Vielmehr hängt, wie unten gezeigt wird, die Wahl des „Altruismus"-Parameters $1-\mu$ entscheidend von der Möglichkeit ab, durch Entscheidungen in der Gegenwart das Wohlergehen zukünftiger Generationen zu beeinflussen.

[3] Die gleiche Zielfunktion gilt, wenn jeder einzelne nur den Nutzen seines Konsums während des eigenen Lebens zu maximieren versucht, die Dauer des individuellen Lebens ungewiß ist und einer exponentiellen Verteilungsfunktion unterliegt. Vgl. CASS und YAARI (1967), S. 262f. sowie MERTON (1971), S. 400.

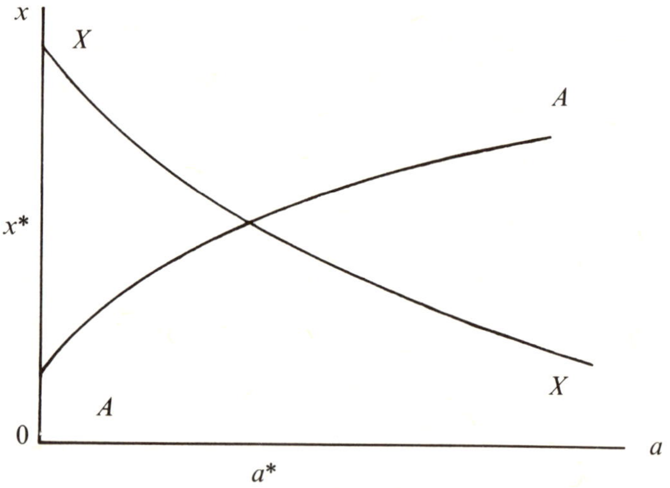

Dieses Gleichungssystem, aufgrund dessen sich die Gleichgewichtswerte für x, $\tilde{c}$ und a ermitteln lassen, ist rekursiv. Aus den Gleichungen (4) und (5) folgen die Gleichgewichtswerte für x und a. Setzt man diese Werte in Gleichung (3) ein, so kann man den Wert für $\tilde{c}$ errechnen. Exogene Variable sind die Zeitpräferenzrate, die Wachstumsrate der Bevölkerung sowie der Altruismusparameter $1-\mu$ und ε, die Grenznutzenelastizität des Konsums.

Das Gleichgewicht für x und a läßt sich graphisch darstellen. In der folgenden Figur wird durch die Kurve XX die Gleichung (4) abgebildet und durch die Kurve AA die Gleichung (5).

Die XX-Kurve beginnt auf der Ordinate dort, wo $f'(x) = \rho = \mu n$ ist. Ihre Steigung ist negativ, denn bei gegebenem $\rho + \mu n$ ist $\partial x/\partial a = \varepsilon/f'(x) < 0$.

Die AA-Kurve beginnt bei einem positiven x, bei dem $r(0) - [f(x) - xf'(x)] = 0$. Die Steigung wird durch

$$\frac{\partial x}{\partial a} = -\frac{[f' - n - a]r''}{(r' + x)f''} = -\frac{[\rho - (1-\mu)n - (1-\varepsilon)a]r''}{(r' + x)f''}$$

gegeben. Da in einem Steady State-Gleichgewicht $\dot{c}/c = a$ ist, muß im Zähler $\rho - (1-\mu)n - (1-\varepsilon)a$ positiv sein, damit das zu maximierende Integral U einen endlichen Wert besitzt. Relevant ist deshalb nur der aufsteigende Ast der AA-Kurve.

Die optimalen Werte von x und a werden durch den Schnittpunkt der XX-Kurve mit der AA-Kurve bestimmt. Es sei angenommen, daß ein solcher Schnittpunkt existiert, wie es in der Figur dargestellt ist.

Komparative Statik

Für eine komparativ-statische Analyse, mit deren Hilfe der Einfluß des Bevölkerungswachstums auf die Rate des technischen Fortschritts untersucht werden kann, bildet man das totale Differential des Gleichungssystems (3)–(5). Es lautet

$$\begin{pmatrix} f' - n - a & -1 & -(r' + x) \\ f'' & 0 & -\varepsilon \\ (r' + x)f'' & 0 & [f' - n - a]r'' \end{pmatrix} \begin{pmatrix} dx \\ d\tilde{c} \\ da \end{pmatrix} = \begin{pmatrix} 0 \\ 1 \\ 0 \end{pmatrix} dp + \begin{pmatrix} x \\ \mu \\ r' \end{pmatrix} dn + \begin{pmatrix} 0 \\ n \\ 0 \end{pmatrix} d\mu$$

Daraus erhält man

$$\frac{\partial x}{\partial n} = \frac{\mu[f' - n - a]r'' + \varepsilon r'}{\Delta} < 0$$

und

$$\frac{\partial x}{\partial n} = \frac{[(1 - \mu)r' - \mu x]f''}{\Delta} \gtrless 0, \text{ wenn } (1 - \mu)r' \gtrless \mu x,$$

wobei $\Delta := [(f' - n - a)r'' + \varepsilon(r' + x)]f'' < 0.$

Bei einer Zunahme der Wachstumsrate der Bevölkerung nimmt also der Kapitalstock je Effizienzeinheit der Arbeit ab, so daß der Zins steigt. Bei einer Substitutionselastizität zwischen Kapital und Arbeit, die kleiner ist als Eins, führt das reichlichere Arbeitsangebot zu einer Senkung der Lohnquote. Die Veränderung der Rate des technischen Fortschritts hängt von der Höhe des Altruismusparameters ab. Ist $\mu = 0$, gilt also Benthams Prinzip der Maximierung des größten Glücks der größten Zahl, so ist $\partial a/\partial n > 0$, die Fortschrittsrate steigt, wenn sich das Bevölkerungswachstum beschleunigt. Ist dagegen $\mu = 1$, so ergibt sich $\partial a/\partial b < 0$, die Fortschrittsrate sinkt, und zunehmendes Bevölkerungswachstum wirkt sich wohlstandsmindernd aus. Da ferner $\partial a/\partial \mu = -(r' + x)nf''/\Delta < 0$, sieht man, daß mit abnehmendem Altruismus (d.h. steigendem μ) die Fortschrittsrate sinkt. Daraus kann man den Schluß ziehen, das sich eine Zunahme des Bevölkerungswachstums um so eher wohlstandssteigernd auswirkt, je mehr das Wohlergehen zukünftiger Generationen bei den Entscheidungen der Gegenwart berücksichtigt wird. Altruismus zahlt sich aus!

Ebenso wie in einer Wirtschaft ohne technischen Fortschritt der Konsum pro Kopf infolge einer Zunahme des Bevölkerungswachstums sinkt[4], entsteht bei technischem Fortschritt eine Tendenz zur Senkung von c/A, des Konsums pro Effizienzeinheit Arbeit. Dabei ist zunächst auch eine Verringerung des Konsums pro Kopf nicht ausgeschlossen. Da aber der Konsum pro Kopf mit der Veränderungsrate $a(t)$ steigt, wird dieser Wachstumseffekt auf längere Sicht gegenüber einer Senkung des Niveaus des Wachstumspfades des Konsums pro Kopf bei weitem dominieren.

Determinanten des „Altruismus" gegenüber zukünftigen Generationen

Nachdem die entscheidende Bedeutung des Altruismusparameters für den Einfluß des Bevölkerungswachstums auf den technischen Fortschritt herausgearbeitet worden ist, fragt es sich, wovon die Größe des Parameters μ abhängt.

Für einen Repräsentanten einer „ewigen Familie" kann ein μ in der Nähe von Null angenommen werden. Der Altruismus gegenüber den Nachkommen manifestiert sich in Erbschaften und Vermächtnissen zu Lebzeiten. Dabei besteht ein erheblicher Teil der Vermögensübertragung an die Nachkommen darin, daß diese eine Ausbildung erhalten, also mit Humankapital ausgestattet werden. Umgekehrt kann man den Schluß ziehen, daß immer dann, wenn eine Vermögensübertragung auf die Nachkommen aus institutionellen Gründen ausgeschlossen oder faktisch nicht möglich ist, das Band zwischen den Generationen lockerer und der Altruismusparameter $1-\mu$ kleiner ist.

Ein Extremfall stellt eine Sklavenwirtschaft dar, in der den Sklaven Vererbung an Nachkommen nicht erlaubt ist. Das Modell der ewigen Familie ist nur für die Sklavenbesitzer anwendbar. Ähnliches gilt für eine Gesellschaft, in der Landbesitz in der Hand weniger Familien konzentriert ist. In einem solchen Fall, in dem die Masse der Bevölkerung vermögenslos ist, spielt die Vermögensübertragung auf Nachkommen nur eine geringe Rolle. Im Durchschnitt der Bevölkerung ist daher anzunehmen, daß das μ groß ist.

Voraussetzung für Vermögensübertragungen auf die Nachkommen ist schließlich, daß Produktionsmittel vorhanden sind und genutzt werden, deren Nutzungsdauer die Länge eines individuellen Lebens überschreitet. Das ist beim Landbesitz natürlich der Fall, nicht jedoch auch bei allen Werkzeugen und Gerätschaften. Werden relativ kurzlebige Produktionsmittel verwandt, kann sich jede Generation den eigenen Kapitalstock aufbauen, und die Notwendigkeit einer Vermögensübertragung zur Wohlstandssicherung der Nachkommen ist geringer. Vermutlich ist dann auch der Altruismusparameter $1-\mu$ kleiner.

Aus diesen Überlegungen ergibt sich der folgende Schluß: In Gesellschaf-

---

[4] Betrachtet man die Gleichungen (3) und (4) und setzt darin $a = 0$, so ergibt sich in komparativ-statischer Analyse

$$\frac{\partial c}{\partial n} = \frac{\mu(f' - n)}{f''} - k < 0.$$

ten, in denen die Vermögenskonzentration hoch ist, und in solchen mit geringem Industrialisierungsgrad, in denen der Kapitalstock gering und kurzlebig ist, wird eine Zunahme des Bevölkerungswachstums eher zu wohlstandsmindernden Effekten führen, in Gesellschaften, in denen Privateigentum gesichert ist und Erbschaften möglich sind, eher zu einer Wohlstandssteigerung.

Was über eine Erhöhung der Wachstumsrate der Bevölkerung gesagt wurde, gilt mit umgekehrten Vorzeichen auch bei einer Senkung der Wachstumsrate der Bevölkerung, insbesondere bei einer Schrumpfung der Bevölkerung. Bei ausgeprägtem intergenerativen Altruismus führt eine Verminderung des Bevölkerungswachstums zu einer Senkung der Rate des technischen Fortschritts, bei geringem Altruismus dagegen zu einer Beschleunigung des technischen Fortschritts. In Industriegesellschaften, in denen eine Vermögensübertragung von einer Generation auf die nächste die Regel ist, kann man daher vermuten, daß eine Verminderung des Bevölkerungswachstums auch die Rate des technischen Fortschritts reduziert.

Anhang

Die Hamiltonfunktion des Problems lautet

$$H = u(\tilde{c}A)e^{-zt} + \psi_1[f(x) - \tilde{c} - r(a) - (n + a)x] + \psi_2 aA$$

wobei $z := \rho - (1 - \mu)n$ ist und $L(0) = 1$ gesetzt wurde.

Notwendig für ein Maximum von H in bezug auf die Kontrollvariablen $\tilde{c}$ und a ist

$$\partial H/\partial \tilde{c} = u'Ae^{-zt} - \psi_1 = 0, \quad \partial^2 H/\partial c^2 = u''A^2e^{-zt} < 0$$
$$\partial H/\partial a = -\psi_1(r' + x) + \psi_2 A = 0, \quad \partial^2 H/\partial a^2 = -\psi_1 r'' < 0$$

Die Bedingungen zweiter Ordnung sind aufgrund der getroffenen Annahmen erfüllt.

Notwendig ist ferner

$$\dot{\psi}_1 = -\partial H/\partial x = -\psi_1[f' - n - a]$$
$$\dot{\psi}_2 = -\partial H/\partial A = -u'\tilde{c}e^{-zt} - \psi_2 a.$$

Eliminiert man die Hilfsvariablen ψ_1 und ψ_2, so erhält man die Gleichungen

$$\dot{\tilde{c}} = [f'(x) - \varepsilon a - \rho - \mu n]\tilde{c}/\varepsilon$$
$$\dot{a} = \{[f'(x) - \mathrm{n} - \mathrm{a}]r'(a) + r(a) - [f(x) - xf'(x)]\}/r''(\mathrm{a})$$

Für einen Steady State, in dem $\dot{x} = \dot{\tilde{c}} = \dot{a} = 0$ ist, ergeben sich die Gleichungen (3)–(5).

Literatur

BARRO, R.J. und BECKER, G.S. (1989): „Fertility Choice in a Model of Economic Growth“, *Econometrica* 57, S. 481–501.

BOSERUP, E. (1965): *The Conditions of Agricultural Growth*, Allen & Unwin: London.

BOSERUP, E. (1981): *Population and Technology*, Basil Blackwell: Oxford.

CASS, D. und YAARI, M. (1967): „Individual Saving, Aggregate Capital Accumulation, and Efficient Growth“, in: K. SHELL, Hrsg., *Essays on the Theorey of Optimal Economic Growth*, MIT Press: Cambridge, Mass., S. 233–268.

DASGUPTA, P.S. (1969): „On the Concept of Optimum Population“, *Review of Economic Studies* 36, S. 295–318.

FELDERER, B. und SAUGA, M. (1988): *Bevölkerung und Wirtschaftsentwicklung*, Campus Verlag: Frankfurt a.M.

MEADE, J.E. (1955): *Trade and Welfare*, Oxford University Press: London.

MERTON, R.C. (1971): „Optimum Consumption and Portfolio Rules in a Continuous-Time Model“, *Journal of Economic Theory* 3, S. 373–401.

NEUMANN, M. (1984): „Population Dynamics and Productivity Growth“, in: P. MAILLET, Hrsg., *Macroeconomic Policies for the 80's*, Cahier de la Revue d'économie politique, Sirey: Paris, S. 30–40.

NEUMANN, M. (1989): „Technological Change and Population Growth“, in: K.F. ZIMMERMANN, Hrsg., *Economic Theory of Optimal Population*, Springer Verlag: Berlin und Heidelberg, S. 67–73.

SIMON, J.L. (1981): *The Ultimate Resource*, Princeton University Press: Princeton, N.J.

WELTBANK (1984): *Weltentwicklungsbericht 1984*, Washington, D.C.

5. Europa und die Welt

Deutsche Energiepolitik im Gemeinsamen Markt

von

Hans K. Schneider

1. Die Vollendung des europäischen Binnenmarkts wird den Wettbewerb allgemein verstärken. Wo nationale Wirtschaftspolitik wettbewerbsfreie Reservate geschaffen hat, wird der Anpassungsdruck auf die Unternehmen am stärksten ausfallen. Nicht nur die Unternehmen sind gefordert, sondern auch die nationale Wirtschaftspolitik. Diese tut gut daran, nicht in Verzug zu geraten, sondern nationale Regulierungen, die nicht im Einklang mit dem EG-Recht stehen oder nationale Unternehmen in ihrer Wettbewerbsfähigkeit beeinträchtigen, möglichst früh anzugleichen.

2. Besonders gefordert ist die deutsche Energiepolitik. Die in ihrem Zentrum stehende Kohlevorrangpolitik ist ein nahezu lückenloses System des Wettbewerbsausschlusses und wirkt in die meisten anderen Energiemärkte hinein. In der leitungsgebundenen Energieversorgung fehlt – wie auch in den anderen Mitgliedsländern der Gemeinschaft – seit jeher der Wettbewerb zwischen Unternehmen derselben Sparte. Keinerlei Wettbewerbsbeschränkungen gibt es allein zwischen den Anbietern von Mineralölprodukten. Diesen ist allerdings der Marktzutritt teilweise erschwert: dem schweren Heizöl in der Stromerzeugung, dem leichten Heizöl auf vielen innerstädtischen Wärmemärkten.

Auf nahezu allen Energiemärkten interveniert die Energiepolitik in der einen oder anderen Weise in das Marktgeschehen, und ihre Akteure – nicht nur Bund und Länder, sondern auch die Gemeinden – verfolgen im Bereich der leitungsgebundenen Energieversorgung teilweise konträre Ziele. Gespalten ist auch die Einstellung zur Kernenergienutzung.

Die Energiepolitik in der Bundesrepublik paßt nicht in eine wettbewerbliche Ordnung, sie ist voller Widersprüche, und ihre Effizienzmängel kommen die Volkswirtschaft sehr teuer zu stehen. Ihre Reformbedürftigkeit steht außer Zweifel.

Brüsseler Vorstellungen zur energiepolitischen Konzeption

3. Wenn es auch noch keine ausgearbeitete Konzeption für die Energiepolitik im gemeinsamen Markt gibt, so ist doch immerhin ein erster blueprint der Kommission für einen einheitlichen Energiemarkt[1] von den Energieministern im Herbst 1989 gebilligt worden. Damit steht zwar noch nicht fest, welche konkreten Maßnahmen von der Kommission ergriffen und welche konkreten Änderungen der nationalen Energiepolitik daraufhin erforderlich werden. Die Hauptstoßrichtung der Brüsseler Initiativen zeichnet sich jedoch klar ab: sie zielt auf die Beseitigung restriktiver nationaler Barrieren, die den Wettbewerb zwischen den Energieanbietern im Gemeinsamen Markt beeinträchtigen. Durch die Verstärkung des Wettbewerbs und die Nutzung der Vorteile eines großen, einheitlichen Marktes sollen die Energiepreise zum Vorteil der Energieverbraucher verringert werden, und das wiederum werde die Wettbewerbsfähigkeit der EG-Industrie auf den Weltmärkten verbessern. Die erzielbaren Kosteneinsparungen durch verstärkte Nutzung der Größendegression, Konzentration auf die jeweils rentabelsten Anlagen sowie intensivere Zusammenarbeit und die anderen Gewinne aus der Herstellung eines einheitlichen europäischen Energiemarktes veranschlagt die Kommission auf 30 Mrd. ECU pro Jahr.

Die Kommission betont die Notwendigkeit fortgesetzter Bemühungen um die Sicherheit der Energieversorgung. Sie denkt hierbei daran, sich alle Energieoptionen offen zu halten, einschließlich der „sicheren Kernenergienutzung und der sauberen Kohlenutzung" und der engen Zusammenarbeit mit anderen Ländern, insbesondere beim Krisenmanagement im Falle einer großen Angebotsstörung. Sicherheit der Energieversorgung wird von der Kommission aber nicht gleichgesetzt mit der Erhaltung eines bestimmten Niveaus oder Anteils der Primärenergiegewinnung in der Gemeinschaft.

4. Im übrigen ist das Dokument der Kommission zum Binnenmarkt für Energie in erster Linie eine Bestandsaufnahme bestehender und potentieller Wettbewerbshemmnisse auf dem Wege zum Binnenmarkt. Die Kommission sieht die folgenden vier Aufgabenbereiche als besonders dringlich an:

a) Anwendung der Wettbewerbsregeln der römischen Verträge auf den Energiebereich. Damit werden die Gebietsmonopole bei Strom und Gas sowie die Beihilfen und sonstigen Interventionen zu Gunsten der deutschen Steinkohle grundsätzlich in Frage gestellt.
b) Abbau der technischen und fiskalischen Hemmnisse. Hierbei geht es insbesondere um die Angleichung der Mineralölsteuern und um die Öffnung des Auftragswesens für Anbieter aus anderen EG-Ländern.

---

[1] Commission of the European Communities (1988): The Single Energy Market [(COM) (88) 238], Brüssel.

c) Erhöhung der Transparenz von Strom- und Gaspreisen.
d) Harmonisierung der Umweltschutznormen.

Letztere ist insbesondere für die deutschen Raffinerien von geradezu existentieller Bedeutung. Sie unterliegen anspruchsvolleren Normen für den Umweltschutz als die Mineralölraffinerien in den anderen Mitgliedsländern; das erhöht ihre Kosten und beeinträchtigt ihre Wettbewerbsfähigkeit. Es ist daher verständlich, wenn die deutschen Mineralölverarbeiter eine Angleichung der Umweltschutznormen fordern. Zwingend geboten ist die Angleichung jedoch nur unter bestimmten Voraussetzungen. Unterschiedliche nationale Prioritäten für den Umweltschutz gehören zu den politikbedingten Merkmalen eines Standorts. Wenn die Nachbarländer niedrigere Standards setzen als die Bundesrepublik *und* sie ihre Umweltbelastungen nicht in die Bundesrepublik oder andere Länder „exportieren" – keine negativen externen Effekte verursachen –, beeinträchtigen Verlagerungen der Mineralölverarbeitung, die auf Kostenunterschiede beim Umweltschutz zurückgehen, nicht die allokative Effizienz in der Gemeinschaft; sie reflektieren lediglich unterschiedliche politische Wertungen. Dies dürfte für die Mineralölverarbeitung zutreffen. Anders liegen die Dinge bei einem Teil der thermischen Kraftwerke in den anderen EG-Ländern. Sie „exportieren" Emissionen in großem Ausmaße, diese externen Kosten gehen jedoch nicht in die Kalkulation ein. Deretwegen sind Vereinbarungen auf der EG-Ebene erforderlich, entweder um die externen Kosten zu kompensieren oder um sie zu vermeiden. Wenn man sich in der EG dafür entscheidet, der negativen externen Effekte wegen die anspruchsvolleren Luftgütekriterien der Bundesrepublik anzuwenden, wird damit zugleich die Wettbewerbsfähigkeit der Mineralölverarbeitung in der Bundesrepublik verbessert.

Deutsche Kohlepolitik im Gemeinsamen Markt

5. Hinsichtlich der Verstromungshilfen für die deutsche Steinkohle hat die EG-Kommission in ihrer Entscheidung vom 30. März 1989 gefordert, daß die als „Gemeinschaftshilfen für den Steinkohlenbergbau" anzusehenden Ausgleichszahlungen allmählich zu verringern sind und mit einem „Umstrukturierungs-, Modernisierungs- und Rationalisierungsplan für den Kohlenbergbau einhergehen müssen, um zur Verbesserung der Wettbewerbsfähigkeit dieses Wirtschaftszweiges beizutragen"[2]. Die als Antwort auf die Entscheidung der Kommission anzusehende Novellierung des Dritten Ver-

[2] Kommission der Europäischen Gemeinschaften (1989): Entscheidung vom März 1989 über eine finanzielle Maßnahme der Bundesrepublik Deutschland zugunsten des Steinkohlebergbaus im Jahre 1988 und eine zusätzliche finanzielle Maßnahme zugunsten des Steinkohlebergbaus im Jahre 1987 [IKDM (89) 612 endg.], Brüssel.

stromungsgesetzes steht in der Tat eine Verringerung der Ausgleichsabgabe („Kohlepfennig“) um jährlich 0,25 Prozentpunkte bis auf 7,5 v.H im Jahre 1993 vor[3]. Diese Verringerung bedeutet für sich gesehen allerdings eine lediglich relative Subventionskürzung, bleibt doch die Ausgleichsabgabe immer noch über dem Stand von 1987 (7,25 v.H). Aber es ist nicht einmal sicher, ob eine relative Subventionskürzung eintreten wird; denn dem Bund und den Bergbauländern wachsen nach der neuen Regelung mit dem sogenannten Revierausgleich und dem sogenannten Erschwerniszuschlag neue Subventionslasten zu. Es bleibt somit festzustellen, daß mit der Neufestsetzung der Ausgleichsabgabe und den neuen Sonderlasten die deutsche Kohleschutzpolitik fortgeschrieben und nicht eine neue Ära der Kohlepolitik eingeleitet wird.

6. Die Gesamtsubvention zugunsten des deutschen Steinkohlebergbaus hat sich im Trend ständig erhöht. Bezieht man die Direkthilfen auf die Anzahl der im Bergbau Beschäftigten, so errechnet sich – ohne den seiner Höhe nach umstrittenen Subventionsanteil in dem auf 10 Mrd. DM angewachsenen Bundeszuschuß zur Knappschaftsversicherung – eine Pro-Kopf-Subvention von derzeit 65 Tsd. DM pro Jahr. Das Gesamtausmaß des Kohleschutzes fällt noch deutlich größer aus. Es umfaßt zusätzlich zu den verschiedenen Finanzhilfen noch die Beschränkung der Kohleeinfuhr und die Investitions- sowie Betriebsbeschränkungen zugunsten der Kohle in der Stromerzeugung.

7. Für die Beibehaltung des Kohleschutzes wird vom Bergbau selbst und von seinen Protagonisten in der Politik heute primär der Sicherheitsbeitrag ins Feld geführt, den ein eigener Kohlebergbau, so lange er für die Energieversorgung ins Gewicht fällt, in einer Welt ungesicherter Primärenergieversorgung leiste. Die regionalpolitischen und sozialpolitischen Rechtfertigungsargumente sind in der politischen Diskussion der letzten Jahre zurückgetreten; mit ihnen ließe sich allenfalls eine Hilfe auf eng begrenzte Zeit, keine auf Dauer angelegte Hilfe rechtfertigen. Die Sicherheit der Energieversorgung – wie die Kommission – als ein hochrangiges Ziel einstufen, bedeutet aber gewiß nicht, daß die Kosten der Zielerreichung vernachlässigt werden dürfen und jedes einzelne Land für sich dieses Ziel zu erfüllen hat. Im Gegenteil: Eine kostengünstige und zugleich effektive Zielerfüllung kann nur für die Gesamtheit der westlichen Industrieländer und mit regionaler Konzentration auf die Energiemärkte in Europa angestrebt werden.

Der Rang, den man der Sicherheit der Energieversorgung als Ziel zuweisen sollte, ist heute allerdings nicht sehr hoch anzusetzen. Von einer Minimalversorgung abgesehen, nutzt die Sicherheit der Energieversorgung nur

[3] Deutscher Bundestag (1989): Bundestagsdrucksache 11/5392, 11. Wahlperiode (17. 10. 1989).

wenig, wenn ihr Komplement, die Sicherheit der Versorgung mit industriellen Rohstoffen und Vorprodukten, fehlt; diese kann aber in einer Volkswirtschaft mit dem Offenheitsgrad der deutschen nicht ernsthaft angestrebt werden. Im Bereich der Energieversorgung selbst kann beim Mineralöl als dem potentiell mit dem größten Versorgungsrisiko behafteten Energieträger nach der absehbaren Entwicklung von Ölverbrauch und Förderkapazität erwartet werden, daß eine erneute Verknappung wie 1973 und 1979 zumindest in den nächsten 10 Jahren nicht eintreten wird. Eine effiziente Nutzung des Öls, seine fortschreitende Substitution auf den Wärmemärkten, die Fortsetzung der Aufschlußbohrungen außerhalb der OPEC-Länder, die Diversifizierung der Bezugsquellen, die verstärkte Einbindung der OPEC-Länder in das downstream-Ölgeschäft, die Ölbevorratung der Verbraucherländer und dergleichen mehr sind die adäquaten Strategien, die von den Nicht-OPEC-Ländern schon mehr als einem Jahrzehnt erfolgreich gegen Ölverknappung und Lieferstörungen angewandt werden.

Die heimische Steinkohle kann zur Sicherung der Ölversorgung – und der Gasversorgung, bei der ebenfalls eine hohe Abhängigkeit von Lieferquellen außerhalb (des politischen) Westeuropas vorliegt – nur noch wenig beitragen, seitdem das schwere Heizöl und das Gas in der Verfeuerung unter Großkesseln stark zurückgedrängt worden ist. Und was die deutsche Steinkohle dazu beiträgt, daß nicht mehr Kohlenwasserstoffe verbraucht werden, das vermag auch die Kohle aus dem Ausland.

Steinkohle ist weltweit reichlich vorhanden, sie ist seit über 3 Jahrzehnten der preisgünstigste fossile Brennstoff auf den internationalen Energiemärkten. Daran wird sich auch sehr langfristig nichts ändern. Die großen Kohlevorkommen in der Welt sind leicht erschließbar und mit niedrigen Kosten abzubauen, das Kohleangebot ist nicht kartelliert und wegen der Vielzahl von Anbietern mit unterschiedlichen Interessen auch nicht kartellierbar, und der Überseetransport wird sich mit der Modernisierung der Transporteinrichtungen zukünftig weiter verbilligen. Alles spricht dafür, daß die Preise der international gehandelten Kohle, in US-Dollar mit konstanter Kaufkraft gerechnet, im langfristigen Trend nur schwach steigen werden; in den letzten drei Jahrzehnten blieb der Preis nahezu unverändert. Dem deutschen Steinkohlebergbau müßte schon ein Quantensprung in der Produktivitätssteigerung gelingen, um dieser Konkurrenz begegnen zu können.

Auch in der europäischen Gemeinschaft steht der deutsche Steinkohlebergbau nicht mehr unangefochten an der Spitze. Der britische Bergbau hat in den letzten Jahren seine Arbeitsproduktivität entscheidend verbessern können, und es wird dort nicht mehr für unrealistisch gehalten, daß die britische Kohle ihre Inlandsmärkte ohne massiven Außenschutz gegen Importkohle verteidigen kann.

8. Die Kritik am bestehenden System der Kohlesubventionen hat sich in

den letzten Jahren verstärkt[4]. Neben dem schieren Ausmaß der Subventionen werden die Konstruktionsmängel des Systems kritisiert.

Bei den Absatzhilfen liegt der Konstruktionsmangel in ihrer Ausgestaltung als „deficiency payment“. Die Höhe der Subvention richtet sich sowohl bei der Verstromungshilfe als auch bei der Kokskohlenhilfe grundsätzlich nach der (tatsächlichen oder prognostizierten) Differenz zwischen den Durchschnittskosten der Kohleförderung an Ruhr oder Saar und dem Preis des schweren Heizöls beziehungsweise der Importkohle; ihre Meßlatte ist also die Wettbewerbsunterlegenheit der deutschen Steinkohle. Der Selbstbehalt, der den Bergwerksunternehmen abverlangt wird, ist kein adäquater wirtschaftlicher Anreiz zu wirtschaftlicher Betriebsführung, da die Bergbauunternehmen selbst entscheiden, was in die Kosten eingeht; und diese Entscheidungsautonomie kann durch keine Kostenkontrolle wirksam beschnitten werden. Eine personelle Überbesetzung, ein Wasserkopf in der Verwaltung, das Durchschleppen dauerhaft unrentabler Anlagen, der Abbau besonders ungünstiger Flöze u.a.m. schlägt sich in den Kosten nieder und steigert den Subventionsbedarf.

Bei der Verstromungshilfe liegt ein weiterer Konstruktionsmangel in ihrer Finanzierung durch die Stromkunden. Das beeinträchtigt die Absatzchancen des Stroms und die Wettbewerbsfähigkeit stromintensiver Produktionen sowie die deutscher Stromversorger gegenüber ihren Konkurrenten in der EG. Die Voraussetzung für die Einbindung der Elektrizitätsunternehmen in die Aufbringung der Subventionsmittel für die Kohle ist deren gesetzlich sanktionierte Freistellung vom direkten Wettbewerb. Da mit einem Fortbestehen dieser Voraussetzung im Gemeinsamen Markt nicht gerechnet werden kann, ist die Abschaffung einer Verstromungshilfe auch aus diesem Grunde erforderlich.

Schließlich ist die Vielzahl der speziellen Kohlesubventionen zu kritisieren. Nahezu jede einzelne unternehmerische Betätigung wird besonders subventioniert; neben dem den Löwenanteil der Subventionen verschlingenden Kohleabsatz in Verstromung und Verkokung gibt es auch Hilfen für die laufende Produktion (für einzelne Unternehmen), für Investitionen und das Stillegen von Kapazitäten, für die geordnete Bewirtschaftung stillgelegter Bergwerke (Altlasten und Totlasten), für die Forschung und Entwicklung und verschiedene soziale Aufgaben. Letztendlich wirkt also der Staat bei all diesen Entscheidungen mit. Das verzerrt diese Entscheidungen, es läuft außerdem auf eine Sinnentleerung eigenverantwortlicher unternehmerischer

[4] Vgl. Sachverständigenrat für die Begutachtung der gesamtwirtschaftlichen Entwicklung (1983): Jahresgutachten 1983/84, Ziffern 535ff. und Sachvertändigenrat für ... (1989): Jahresgutachten 1989/90, Ziffer 326. Vgl. ferner Kronberger Kreis (1988): Mehr Markt in der Energiewirtschaft, Schriftenreihe des Frankfurter Instituts für wirtschaftspolitische Forschung, Band 17.

Betätigung hinaus, und nicht zuletzt kommt eine derartige Subventionsvielzahl den Fiskus viel teurer zu stehen als eine einheitliche Unternehmenssubvention.

9. Akzeptiert man eine besondere Aufgabe der Steinkohle bei der Sicherung der Energieversorgung, folgt daraus für den heimischen Bergbau der Anspruch auf eine Gegenleistung aus öffentlichen Mitteln. Sicherheit der Energieversorgung ist ein öffentliches Gut, dessen Finanzierung grundsätzlich von der Europäischen Gemeinschaft aufgebracht werden müßte; denn nach dem Montanvertrag haben alle Mitgliedsländer im Falle einer Versorgungskrise Anspruch auf Belieferung mit Gemeinschaftskohle. Für eine Finanzierung aus Gemeinschaftsmitteln dürfte sich jedoch keine Mehrheit unter den Mitgliedsländern finden. Eher erreichbar ist die Finanzierung einer – analog zu den Stahlbeihilfen – als solche anerkannten Gemeinschaftsbeihilfe zu Gunsten der deutschen Steinkohle aus deutschen Haushaltsmitteln. Die Sicherheitsprämie wäre danach zu bemessen, was bei der Alternative zur Aufrechterhaltung einer deutschen Steinkohleförderung – dem Kohleimport – an Kosten der Lagerhaltung für den Fall einer großen Lieferstörung eingespart werden könnte[5]. Erst wenn der Krisenfall von der Politik hinsichtlich Ausmaß und Dauer präzise definiert ist, kann die Höhe der Sicherheitsprämie rational bestimmt werden. Doch selbst bei einer sehr extensiven Definition des Krisenfalles – beispielsweise bei einem zweijährigen totalen Lieferstop – würde der für die Sicherheitsprämie auszulegende Betrag an öffentlichen Mitteln nur einen Bruchteil der gegenwärtigen Subventionen ausmachen.

10. Die sofortige Absenkung der Kohlesubventionen auf dieses Niveau einer nach den Opportunitätskosten bemessenen Sicherheitsprämie wäre mit beträchtlichen Störungen verbunden. Weil die Anpassungen ihre Zeit brauchen, käme es zu Massenentlassungen und einer stoßartigen Belastung der regionalen Arbeitsmärkte. Die Neugestaltung des Subventionssystems hat daher an das derzeitige Subventionsausmaß anzuknüpfen. Man könnte dem Steinkohlebergbau einen bestimmten festen Betrag pro geförderter Tonne gewähren, der im ersten Jahr erst wenig unter dem derzeitigen Subventionsbetrag liegt, danach aber nach einem festen Plan in 5 bis 7 Jahren auf das Niveau der Sicherheitsprämie zu verringern wäre.

Der Außenschutz der Steinkohle durch Kontingentierung und Importzoll muß jedoch sofort ganz beseitigt werden. Für den Kohleverbraucher wird damit der Weltmarktpreis zum relevanten Kohlepreis, und für die Bergbauunternehmen ergibt sich dann der Zwang, ihre Preise am offenen Markt zu bilden und ihre Entscheidungen am erzielbaren Preis auszurichten.

Wieviel deutsche Kohle verstromt oder verkokt oder sonstigen Verwen-

---

[5] Sachverständigenrat für... (1983): Jahresgutachten 1983/84, Ziffer 548.

dungen zugeführt wird, entscheidet sich am Markt. Wenn der geforderte Preis und die ergänzenden Bedingungen im Vertragsangebot der Kohleunternehmen konkurrenzfähig sind, werden die Kohleverbraucher sicherlich auch zum Abschluß längerfristiger Verträge bereit sein.

11. Das Argument, der Abbau der Subventionen bis auf die Höhe der Sicherheitsprämie müsse zu einem drastischen Kapazitätsschnitt führen, ist nicht belegt. Man darf sein Urteil über die Zukunft der deutschen Steinkohle nicht an der aktuellen Kostenlage festmachen. Erst unter einem System der Finanzhilfen, das nicht mehr die Ineffizienz, sondern die Sicherheitsleistung honoriert, wird sich zeigen, welche Kosten produktionsnotwendig sind und wieviel Kohle rentabel gefördert werden kann.

12. Die Neugestaltung der Kohlepolitik darf nicht erneut hinausgeschoben werden. Mit dem unlängst angelaufenen Abbau des Personalbestands ist das Notwendige noch nicht getan. Eine ins Gewicht fallende Steigerung der Produktivität ist erst bei einem viel größeren Personalabbau zu erreichen; daran führt kein Weg vorbei. Man sollte die derzeit günstige wirtschaftliche Lage in der Bundesrepublik nutzen und das Anpassungstempo beschleunigen, ohne Massenfreisetzungen zu riskieren. Für die von den Bergbaubeschäftigten angebotenen beruflichen Qualifikationen besteht überwiegend auch in den Kohlerevieren – und sonst in den anderen Gebieten mit akutem Facharbeitermangel – eine Nachfrage. Die Chance, schnell eine neue Beschäftigung zu finden, ist daher auch bei beschleunigter Freisetzung günstig. Man sollte vor allem bedenken, daß es, sobald die Konjunktur einmal wieder umschlägt und die nachlassende Nachfrage nach Strom und nach Stahl zu einem erneuten Einbruch beim Kohleabsatz führt, für die dann freigesetzten Bergarbeiter viel schwieriger sein, einen neuen Arbeitsplatz zu finden.

Zur Eröffnung eines direkten Wettbewerbs in der leitungsgebundenen Energieversorgung

13. In allen Ländern gibt es Gebietsmonopole für die Leitungsenergien. In der Bundesrepublik wird der Gebietsschutz erreicht zum einen durch den sog. Konzessionsvertrag zwischen Gemeinde und Versorgungsunternehmen, der diesem die Sondernutzung der öffentlichen Verkehrswege und die Ausschließlichkeit der Versorgung zusichert, und zum andern durch die Demarkationsverträge zwischen den Versorgungsunternehmen, in denen diese regionale und vertikale Abgrenzungen ihrer Lieferungen vereinbaren. Der Gebietsschutz wird im GWB bisher grundsätzlich als zulässig angesehen, er darf aber nicht mißbräuchlich genutzt werden. Dieser Schutz der Versorgungsgebiete kann, wenn eine entsprechende Initiative der Kommission Wirklichkeit werden sollte, ganz oder zumindest teilweise hinfällig werden.

Mit der Reform der deutschen Kohlesubventionen, die die Elektrizitätsunternehmen aus ihrer Rolle als Erfüllungsgehilfe der Kohlepolitik entläßt, wird der erste entscheidende Schritt getan, um deutsche Elektrizitätsanbieter einem direkten Wettbewerb – auch mit Anbietern aus anderen Mitgliedsländern – aussetzen zu können. Der gleich wichtige zweite Schritt müßte von den Ländern gegangen werden, in denen ein Anbieterwettbewerb durch staatliche Versorgungsmonopole unterbunden ist. Es müßte zumindest außer Zweifel stehen, daß das nationale Recht, das beispielsweise das Versorgungsmonopol der EdF begründet, außer Kraft gesetzt ist, wo es supranationalem EG-Recht entgegensteht.

In ihrer Richtlinie vom 14. 07. 1989 zur Ausweitung der innergemeinschaftlichen Stromlieferungen betont die EG-Kommission die Notwendigkeit, den grenzüberschreitenden Stromhandel auszuweiten, die Integration der Stromnetze der Gemeinschaft zu verstärken und eine Investitionsoptimierung auf Gemeinschaftsebene herbeizuführen. Die Mitgliedsländer sollen daher die notwendigen Bedingungen erlassen, damit die Verpflichtung zum Elektrizitätstransit zwischen großen Hochspannungsnetzen auf ihrem Hoheitsgebiet möglich ist. Die Konditionen dieser „Stromdurchleitung" sollen zwischen den Elektrizitätsunternehmen ausgehandelt werden. Kommt es dabei nicht zu einer Einigung, so wird die Kommission tätig; wie dabei verfahren werden soll, ist noch offen.

14. Die verstärkte Integration der nationalen Stromversorgungen kann in verschiedener Weise erfolgen[6].

Eine Möglichkeit ist die, daß die großen Stromversorgungsunternehmen in Europa – in der Bundesrepublik: die Verbundunternehmen – ihre auf nationaler wie internationaler Ebene bereits bestehende Zusammenarbeit ausbauen, indem sie unter Beibehaltung der geschlossenen Versorgungsgebiete – das heißt unter Ausschluß eines direkten Zugangs ausländischer Anbieter zum heimischen Markt für Großverbraucher und Weiterverteiler – die Stromlieferungen untereinander verstärken. Das kann anders als bisher, wo die ihrer Art nach gelegentlichen Aushilfslieferungen und saisonalen Lieferungen im Mittelpunkt standen – bei beiden wechseln wiederholt Lieferant und Bezieher –, auch in einer Verstärkung dauerhafter einseitiger Lieferungen mit entsprechender Verlagerung der Kraftwerksstandorte bestehen. Die französischen Stromlieferungen nach Italien, in die Schweiz und nach Großbritannien sind z.Zt. das wichtigste Beispiel hierfür. Solange solche Lieferungen auf benachbarte Unternehmen beschränkt bleiben, ist eine Durchleitungsregelung nicht erforderlich; werden bei dem Austausch auch Gebiete Dritter in Anspruch genommen, so müssen Durchleitungsvereinba-

[6] Eiss, H.; H. Pick und W. Schulz (1989): „Auf dem Wege zu einem Binnenmarkt für Elektrizität", Zeitschrift für Energiewirtschaft 1989, S. 163ff.

rungen getroffen werden. Wenn es zu einer vertraglichen Vereinbarung zwischen lieferndem und beziehendem Elektrizitätsunternehmen sowie „durchleitendem“ Unternehmen kommt, kann davon ausgegangen werden, daß alle Beteiligten sich hiervon einen Vorteil versprechen: der Lieferant in der Form erhöhten Absatzes und besserer Erlöse; das „durchleitende“ Elektrizitätsunternehmen sieht im Entgelt für die „Durchleitung“ einen zumindest hinreichenden Ausgleich für seine Opportunitätskosten; das beziehende Unternehmen schätzt den Strompreis des Lieferanten niedriger ein als seine für den konkreten Lieferfall relevanten Grenzkosten. Wo große Differenzen in den Stromerzeugungskosten vorliegen, die von den Beteiligten als nicht abänderbar angesehen werden, ist die Wahrscheinlichkeit groß, daß sie verstärkt Lieferungen auslösen werden. Dabei wird es hier und da auch zur vertraglich geregelten „Durchleitung“ kommen.

Eine andere Möglichkeit der verstärkten Integration ist die, daß der Gebietsversorger und eventuell noch weitere Elektrizitätsunternehmen zur Durchleitung *verpflichtet* werden. Mit der Verpflichtung zur Durchleitung soll das Netzmonopol aufgehoben werden. Der direkte Wettbewerb zwischen – nicht nur benachbarten – Unternehmen um die Belieferung von Großkunden und Weiterverteilern wird so möglich. Diese wettbewerbsbegründende Durchleitung, die das deutsche Wettbewerbsrecht bisher nicht vorsieht, ist hinsichtlich ihrer ökonomischen Bewertung jedoch sehr streitig.

15. Der Begriff „Durchleitung“ ist unscharf und meint in der Regel genau das nicht, was er verbal beschreibt: die Durchleitung im physikalischen Sinne; denn um eine solche handelt es sich nur dort, wo der Abnehmer über eine besondere Leitung beliefert wird. Wo die Belieferung hingegen weiterhin aus dem Netz des Gebietsversorgers erfolgt, meint „Durchleitung“, daß der Gebietsversorger den vom Großverbraucher kontrahierten Strom in sein Netz übernimmt und den Großverbraucher aus seinem Netz versorgt. Das „durchleitende“ Unternehmen muß dann seine eigene Stromerzeugung einschränken oder seine Strombezüge verringern. Die „Durchleitungsberechtigten“ nehmen nicht nur die Transportleistungen ihres Gebietsversorgers in Anspruch, sondern auch Leistungen, die der Stabilisierung der Netzeigenschaften dienen (Spannungshaltung, Frequenzstabilisierung). Eine faire vertragliche Regelung zu finden, die den Interessen aller – des Lieferanten, des Gebietsversorgers, des Großkunden – gerecht wird, ist außerordentlich schwierig. Der kostengerechte Durchleitungspreis kann nur auf der Grundlage von Simulationen des konkreten Netzmodells des Gebietsversorgers, die das Beanspruchungsprofil der „Durchleitung“ konkretisieren, gefunden werden, und auch das nur näherungsweise. Von zentraler Wichtigkeit sind sachgerechte Vertragsregelungen für das Ausscheiden des Stromkunden: Es wäre jedenfalls ökonomisch nicht vertretbar und unfair gegenüber dem Gebietsversorger, diesem spezifische Investitionen für den ihm abgeworbenen Groß-

kunden abzuverlangen, wenn der Großkunde von langfristigen Bindungen oder Abstandszahlungen für die ökonomische Nutzungsminderung freigestellt bliebe. Ganz unberücksichtigt bleiben bei einer erzwungenen „Durchleitung" schließlich die in die Opportunitätskosten des verpflichteten Gebietsversorgers eingehenden entgangenen eigenen Nutzungsmöglichkeiten des Netzes, die von seinen Absatzprognosen und Planungen abhängen.

16. Die erzwungene „Durchleitung" von Elektrizität durch das Netz Dritter ist ein wettbewerbspolitisches Instrument, das mangels Erfahrung und angesichts der Komplexität der Materie nicht sicher beurteilt werden kann. Bei einer vertraglich zustande kommenden „Durchleitung" liegen die Dinge anders; denn jeder Beteiligte bringt hier seine Opportunitätsüberlegungen ein. Um auch in der Elektrizitätswirtschaft wettbewerbliche Prozesse in Gang zu bringen, sollte primär eine Lockerung der horizontlen und vertikalen Integration ins Auge gefaßt werden. Diese wäre zu ergänzen durch einen Wettbewerb „um die Versorgung", etwa in der Form einer Ausschreibung von Versorgungsgebieten. Bis zu einem Wettbewerb „um die Versorgung" ist allerdings noch ein weiter Weg zurückzulegen. Im Stadtrat vieler Gemeinden fehlt es an der Bereitschaft, die Versorgung mit Energie primär als eine ökonomische Aufgabe anzuerkennen und in ihr nicht ein Experimentierfeld für politisch motivierte Interventionen zu sehen.

17. Es ist heute noch nicht möglich zu prognostizieren, welche Vorstellungen über das Ingangsetzen des direkten Wettbewerbs zwischen Elektrizitätsunternehmen sich durchsetzen werden. Es kann jedoch als sehr wahrscheinlich angesehen werden, daß die bedeutenden Differenzen in den Stromerzeugungskosten, die in Westeuropa auch nach dem Abbau der politisch bedingten Mehrkosten (Beispiel: Kohleverstromung in der Bundesrepublik) noch bleiben werden, selbst bei nur schwach entwickeltem direkten Wettbewerb einen genügend starken Anreiz zu größeren grenzüberschreitenden Lieferungen ausüben werden. Die Elektrizitätsunternehmen mit den niedrigeren Kosten und freier Kapazität sehen die neuen Marktchancen im Gemeinsamend Markt und werden sich nach zusätzlichen Abnehmern umsehen. Die Unternehmen mit den höheren Kosten geraten unter den verstärkten Druck ihrer gewerblichen Kunden, die keine höheren Strompreise als die europäischen Konkurrenten zahlen wollen. Der verstärkte grenzüberschreitende Stromaustausch wird vorerst in der Hauptsache über die großen Verbundunternehmen durchgeführt werden. Diese besitzen das vermaschte Höchstspannungsnetz, sie arbeiten seit Jahrzehnten schon auf der nationalen und internationalen Ebene in vielfältiger Weise erfolgreich zusammen und dürften von daher schon weniger daran interessiert sein, sich die Grundlage dieser Kooperation durch wettbewerbsbegründende erzwungene „Durchleitung" zu zerstören.

18. Auch beim Gas sollte der von der EG-Kommission angestrebte di-

rekte Wettbewerb zwischen Gasversorgungsunternehmen durch einen Wettbewerb „um die Versorgungsgebiete“ und durch die Lockerung der Demarkation angestrebt werden. Ein Beispiel für einen sich anbahnenden Gas-zu-Gas-Wettbewerb ist der im Herbst 1989 bekannt gewordene Plan der WINTERSHALL AG, eine eigene Leitung von Emden nach Mannheim zu bauen, die eigene Gasvorkommen (und sicherlich auch zugekaufte Gasmengen) für die Versorgung der Muttergesellschaft BASF und andere im einzelnen nicht genannte Großverbraucher und Verteilerunternehmen nutzen soll. Außerdem ist von vornherein eine – vertraglich vereinbarte – Durchleitung für andere Gasunternehmen, darunter auch in Österreich, vorgesehen.

Gegen vertragliche Regelungen der Durchleitung bestehen ebensowenig wie beim Strom Bedenken; denn ein Vertrag kommt nur zustande, wenn alle Beteiligten sich davon einen Vorteil versprechen. Gegen die erzwungene Durchleitung von Gas ist – analog zum Strom – vorzubringen, daß es sehr schwierig, vielfach sogar unmöglich ist, die marginalen Opportunitätskosten der Durchleitung objektiv zu bestimmen: Wenn das Leitungsunternehmen die freie Leitungskapazität für eine geplante Ausweitung seiner Versorgung beansprucht, wie sollte der ihm bei einer Leitungsbeanspruchung für Durchleitung entgehende zukünftige Gewinn bestimmt werden? Die langfristigen Grenzkosten der Durchleitung durch die bestehende Leitung liegen – wegen der beträchtlichen Größendegression – in jedem Falle viel niedriger als die Kosten eines eventuellen Leitungsneubaus.

Konzertierte Investitionsplanung?

19. In krassem Gegensatz zu ihren auf Stärkung des Wettbewerbs gerichteten Initiativen steht die Absicht der EG-Kommission, bei den Öl-, Erdgas- und Elektrizitäts-Investitionsvorhaben von gemeinsamen Interesse „einen Schritt weiter zu gehen“ als mit der seit 1972 bestehenden Meldepflicht solcher Vorhaben. Die Kommission will die Möglichkeit haben, bei solchen Vorhaben bereits in der Durchführungsphase „die anderen Mitgliedsländer über Aspekte dieser Investitionen zu informieren“. Ihr soll es gestattet werden, zu diesen Vorhaben eine „flexible Konzertierung zwischen den betroffenen Mitgliedsstaaten herbeizuführen, um größtmögliche Kohärenz der geplanten Investitionen zu gewährleisten …“[7].

Das ist die Sprache und die Denkart der französischen planification. Diese sieht seit eh und je in der staatlichen Lenkung der Investitionen den Schlüssel für die strukturelle Erneuerung der Wirtschaft und hat immer dann, wenn

[7] Kommission für Europäische Gemeinschaften (1989): Die Ausweitung der innergemeinschaftlichen Stromlieferungen: ein grundlegender Beitrag zur Vollendung des Binnenmarktes für Energie [COM (89) 336 endg.], Brüssel.

wettbewerbliche Prozesse die „größtmögliche Kohärenz der Investitionen" gefährden, dem Wettbewerb Fesseln angelegt.

Die deutsche Vertretung im Rat der Energieminister und in den beratenden Ausschüssen tut gut daran, wenn sie sich dem Plan der Kommission entschieden widersetzt.

Deutscher Verzicht auf Kernenergienutzung möglich und sinnvoll?

20. Die europäische Wirtschaftsintegration steht einem isolierten deutschen Verzicht auf Kernenergie nicht im Wege. Dieser steht zwar nicht auf dem Programm der amtierenden Regierungskoalition, wohl aber in den Programmen der Oppositionsparteien und amtierender Landesregierungen. Den Mitgliedsländern der Europäischen Gemeinschaft ist es nicht verwehrt, eigene Sicherheitsstandards zu setzen, die über denen der anderen Länder liegen; es ist lediglich vorgesehen, gemeinsam bestimmte Mindeststandards festzulegen. Ein deutscher Verzicht auf Stromerzeugung aus Kernenergie – wenn er denn zu einem Ziel der Bundespolitik werden sollte – würde aber nicht einen deutschen Verzicht auf die Nutzung von Kernenergiestrom aus den anderen Mitgliedsländern bedeuten. Deutsche Elektrizitätsunternehmen oder Großverbraucher könnten Kernenergiestrom z.B. aus Frankreich beziehen, und dagegen wäre die nationale Energiepolitik machtlos. Warum sollte der durch EuGH-Urteil bekräftigte Grundsatz, daß ein in einem Mitgliedsland rechtmäßig in Verkehr gebrachtes Gut (oder eine Leistung) – hier: der Strom aus Kernenergie – damit auch Zugang zu den Märkten in den anderen Mitgliedsländern hat, für den Strom nicht gelten?

21. Vor einem Kurswechsel in der deutschen Kernenergiepolitik sollte die Frage, ob sich ein Kernenergie-Verzicht wirklich lohnt, sehr sorgfältig geprüft werden. Es sollte bedacht werden, daß ein isolierter Verzicht auf Kernenergieerzeugung angesichts der viel zahlreicheren Kernenergieanlagen in den Nachbarländern die angestrebte Sicherheit nicht bringen kann. Es gibt auf lange Sicht hin auch keine in jeder Beziehung überlegene Alternative zur Kernenergie. Die seit 1½ Jahrzehnten immer wieder genannte Kombination „forciertes Stromsparen plus Nutzung erneuerbarer Energien" ist keine Alternative. Die Anwendungen für Strom in Industrie, Dienstleistungen, Haushalt weiten sich immer mehr aus, und die voraussichtlich weiter fortschreitende Verringerung des spezifischen Stromverbrauchs wird kaum genügen, um einen weiteren Anstieg des Stromverbrauchs zu verhindern. Die erneuerbaren Energieträger sind heute um das doppelte bis dreifache teurer als Strom aus Kernenergie, und bevor sie durch technischen Fortschritt in die Nähe der Konkurrenzfähigkeit gelangen – vorausgesetzt, es könne gelingen –, sind noch hohe Aufwendungen für F & E-Arbeiten erforderlich.

Die einzige Alternative zur Kernenergie aus einer engen ökonomischen Sicht ist der Strom aus billiger Importkohle. Aus einer umfassenden ökonomischen Perspektive, die auch die Knappheit der Natur einschließt, ist die zusätzliche Verfeuerung von Kohle keine wirkliche Alternative. Zwar lassen sich die Schadstoffemissionen von Schwefeldioxyd und Stickoxyd auf ein ökologisch unbedenkliches Maß reduzieren, die Gefahr der nachteiligen Klimaänderungen durch Verbrennung fossiler Brennstoffe, insbesondere Kohle, bleibt aber. Vor wenigen Jahren noch stand diese Sorge um die Erhaltung der natürlichen Lebensgrundlagen nicht im vorderen Rang der energie- und umweltschutzpolitischen Ziele, heute wird sie von Experten bereits als die wahrscheinlich größte Herausforderung bezeichnet.

Es wäre kurzsichtig, wenn die deutsche Energiepolitik Entscheidungen treffen würde, die eine Beendigung der Kernenergienutzung einleiten, bevor wirkliche Alternativen verfügbar sind. Die angemessene energiepolitische Strategie für eine in den Gemeinsamen Markt integrierte deutsche Wirtschaft besteht darin, die Sicherheit der Kernenergienutzung – auch zum Nutzen anderer Länder – weiter zu verbessern und die Forschung und Entwicklung der erneuerbaren Energieträger konsequent weiterzuführen. Man darf nicht ungeduldig werden, nicht vorschnell auf die Massennutzung technisch noch nicht ausgereifter und noch weit von der Marktreife entfernter neuer Energiesysteme umschalten. Wäre man denen gefolgt, die nach dem ersten Ölpreisschock dies forderten, so stünde man heute vor riesigen Investitionsruinen, die entweder abgerissen oder permanent „nachgebessert" werden müßten; die Großwindanlage GROWIAN ist ein Beispiel für die politisch erzwungene Investitionshast jener Tage.

Abschließende Bemerkungen

22. Es gibt keinen ausgearbeiteten Masterplan für die Integration der Energiewirtschaft in Europa. Die ersten großen Schritte wollen wohl überlegt sein. Die neue Ordnung für den Energiesektor muß im Kern eine Wettbewerbsordnung sein. Das erfordert die Öffnung und das Offenhalten bisher versperrter Märkte überall dort, wo die wichtigsten Voraussetzungen für ein Funktionieren des Wettbewerbs vorliegen. Für die Leitungsenergien gibt es kein einfaches Rezept für die Stärkung der Wettbewerbsprozesse. Wo Durchmischungsvorteile und Größendegression – miest kombiniert – einen direkten Wettbewerb ausschließen, müssen Ersatzlösungen gefunden werden.

Die deutsche Energiepolitik kann schon auf Grund ihres schieren ökonomisches Gewichts maßgeblich darauf hinwirken, welche Richtung die Neuordnung des Energiesektors im Gemeinsamen Markt einschlagen wird. Im Kern dieser neuen Ordnung sollte der Wettbewerb stehen. Dafür genügt in der Regel die Öffnung und das Offenhalten bisher versperrter Märkte. Im Bereich der Leitungsenergien muß aber mit besonderem Bedacht vorgegangen werden. Auch hier bieten sich gewichtige Möglichkeiten für eine Intensivierung des Wettbewerbs. Die erzwungene Verpflichtung zur Durchleitung gehört nicht dazu.

Europäischer Binnenmarkt: Regionaler Protektionismus oder Chance für weltweite Liberalisierung?

von

Hans-Joachim Heinemann

1. Nach der nicht nur ökonomisch, sondern vor allem auch politisch motivierten Integrationseuphorie der 50er und 60er Jahre trat eine bis zur Mitte der 80er Jahre dauernde Integrationsmüdigkeit ein, die zu einem weltweit erstarkenden Protektionismus beitrug. Spätestens seit der Verabschiedung der Einheitlichen Europäischen Akte ist jedoch wieder eine europäische Aufbruchstimmung zu verzeichnen, die sicherlich mitverantwortlich für die hohen Wachstumsraten hier und anderswo zeichnet. Ökonomisch ist dies nicht unbedingt einsichtig, denn

- die Integrationseffekte auf den Gütermärkten erscheinen durch den Zollabbau in der EG weitgehend ausgereizt, es sei denn, die auch innerhalb der EG, v.a. freilich im Außenverhältnis spürbaren Zollsubstitute in Form nicht tarifärer Handelshemmnisse würden auf dem Weg zum Europäischen Binnenmarkt deutlich abgebaut, was jedoch nicht unbedingt zu erwarten ist;
- die monetäre Integration ist im EWS bereits jetzt so fortgeschritten, daß eine Geldpolitik seiner wichtigen Mitglieder ohne Koordination mit den Partnern kaum mehr möglich erscheint; in den Entscheidungen der Deutschen Bundesbank im Jahre 1989 wird die Leitwährungsfunktion der DM deutlich (vgl. Filc 1989).

Ob daher die im Cecchini Bericht erwarteten Kostensenkungen in dieser Höhe eintreten (Cecchini 1988), hängt in erster Linie von den Integrationswirkungen liberalisierter Dienstleistungsmärkte und dem Abbau noch bestehender Kapitalverkehrsbeschränkungen ab; es könnte sein, daß daher die optimistischen Erwartungen des Cecchini-Berichtes nicht voll erfüllt werden (Knies 1989), wenn auch auf die, die Erwartungen mancher Ökonomen übersteigenden, Erfolge der Anfangsjahre der EG verwiesen werden kann[1].

---

[1] Selbst die optimistischen Schätzungen der handelsschaffenden Effekte blieben bescheiden, was möglicherweise darauf zurückzuführen ist, daß die Analyse von einem statischen Integrationskonzept ausging (worauf die folgenden Ausführungen noch eingehen). Zu den

In der Diskussion um den Europäischen Binnenmarkt werden viele Probleme, die bereits in der Gründungsphase der EWG ausführlich behandelt wurden, teils mit den alten Argumenten wieder untersucht. Diese neuerliche Erfindung des Rades ist allerdings in der Wissenschaft verbreitet und wohl auch die Folge dessen, daß sich immer wieder neue Generationen mit gleichen Fragen befassen, leider ohne früher Geschriebenes gebührend zur Kenntnis zu nehmen. So wird hier vielfach übersehen, daß bereits im EWG-Vertrag nicht nur der Abbau von Beschränkungen der Güter- und Faktormobilität, sondern auch die Freizügigkeit des Kapital- und Dienstleistungsverkehrs, die Niederlassungsfreiheit und Abstimmung in der Wettbewerbspolitik sowie der Globalsteuerung vorgesehen sind (vgl. MÖLLER 1980); freilich blieben die Integrationserfolge – ausgenommen die Güter- und Faktormobilität – hinter den Erwartungen zurück. Wichtige auf dem Wege zu einem Gemeinsamen Markt zu lösende regionalpolitische Probleme oder Fragen der Steuerharmonisierung wurden seinerzeit schon ausführlich und kontrovers untersucht[2].

2. Jede Freihandelszone oder Zollunion – und somit auch der Europäische Binnenmarkt – enthält naturgemäß diskriminatorische Elemente und stellt somit auch einen regionalen Protektionismus dar. Ob jedoch dies in der Wirkung nach innen und vor allem nach außen überwiegt, oder ob nicht aus dem Zusammenschluß resultierende wohlstandssteigende Effekte wichtiger sind, ist eine nicht eindeutig zu beantwortende Frage, auch wenn man der EG insgesamt wohl eher letzteres bescheinigen dürfte. Die Theorie der Zollunion jedenfalls gibt nur für Spezialfälle und insbesondere im Rahmen partieller Analysen klare Antworten[3]. Dies dürfte wohl folgendermaßen zu begründen sein:

- die Theorie der Zollunion bedient sich i.d.R. einer komparativ statischen Analyse bei gegebener Faktorausstattung und Technologie (also auch gegebenen Transformationskurven). Ersteres schließt nicht nur zusätzliche Faktorangebote aufgrund veränderter Faktorpreise aus, sondern v.a. auch internationale Faktorbewegungen. Letzteres vernachlässigt den sogenannten „cold shower"-Effekt, auf den seinerzeit der damalige britische Premierminister Harold Macmillan hingewiesen hatte und der einen Techno-

Schätzungen: BALASSA (1975, Chapter 3, insbes. S. 103ff.). Die Unterscheidung zwischen handelsschaffenden und handelsvernichtenden Effekten ist zwar gängiges Vokabular der Theorie der Zollunion, führt letztlich mangels empirisch erkennbarer Abgrenzungen aber kaum weiter (MÖLLER 1980, S. 489f.).

[2] Zu letzterem vgl. MÖLLER (1968); zur neueren Diskussion SIEBERT (1989), vgl. auch HEINEMANN (1989b). Der bereits 1962 als Gutachten für die EG vorgelegte Beitrag von Hans Möller stellt eine u.E. auch heute noch gültige Analyse der steuerpolitischen Integrationsprobleme dar.

[3] Vgl. VANEK (1965) und KEMP (1969); vgl. auch den kurzen Beweis von KEMP/WAN (1976) zum grundsätzlich immer möglichen Vorteil von Zollunionen.

logieschub als Folge verstärkten Wettbewerbs im Zuge der Integration bewirken soll[4]. Wachstumseffekte ergeben sich hier allein aufgrund steigender Skalenerträge (falls keine falschen Spezialisierungen auftreten)[5], ansonsten stehen (zunächst einmalige) Allokationseffekte der internationalen Preisangleichung im Vordergrund, m.a.W.: es werden statische, jedoch keine dynamischen Wohlstandseffekte internationaler Wirtschaftsbeziehungen untersucht;

- die Ausklammerung internationaler Faktorbewegungen bringt es mit sich, daß die Interdependenz güterwirtschaftlicher und monetärer Vorgänge übersehen wird. Dies steht in Zusammenhang mit der noch keineswegs überwundenen Dichotomisierung einer meist mikroökonomisch argumentierenden realwirtschaftlichen Theorie (in welcher meist ausgeglichene Leistungs- und Handelsbilanzen unterstellt werden und Kreditbeziehungen somit keine Rolle spielen) und einer Wechselkurs- und Zahlungsbilanzprobleme i.d.R. makroökonomisch diskutierenden monetären Theorie[6]. Allerdings gilt auch hier, daß bereits bei der Gründung der EWG dieser Zusammenhang betont wurde und bei den Überlegungen zur EG-Erweiterung hinsichtlich der Zahl der Mitglieder, insbesondere aber ihrer Aufgaben, eine große Rolle spielte[7]. Die mangelnde Berücksichtigung der monetären Integration ist zwar in einer rein deterministischen Modellwelt zu verschmerzen, in der realen Welt mit Stabilitätsgefahren kann sie jedoch zu entscheidenden Fehleinschätzungen führen; hierauf werden wir in Ziffer 4 noch eingehen.

3. Unter den üblichen Annahmen führt der Abbau von Handelsschranken zu einer besseren Allokation in allen beteiligten Ländern und damit zu

---

[4] Vgl. Robson (1980, S. 31f.); eine ausführlichere Behandlung findet sich bei Pelkmans (1984, S. 26ff.). Robson sieht diesen Effekt zu wenig begründet, weil er eine suboptimale Allokation unter Autarkiebedingungen voraussetzt (und somit eine X-Effizienz im Sinne Leibensteins impliziert). Diese Auffassung ist jedoch nur richtig, wenn man Technologieeffekte der Güter- und Faktormobilität selbst verneint, die u.a. im Aufbrechen monopolistischer Strukturen bestehen.

[5] Die Gefahr kann auftreten, falls das an sich kostengünstigere Land vor der Integration aufgrund eines kleineren Marktanteils teurer als seine Konkurrenten anbot, die somit den Gesamtmarkt erobern können (Robson 1980, S. 40ff.; Grubel 1967). Positive Integrationseffekte steigender Skalenerträge ergeben sich nur, wenn diese zwar zu schwach waren, sich bei bestehenden Zollschranken durchzusetzen, bei deren Wegfall jedoch entscheidende Marktanteile erobern. Zum Gesamtkomplex steigender Skalenerträge im Zuge der Integration vgl. Pelkmans (1984, Chapter 2+3), Helpman/Krugman (1985, passim) und Krugman (1987, S. 117ff.).

[6] In neuerer Zeit zeigen sich Ansätze zur Überwindung dieses Dilemmas, einmal in dem Versuch, die Makroansätze der Wechselkurstheorie mikroökonomisch zu fundieren (vgl. hierzu z.B. die Beiträge von Branson/Henderson und Bruce/Purvis im Band II des Handbook of International Economics, 1985), v.a. aber in dem den Unsicherheiten gewidmeten Buch von Helpman und Razin (1978).

[7] Vgl. hierzu Möller (1980) und Möller/Cezanne (1979, insbes. Kap. 5+6).

Wohlfahrtsgewinnen. Aufgrund der Stolper/Samuelson-Effekte werden freilich die knappen Faktoren geschädigt[8]; bei mangelnder intersektoraler Faktormobilität verlieren die in den importkonkurrierenden Sektoren eingesetzten Faktoren durch Einkommens- oder Beschäftigungseinbußen. Kompensationszahlungen im Sinne des Kaldor/Hicks-Kriteriums werden meist unterbleiben, so daß die knappen respektive sektorspezifisch geschädigten Faktoren zur Lobby der Integrationsgegner werden. Dies allerdings ist nur verständlich in der Welt traditioneller Zollunionstheorie, in der es eben keine Wachstumseffekte gibt. Nimmt man dagegen an, daß eine hohe Außenhandelsverflechtung nicht nur statistische Handelsgewinne bringt, sondern auch sich in erhöhten Wachstumsraten niederschlagende Technologieverbesserungen (im modelltheoretischen Sinne also Rechtsverschiebungen der Transformationskurven)[9], brauchen die genannten negativen Verteilungswirkungen nicht aufzutreten.

Gehen wir zunächst von einem Zwei-Sektoren-Modell mit Produktionsfunktionen vom Cobb-Douglas-Typ aus, in denen die a_i die Produktionselastizitäten des Kapitals, 1-a_i folglich die der Arbeit sind und λ_i die aufgrund der Integration zu verzeichnenden Fortschrittsparameter darstellen. Schließlich gelte die übliche (wenn auch restriktive) Annahme gegebener, stets voll ausgelasteter und mit ihren Wertgrenzprodukten entlohnter Faktorbestände; wir kommen zu dem Ergebnis, daß

– das Einkommen des knappen (reichlichen) Faktors umso eher steigt, je
– – stärker (schwächer) der technische Fortschritt im importkonkurrierenden Sektor ist;
– – schwächer (stärker) der technische Fortschritt im exportorientierten Sektor ist;
– – geringer (stärker) die Preiseffekte der Allokation sind
– beide Faktoren gewinnen, falls

$$(1) \qquad -\hat{p} + \frac{1 - a_2}{1 - a_1}\lambda_1 > \lambda_2 > -\hat{p} + \frac{a_2}{a_1}\lambda_1$$

Hierbei ist $\hat{p}$ die Veränderungsrate der Preisrelation zwischen dem hier als arbeitsintensiv angenommenen importkonkurrierenden Gut und dem kapitalintensiven Exportgut (dies impliziert $a_1 > a_2$). Verstärkte Integration führt zu $\hat{p} < 0$. Der Preiseffekt dürfte umso schwächer sein, je größer die betrachtete Volkswirtschaft ist bzw. je stärker sie schon in den Weltmarkt (oder eine

[8] Besitzen die Anbieter der knappen Faktoren entsprechend große Eigentumsrechte auch bei den reichlich vorhandenen Faktoren, so braucht diese Gruppe nicht absolut geschädigt werden.

[9] Vgl. HEINEMANN (1986, S. 12ff. und 1989a). Die Ergebnisse stimmen mit denen weitgehend überein, die man bei gegebener Technologie und steigenden Skalenerträgen ermittelt (vgl. z. B. HELPMAN/KRUGMAN 1985, S. 261ff.).

Zollunion) integriert ist, da der Wegfall weiterer Handelsbarrieren zu Export- und Importsteigerungen führt, die hier eine Verschlechterung der terms of trade bewirken (was bei – der allerdings i.d.R. auszuschließenden – Geltung des Metzler-Paradoxons sogar zu $\hat{p} > o$ führen würde)[10]. Allgemein gilt, daß Bedingung (1) umso eher erfüllt ist, je mehr die Kapitalintensitäten sich zwischen den Sektoren unterscheiden.

Die durch die Integration bewirkte Wohlfahrtssteigerung (gemessen im realen Konsum beider Güter) wird umso höher sein, je stärker die sektoralen Fortschrittsraten, die Preiseffekte und die bisherige Importquote sind[11].

Die in den λ_i zum Ausdruck kommenden Wachstumseffekte hängen von einer Vielzahl von Faktoren ab, die in der Integrationsdebatte häufig betont werden, wie

- Erhöhung der Wettbewerbsintensität sowohl in den exportierenden wie in den mit Importen konkurrierenden Sektoren, wozu auch die Verbilligung importierter Inputs zu rechnen ist;
- Erleichterung des Zugangs zu miteinander konkurrierenden Banken und anderen Akteuren auf Finanzmärkten (u.a. wegen der auch besseren Abdeckung von Risiken)[12];
- stärkere Konkurrenz zwischen den Anbietern von Dienstleistungen (u.a. Versicherungen), die das Risiko außenwirtschaftlicher Transaktionen vermindern (vgl. auch Ziff 4).

Ergänzt man das Modell um den internationalen Ressourcentransfer – der teils substitutiv zu Güterbewegungen im Sinne von Mundell, teils komplementär im Sinne von Kemp/Jones sein kann[13] –, so können sich die Ergebnisse je nachdem ändern, ob z.B. die Faktoren traditionellerweise aus den Ländern mit niedrigeren in die mit den höheren Entgelten in der Ausgangslage wandern oder ob z.B. wegen der Aussicht stärkerer Produktivitätszuwächse in den Exportsektoren Arbeit und Kapital beide in die Länder flie-

---

[10] Können Preiseffekte vernachlässigt werden, so können z.B. für $a_1 = 0{,}6$ und $a_2 = 0{,}5$ (0,3) beide Faktoren gewinnen, falls die Fortschrittsrate im ersten die im zweiten Sektor um weniger als 25% (40%) übersteigt bzw. um weniger als 17% (50%) unter ihr zurückbleibt. Beträgt λ_1 10% und soll λ_2 nicht größer als λ_1 werden, so können die Löhne nur steigen, falls die Preissenkung unter 1,7% (5%) liegt.

[11] Sind beide Faktoren sektorspezifisch, so gewinnen beide im 1. (2.) Sektor für $\lambda_1 > 0$ ($\lambda_2 > -\hat{p}$). Ist bei intersektoral mobilem Kapital Arbeit sektorspezifisch, so steigt die Entlohnung des Kapitals umso wahrscheinlicher, je größer die sektoralen Fortschrittsraten und je kleiner der Preiseffekt sind. In beiden Fällen (wie auch bei sektorspezifischem Kapital) können wiederum alle Faktoren gewinnen, vorausgesetzt die λ_i sind hinreichend groß.

[12] Die Integration der Finanzmärkte führt per se zunächst nicht zu Güterbewegungen, verbessert aber auch die Information über ausländische Märkte und vermindert deshalb die Unsicherheit. Hierbei kommt es weniger auf Nettokapitalbewegungen als auf die Bruttokreditbeziehungen an (vgl. Krugman 1987, S. 123ff und Ziff. 4 dieses Beitrages).

[13] Vgl. hierzu den Beitrag von R.J. Ruffin im Handbook of International Economics Vol. I (1984).

ßen, für die die höchsten Wachstumsraten erwartet werden. Im ersten Fall hätte (bei durch die Gütermobilität nicht vollständig erreichbarem Ausgleich der Faktornutzungspreise) das hier betrachtete Land eine Zuwanderung von Arbeit und einen Abfluß von Realkapital zu verzeichnen. Die damit verbundenen Rybczynski-Effekte würden damit den Allokationseffekten aus der relativen Verteuerung der Ausfuhrgüter zuwiderlaufen, während sie deren Wirkung auf die Faktorentgelte unterstützen würden. Im zweiten Fall ist im Abwanderungsland (Zuwanderungsland) lediglich ein Absinken (Ansteigen) des Bruttoinlandsprodukts unter (über) das ansonsten zu erwartende Maß sicher[14].

4. Selbst dann, wenn sektorale Allokationsverbesserungen aufgrund eines liberalisierten Zugangs zu Dienstleistungs- und Finanzmärkten erwartet werden, sind solche Erwartungen mit Unsicherheiten behaftet, die umso schwerer wiegen, je länger die Anpassungsdauer und je höher also die Anpassungskosten sind. Falls die Präferenz für Stabilität bei hohem Einkommen besonders ausgeprägt ist, kann die Chance für weitere Wohlstandsverbesserungen durch Ausbau der Handelsbeziehungen hinter dem Wunsch nach Besitzstandswahrung zurücktreten. Vor zehn Jahren hat Kurt Rothschild diesen Aspekt untersucht und kam zu dem Ergebnis, daß steigender Anpassungsdruck durch weltwirtschaftliche Veränderungen die Importquote negativ beeinflußt[15]. Inwieweit dies zu erwarten ist, hängt allerdings von den Präferenzfunktionen der Bürger und den Transformationsbeziehungen zwischen wirtschaftlichem Fortschritt und Stabilität ab. Da es uns hier allein auf den Einfluß der außenwirtschaftlichen Verflechtung ankommt, werden andere Einwirkungen auf die Wachstumsrate vernachlässigt. Im folgenden seien:
r: Wachstumsrate des Sozialproduktes
m: Importquote[16]; h,α: Produktivitätsparameter
S: Stabilitätsindex

[14] Innerhalb der EG ist zwar die Freizügigkeit der Produktionsfaktoren gewährleistet, im Außenverhältnis sind dem Zuzug von Arbeitskräften dagegen enge Grenzen gesetzt. Trotz der zweifellos anfallenden volkswirtschaftlichen Kosten beim Zuzug von Menschen aus anderen Ländern ist grundsätzlich nicht einzusehen, wieso in einer weltoffenen Gesellschaft auf die Dauer die Mobilität unterbunden werden soll (ihre genannten volkswirtschaftlichen Kosten treten auch bei manchen Gütern auf, für die Ausnahmeregelungen vom Freihandel gewährt werden, was bekanntlich auch nicht immer unproblematisch ist).

[15] ROTHSCHILD (1979); kritisch dazu HEINEMANN (1986, S. 14ff. und 1989a).

[16] „m" kann allgemeiner auch als Grad der außenwirtschaftlichen Verflechtung interpretiert werden. In einer Erweiterung dieses Ansatzes hat W. FUHRMANN (1989, S. 10ff.) neben der Importquote auch den (Netto-)Kapitalimport als wachstumssteigernden Faktor berücksichtigt. Hinsichtlich der Wachstumsrate des Inlandsproduktes ist dies sicher sinnvoll, für die des Inländerproduktes – die entsprechend (4) wohl hier gemeint sein muß – allerdings nicht unbedingt. U.E. kommt es für (2) eher auf die Bruttokreditbeziehungen an. (Vgl. Fußnote 12).

U: gesamtwirtschaftlicher Nutzenindex.

Die Beziehung zwischen außenwirtschaftlicher Verflechtung und Wachstumsrate sei

(2) $$r = r_0 (1 + hm^\alpha), [\alpha < 1; hm^\alpha < m, \text{d.h. } h < m^{1-\alpha}]$$

wobei r_o die in der Autarkie zu erwartende Wachstumsrate ist. In (2) kommen dynamische Handelsgewinne zum Ausdruck, die analog denen durch die λ_i ausgedrückten in Ziff. 3 sind.

Zwischen S und r besteht folgender trade-off

(3) $$S = s_1 r - s_2 r^2$$

Hierdurch wird zum Ausdruck gebracht, daß zunächst die außenwirtschaftliche Verflechtung auch das Stabilitätsziel fördert, da sie einen Puffer gegen die Konsequenzen hausgemachter Datenänderungen bildet. Mit zunehmenden internationalen Aktivitäten mag dagegen die Furcht vor der Abhängigkeit, z.B. in der Energie- oder Nahrungsmittelversorgung überwiegen. (3) erreicht ihr Maximum bei

$$r = s_1/2s_2 \text{ und somit für}$$

$$m = \left[\frac{1}{h}\left(\frac{s_1}{2\, s_2\, r_0} - 1\right)\right]^{1/\alpha}.$$

Da es aber nicht allein auf S ankommt, vielmehr

(4) $$U = S^\mu r^\varphi$$

zu maximieren ist, wird die optimale Importquote auf jeden Fall obigen Wert übersteigen. Nach Einsetzen von (3) in (4) erhalten wir die Optimalwerte

(5a) $$r = \frac{\mu + \varphi}{2\mu + \varphi} \cdot \frac{s_1}{s_2}$$

(5b) $$S = \frac{\mu (\mu + \varphi)}{(2\mu + \varphi)^2} \cdot \frac{s_1^2}{s_2}$$

Mit steigendem s_1 und μ nimmt S/r zu, mit steigendem φ ab. Gehen wir davon aus, daß die Integrationsvorteile dazu führen, daß

- außenwirtschaftliche Beziehungen zumindest innerhalb des Integrationsgebietes als weniger stabilitätsgefährdend eingeschätzt werden

$$(\text{also } \hat{s}_1 = \frac{ds_1}{s_1} > 0 \geq \hat{s}_2)$$

– die Produktivität des Außenhandels zunimmt (also $\hat{h} > 0 \geq \hat{\alpha}$), so erhalten wir für $\hat{s}_2 = \hat{\alpha} = 0$ und unveränderten μ und φ folgende Ergebnisse[17]

$$\hat{r} = \hat{s}_1 = \frac{r - r_0}{r}(\hat{h} + \alpha\,\hat{m}) \quad \text{bzw.}$$

$$\hat{m} = \frac{r\,\hat{s}_1 - (r - r_0)\,\hat{h}}{\alpha\,(r - r_0)} \gtrless 0 \text{ für } \hat{s}_1 \gtrless \frac{r - r_0}{r}\hat{h}$$

Je stärker also die Produktivität internationaler Wirtschaftsbeziehungen im Integrationsraum zunimmt, desto weniger wahrscheinlich wird bei gegebener Verbesserung des trade off zwischen Stabilität und Wachstum die Importquote steigen[18], so daß auch eine stärkere Zunahme von s_1 im Vergleich zu s_2 oder von φ im Vergleich zu μ im Inland nicht unbedingt auf eine tendenzielle Leistungsbilanzverschlechterung schließen läßt[19]. Aber selbst dann ist nicht zu erwarten, daß das Inland unter Abwertungsdruck gerät, falls internationale Kapitalbewegungen berücksichtigt werden: das u.a. aufgrund zunehmender Produktivität internationaler Wirtschaftsbeziehungen erhöhte Wachstum im Inland wird Kapitalzuflüsse anregen, die dem Wechselkurseffekt steigender Güterimporte entgegenwirken. Bei hinreichend hohem h können beide, Güter- und Faktormobilität, sogar zu ggf. starken Aufwertungseffekten führen. Sollen im Wirtschaftsraum die Wechselkurse stabilisiert werden, so erfordert dies entsprechend abgestimmte Veränderungen der relevanten Parameter in (3) und (4) in den beteiligten Ländern[20].

Zu ähnlichen Ergebnissen gelangt man, wenn man statt (2) bis (4) einen (direkten) Portfolioansatz wählt[21]. Gilt für die Zielfunktion

---

[17] Zu gleichen Ergebnissen wie bei einem Anstieg von s_1 im Vergleich zu s_2 kommt man, wenn φ im Vergleich zu μ zunimmt, das Wachstumsziel also steigendes Interesse im Vergleich zum Stabilitätsziel gewinnt.

[18] An sich ist bei gegebenem Wachstumsziel nichts gegen eine Verringerung der außenwirtschaftlichen Verflechtung zu sagen, wenn dies mit einer durch verbesserte Integration erreichbaren Zunahme ihrer Produktivität verbunden ist, denn nicht die Maximierung der Importquote, sondern die Optimierung des Ergebnisses der weltwirtschaftlichen Verflechtung ist das wirtschaftspolitische Ziel. Gleichwohl ist eine solche Entwicklung nicht unproblematisch, wie Ziff. 5 zeigen soll.

[19] Dies unterscheidet unser Ergebnis von dem Fuhrmanns in seinem Zwei-Länder-Modell (FUHRMANN 1989, S. 16); Fuhrmann betrachtet nicht die integrationsbedingte Verbesserung der Außenhandelsproduktivität.

[20] W.M. Cordon hat kürzlich auf die Gefahr starker Wechselkursschwankungen bei zu rascher Liberalisierung hingewiesen und auch deshalb graduellen abgestimmten Liberalisierungsschritten den Vorzug vor abrupten einseitigen Maßnahmen gegeben (CORDON 1987, S. 14ff.).

[21] Analog zu HEINEMANN 1980, S. 65f. Anders als in (2) bis (5) sei hier unter r_0 die Wachstumsrate des Binnensektors, unter r die der Weltwirtschaft verstanden, an der das Land in Höhe seiner Importquote partizipiert.

(6) $Z = \tilde{r} - b(\tilde{r}^2 + \tilde{\sigma}^2)$ mit
(7) $\tilde{r} = m\,r + (1 - m)\,r_0$ und
(8) $\tilde{\sigma}^2 = m^2\sigma^2 + (1 - m)^2\,\sigma_0^2 + 2\,m\,(1 - m)\,\sigma\sigma_0\,R$

(wobei σ^2 bzw. σ_o^2 die Varianzen von r und r_o und R den Korrelationskoeffizient zwischen beiden angeben), erhalten wir für m

(9) $$m = \frac{(1 - 2br_0)\,(r - r_0) - 2b\,(\sigma\sigma_0 R - \sigma_0^2)}{2b\,[(r - r_0)^2 + \sigma^2 - 2\sigma_0\sigma R + \sigma_0^2]}$$

Nimmt die Korrelation beispielsweise zu, so wird die Importquote sinken (steigen)

- bei übereinstimmenden Wachstumsraten im In- und Ausland, falls die Varianz der Auslandsbeziehungen über (unter) der liegt, die für die Binnenwirtschaft gilt;
- bei übereinstimmenden Varianzen, falls die Wachstumsrate im Ausland unter (über) der des Inlandes liegt.

Die Importquote steigt immer, falls b oder σ fallen (dies entspricht einer Zunahme von s_1 bzw. einer Abnahme von s_2 oder μ in (3) bzw. (4)). Nimmt die ausländische Wachstumsrate zu, so steigt die Importquote (für $\sigma = \sigma_o$) nur für

$$R < [2\,\sigma^2(1 - 2\,br) - (r - r_0)^2(1 - 2br_0)]\,/\,[2\sigma^2(1 - 2br)] = R^*$$
mit $R^* \leq 1$ für $r \geq r_0$.

5. Welche Konsequenzen können wir aus den Überlegungen in den Ziffern 3 und 4 für die Frage „Europäischer Binnenmarkt – Regionaler Protektionismus oder Chance für eine weltweite Liberalisierung?“ ziehen? Leider keine eindeutigen, v.a. nicht für die (wohl unter liberalen Ökonomen allgemein erwünschte) zweite Alternative[22]. Die Ausweitung internationaler Wirtschaftsbeziehungen schafft – wie unsere Analyse anhand des neoklassischen Zweisektorenmodells wie anhand des eher politökonomischen Modells, das Ertragserwartungen und Unsicherheiten kombiniert, ergibt – Spielraum für Produktionszuwächse, vor allem dann, wenn die Integration zugleich die Sicherheit über zwischenstaatliche Güter- und Faktorbewegungen und über die von den beteiligten Staaten einzuschlagende Politik stärkt. Sofern dies auch mit einem Rückgang der Furcht vor durch internationale Aktivitäten möglicherweise wachsende Unsicherheit verbunden ist, wird die Außenhandelsquote wie überhaupt die Verflechtung der Volkswirtschaften steigen. Obwohl die mit steigenden internationalen Wirtschaftsbeziehungen zu erwar-

[22] Dies gilt analog zu Hans Möllers Äußerung über die Wirkung der EG auf Welthandel und internationale Arbeitsteilung (MÖLLER 1980, S. 499), wonach sich mangels eines Referenzstandpunktes nicht eindeutig sagen läßt, ob die Integration die Außenbeziehungen begünstigt oder nicht.

tenden wachstumsorientierten Produktivitätszuwächse in einer auf Besitzstandswahrung ausgerichteten Welt gerade nicht zu zunehmender Verknüpfung der Volkswirtschaften führen müssen, kann erwartet werden, daß dieser Prozeß die unionsinternen Beziehungen zu Lasten der Beziehungen zu Drittländern stärkt. Für die Güter- und Faktormobilität gegenüber Ländern außerhalb des Integrationsraums kann folglich nicht ausgeschlossen werden, daß trotz steigenden Wohlstands in den Mitgliedsländern sie eher fällt als steigt, insbesondere dann, wenn diese Beziehungen unsicherer als die Intraunionsbeziehungen eingeschätzt werden. Dies ist um so eher zu befürchten, je weniger die Union selbst noch ihre Wirtschaftspartner Handels- und Faktormobilitätsbarrieren abbauen, sondern sie durch unterschiedliche nicht tarifäre Handels- bzw. andere Mobilitätshemmnisse substituieren oder gar verstärken. Die durch variierende Protektionspraktiken zunehmende Unsicherheit erhöht die Gefahr, daß regionaler Protektionismus die Chance für weltweite Liberalisierung vereitelt[23].

In der Vergangenheit hat sowohl die EG gegenüber den USA, Japan, insbesondere aber auch gegenüber nicht mit ihr über Sonderabkommen (wie Lomé) verbundenen Entwicklungsländern zahlreiche tarifäre, v.a. aber nicht tarifäre Praktiken entwickelt. Gleiches gilt für Japan und v.a. auch die USA gegenüber anderen Ländern und insbesondere die EG. Solche Praktiken umfassen spezielle Warenabkommen, Selbstbeschränkungsabkommen, Diskriminierung der anderswo gültigen Normen, Regionalismen u.v.m. Nur auf eine dieser Politiken sei kurz hingewiesen: der Übergang vom Multilateralismus der 50er und 60er Jahre zu einer großen Zahl von Bilateralismen; J. Riedel (1987) sieht dies als ein v.a. den USA anzulastendes Versäumnis, das stärker als der ansonsten im Vergleich zur EG nicht stärkere Protektionismus der USA die weltwirtschaftliche Entwicklung gefährde. Obwohl wegen zunehmender Kosten multilateraler Regelungen nicht in jedem Falle sichergestellt ist, daß ihre Nettoerträge stets denen aus bilateralen Abkommen überlegen sind[24], ist diese – auch aus dem problematischen Gedanken des Reziprozität verlangenden „fair trade" abzuleitende – Entwicklung insgesamt gefährlich. Sie hat kürzlich eine große Zahl bekannter amerikanischer Ökonomen zu einem warnenden Statement zur US-Handelspolitik veranlaßt[25].

Zur Verringerung der Unsicherheit in den internationalen Beziehungen werden seit einigen Jahren Koordinationen der Wirtschaftspolitik v.a. zwischen den großen Welthandelsblöcken vorgeschlagen, wobei zunächst in erster Linie an eine Kooperation im Makrobereich, also auf dem Gebiet der Stabilitäts- und Konjunkturpolitik gedacht wird, wobei jedoch grundsätzlich

---

23 Vgl. Giersch (1987), aber auch Schatz (1987) und Horn (1987).
24 Hierzu insbes. Knies/Gilroy (1987) und Heinemann/Knies/Wagner (1989).
25 Bhagwati u.a. (1989).

die Autonomie der Geld- und Finanzpolitik beibehalten werden soll[26]. Hierbei wird in meist spieltheoretischen Modellen gezeigt, daß nicht abgestimmte Maßnahmen zu Gefangenendilemmasituationen führen können, während Kooperation alle Beteiligten besser als bei autonomer Politik stellt. Die Modelle sind jedoch meist kaum anwendbar, da sie statischer Natur sind und eine gesonderte Analyse jeder möglichen Konstellation erfordern; als negativ ist ferner der für nicht direkt beteiligte Länder gefährliche oligopolistische Gedanke einzuschätzen. Aus diesem Grunde sind u. E. diesen Maßnahmen Regelmechanismen wie im EWS oder im GATT vorzuziehen, auch wenn die beispielsweise von Vaubel (1985) befürchteten bürokratischen Gefahren nicht bestritten werden. Hierzu ist neben der für die Verwirklichung des Europäischen Binnenmarktes vorgesehene Liberalisierung im Kapital- und Dienstleistungsverkehr[27] auch das GATT zu ergänzen: zu den Regelungen des Güterhandels sollten auch hier Rahmenbedingungen für die Niederlassungsfreiheit, z. B. von Finanzinstitutionen, v. a. aber der Dienstleistungsverkehr, aufgenommen werden[28].

6. Fassen wir zusammen: der Ausbau der internationalen Wirtschaftsbeziehungen wird künftig wie bisher den Wohlstand der beteiligten Länder steigern; mangelnde Flexibilität kann jedoch Befürchtungen vor Instabilität aus „zu großer" Abhängigkeit wecken, die zu protektionistischen Eingriffen führen. Dies ist insbesondere für die Beziehungen der EG nach außen zu erwarten, falls die in den letzten zwanzig Jahren verstärkte Deliberalisierung nicht gebremst wird. Die Entwicklung der Realeinkommen in der EG, den USA und Japan sollte jedoch Spielraum bieten für einen letztlich allen zugute kommenden Abbau der Restriktionen, falls zugleich auch im Innern dieser Blöcke Zugangs- und Austrittsbeschränkungen im Güter- und Faktorverkehr abgebaut werden. Welche Aussichten für die Integration innerhalb der EG und für die Beziehungen zu den USA, Japan, den Entwicklungsländern und anderen Staaten zu erwarten sind, hängt sicher nicht nur von den europafreundlicheren – aber gleichwohl oftmals protektionsgeneigten – Positionen Frankreichs oder der Bundesrepublik oder der weniger engagierten Position des Vereinigten Königreichs ab, sondern auch von den Ausstrahlungen der Entwicklungen in Mittel- und Osteuropa auf die westlichen Industrieländer.

---

[26] Zu dieser Kooperationsdiskussion und anderen Fragen der Internationalisierung der Wirtschaftspolitik vgl. insbesondere Bender (1988); ferner Reszat (1989) und Heinemann (1989a).

[27] Vgl. Hindley (1987), Monti (1987) und Schatz (1987).

[28] Zu den entsprechenden GATT-Verhandlungen z. B. Bhagwati (1987) und Hesse (1989); anders als Hesse ist Grubel (1989) der Auffassung, daß die Welt kein GATT für Dienstleistungen braucht, da diese meist in den ohnehin geregelten Güterbewegungen enthalten seien; dieser Meinung vermögen wir uns nicht anzuschließen.

Literaturverzeichnis

BALASSA B. (1975): „Trade Creation and Diversion in the European Common Market: an Appraisal of the Evidence", in B. BALASSA, ed., *European Economic Integration*, North Holland: Amsterdam u.a., S. 79–118.

BENDER, D. (1988): „Weltwirtschaftliche Verflechtung und Internationalisierung der Politik", in: D. CASSEL, B.TH. RAMB, H.J. THIEME, Hrsg., *Ordnungspolitik*, Vahlen: München , S. 285–312.

BHAGWATI, J.N. (1987), „Trade in Servies and the Multilateral Trade Negotiations", *The World Bank Economic Review 1*, S. 549–569.

BHAGWATI, J.N. U.A. (1989): „Statement by Forty Economists on American Trade Policy", *The World Economy 12*, S. 263–265.

CECCHINI, P. (1988): *Europa '92*: Der Vorteil des Binnenmarktes, Nomos: Baden-Baden.

CORDON, W.M. (1987): „Why Trade is not free: is there a Clash between Theory and Practice;" in: H. GIERSCH Hrsg., *Free Trade in the World Economy*, Mohr (Siebeck): Tübingen, S. 1–19.

FILC, W. (1989), „Europäische Geld- und Währungspolitik nach vollständiger Liberalisierung des Kapitalverkehrs", Arbeitspapiere des Instituts für empirische Wirtschaftsforschung Heft 9, Duncker of Humblot: Berlin.

FUHRMANN, W. (1989), „Integration – Schritte bis zu einer Monetären Union", J.K. Universität Linz – Sozial- und Wirtschaftswissenschaftliche Fakultät, *Arbeitspapier Nr. 8908*.

GIERSCH, H. (1987): „Preface" zu H. GIERSCH, Hrsg., *Free Trade in the World Economy*, Mohr (Siebeck): Tübingen, S. V–VI.

GRUBEL, H.G. (1967): „Intra-industry Specialization and the Pattern of Trade", *Canadian Journal of Economics and Political Science 22*, S. 374–88.

GRUBEL, H.G. (1989), „Does the World Need a GATT for Services?", in H.J. VOSGERAU, ed., *New Institutional Arrangements for the World Economy*, Springer: Heidelberg usw., S. 257–275.

HEINEMANN, H.J. (1980): „Zur Rolle der Unsicherheit in der Theorie internationaler Wirtschaftsbeziehungen", in K. BORCHARDT und F. HOLZHEU Hrsg., *Theorie und Politik der internationalen Wirtschaftsbeziehungen*, Fischer: Stuttgart/New York, S. 63–73.

HEINEMANN, H.J. (1986): „Zum Vorteil internationaler Wirtschaftsbeziehungen – Überlegungen zu einem alten Thema", in R. ERTEL und H.J. HEINEMANN, Hrsg., *Aspekte internationaler Wirtschaftsbeziehungen*, Niedersächsisches Institut für Wirtschaftsforschung: Hannover, S. 1–21.

HEINEMANN, H.J. (1989a): „Aspekte der Ordnungs- und Prozeßpolitik in einer unsicheren Weltwirtschaft", in W. FILC, C. KÖHLER, Hrsg., *Kooperation, Autonomie und Devisenmarkt*, Duncker & Humblot: Berlin, S. 35–48.

HEINEMANN, H.J. (1989b): „Internationale Wettbewerbsaspekte: Steuern und Zölle", in U. SCHREIBER, Hrsg., *Steuerreform 1990*, Poeschel: Stuttgart, S. 31–45.

HEINEMANN, H.J./D. KNIES/J. WAGNER (1989): „Die Integration der Bundesrepublik Deutschland in die Weltwirtschaft zwischen freihändlerischem Anspruch und protektionistischer Realität", in W. FISCHER, Hrsg., *Währungsreform und Soziale Marktwirtschaft*, Duncker & Humblot: Berlin.

HELPMAN, E. and P.R. KRUGMAN (1985): *Market Structure and Foreign Trade*, Wheatsheaf Books/Harvester Press: Brighton u.a.

HELPMAN, E. and A. RAZIN (1978): *A Theory of International Trade under Uncertainty*, Academic Press: New York u.a., 1978.

HESSE, H. (1989): „Comments zu Grubel Does the World...", in H.J. VOSGERAU, ed., *New Institutional Arrangements for the World Economy*, Springer: Heidelberg usw., S. 276–283.

HINDLEY, B. (1987): „Trade in Services within the European Community", in H. GIERSCH, ed., *Free Trade in the World Economy*, Mohr (Siebeck): Tübingen, S. 468–486.

HORN, E.J. (1987): „Die außenhandelspolitischen Beziehungen der Europäischen Gemeinschaft zu anderen Industrienationen", in L. SPÄTH und CH. DRÄGER, Hrsg., *Die Europäische Gemeinschaft in der Weltwirtschaft*, Nomos: Baden-Baden, S. 181–200.

JONES, R. und P.B. KENEN, eds., (1984/85): Handbook of International Economics, Vol. I + II, North Holland: Amsterdam u.a..

KEMP, M.C. (1969): A Contribution to the General Equilibrium Theory of Preferential Trading, North Holland: Amsterdam u.a..

KEMP, M.C. and H.Y. WAN (1976): „An Elementary Proposition concerning the Formation of Customs Unions", Journal of International Economy 6, S. 95–97.

KNIES, D. (1989): „Analyse ausgewählter Hypothesen zu den Wirkungen des europäischen Binnenmarktes", in *IHK-Schriftenreihe Bd. 26*: Europäischer Binnenmarkt: München, S. 18–27.

KNIES, D. und M.B. GILROY (1987), „Bilateral versus Multilateral Trade Agreements: The Effects of Negotiating Cost on International Trade Arrangements", FB Wirtschaftswissenschaften der Universität Hannover, *Diskussionspapier Nr. 101*.

KRUGMAN, P.R. (1987): „Konzepte der wirtschaftlichen Integration in Europa", in: T. PADOA-SCHIOPPA, *Effizienz, Stabilität und Verteilungsgerechtigkeit*, Gabler: Wiesbaden, S. 113–141.

MÖLLER, H. (1968): „Ursprungs- und Bestimmungslandprinzip", *Finanzarchiv, N.F. 27*, S. 385–458.

MÖLLER, H. (1980): „Europäische Gemeinschaften", in W. ALBERS u.a., Hrsg., *Handwörterbuch der Wirtschaftswissenschaft*, FISCHER/MOHR u.a.: Stuttgart u.a., Bd. 2, S. 472–503.

MÖLLER, H. und W. CEZANNE (1979): *Die Europäische Union als Währungsunion*, Nomos: Baden-Baden.

MONTI, M. (1987), „Integration of Financial Markets in Europe", in H. GIERSCH, ed., *Free Trade in the World Economy*, Mohr (Siebeck): Tübingen, S. 492–503.

PELKMANS, J. (1984): *Market Integration in the European Community*, Martinus Nijhoff: The Hague u.a..

RESZAT, B. (1989), „Spiele ohne Sieger – Nutzen und Probleme internationaler Kooperation der Wirtschaftspolitik –", in W. FILC, C. KÖHLER, Hrsg., *Kooperation, Autonomie und Devisenmarkt*, Duncker & Humblot: Berlin, S. 49–65.

RIEDEL, J. (1985): „United States Trade Policy: From Multilateralism to Bilateralism?", in H. GIERSCH, Hrsg., *Free Trade in the World Economy*, Mohr (Siebeck): Tübingen, S. 85–104.

ROBSON, P. (1980): *The Economics of International Integration*, Allen & Unwin: London

ROTHSCHILD, K.W. (1979): „Außenhandelstheorie, Außenhandelspolitik und Anpassungsdruck", *Kyklos 32*, S. 47–58.

SCHATZ, K.W. (1987): „Die Europäische Gemeinschaft auf dem Weg zu einem gemeinsamen Binnenmarkt?", in L. SPÄTH und CH. DRÄGER, Hrsg., *Die Europäische Gemeinschaft in der Weltwirtschaft*, Nomos: Baden-Baden, S. 151–170.

SIEBERT, H. (1989): „Perspektiven zur Vollendung des europäischen Binnenmarktes", *Kyklos 42*, S. 181–202.

VANEK, J. (1965): *General Equilibrium of International Discrimination*. The Case of Customs Unions, Harvard University Press: Cambridge (Mass.).

VAUBEL, R. (1985), „Von der normativen zu einer positiven Theorie der internationalen Organisation", in H. GIERSCH, Hrsg., *Probleme und Perspektiven der weltwirtschaftlichen Entwicklung*, Duncker & Humblot: Berlin, S. 403–421.

Nationale Wirtschaftspolitik und exogene Einflußfaktoren

Zur Erklärung der wirtschaftlichen Probleme der Entwicklungsländer

von

RIGMAR OSTERKAMP

Für die Bestimmung der Haltung der Industrieländer gegenüber den andauernden wirtschaftlichen und sozialen Problemen großer Teile der Dritten Welt aber auch – und vor allem – für die Formulierung problemorientierter nationaler Wirtschaftspolitiken der Entwicklungsländer (EL) selbst ist die Frage von großer Bedeutung, welche Rolle die nationale Wirtschaftspolitik im Vergleich mit exogenen Faktoren bei der Verursachung und Überwindung der jetzigen Krise in vielen armen Ländern spielt.

Zur Beantwortung dieser Frage gehen wir in zwei Schritten vor. Zunächst (Teil I) werden die Untersuchungen zusammengestellt, in denen die Auswirkungen makroökonomischer und ordnungspolitischer Strukturanpassungsprogramme des IWF analysiert werden. Ein Kern dieser Programme besteht fast immer in der Durchsetzung einer „zahlungsbilanzorientierten Geldpolitik" – wie es mit einem von Hans Möller geprägten Ausdruck heute i.a. heißt. In Teil II werden die EL nach der Schwere ihrer wirtschaftlichen Probleme in zwei Gruppen eingeteilt. Es wird dann gefragt, wie vorteilhaft bzw. wie nachteilig relevante exogene Faktoren für jede der zwei Ländergruppen gewesen sind. Es erscheint sinnvoll, bei der Untersuchung stets die Fälle der armen EL von denen der weiter entwickelten Schwellenländer zu unterscheiden.

Je weniger die Strukturanpassungsprogramme erwünschte Änderungen der relevanten Variablen bewirkt haben und je mehr die Problem-EL von negativen und die EL mit geringeren Problemen von günstigen exogenen Faktoren betroffen waren, umso mehr würde der Schluß naheliegen, daß von der nationalen Wirtschaftspolitik wenig, von der Konstellation der exogenen Faktoren aber viel abhängt.

Die folgenden Überlegungen zeigen, daß diese – den heute weithin üblichen Vorstellungen entsprechende – Schlußfolgerung so *nicht* gezogen werden kann.

I. Die Bedeutung von IWF-Anpassungsprogrammen für die wirtschaftliche Lage der Entwicklungsländer – Übersicht über vorliegende Evaluierungen

1. Die armen Entwicklungsländer

Wir wenden uns zunächst spezifisch den armen EL zu und wollen diejenigen Studien auswerten, in denen versucht wird, die Wirkungen eines gesamten Anpassungsprogramms, wie es für den IWF charakteristisch ist, zu bestimmen.

Schon bei der Wirkungsanalyse einzelner Instrumente treten schwierige methodische und konzeptionelle Probleme auf. Diese verschärfen sich, wenn ganze Anpassungsprogramme untersucht werden, die den Einsatz zahlreicher Instrumente beinhalten. Eine Erörterung der verschiedenen möglichen Ansätze und jeweiligen methodischen Probleme ist hier nicht beabsichtigt (vgl. dazu z.B. GOLDSTEIN, 1986; IWF, 1986; HELLER ET AL., 1988). Wir wollen eine Antwort auf die Frage finden, ob die häufig vorgebrachte These der nachteiligen Auswirkungen von IWF-gestützten Anpassungsprogrammen durch die vorliegenden Untersuchungen untermauert wird.

Alle von uns ausgewerteten Analysen zeichnen sich dadurch aus, daß sie mehrere, z.T. viele Länder und Programme untersuchen, empirisch vorgehen und eine nachvollziehbare Methode verwenden. Tabelle 1 enthält eine Kurzcharakteristik der wesentlichen Aussagen der uns bekannten Untersuchungen. Diese umfassen die EL mit niedrigem und mittlerem Einkommen, nicht aber die Länder Lateinamerikas und keine Schwellenländer.

Für die Beurteilung der Untersuchungsergebnisse ist es wichtig zu wissen, ob die Autoren möglicherweise auf Grund einer „Nähe" zum IWF voreingenommen sind. Die Studien sind daher mit einem Vermerk charakterisiert, ob sie von IWF-Mitarbeitern verfaßt wurden bzw. in einer IWF-Publikation erschienen sind.

Aus der Tabelle läßt sich folgendes entnehmen:

- Ein ausgeprägter Einfluß der Anpassungsprogramme auf die relevanten Variablen ist selten nachweisbar. Meist läßt sich nur ein schwacher Effekt aufzeigen.
- Soweit die Änderungsrichtung eindeutig erkennbar ist, überwiegen bei allen Variablen die positiven, d.h. hier: die vorteilhaften Änderungen. Am klarsten zeigt sich das bei der Zahlungsbilanz, die sich nach allen hier ausgewerteten Untersuchungen unter dem Einfluß von Anpassungsprogrammen eher positiv entwickelt hat. In etwas abgeschwächter Form gilt das auch für die Inflation und das Wirtschaftswachstum. Die Einkommensverteilung bzw. die Armutsfrage wurde nur in zwei Analysen explizit untersucht. Diese stellen – zumindest mittelfristig – keine nachteiligen Wirkungen fest.

Tabelle 1:
Ergebnisse systematischer Analysen von IWF-Strukturanpassungsprogrammen in armen EL

Autoren	IWF-nah?	Zeitraum	Einfluß der Programme auf Wirtschaftswachstum	Einfluß der Programme auf Inflation	Einfluß der Programme auf Zahlungsbilanz	Einfluß der Programme auf Einkommensverteilung
Allen (1984)	nein	1981	negativ	?	+	/
Gylfason* (1987)	nein	1977 – 1979	gering +	gering +	+	/
Killick (1984)	nein	1974 – 1979	?	/	+	gering +
Mosley* (1987)	nein	1980 – 1986	gering +	/	gering +	/
Bhatia (1985)	ja	1980 – 1984	+	+	gering +	/
Heller (1988)	ja	1983 – 1985	/	/	/	mittelfr. positiv
Zulu/Nsouli (1984)	ja	1980 – 1981	+	+	+	

* = Analyse überwiegend für arme EL
gering = geringer Einfluß, nicht signifikant
/ = nicht untersucht
? = unklarer Einfluß
IWF-nah? = Mitarbeiter des IWF oder IWF-Publikation

- Vergleicht man die Analyseergebnisse der dem IWF nahestehenden Autoren mit den anderen, so ist ein gradueller Unterschied, aber kein krasser Gegensatz erkennbar. Er ist vor allem ALLEN (1984), der in der Beurteilung der Wachstumsfrage abweicht.

2. *Die Schwellenländer*

Wie oben im Fall der armen EL wird auch hier bei den Schwellenländern auf eine Erörterung der methodischen Fragen der empirischen Untersuchungen von Anpassungsprogrammen verzichtet. Auch hier wird wieder eigens vermerkt, ob die Studien von IWF-Autoren verfaßt oder in IWF-Publikationen erschienen sind. Anders als bei den Untersuchungen über die armen EL ist hier die Gruppe der jeweils erfaßten Länder weniger scharf abgegrenzt, so daß in einigen der hier aufgeführten Analysen auch arme Entwicklungsländer enthalten sind. Überwiegend aber behandelt jede der in diesem Abschnitt erwähnten Studien Anpassungsprobleme von Schwellenländern.

In Tabelle 2 sind die wesentlichen Ergebnisse der vorliegenden Untersuchungen wieder in stark vereinfachter Form zusammengefaßt.

Es überwiegen insgesamt die positiven Einträge, wobei die Auswirkungen auf die Zahlungsbilanz in allen Analysen als (zumindest schwach) positiv dargestellt werden. Der Einfluß auf das Wirtschaftswachstum ist nur in einer Studie (Diaz-Alejandro) negativ, die übrigen sehen kaum einen Effekt bzw. weisen einen „nicht negativen" Einfluß nach.

Etwas gemischter ist die Wirkung auf die Inflationsrate, wo zwei Studien zu positiven und zwei zu negativen Effekten gelangen. Nur zwei Untersuchungen behandeln explizit die Einkommensverteilung. Sie kommen zu einem kontroversen Ergebnis.

Die Gruppe der dem IWF nicht nahestehenden Autoren ist in diesem Fall sehr klein, so daß ein Vergleich ihrer Ergebnisse mit denen der anderen Gruppe wenig aussagefähig ist. Während positive Auswirkungen der Anpassungsprogramme auf die Zahlungsbilanz von allen Autoren – aus beiden Gruppen – abgeleitet werden, sind sich die „IWF-fernen" Autoren in ihrer abweichenden Beurteilung nur hinsichtlich der Inflation einig (negativer Einfluß). Die Auswirkungen auf das Wirtschaftswachstum beurteilt aber nur Diaz-Alejandro als negativ, während Thorp/Whitehead und Connors geringe Effekte sehen.

Wir gelangen also auch im Fall der Schwellenländer zu dem Resultat, daß die vorliegenden systematischen empirischen Analysen von Anpassungsprogrammen wenig Grund zu der Annahme geben, solche Programme wären nicht durchführbar, würden nicht greifen oder hätten stark negative Effekte.

Tabelle 2:
*Ergebnisse systematischer Analysen von IWF-Strukturanpassungsprogrammen in Schwellenländern**

Autoren	IWF-nah?	Zeitraum	Einfluß der Programme auf: Wirtschaftswachstum	Inflation	Zahlungsbilanz	Einkommensverteilung
Connors (1979)	ja	1973 – 1977	?	?	schwach +	/
Diaz-Alejandro (1981)	nein	70er Jahre	negativ	negativ	schwach +	negativ
Donovan (1981)	ja	1970 – 1976	nicht negativ	schwach +	+	/
Donovan (1982)	ja	1971 – 1980	nicht negativ	schwach +	+	/
IWF (1986)	ja	1980 – 1984	/	/	/	schwach +
Reichmann/ Stillson (1978)	ja	1963 – 1972	schwach +	schwach +	schwach +	/
Thorp/ Whitehead (1979)	nein	70er Jahre	?	schwach –	+	/

* z. T. auch Analysen von armen EL, aber überwiegend von Schwellenländern

II. Die Bedeutung exogener Faktoren für die wirtschaftliche Lage der Entwicklungsländer

Obwohl die oben vorgeführten Analyseergebnisse früherer systematischer Untersuchungen durchaus überwiegend in eine Richtung gehen, haben sie den Nachteil, daß die Abgrenzung zwischen armen Entwicklungsländern und Schwellenländern nicht sehr scharf ist und auch von den Autoren nicht systematisch angestrebt wurde. Darüber hinaus werden in diesen Untersuchungen stets die Auswirkungen von *IWF-gestützten* Anpassungsprogrammen analysiert, nicht aber Anpassungsprogramme oder sonstige einschneidende wirtschaftspolitische Reformen ohne IWF-Unterstützung. Schließlich handelt es sich auch stets um eine Betrachtung nur von kürzeren Perioden, eben denen mit IWF-Programmen, nicht um eine längerfristige Analyse.

Diese Eigenarten der vorliegenden Untersuchungen wollen wir im folgenden vermeiden.

1. Die armen Entwicklungsländer

Wir betrachten arme EL und konzentrieren uns dabei auf die schwarzafrikanischen Länder südlich der Sahara. Unsere Frage lautet, inwieweit die ökonomischen Probleme dieser Länder auf exogene Faktoren zurückgeführt werden können. Wäre das in bedeutendem Maße der Fall, würde das darauf hindeuten, daß die nationale Wirtschaftspolitik in allen ihren Ausformungen – mit oder ohne IWF-Unterstützung – nur eine nebensächliche Rolle spielt.

Wir müssen die Länder zunächst in zwei Gruppen einteilen, die sich hinsichtlich der Schwere ihrer ökonomischen Probleme möglichst deutlich voneinander unterscheiden.

Das Einteilungskriterium des Zahlungsverzuges

Zur Beantwortung unserer Frage kommt uns der wenig bekannte Umstand entgegen, daß die armen Entwicklungsländer in Afrika südlich der Sahara nur zu einem Teil zu den vom IWF sogenannten „Problemschuldnern“ gehören. Diese Problemschuldner zeichnen sich dadurch aus, daß sie sich in den letzten Jahren mehrfach oder gar andauernd im Zahlungsverzug befanden. Daneben gibt es aber noch eine andere Gruppe von afrikanischen Ländern – immerhin knapp die Hälfte –, die zwischen 1978 und 1987 *nie* einen Zahlungsverzug aufwiesen. Wir fragen nun, inwieweit dieser bedeutsame Unterschied zwischen Ländern ähnlichen Entwicklungsstandes durch exogene Faktoren bedingt ist.

Tabelle 3

Zahlungsverzug (ZV) und exogene Einflußfaktoren bei armen EL

		1970	1980	1981	1982	1983	1984	1985	1986	1987
häufig ZV 23	t. o. t.[6]	100	98,1	92,1	88,9	88,9	91,8	87,0	72,3	–
nie ZV 15	t. o. t.	100	95,6	92,0	90,7	90,0	92,3	88,0	82,2	–
häufig ZV 22[1]	t. o. t.	100	77,5	68,8	66,6	68,7	71,6	86,8	65,0	–
nie ZV 14[2]	t. o. t.	100	73,4	67,3	67,6	68,7	71,2	68,0	72,0	–
häufig ZV 23	Eh[3]	–	8,3	7,3	7,6	6,7	8,7	9,9	11,6	–
nie ZV 15	Eh	–	6,7	5,7	6,3	6,0	6,3	7,3	8,5	–
häufig ZV 23	BK[4]	–	14,5	10,7	11,1	10,0	10,9	10,8	11,3	11,8
nie ZV 15	BK	–	6,9	7,1	6,6	7,1	6,7	6,5	6,4	7,1
häufig ZV 23	NK[5]	–	12,5	8,6	9,0	7,5	8,1	7,3	7,6	9,0
nie ZV 15	NK	–	5,2	5,6	5,0	4,8	4,5	3,9	3,7	4,6

1) ohne Nigeria
2) ohne Gabun
3) »Entwicklungshilfe« hier : Schenkungen in % des BSP
4) Bruttokreditaufnahme in % des BSP
5) Nettokreditaufnahme in % des BSP
6) durchschnittl. t. o. t.-Index

Aus der Vielzahl der in Frage kommenden Einzelfaktoren müssen wir uns auf meßbare und verfügbare Indikatoren beschränken. Wir wählen dafür die Entwicklung der terms of trade und den Zustrom von finanziellen Mitteln von außen, und zwar Entwicklungshilfe, Bruttofinanzstrom und Nettofinanzstrom.

Wir stellen im folgenden (Tab. 3) die wichtigsten Ergebnisse unseres Ansatzes dar. Die Länder sind in Tab. 4 aufgelistet.

Der für die Probleme vieler Entwicklungsländer meist als wesentlich angesehene Faktor „terms of trade" spielt bei dem Problem-Indikator „Zahlungsverzug" offenbar eine untergeordnete Rolle, denn für die Länder mit häufigem Zahlungsverzug wie für diejenigen, die sich (seit 1978) nie im Zahlungsverzug befanden, ist die Entwicklung der terms of trade ohne große Unterschiede verlaufen. Das Bild ändert sich auch dann nicht, wenn man aus beiden Gruppen jeweils das Land entfernt, das hinsichtlich der terms of trade eine (positive) Sonderentwicklung erlebte (Nigeria und Gabun).

Deutliche Unterschiede zwischen den beiden Gruppen zeigen sich hinsichtlich des Zustroms von finanziellen Mitteln. Bei allen drei Indikatoren – den Schenkungen, dem Brutto- und dem Nettokapitalzustrom – und in jedem Jahr sind den Ländern mit häufigem Zahlungsverzug deutlich, teilweise erheblich mehr Mittel zugeflossen als der anderen Gruppe. Es mag zwar sein, daß ihnen eben wegen ihrer Probleme mehr (vor allem öffentliche) Mittel zuflossen. In unserem Zusammenhang wichtig ist aber die Schlußfolgerung aus den Zahlen, daß die Probleme der Zahlungsverzugsländer, wie sie

Tabelle 4

Afrikanische Länder mit und ohne Zahlungsverzug

Zahlungsverzug 1978 – 1987 4 mal oder häufiger		Zahlungsverzug 1978 – 1987 1 mal oder nie	
Land	Häufigkeit d. ZV	Land	Häufigkeit d. ZV
Benin	6	Botswana	
Congo	7	Burundi	0
Gambia	8	Kamerun	0
Ghana	10	Kap Verde	0
Guinea	10	Äthiopien	0
Guinea-Bissau	10	Zimbabwe	0
Elfenbeinküste	4	Gabun	0
Madagaskar	10	Kenya	0
Mali	7	Lesotho	0
Mauretanien	7	Malawi	0
Mozambique	4	Mauritius	0
Nigeria	5	Niger	0
Sao Tome	4	Ruanda	0
Sierra Leone	10	Swasiland	0
Somalia	6	Liberia	1
Sudan	10		
Tanzania	10		
Tschad	9		
Togo	6		
Uganda	10		
ZAR	8		
Zambia	10		
Zaire	10		
Anzahl der Länder	23	Anzahl der Länder	15

Quelle: IWF, Exchange Arrangements and Exchange Restrictions, div. Jahrgänge; eigene Auswertung

sich in der Tatsache des häufigen Zahlungsverzugs zeigen, nicht etwa auf eine „Benachteiligung“ – im Vergleich mit der anderen Gruppe – beim Zustrom von Krediten und Entwicklungshilfe zurückzuführen ist. Denn die Länder mit häufigem Zahlungsverzug haben mehr und nicht weniger Mittel von außen erhalten als die Länder ohne Zahlungsverzug.

Tabelle 5

Schuldenlast und exogene Einflußfaktoren bei armen EL

Maß für Schwere der Verschuldung (= Kriterium der Gruppenbildung)	exogene Faktoren	Ergebnisse
TED/XGS – bis 200 % (Grp. A) – ab 400 % (Grp. B)	t. o. t.	A: ø t. o. t.-Index v. 1980 – 1986: 152,5 B: ø t. o. t.-Index v. 1980 – 1986: 55,7 Ausreißer in A: Gabun (34,5); Nigeria (388,5) ø t. o. t.-Index für A ohne Gabun und Nigeria: 68,9
	Schenkungen	A: 6,3 % des BSP B: 12,7 % des BSP Ausreißer in A: Chad (14,8 %) Ausreißer in B: Somalia (26,9 %) Schenkungen ohne Ausreißer: A: 5,0 % B: 10,7 %
TED/GDP – bis 50 % (Grp. A) – bis 75 % (Grp. B)	Schenkungen	A: 7,7 % des BSP B: 9,2 % des BSP Ausreißer in A: Burkina (15,3 %) Ausreißer in B: Somalia (26,9 %) Elfenbeinküste (–0,2 %) Schenkungen ohne Ausreißer: A: 7,1 % B: 8,0 %
TED/XGS: Schuldenstand bezogen auf die Exporte TED/GDP: Schuldenstand bezogen auf das BSP		

Das Einteilungskriterium der „Schuldenlast“

Als zweiten Indikator für die Probleme der afrikanischen EL wählen wir nun die „Schuldenlast“, die wir als Außenschuld bezogen auf die Exporte bzw. als Außenschuld bezogen auf das BSP messen wollen. Wegen der unmittelbaren Beziehungen zwischen Schuldenstand und Kreditzustrom verwenden wir hier als exogene Einflußfaktoren nur die terms of trade und die Schenkungen. (Die Länder sind in Tabelle 6 aufgelistet.)

Tabelle 5 läßt sich kurz folgendermaßen zusammenfassen. Die weniger (schulden-)belastete Gruppe A hat eine günstigere terms-of-trade-Entwicklung erfahren. Der Unterschied ist allerdings dann nicht beträchtlich, wenn aus dieser Gruppe die Sonderfälle Nigeria und Gabun entfernt werden.

Hinsichtlich der Schenkungen aber ist Gruppe A weniger begünstigt gewesen. Nimmt man als Einteilungskriterium den Schuldenstand bezogen auf das BSP, ist der Unterschied nicht groß; teilt man die Gruppen jedoch nach

Tabelle 6

Afrikanische Länder, Schuldenlast

Gesamtverschuldung, Anteil am BSP, 1986			
weniger als 50 % Land	TED/ GDP	mehr als 75 % Land	TED/ GPD
Botswana	24,0	Congo	101,2
Burkina Faso	36,3	Elfenbeinküste	77,7
Burkundi	32,4	Gambia	94,4
Chad	21,4	Guinea-Bissau	113,7
Äthiopien	39,3	Liberia	1.187,7
Gabun	34,2	Mauretanien	194,7
Kamerun	27,2	Sao Tome	159,4
Niger	50,9	Somalia	80,9
Nigeria	25,2	Sudan	83,4
Ruanda	24,2	Togo	92,7
Swaziland	·34,4	Zaire	86,5
Uganda	38,3	Zambia	112,4
ZAR	36,6		
Zimbabwe	32,7		
Summe gesamt	457,1	Summe gesamt	2.384,7
Anzahl	14	Anzahl	12
Durchschnitt	32,6	Durchschnitt	198,7
		Durchschnitt ohne Liberia	108,8
Gesamtverschuldung, Anteil an Exporten, 1981 – 1986			
weniger als 200 % Land	TED/ XGS	mehr als 400 % Land	TED/ XGS
Botswana	36,8	Guinea-Bissau	1.486,3
Chad	177,6	Liberia	2.122,2
Gabun	70,8	Madagaskar	573,2
Kamerun	151,1	Mali	592,3
Nigeria	164,7	Mauretanien	410,9
Ruanda	169,4	Sao Tome	482,0
Swaziland	64,4	Somalia	1.016,7
ZAR	175,9	Sudan	907,2
Zimbabwe	138,9	Tanzania	685,9
		Zambia	477,6

Quelle: Ifo-Debt-Survey, 1988; eigene Berechnungen.

dem Schuldenstand bezogen auf die Exporte ein, zeigt sich eine sehr deutliche „Benachteiligung" der *weniger* schuldenbelasteten Länder, bei denen die Schenkungen weniger als die Hälfte der der anderen Ländergruppe ausmachten.

Aus diesen Überlegungen folgt, daß – im Vergleich der beiden Ländergruppen – die exogenen Faktoren, soweit meßbar, sich nicht verschärfend auf die Probleme der Problemländer ausgewirkt haben können. Vielmehr waren sie im Gegenteil von diesen exogenen Faktoren eher begünstigt.

Es liegt daher nahe zu argumentieren, daß der Unterschied im Problemstand der ja im übrigen sehr vergleichbaren afrikanischen Länder nicht von exogenen, sondern von internen Faktoren, vor allem der nationalen Wirtschafts- und Entwicklungspolitik, herrühren muß. Das heißt wiederum, daß die Fähigkeit zu einer solchen Politik, die auch und gerade Strukturanpassungen, zahlungsbilanzorientierte Geldpolitik und ordnungspolitische Reform einschließt, grundsätzlich vorhanden sein muß, daß diese Fähigkeit aber nicht von allen Ländern genutzt wurde.

2. Die Schwellenländer

Die oben vorgebrachten Gründe für den Versuch, auf einem weiteren Weg die Frage der Anpassungsfähigkeit der Entwicklungsländer zu klären, gelten auch im Falle der Schwellenländer: Die vorliegenden empirischen Untersuchungen unterscheiden nicht systematisch, sondern nur zufällig und auch nicht trennscharf zwischen armen und weniger armen Entwicklungsländern; es werden nicht Anpassungsanstrengungen als solche, sondern spezifisch IWF-geförderte Anpassungsprogramme untersucht; schließlich wird meist nur eine kürzere Periode analysiert.

Im folgenden konzentrieren wir uns ausschließlich auf Schwellenländer Lateinamerikas und Asiens und fragen wieder – wie bei den armen EL – inwieweit die ökonomischen Probleme dieser Länder auf exogene Faktoren zurückgeführt werden können. Je größer die Bedeutung ist, die die Analyse diesen exogenen Einflußfaktoren zumißt, umso geringer muß der Effekt der nationalen Wirtschafts- und Entwicklungspolitik sein.

Das Einteilungskriterium des Zahlungsverzugs

Wir teilen die Länder wieder gemäß der Schwere ihrer ökonomischen Probleme in zwei Gruppen ein, und zwar zunächst erneut nach dem Kriterium des Zahlungsverzugs. Bei den Schwellenländern besteht die Gruppe *ohne* Zahlungsverzug (in den Jahren 1978–1987) aus 12 Ländern, die

Tabelle 7

Zahlungsverzug und exogene Einflußfaktoren bei Schwellenländern

			1970	1980	1981	1982	1983	1984	1985	1986	1987
häufig ZV	6	t. o. t.	100	170,3	181,5	172,1	163,5	163,0	158,8	104,7	–
nie ZV	12	t. o. t.	100	110,9	109,6	107,2	106,0	107,2	103,7	98,4	–
häufig ZV	5[1)]	t. o. t.	100	67,3	65,8	63,9	65,2	66,2	63,9	61,1	–
nie ZV	11[2)]	t. o. t.	100	92,9	90,1	88,6	88,9	90,0	87,2	89,4	–
häufig ZV	6	Eh	–	−0,4	−0,9	−0,6	−0,07	−0,07	0,1	0,4	–
nie ZV	12	Eh	–	0,2	−0,3	−0,03	0,3	0,2	0,7	0,8	–
häufig ZV	6	BK	–	6,6	7,1	6,2	4,1	3,4	3,5	3,4	3,6
nie ZV	12	BK	–	6,1	6,1	5,8	5,5	5,8	5,8	4,9	4,4
häufig ZV	6	NK	–	4,4	5,6	4,5	2,5	1,9	1,6	1,2	1,4
nie ZV	12	NK	–	4,8	4,8	4,7	3,8	4,1	3,0	2,5	1,2

1 ohne Nigeria
2 ohne Gabun

Quelle: Weltbank, World Debt. Tables 1988/89; eigene Berechnungen

Tabelle 8

Schwellenländer

Zahlungsverzug 1978 – 1987			
2 mal oder häufiger Land	Häufigkeit	nie Land	
Argentinien	6	Chile	Malaysia
Brasilien	4	China	Mauritius
Mexiko	2	Hongkong	Pakistan
Philippinen	2	Indien	Singapur
Türkei	4	Indonesien	Südkorea
Venezuela	5	Kolumbien	Thailand

Quelle: IWF, Exchange Arrangements and Exchange Restrictions, div. Jahrgänge

Gruppe *mit* Zahlungsverzug aus 6 Ländern (vgl. Tab. 8). Letztere waren in dem genannten Zeitraum zwei- bis sechsmal im Verzug.

Wir betrachten wieder die exogenen Faktoren terms of trade, Schenkungen, Brutto- sowie Nettokapitalzuflüsse. Weil Venezuela und Indonesien eine außerordentlich günstige Entwicklung ihrer terms of trade erlebt haben, werden diese aus den Berechnungen herausgenommen.

Tabelle 8a
Schuldenlast

Gesamtverschuldung, Anteil an den Exporten, 1980 – 1986			
weniger als 200 % Land	TED/ XGS	mehr als 340 % Land	TED/ XGS XGS
China	56,8	Argentinien	549,6
Indonesien	183,1	Brasilien	400,9
Malaysia	119,9	Chile	478,6
Mauritius	103,6	Mexiko	414,6
Südkorea	154,5	Pakistan	347,0
Thailand	145,6	Philippinen	355,3

Quelle: Ifo-Debt Survey, 1988; eigene Berechnungen

Es zeigt sich dann (Tab. 7) bei allen vier Indikatoren ein gewisser Unterschied zu der Situation, wie sie bei den armen afrikanischen Ländern vorherrscht. Bei den Schwellenländern hat nämlich die Gruppe mit häufigem Zahlungsverzug in allen vier Indikatoren eine – im Vergleich mit der anderen Gruppe – eher ungünstige Entwicklung durchgemacht. Besonders deutlich ist dies bei den terms of trade (ohne Venezuela und Indonesien), die in jedem Jahr für die Länder mit häufigem Verzug um ca. 20 bis 25 Indexpunkte schlechter sind als für die andere Gruppe. Nur in Venezuela paart sich eine sehr günstige terms-of-trade-Entwicklung mit häufigem Zahlungsverzug. Die Unterschiede bei den anderen Indikatoren gehen in dieselbe Richtung, sind aber weniger stark ausgeprägt und teilweise vernachlässigbar.

Das Einteilungskriterium der „Schuldenlast"

Auch bei den Schwellenländern ziehen wir noch einen weiteren Indikator für die Schwere der ökonomischen Probleme heran, nämlich die Schuldenlast bezogen auf die Exporte.

Als exogene Faktoren sind hier wieder die Netto- und Bruttokapitalzuströme nicht sinnvoll, so daß nur die terms of trade und die Schenkungen verbleiben.

Tab. 9 gibt eine kurze Zusammenfassung der Ergebnisse. Danach hat die Ländergruppe mit geringeren Problemen (Außenschuld unter 200% der Exporte) eine deutlich bessere Entwicklung der terms of trade erlebt als die Gruppe mit größeren Problemen (Außenschuld über 340% der Exporte).

Tabelle 9

Schuldenlast und exogene Einflußfaktoren bei Schwellenländern

Maß für Schwere der Verschuldung (= Kriterium der Gruppenbildung)	exogene Faktoren	Ergebnisse
TED/XGS – bis 200 % (Grp. A) – ab 340 % (Grp. B)	t. o. t.	A: ø t. o. t.-Index v. 1980 – 1986: 152,5 ohne Indonesien: 67,2 B: ø t. o. t.-Index v. 1980 – 1986: 63,5 Ausreißer in A: Indonesien: 287,9
	Schenkungen	A: + 0,42 % des BSP B: – 0,20 % des BSP[1)]
TED/XGS: Schuldenstand bezogen auf die Exporte		

Quelle: Weltbank, World Debt Tables 1988/89; eigene Berechnungen.

[1)] »Negative Schenkungen« können in der Statistik der Weltbank deswegen auftreten, weil die Weltbank den Schenkungsanteil in Krediten nicht am jeweiligen Marktzins, sondern an einem fiktiven (und festen) Zins von 10 % mißt. Jeder Kredit mit einem Zins von unter 10 % wird als zinssubventioniert betrachtet. Ein Kredit mit einem Zins von über 10 % enthält – was den Zins betrifft – einen »negativen Schenkungsanteil«.

Ähnlich ist das Bild bei den Schenkungen. Die Länder mit weniger Problemen haben im Durchschnitt über die Jahre (1980–1986) 0,4% ihres Sozialproduktes als Schenkung erhalten, die andere Gruppe dagegen eine „negative Schenkung" von 0,2%. Die Größenordnung der Einflußfaktoren selbst, aber auch ihr Unterschied ist allerdings vernachlässigbar.

Immerhin ist die Schlußfolgerung, die bei den armen afrikanischen Ländern zu ziehen war, nämlich, daß sie von den exogenen Faktoren eher begünstigt waren (im Vergleich mit den Ländern geringeren Problemgrades), hier nicht gültig. Vielmehr muß man bei den Schwellenländern umgekehrt formulieren: Die Problemländer unter den Schwellenländern sind von den exogenen Faktoren eher benachteiligt worden.

III. Zusammenfassung der Ergebnisse

Tabelle 10 faßt die Ergebnisse der Untersuchungen der Anpassungsprogramme und der Analyse der Bedeutung exogener Faktoren zusammen.

Es zeigt sich somit, daß nicht behauptet werden kann:

– IWF-Strukturanpassungsprogramme seien wirkungslos oder würden makroökonomisch überwiegend nachteilige Auswirkungen zeigen;

– nachteilige exogene Faktoren seien für die wirtschaftlichen Probleme der EL die Hauptursache.

Tabelle 10

Zusammenfassung der Ergebnisse

<table>
<tr><th></th><th>Arme EL</th><th>Schwellenländer</th></tr>
<tr><td>Einfluß von Anpassungsprogrammen auf Wachstum, Inflation und Zahlungsbilanz</td><td colspan="2">Überwiegend keine negativen Effekte feststellbar. Einfluß auf Zahlungsbilanz deutlich positiv. Einfluß auf Wachstum und Inflation gering, kaum jedoch negativ.</td></tr>
<tr><td rowspan="2">Bedeutung exogener Faktoren (terms of trade, Hilfe, Kapitalzustrom)</td><td>Problemländer sind von den exogenen Faktoren eher begünstigt worden.</td><td>Problemländer sind von den exogenen Faktoren eher benachteiligt worden.</td></tr>
<tr><td colspan="2">Die Unterschiede fallen jedoch nicht sehr stark ins Gewicht.</td></tr>
</table>

Es erscheint somit verständlich und sinnvoll, wenn die Industrieländer und internationalen Organisationen wie IWF und Weltbank bei der Bestimmung ihrer Haltung gegenüber den wirtschaftlichen und sozialen Probleme der EL die Verantwortung der nationalen (EL-)Wirtschaftspolitik hervorheben. Dies bedeutet allerdings nicht, daß die Überwindung der eingetretenen Probleme allein durch eine Korrektur der nationalen Wirtschaftspolitik erreichbar ist.

Literaturverzeichnis

Allen M., (1984) Recent Experience with Fund-supported Adjustment Programs: Berlin.

Bhatia, R., (1985); Anpassungsbemühungen in Afrika südlich der Sahara. In: *Finanzierung und Entwicklung*, 3/1985.

Connors, Th. A., (1979): The Apparent Effects of Recent IMF Stabilization Programs. *International Finance Discussion Papers*, Washington.

Diaz-Alejandro, C. F., (1981): Southern Cone Stabilization Plans. In: Cline, Weintraub (Hrsg.): Economic Stabilization in Developing Countries: Washington.

Donovan, D. J., (1982): Macroeconomic Performance and Adjustment under Fund-Supported Programs, *IMF Staff Papers*.

Goldstein, M., (1986): The Global Effects of Fund-supported Adjustment Programs, IMF, *Occasional Paper 42*, Washington.

Glyfason, T., (1987); Credit Policy and Economic Activity in Developing Countries with IMF Stabilization Programs. Princeton University; *Princeton Studies in International Finance*, Nr. 60, August.

Heller, P. S. et al., (1988); The Implications of Fund-supported Adjustment Programs for Poverty. Experiences in selected Countries. IMF, *Occasional Paper 58*, Washington.

IWF, (1986): Fund-supported Programs, Fiscal Policy, and Income Distribution, IMF, *Occasional Paper 46*, Washington.

Killick, T., (1984): Adjustment and Financing in the Developing World: The Role of the International Monetary Fund: Washington.

Mosley, P., (1987): Conditionality as Bargaining Process: Structural Adjustment Lending, 1980–86. Princeton University, New Jersey, *Essays in International Finance*, Nr. 168.

REICHMAN, TH. M., STILLSON, P. T., (1978): Experience with Programs of Balance of Payments Adjustment, *IMF Staff Papers*.

THORP, R., WHITEHEAD, L. (Hrsg.), (1979): Inflation and Stabilization in Latinamerica: London.

ZULU, J., NSOULI, S., (1984): Anpassungsprobleme in Afrika. In: *Finanzierung und Entwicklung*, 1/1984.